LES
GRANDS ÉCRIVAINS
DE LA FRANCE

NOUVELLES ÉDITIONS

PUBLIÉES SOUS LA DIRECTION
DE M. AD. REGNIER
membre de l'Institut

SUR LES MANUSCRITS, LES COPIES LES PLUS AUTHENTIQUES
ET LES PLUS ANCIENNES IMPRESSIONS
AVEC VARIANTES, NOTES, NOTICES, PORTRAITS, ETC.

J. DE LA FONTAINE
TOME VII

PARIS
LIBRAIRIE HACHETTE ET Cie
BOULEVARD SAINT-GERMAIN, 79

M D CCC XCI

LES
GRANDS ÉCRIVAINS
DE LA FRANCE
NOUVELLES ÉDITIONS
PUBLIÉES SOUS LA DIRECTION
DE M. AD. REGNIER
Membre de l'Institut

ŒUVRES

DE

J. DE LA FONTAINE

TOME VII

PARIS. — IMPRIMERIE LAHURE
Rue de Fleurus, 9

OEUVRES
DE
J. DE LA FONTAINE

NOUVELLE ÉDITION

REVUE SUR LES PLUS ANCIENNES IMPRESSIONS
ET LES AUTOGRAPHES

ET AUGMENTÉE

de variantes, de notices, de notes, d'un lexique des mots
et locutions remarquables, de portraits, de fac-similé, etc.

PAR M. HENRI REGNIER

TOME SEPTIÈME

PARIS
LIBRAIRIE HACHETTE ET Cie
BOULEVARD SAINT-GERMAIN, 79

1891

L'EUNUQUE

COMÉDIE

(1654)

NOTICE.

L'Eunuque, comédie en vers imitée de Térence, parut en 1654, à Paris : petit in-4° de 4 feuillets liminaires non paginés, 149 pages numérotées, et 3 pages non chiffrées, dont voici le titre :

L'EVNVQVE

COMEDIE

A PARIS,

Chez AVGVSTIN COVRBÉ, au Palais, en
la Gallerie des Merciers, à la Palme.

M.DC.LIV.
AVEC PRIVILEGE DU ROY.

L'Achevé d'imprimer est du 17 août 1654, le Privilège du 13 août de la même année.

Il ne semble pas que cette pièce, la première œuvre imprimée de la Fontaine, ait jamais été représentée, bien que les frères Parfaict aient écrit (*Histoire du Théâtre françois*, Paris, 1746, in-12, tome VIII, p. 64) : « Il se peut que la comédie de *l'Eunuque* ait ressenti cette disgrâce (les sifflets du parterre); mais celles qu'il donna dans la suite eurent une réussite assez marquée », bien que le duc de la Vallière (*Bibliothèque du Théâtre françois*, Paris, 1768, in-8°, tome III, p. 42), Mouhy, et plusieurs autres, disent qu'elle fut « jouée » en 1654. L'Avertissement de notre poète, loin de confirmer cette assertion, qui n'est sans doute qu'un lapsus inconsidérément reproduit, paraît indiquer qu'elle est fausse, et nous avons de bonnes raisons de croire que *l'Eunuque* traduit par la Fontaine n'a jamais osé se risquer au feu de la rampe.

L'original et sa version étaient en effet contraires à la délicatesse croissante de nos mœurs, ou, pour être plus exact, aux habitudes, aux bienséances d'un théâtre qui se purifiait de jour en jour : un jeune homme, Chærea, introduit en qualité d'eunuque dans la maison d'une courtisane, prouve un moment après qu'il ne l'est pas en y violant une jeune fille. Ce qui est plus inconvenant peut-être, c'est l'étrange marché conclu dans la même pièce entre un amant, Phædria, esclave de sa folle passion, et la courtisane Thaïs : par complaisance pour elle, il consent à la céder pendant quarante-huit heures au capitaine Thraso, son rival. Bien mieux, un parasite, Gnatho, confident du capitaine, fait agréer à l'amant de Thaïs le plus bas des accommodements : il lui représente que le capitaine est riche, dépensier, ami de la bonne chère, et le détermine à partager définitivement sa maîtresse avec ce soldat fanfaron.

Quoiqu'il n'y ait point de viol chez la Fontaine, mais un simple baiser sur la main, que son imitation, pour l'ensemble, soit plutôt trop libre que servile, on pourrait s'étonner qu'il ait choisi ce sujet si l'on ne savait l'influence que ses amis ont toujours eue sur lui, si l'on ne devait supposer qu'en cette rencontre il obéit aveuglément, témérairement, aux suggestions de Pintrel ou de Maucroix, de tous les deux peut-être : voyez notre tome I, p. xxii, et, ci-dessous, l'*Avertissement au lecteur*, p. 9.

Baïf avait déjà traduit *l'Eunuque* de Térence : sa comédie, en cinq actes, en vers de quatre pieds, écrite en 1531, imprimée en 1567 (Paris, in-8°), ne fut jamais non plus représentée.

Citons, parmi d'autres imitations, adaptations, ou traductions plus ou moins littérales, celles de H. Duchesne, Paris, 1806, in-8°, de B. Bergeron, Gand, 1821, in-8°, de Michel Carré (Odéon, 19 avril 1845), de B. Kien, Dunkerque, 1858, in-12, du major Taunay, Paris, 1858, in-12, du marquis de Belloy, Paris, 1862, in-8°; et même *l'Eunuque ou la fidèle infidélité*, parade en vaudevilles, mêlée de prose et de vers, par Ragot de Grandval, Paris, 1744, in-8°.

Rappelons enfin que Brueys et Palaprat avaient donné à la Comédie-Française, le 22 juin 1691, *le Muet*, autre adaptation de *l'Eunuque*, avec correction ou atténuation de ce qui eût pu choquer nos usages. Le *Mercure de France* du mois de mai 1730, p. 981, en annonçant une des reprises de la comédie du *Muet* le

18 avril précédent, inséra quelques réflexions critiques de l'abbé Pellegrin sur cette pièce. L'abbé trouve que le personnage du Muet n'est pas « assez amené au sujet »; il ajoute que la fin du troisième acte « termine l'action de la pièce, ce qui rend les deux suivants presque superflus »; et que « le dénouement est trop à la façon de Térence ». « Cependant, continue-t-il, à ces petits inconvénients près, la pièce ne dément pas la réputation que ses deux auteurs se sont acquise. » Voyez aussi le *Discours sur le Muet* de Palaprat (tome II des OEuvres de Brueys et Palaprat, Paris, 1755, in-12, p. 104-110), et Geoffroy, *Cours de littérature dramatique*, ou recueil, par ordre de matières, de ses feuilletons (Paris, 1825, in-8°, tome II, p. 273-276), feuilleton sur *le Muet*, du 12 août 1806.

AVERTISSEMENT
AU LECTEUR.

Ce n'est ici qu'une médiocre copie d'un excellent original. Peu de personnes ignorent de combien d'agréments est rempli l'Eunuque latin. Le sujet en est simple, comme le prescrivent nos maîtres[1]; il n'est point embarrassé d'incidents[2] confus; il n'est point chargé d'ornements inutiles et détachés; tous les ressorts y remuent la machine, et tous les moyens y acheminent à la fin[3]. Quant au nœud, c'est un des plus beaux et des moins communs de l'antiquité. Cependant il se fait avec une facilité merveilleuse, et n'a pas une seule de ces contraintes que nous voyons ailleurs. La bienséance[4] et la médiocrité[5], que Plaute ignoroit, s'y rencontrent partout. Le parasite n'y est point goulu par delà la vraisemblance; le soldat n'y est point fanfaron jusqu'à la folie;

---

1. *Denique sit quodvis simplex duntaxat et unum.*
(Horace, *Épître aux Pisons*, vers 23.)
2. Tome IV, p. 151 : « Il se faut charger de circonstances le moins qu'on peut. »
3.   Au trépas
Chaque moment de plaisir l'achemine.
                      (*La Mandragore*, vers 243-244.)
4. Tome IV, p. 13 et p. 150.
5. Juste milieu, tempérament.

les expressions y sont pures, les pensées délicates ; et pour comble de louange, la nature y instruit tous les personnages, et ne manque jamais de leur suggérer ce qu'ils ont à faire et à dire[1]. Je n'aurois jamais fait[2] d'examiner toutes les beautés de l'Eunuque : les moins clairvoyants s'en sont aperçus aussi bien que moi ; chacun sait que l'ancienne Rome faisoit souvent ses délices de cet ouvrage, qu'il recevoit les applaudissements des honnêtes gens[3] et du peuple, et qu'il passoit alors pour une des plus belles productions de cette Vénus africaine[4] dont tous les gens d'esprit sont amoureux. Aussi Térence s'est-il servi des modèles les plus parfaits que la Grèce ait jamais formés : il avoue être redevable à Ménandre de son sujet, et des caractères du Parasite et du Fanfaron[5]. Je ne le dis point pour rendre cette comédie plus recommandable ; au contraire, je n'oserois nommer deux si grands personnages sans crainte de passer pour profane et pour téméraire d'avoir osé travailler après eux, et manier indiscrètement ce qui a passé par leurs mains[6]. A la vérité, c'est une faute que j'ai commencée ;

1. Dans *l'Art poétique* de Boileau, chant III, vers 414-420 :

    Jamais de la nature il ne faut s'écarter :
    Contemplez de quel air un père dans Térence, etc.

2. Je n'aurais jamais fini : tome V, p. 522 et note 3.

3. *Ibidem*, p. 336 et note 6. L'expression est particulièrement remarquable ici, rapprochée de « peuple ».

4. Térence était né à Carthage. — Comparez tome IV, p. 147, note 3.

5. *Colax Menandri est; in ea est parasitus Colax,*
    Et miles gloriosus : eas se hic non negat
    Personas transtulisse in Eunuchum suam
    Ex Græca.
                        (Prologue de *l'Eunuque*, vers 30-33.)

6.   Car, quant à moi, ma main pleine d'audace
        En mille endroits a peut-être gâté
        Ce que la sienne a bien exécuté.
                        (*Les Quiproquo*, vers 33-35.)

AVERTISSEMENT.

mais quelques-uns de mes amis me l'ont fait achever : sans eux elle auroit été secrète, et le public n'en auroit rien su. Je ne prétends pas non plus empêcher la censure de mon ouvrage, ni que ces noms illustres de Térence et de Ménandre lui tiennent lieu d'un assez puissant bouclier[1] contre toutes sortes d'atteintes; nous vivons dans un siècle et dans un pays où l'autorité n'est point respectée : d'ailleurs l'État des belles-lettres[2] est entièrement populaire; chacun y a droit de suffrage, et le moindre particulier n'y reconnoît pas de plus souverain juge que soi. Je n'ai donc fait cet avertissement que par une espèce de reconnoissance. Térence m'a fourni le sujet, les principaux ornements, et les plus beaux traits de cette comédie. Pour les vers et pour la conduite, on y trouveroit beaucoup plus de défauts, sans les corrections de quelques personnes dont le mérite est universellement honoré. Je tairai leurs noms[3] par respect, bien que ce soit avec quelque sorte de répugnance; au moins m'est-il permis de déclarer que je leur dois la meilleure et la plus saine partie de ce que je ne dois pas à Térence. Quant au reste, peut-être le lecteur en jugera-t-il favorablement : quoi qu'il en soit, j'espérerai toujours davantage de sa bonté que de celle de mes ouvrages[4].

1. « Les heretiques modernes font bouclier d'Irenée et Tertullien. » (Calvin, *Institution de la religion chrestienne*, p. 375.)
2. La république des lettres.
3. Ci-dessus, p. 4.
4. On s'étonne un peu de ce jeu sur le mot « bonté » pris dans deux sens très distincts : indulgence et mérite.

PERSONNAGES[1].

CHERÉE, amant de Pamphile.
PARMENON, esclave et confident de Phædrie.
PAMPHILE, maîtresse de Cherée.
PHÆDRIE, amant de Thaïs.
THAIS, maîtresse de Phædrie.
THRASON, capitan, et rival de Phædrie.
GNATON, parasite, et confident de Thrason.
DAMIS, père de Phædrie et de Cherée.
CHREMÈS, frère de Pamphile.
PYTHIE, femme de chambre de Thaïs.
DORIE, servante de Thaïs.
DORUS, eunuque.

SIMALION, DONAX, SYRISCE, SANGA, soldats de Thrason.

1. La Fontaine a les mêmes personnages que Térence, sauf deux qu'il supprime : ANTIPHO, *adolescens*, SOPHRONA, *nutrix Pamphilæ*, et un qu'il met en scène, tandis que l'auteur latin le laisse dans la coulisse : « PAMPHILE, maîtresse de Cherée ». Le père de Phædrie et de Cherée s'appelle Lachès chez Térence.

L'EUNUQUE.

ACTE PREMIER.

SCÈNE PREMIÈRE.
PHÆDRIE, PARMENON.

PARMENON.
Hé bien! on vous a dit qu'elle étoit empêchée[1] :
Est-ce là le sujet dont votre âme est touchée?
Peu de chose en amour alarme nos esprits.
Mais il n'est pas besoin d'excuser ce mépris;
Vous n'écoutez que trop un discours qui vous flatte[2]. 5
PHÆDRIE.
Quoi! je pourrois encor brûler pour cette ingrate
Qui, pour prix de mes vœux, pour fruit de mes travaux,
Me ferme son logis, et l'ouvre à mes rivaux!
Non, non, j'ai trop de cœur pour souffrir cette injure;
Que Thaïs à son tour me presse et me conjure, 10
Se serve des appas d'un œil toujours vainqueur,
M'ouvre non seulement son logis, mais son cœur[3],

1. Tome IV, p. 54 et note 4; et ci-après, vers 129.
2. L'amour avidement croit tout ce qui le flatte.
   (RACINE, *Mithridate*, vers 1027.)
3. O gens durs! vous n'ouvrez vos logis ni vos cœurs!
   (*Philémon et Baucis*, vers 98.)

J'aimerois mieux mourir qu'y rentrer de ma vie.
D'assez d'autres beautés Athènes est remplie :
De ce pas à Thaïs va le faire savoir,   15
Et lui dis de ma part....
                    PARMENON.
            Adieu, jusqu'au revoir.
                    PHÆDRIE.
Non, non, dis-lui plutôt adieu pour cent années.
                    PARMENON.
Peut-être pour cent ans prenez-vous cent journées ;
Peut-être pour cent jours prenez-vous cent moments :
Car c'est souvent ainsi que comptent les amants.   20
                    PHÆDRIE.
Je saurai désormais compter d'une autre sorte.
                    PARMENON.
Pour s'éteindre si tôt votre flamme est trop forte.
                    PHÆDRIE.
Un si juste dépit peut l'éteindre en un jour.
                    PARMENON.
Plus ce dépit est grand, plus il marque d'amour.
Croyez-moi, j'ai de l'âge et quelque expérience :   25
Vous l'irez tantôt voir, rempli d'impatience ;
L'amour l'emportera sur cet affront reçu ;
Et ce puissant dépit, que vous avez conçu,
S'effacera d'abord par la moindre des larmes
Que d'un œil quasi sec, mais d'un œil plein de charmes,
En pressant sa paupière, elle fera sortir[1],
Savante en l'art des pleurs, comme en l'art de mentir[2].

1. .... *Hæc verba una mehercule falsa lacrimula,*
   Quam, oculos terendo misere, vix vi expresserit,
   Restinguet.
                        (TÉRENCE, *Eunuchus*, vers 67-69.)
2. Tome VI, p. 136 et note 4 ; et ci-dessous, vers 291 :
   En matière de femme, on ne croit point aux pleurs.

Et n'accusez que vous si Thaïs en abuse,
Qui, dès le premier mot de pardon et d'excuse,
Lui direz bonnement¹ l'état de votre cœur ;   35
Que bientôt du dépit l'amour s'est fait vainqueur ;
Que vous en seriez mort s'il avoit fallu feindre. [traindre.
« Quoi ! deux jours sans vous voir ? Ah ! c'est trop se con-
Je n'en puis plus, Thaïs : vous êtes mon desir,
Mon seul objet², mon tout ; loin de vous, quel plaisir ? »
Cela dit, c'en est fait, votre perte est certaine.
Cette femme aussitôt, fine, adroite et hautaine,
Saura mettre à profit votre peu de vertu,
Et triompher de vous, vous voyant abattu³.
Vous n'en pourrez tirer que des promesses vaines,   45
Point de soulagement ni de fin dans vos peines,
Rien que discours trompeurs, rien que feux inconstants,
C'est pourquoi songez-y tandis qu'il en est temps⁴ :
Car, étant rembarqué⁵, prétendre qu'elle agisse
Plus selon la raison que selon son caprice,   50
C'est fort mal reconnoître et son sexe⁶ et l'amour ;

1. Tome VI, p. 21 et note 5. — 2. Ibidem, p. 345 et note 5.

3. .... *Si incipies, neque pertendes naviter,*
Atque, ubi pati non poteris, cum nemo expetet,
Infecta pace, ultro ad eam venies, indicans
Te amare, et ferre non posse, actum'st : ilicet
Peristi ; eludet, ubi te victum senserit.
(TÉRENCE, vers 51-55.)

4. *Proin tu, dum est tempus, etiam atque etiam hoc cogita.*
(*Ibidem*, vers 56.)

5.   Je vais pour quelque rebelle
     M'embarquer tout de nouveau.
         (Lettre à l'abbé Vergier du 4 juin 1688.)
Me voici rembarqué sur la mer amoureuse.
         (Élégie II, tome V *M.-L.*, p. 85.)

6. .... *Quæ res in se neque consilium neque modum*
Habet ullum, eam rem consilio regere non potes.
(*Ibidem*, vers 57-58.)

Ce ne sont que procès, que querelles d'un jour,
Que trêves d'un moment, ou quelque paix fourrée[1],
Injure aussitôt faite, aussitôt réparée,
Soupçons sans fondement, enfin rien d'assuré[2].   55
Il vaut mieux n'aimer plus, tout bien considéré.

PHÆDRIE.
L'amour a ses plaisirs aussi bien que ses peines.

PARMENON.
Appelez-vous ainsi des faveurs incertaines?
Et, si près de l'affront qui vous vient d'arriver,
Faites-vous cas d'un bien qu'on ne peut conserver?   60

PHÆDRIE.
Si Thaïs dans sa flamme eût eu de la constance,
J'eusse estimé ce bien plus encor qu'on ne pense,
Et, bornant mes desirs dans sa possession,
J'aurois jusqu'à l'hymen porté ma passion.

PARMENON.
Vous, épouser Thaïs! Une femme inconnue,   65
Sans amis, sans parents, de tous biens dépourvue,
Veuve; et contre le gré de ceux de qui la voix
Dans cette occasion doit régler votre choix!
Ce discours, sans mentir, me surprend et m'étonne.
Je n'ai pas entrepris de blâmer sa personne :   70
Elle est sage; et l'accueil qu'en ont tous ses amants
N'aboutit, je le crois, qu'à de vains compliments[3].
Mais....

---

1. *Paix fourrée*, paix fausse, feinte, mensongère, comme on dit une médaille ou monnaie fourrée, une botte de paille ou de foin fourrée, etc. Comparez Retz, tome I, p. 109 : « Ces deux confidents.... avoient fait entre eux une paix fourrée »; et « treue fourrée » chez Baïf (tome II, p. 23).

2. *In amore hæc omnia insunt vitia, injuriæ,*
Suspiciones, inimicitiæ, induciæ,
Bellum, pax rursum.
(TÉRENCE, vers 59-61.)

3. Chez Térence, c'est bien une courtisane.

PHÆDRIE.

Il suffit, le reste est de peu d'importance.
Thaïs, quoique étrangère, est de noble naissance.
Qu'importe qu'un époux ait régné sur son cœur ?   75
Sa beauté, toujours même, est encore en sa fleur¹.
Quant aux biens, ce souci n'entre point dans mon âme ;
Et je ne prétends pas me vendre à quelque femme
Qui, m'ayant acheté pour me donner la loi,
Se croiroit en pouvoir de disposer de moi.   80
En l'état où les dieux ont mis notre famille,
Je dois estimer l'or bien moins qu'un œil qui brille.
Aussi le seul devoir a contraint mon desir,
Sans que je laisse aux miens le pouvoir de choisir.
Sans doute à l'épouser j'eusse engagé mon âme :   85
Ne cachons point ici la moitié de sa flamme ;
C'est à tort que des miens j'allègue le pouvoir,
Et je cède au dépit bien plus qu'à mon devoir.

PARMENON.

Vous cédez à l'amour plus qu'à votre colère ;
Ce courroux implacable en soupirs dégénère ;   90
Vous faisiez tantôt peur, et vous faites pitié.
Votre cœur, sans mentir, est de bonne amitié² ;
Ce qu'il a su chérir, rarement il l'abhorre :
Il adoroit ses fers, il les respecte encore ;
Ces fers à leur captif n'ont rien qu'à se montrer,   95
Qui n'en sort qu'à regret est tout près d'y rentrer³.

PHÆDRIE.

Tais-toi, j'entends du bruit, quelqu'un sort de chez elle.

PARMENON.

Que vous faites bon guet !

---

1. Est encor dans sa fleur. (1729.) — 2. De bonne composition.
3. Tome V, p. 255 :

    L'esclave fugitif se va remettre encore
      En ses fers, quoique durs, mais, hélas ! trop chéris.

PHÆDRIE.
Si c'étoit ma cruelle....
PARMENON.
Déjà vôtre, bons dieux!
PHÆDRIE.
Ah!
PARMENON.
Retenez vos pleurs.
PHÆDRIE.
Je sais qu'elle est perfide; et je l'aime, et je meurs, 100
Et je me sens mourir, et n'y vois nul remède,
Et craindrois d'en trouver, tant l'amour me possède[1].
PARMENON.
L'aveu me semble franc, libre, net, ingénu.
PHÆDRIE.
Tu vois en peu de mots mes sentiments à nu.
PARMENON.
Si je les voyois seul, encor seriez-vous sage ; 105
Mais cette femme en voit autant ou davantage,
Et connoît votre mal; non pas pour vous guérir.
PHÆDRIE.
Je ne vois rien d'aisé comme d'en discourir ;
Mais, si tu ressentois une semblable peine,
Peut-être verrois-tu ta prudence être vaine. 110
PARMENON.
Au moins, s'il faut souffrir, endurez doucement;
L'amour est de soi-même assez plein de tourment,

---

1. *O indignum facinus ! nunc ego*
Et illam scelestam esse, et me miserum sentio;
Et tædet ; et amore ardeo ; et prudens, sciens,
Vivus vidensque pereo ; nec quid agam scio.
(TÉRENCE, vers 70-73.)

— « Écoutez Phædria dans *l'Eunuque*, et vous serez à jamais dégoûté de toutes ces galanteries misérables et froides qui défigurent la plupart de nos pièces.... C'est ainsi que sent et parle un

ACTE I, SCÈNE I.

Sans que l'impatience augmente encor le vôtre.
Au chagrin de ce mal n'en ajoutez point d'autre[1] :
Aimez toujours Thaïs, et vous aimez aussi.   115

PHÆDRIE.

Le conseil en est bon, mais....

PARMENON.

Quoi mais?

PHÆDRIE.

La voici.

PARMENON.

Sa présence met donc vos projets en fumée?

PHÆDRIE.

Pour ne te point mentir, mon âme en est charmée[2].

---

amant. » (DIDEROT, *Mélanges de littérature et de philosophie*, tome IX des OEuvres, Paris, 1798, in-4°, p. 252.)

1. *Quid agas? nisi ut te redimas captum, quam queas*
   Minimo; si nequeas paululo, at quanti queas,
   Et ne te afflictes. — Itane suades? — Si sapis.
   Neque, præterquam quas ipse amor molestias
   Habet, addas; et illas quas habet recte feras.
   (TÉRENCE, vers 74-78.)

2. *Quid igitur faciam? Non eam? Ne nunc quidem,*
   Cum arcessor ultro? An potius ita me comparem,
   Non perpeti meretricum contumelias?
   Exclusit; revocat. Redeam?... Non si me obsecret.
   (*Ibidem*, vers 46-49.)

Voici comment Horace et Perse ont imité cette scène :

Porrigis irato puero cum poma, recusat :
« Sume, catelle! » Negat. Si non des, optat. Amator
Exclusus qui distat? agit ubi secum, eat, an non,
Quo rediturus erat non accersitus, et hæret
Invisis foribus? « Nec nunc, cum me vocat ultro,
Accedam : an potius mediter finire dolores?
Exclusit, revocat : redeam? Non, si obsecret. » Ecce
Servus, non paulo sapientior : « O here, quæ res
Nec modum habet, neque consilium, ratione modoque
Tractari non vult. In amore hæc sunt mala : bellum,
Pax rursum. Hæc si quis tempestatis prope ritu
Mobilia, et cæca fluitantia sorte, laboret

J. DE LA FONTAINE. VII

SCÈNE II.

PHÆDRIE, THAIS, PARMENON.

THAÏS.

Ah, Phædrie! Hé bons dieux! Quoi, vous voir en ce lieu!
Vraiment vous avez tort : que n'entrez-vous[1]?

PHÆDRIE.

Adieu.

THAÏS.

Adieu! Le mot est bon, et vaut que l'on en rie.

PHÆDRIE.

Quoi, Thaïs, à l'affront joindre la raillerie!
C'est trop.

> *Reddere certa sibi, nihilo plus explicet, ac si*
> *Insanire paret certa ratione modoque.* »
> (HORACE, livre II, satire III, vers 258-271.)
>
> *Dave, cito, hoc credas jubeo, finire dolores*
> *Præteritos meditor (crudum Chærestratus unguem*
> *Abrodens ait hæc). An siccis dedecus obstem*
> *Cognatis? an rem patriam, rumore sinistro,*
> *Limen ad obscœnum frangam, dum Chrysidis udas*
> *Ebrius ante fores exstincta cum face canto?*
> *— Euge, puer, sapias! Dis depellentibus agnam*
> *Percute. — Sed censen', plorabit, Dave, relicta?*
> *— Nugaris : solea, puer, objurgabere rubra.*
> *Ne trepidare velis atque arctos rodere casses.*
> *Nunc ferus et violens; at, si vocet, haud mora, dicas :*
> *« Quidnam igitur faciam! ne nunc, cum accersor et ultro*
> *Supplicet, accedam? » Si totus et integer illinc*
> *Exieras, nec nunc.*
> (PERSE, satire V, vers 161-174.)

Rapprochez aussi la scène IV. de l'acte I du *Muet* de Brueys et Palaprat; et le début de la XIVe élégie du livre II d'André Chénier.

1. *Tune hic eras, mi Phædria?*
   Quid hic stabas? Cur non recta introibas?
   (TÉRENCE, vers 86-87.)

ACTE I, SCÈNE II.

THAÏS.
De quel affront entendez-vous parler?
PHÆDRIE.
Voyez, qu'il lui sied bien de le dissimuler!
THAÏS.
Pour le moins dites-moi d'où vient votre colère ?   125
PHÆDRIE.
Me gardiez-vous, ingrate, un refus pour salaire?
Après tant de bienfaits, après tant de travaux[1],
M'exclure, et recevoir je ne sais quels rivaux!
THAÏS.
Je ne pus autrement, et j'étois empêchée[2].
PHÆDRIE.
Encor si, comme moi, vous en étiez touchée,   130
Ou bien si, comme vous, je pouvois m'en moquer[3]!
THAÏS.
Vous êtes délicat, et facile à piquer.
Écoutez mes raisons d'un esprit plus tranquille :
Pour quelque autre dessein l'excuse étoit utile,
Et vous l'approuverez vous-même assurément.   135
PARMENON.
Elle aura par amour renvoyé notre amant[4],
Et par haine sans doute admis l'autre en sa place.
THAÏS.
Parmenon pourroit-il me faire assez de grâce
Pour n'interrompre point un discours commencé?

1. Ci-dessus, vers 7.
2. Vers 1.
3. *O Thais, Thais! Utinam esset mihi*
   Pars æqua amoris tecum, ac pariter fieret,
   Ut aut hoc tibi doleret itidem ut mihi dolet;
   Aut ego istuc abs te factum nihil penderem.
   (TÉRENCE, vers 91-94.)
4. *Credo, ut fit, misera præ amore exclusisti hunc foras.*
   (*Ibidem*, vers 98.)

L'EUNUQUE.

PARMENON.

Oui, mais rien que de vrai ne vous sera passé[1]. 140

THAÏS.

Pour vous mieux débrouiller le nœud de cette affaire[2],
Je prendrai de plus haut le récit qu'il faut faire.
Quoiqu'on ignore ici le nom de mes parents,
Ils ont en divers lieux tenu les premiers rangs :
Samos fut leur patrie, et Rhodes leur demeure[3]. 145

PARMENON.

Tout cela peut passer, je n'en dis rien pour l'heure :
Il faut voir à quel point vous voulez arriver.

THAÏS.

Là, tandis que leurs soins étoient de m'élever,
On leur fit un présent d'une fille inconnue
Qui dans Rhodes étoit pour esclave tenue. 150
Bien qu'elle fût fort jeune, et n'eût lors que quinze ans,
Elle nous dit son nom, celui de ses parents,
Qu'on l'appeloit Pamphile, et qu'elle étoit d'Attique ;
Que ses parents avoient encore un fils unique,
Qu'il se nommoit Chromer[4]; que c'étoit leur espoir :
C'est tout ce que l'on put à cet âge en savoir.
Chacun jugeoit assez qu'elle étoit de naissance.
Son entretien naïf et rempli d'innocence,

1.
Egone? Optume.
Verum heus tu, hac lege tibi meam adstringo fidem :
Quæ vera audivi, taceo et contineo optume;
Sin falsum, aut vanum, aut fictum'st, continuo palam'st.
Plenus rimarum sum, hac atque illac perfluo.
Proin tu, taceri si vis, vera dicito.
(TÉRENCE, vers 101-106.)

2. Dans *la Confidente*, vers 94 : « débrouiller le mystère ».

3. *Samia mihi mater fuit : ea habitabat Rhodi.*
(*Ibidem*, vers 107.)

4. Chromer, c'est-à-dire Chremès : mais il ne faut pas qu'on le reconnaisse trop tôt.

Mille charmes divers, sa beauté, sa douceur,
Me la firent chérir à l'égal d'une sœur ; 160
Dès qu'elle fut chez nous, on eut soin de l'instruire.
Pour moi, comme j'étois d'un âge à me conduire,
A peine on eut appris qu'on me vouloit pourvoir[1],
Qu'un jeune homme d'Attique, étant venu nous voir,
Me recherche, m'obtient, m'amène en cette ville, 165
Où, lorsque je croyois notre hymen plus tranquille,
Il mourut ; et, laissant tout mon bien engagé[2],
De mille soins fâcheux mon cœur se voit chargé.
Ils accrurent le deuil de ce court hyménée ;
Et, comme on voit aux maux une suite enchaînée[3], 170
Le sort, pour m'accabler de cent coups différents,
Causa presque aussitôt la mort de mes parents :
Un mal contagieux les eut privés de vie
Avant que de ce mal je pusse être avertie.
Leur bien, jusques alors assez mal ménagé[4], 175
D'un oncle que j'avois ne fut point négligé ;
Avec nos créanciers il en fait le partage,
Et sut de mon absence avoir cet avantage.
Je l'appris sans dessein de l'aller contester[5] :
L'ordre que dans ces lieux[6] je devois apporter 180
(Bien moins que le regret d'une mort si funeste)
Fit qu'en perdant les miens, j'abandonnai le reste.
J'en observai le deuil qu'exigeoit mon devoir :
Tout un an se passa sans qu'aucun pût me voir.
Enfin, notre soldat vint m'offrir son service ; 185
Loin de me consoler, ce m'étoit un supplice.

1. Tome VI, p. 51 et note 3.
2. Mis en gage, hypothéqué.
3. Comparez tome IV, p. 250 et note 7.
4. Tome V, p. 390 et note 4.
5. Disputer : tome VI, p. 197.
6. Ici, à Athènes.

L'EUNUQUE.

Vous savez qu'on ne peut le souffrir sans ennui ;
Je l'ai pourtant souffert, espérant quelque appui.

PARMENON.

Vous tirez de mon maître encor plus d'assistance[1].

THAÏS.

Je l'avoue, et voudrois qu'une autre récompense 190
Égalât les bienfaits dont il me sait combler.

PARMENON.

Hélas! le pauvre amant commence à se troubler.

PHÆDRIE.

Te tairas-tu? Thaïs, achevez, je vous prie.

THAÏS.

Au bout de quelque temps Thrason fut en Carie ;
Et vous savez qu'à peine il étoit délogé[2], 195
Qu'on vous vit à m'aimer aussitôt engagé.
Vous me vîntes offrir et crédit et fortune :
J'en estimai dès lors la faveur peu commune ;
Et vous n'ignorez pas combien, depuis ce jour,
J'ai témoigné de zèle à gagner votre amour. 200

PHÆDRIE.

Je crois que Parmenon n'a garde de se taire.

PARMENON.

En pourriez-vous douter? Mais où tend ce mystère?

PHÆDRIE.

Tu le sauras trop tôt pour mon[3] contentement.

THAÏS.

Écoutez-moi, de grâce, encore un seul moment.
Thrason notre soldat, battu par la tempête, 205
Au port des Rhodiens jette l'ancre et s'arrête,

---

1. *Nam hic quoque bonam magnamque partem ad te adtulit.*
(TÉRENCE, vers 123.)

2. .... Le galant tout à temps délogea.
(*La Gageure des trois commères*, vers 280.)

3. *Ton*, dans l'édition de 1729.

ACTE I, SCÈNE II.

Va voir notre famille, y trouve encor le deuil,
Mes parents depuis peu renfermés au cercueil,
Mon oncle ayant mes biens, cette fille adoptive
Prête d'être vendue, et traitée en captive. 210
Il l'achète aussitôt pour me la redonner,
Puis fait voile en Carie, et, sans y séjourner,
Revient en ce pays, où quelque parasite
Lui dit qu'en son absence on me rendoit visite ;
Que, s'il avoit dessein de me donner ma sœur, 215
Le présent méritoit quelque insigne faveur.

PHÆDRIE.

Ne vaudra-t-il pas mieux qu'on lui laisse Pamphile ?

THAÏS.

Je me résous à suivre un conseil plus utile.
Vous savez qu'en ce lieu je n'ai point de parents,
Qu'il me peut chaque jour naître cent différends ; 220
Et, bien que vous preniez contre tous ma défense,
Souvent un contre tous peut manquer de puissance.
Souffrez donc que je cherche un appui loin des miens :
Je n'en saurois trouver qu'en la rendant aux siens.
Je ne puis l'obtenir sans quelque complaisance : 225
Il faut donc vous priver deux jours de ma présence ;
La peine en est légère, et, ce temps achevé,
Le reste vous sera tout entier conservé.
Gagne cela sur toi, de grâce je t'en prie[1].
Tu ne me réponds rien, dis-moi, mon cher Phædrie ?

---

1. Voici les réflexions qu'inspire à Palaprat (*Discours* cité, p. 108-109) le passage de Térence (vers 144 et suivants) qu'a imité ici la Fontaine : « Que toute sorte de femmes prudes ou coquettes trompent leurs amants, c'est dans l'ordre ; sur cela leur caractère est universel ; mais qu'une femme (faites-la du caractère que vous voudrez) demande à son amant la permission de lui en préférer un autre, je ne comprends pas que cela ait jamais pu être du goût d'aucune nation polie. Les Romains pourtant n'étoient pas choqués de cette proposition ; il suffit de cette co-

PHÆDRIE.

Que pourrois-je répondre, ingrate, à ces propos[1]?
Voyez, voyez Thrason : je vous laisse en repos;
Faites-lui la faveur qu'un autre a méritée;
C'est où tend cette histoire assez bien inventée :
« Une fille inconnue est prise en certains lieux ;   235
On nous en fait présent, elle charme nos yeux;
Thrason vient à m'aimer, vous me rendez visite,
Il me quitte, il apprend nos feux d'un parasite;
Les miens perdent le jour, mon oncle prend mes biens,
Vend la fille à Thrason, je la veux rendre aux siens »;
Et cent autres raisons l'une à l'autre enchaînées;
Puis, enfin, « de me voir privez-vous deux journées ».
C'étoit donc là le but où devoit aboutir
La fable que chez vous vous venez de bâtir?
Sans perdre tant de temps, sans prendre tant de peine,
Que ne me disiez-vous : « J'aime le capitaine;
N'opposez point vos feux à cet ardent desir.
Vous aurez plutôt fait d'endurer qu'à loisir
Je contente l'ardeur que pour lui j'ai conçue.
Dites, si vous voulez, que la vôtre est déçue;   250
Prenez-en pour témoins les hommes et les dieux :
Pourvu qu'incessamment il soit devant mes yeux,
Il m'importe fort peu de passer pour parjure. »

médie pour le prouver. Ce goût est encore resté en quelque endroit de l'Italie..., et il y a telle grande ville où deux ou trois personnes s'associent pour avoir une maîtresse, comme pour louer une maison de campagne; chacun a son jour marqué par leur convention. Ils font bien plus, ils négocient, ils agiotent leurs jours, ils s'accommodent et les troquent, quand leurs affaires ne leur permettent pas de profiter du jour qui leur est échu par leur traité de partage. » Ce n'est pas seulement en Italie qu'on voit de tels marchés, de tels trafics, de semblables traités de partage.

1. *Pessuma,*
Egon' quicquam cum istis factis tibi respondeam?
(TÉRENCE, vers 152-153.)

ACTE I, SCÈNE II.

THAÏS.

Je vous aime, et pour vous je souffre cette injure.

PHÆDRIE.

Vous m'aimez! c'est en quoi mon esprit est confus :
L'amour peut-il souffrir de semblables refus?

THAÏS.

Je ne vous réponds point, de peur de vous déplaire;
Il faut que ma raison cède à votre colère.
Je ne veux point de temps, non pas même un seul jour :
Je renonce à ma sœur plutôt qu'à votre amour[1].   260

PHÆDRIE.

Plutôt qu'à mon amour! Ah! si du fond de l'âme
Ce mot étoit sorti[2]....

THAÏS.

Doutez-vous de ma flamme?

PHÆDRIE.

J'aurai lieu d'en douter si, ce terme fini,
Tout autre amant que moi de chez vous n'est banni.

THAÏS.

Quel terme?

PHÆDRIE.

De deux jours.

THAÏS.

Ou trois.

PHÆDRIE.

Cet ou me tue.

THAÏS.

Otons-le donc.

---

1. *Quanquam illam cupio abducere, atque hac re arbitror
Id posse fieri maxume, verumtamen
Potius quam te inimicum habeam, faciam ut jusseris.*
(TÉRENCE, vers 172-174.)

2. *Utinam istuc verbum ex animo ac vere diceres!*
(*Ibidem*, vers 175.)

L'EUNUQUE.

PARMENON.
Enfin sa constance abattue
Cède aux charmes d'un mot[1] : je l'avois bien prévu.
PHÆDRIE.
A ce que vous savez aujourd'hui j'ai pourvu.
Votre sœur peut avoir un eunuque auprès d'elle ;
J'en viens d'acheter un qui me semble fidèle, 270
Et tantôt Parmenon viendra pour vous l'offrir.
Souffrez votre soldat, puisqu'il faut le souffrir ;
Mais ne le souffrez point sans beaucoup de contrainte[2] :
Donnez-lui seulement l'apparence et la feinte ;
Pendant vos compliments[3], songez à votre foi ; 275
De corps auprès de lui, de cœur auprès de moi,
Rêvez incessamment, chez vous soyez absente[4].

---

1. *Labascit, victus uno verbo, quam cito!*
(TÉRENCE, vers 178.)
2. Ci-dessous, vers 294.
3. Ci-dessus, vers 72.
4. *Mi Phædria,*
Et tu, numquid vis aliud? — Egone? Quid velim?
Cum milite isto præsens, absens ut sies;
Dies noctesque me ames; me desideres;
Me somnies; me exspectes; de me cogites;
Me speres; me te oblectes; mecum tota sis;
Meus fac sis postremo animus, quando ego sum tuus.
(*Ibidem*, vers 190-196[a].)

André Chénier a imité ces vers charmants dans son élégie VIII du livre II :

.... Ce que je veux de toi, ce que je te commande?
Ce que je veux? dis-tu.... Je veux que nuit et jour
Tu m'aimes (nuit et jour, hélas! je me tourmente!).
Présente au milieu d'eux, sois seule, sois absente;

[a] Passage ainsi rendu par le marquis de Belloy cité dans la notice :

Adieu; ne voulez-vous rien de plus aujourd'hui?
— Que voudrais-je, Thaïs, sinon que, près de lui,
Ton âme en soit bien loin; que tu m'aimes absente;
Que je sois ton désir, ton rêve, ton attente,
Ton ivresse, ton bien; que tu sois toute à moi,
De cœur, puisque le mien ne bat plus que pour toi?

ACTE I, SCÈNE III.

THAÏS.
Vous ne demandez rien que Thaïs n'y consente;
Et ce point ne sauroit vous être refusé.
PHÆDRIE.
Adieu.
THAÏS.
Comment! si tôt?
PARMENON.
Que son esprit rusé
Pour attraper notre homme a d'art et de souplesse!
THAÏS.
Vous voyez mon amour en voyant ma foiblesse;
Je ne vous puis quitter que les larmes aux yeux :
Soyez toujours, Phædrie, en la garde des dieux[1].

SCÈNE III.

PHÆDRIE, PARMENON.

PARMENON.
Est-il dans l'univers innocence pareille?
Qui la condamneroit en lui prêtant l'oreille?
Que Thaïs a sujet de se plaindre de moi!
C'est un chef-d'œuvre exquis de constance et de foi.
PHÆDRIE.
N'as-tu pas vu ses yeux laisser tomber des larmes?
Pour guérir mon soupçon qu'ils employoient de charmes!

Dors en pensant à moi; rêve moi près de toi;
Ne vois que moi sans cesse, et sois toute avec moi.

Rapprochez Ovide, *l'Art d'aimer* (livre II, vers 347-348) :

Te semper videat, tibi semper præbeat aurem;
Exhibeat vultus noxque diesque tuos.

1. Comparez à cette scène II la scène IX de l'acte I du *Muet*.

PARMENON.

En matière de femme, on ne croit point aux pleurs[1] :
Un serpent, je le gage, est caché sous ces fleurs.

PHÆDRIE.

Non, non, pour ce coup-ci je dois être sans crainte :
Ce qu'en obtient Thrason marque trop de contrainte;
Peut-être le voit-elle afin de l'épouser; 295
En ce cas, c'est moi seul que je dois accuser.
Que n'ai-je découvert le fond de ma pensée !
Dans un plus haut dessein je l'eusse intéressée;
Elle auroit bientôt su m'assurer de sa foi,
Bannir tous ses amants, ne vivre que pour moi, 300
Puisque sans cet espoir tu vois qu'on me préfère.
Les deux jours expirés, je propose l'affaire :
Il faut ouvrir son cœur, et ne point tant gauchir[2].

PARMENON.

Que diront vos parents?

PHÆDRIE.

On pourra les fléchir :
Du moins nous attendrons que la Parque cruelle 305
M'ait, par un coup fatal, rendu libre comme elle[3].
Éloignent les destins ce coup qu'il faudra voir,
Et fassent que d'ailleurs dépende mon espoir !
D'une ou d'autre façon je suivrai cette envie,
Dont tu vois que dépend tout le cours de ma vie. 310
Censure mon projet, ravale sa beauté,
Dis ce que tu voudras, le sort en est jeté.
Montre-lui cependant l'eunuque sans remise;
Et de peur qu'à l'abord[4] Thaïs ne le méprise,

1. Ci-dessus, vers 32.
2. Tant biaiser, être si embarrassé, si emprunté : voyez le *Lexique de Corneille;* et Molière, *Tartuffe*, vers 1635 et note 2.
3. Ce vœu impie est mis par Térence dans la bouche de Chrémès (vers 517-518).
4. Tome V, p. 453 et note 3.

ACTE I, SCÈNE IV.

Soigne, avant que l'offrir, qu'il¹ soit mieux ajusté, 315
Et que par ton discours son prix soit augmenté.
Dis qu'on l'a fait venir des confins de l'Asie,
Qu'on l'a pris d'une race entre toutes choisie,
Qu'il chante et sait jouer de divers instruments.
Accompagne le don de quelques compliments : 320
Jure que pour maîtresse il mérite une reine;
Que Thaïs l'est aussi, régnant en souveraine
Sur tous mes sentiments; et mille autres propos.

PARMENON.
Tenez le tout pour fait, et dormez en repos.

PHÆDRIE.
S'il se peut; mais aux champs aussi bien qu'à la ville
Je sens que mon esprit est toujours peu tranquille :
Il me faut toutefois éprouver aujourd'hui
Ce qu'ils auront d'appas à flatter mon ennui.

PARMENON.
A votre prompt retour nous en saurons l'issue.

PHÆDRIE.
Peut-être verras-tu ta croyance déçue, 330
Seulement prends le soin....

PARMENON.
Allez, je vous entends.

SCÈNE IV.

PARMENON.

Ah! combien l'amour change un homme en peu de
Devant que le hasard eût offert à sa vue   [temps!
Les fatales beautés dont Thaïs est pourvue,

1. Tome IV, p. 164 et note 1.

Cet amant n'avoit rien qui ne fût accompli[1] ; 335
De louables desirs son cœur étoit rempli ;
Il ne prenoit de soins que pour la république ;
Et même le ménage[2], où trop tard on s'applique,
De ses plus jeunes ans n'étoit point négligé.
Aujourd'hui qu'une femme à ses lois l'a rangé, 340
Ce n'est qu'oisiveté, que crainte, que foiblesse :
Le nombre des amis, la grandeur, la noblesse,
Et tant d'autres degrés, pour un jour parvenir
Au rang que ses aïeuls[3] ont jadis su tenir,
Sont des noms odieux, dont cette âme abattue[4] 345
A toujours craint de voir sa flamme combattue ;
Et quelque bon dessein qu'enfin il ait formé,
Il ne sauroit quitter ce logis trop aimé.
Ne s'en revient-il pas me changer de langage[5] ?

SCÈNE V.

PHÆDRIE, PARMENON.

PARMENON.

Sans mentir, c'est à vous d'entreprendre un voyage.
Quoi ! déjà de retour ! Vous savez vous hâter.

PHÆDRIE.

Pour te dire le vrai, j'ai peine à la quitter.

---

1. *Di boni ! quid hoc morbi est ! Adeon' homines immutarier*
Ex amore, ut non cognoscas eumdem esse ? Hoc nemo fuit
Minus ineptus, magis severus quisquam, nec magis continens.
(TÉRENCE, vers 225-227.)

2. Vers 175.

3. Voyez les *Lexiques de Malherbe, de Racine, de la Bruyère.* — *Ayeux*, dans l'édition de 1729.

4. Ci-dessus, vers 44 et 266, ci-dessous, vers 415, etc.

5. La scène suivante, avec le retour si franchement plaisant et les fausses sorties de Phædrie, n'est pas dans Térence.

ACTE I, SCÈNE V.

PARMENON.

Du lieu d'où vous venez dites-nous quelque chose :
Les champs auroient-ils fait une métamorphose ?
Et depuis le long temps que vous êtes parti, 355
Ce violent desir s'est-il point amorti ?

PHÆDRIE.

Pourquoi s'embarrasser d'un voyage inutile ?
Si Thrason dès l'abord fait présent de Pamphile,
Thaïs ayant sa sœur peut lui manquer de foi.

PARMENON.

Mais s'il retient aussi[1] Pamphile auprès de soi, 360
Connoissant de Thaïs les faveurs incertaines[2] ?

PHÆDRIE.

Ne puis-je pas toujours attendre dans Athènes ?

PARMENON.

Deux jours sans vous montrer ?

PHÆDRIE.

Quatre, s'il est besoin.

PARMENON.

Du bonheur d'un rival vous seriez le témoin ?

PHÆDRIE.

A te dire le vrai, ce seul penser me tue, 365
Et vois[3] bien qu'il vaut mieux m'éloigner de leur vue.
Adieu.

PARMENON.

Combien de fois voulez-vous revenir ?

PHÆDRIE, *revenant*.

J'omettois, en effet, qu'il te faut souvenir
De m'envoyer quelqu'un, si Thaïs me rappelle ;
Mais que le messager soit discret et fidèle, 370
Et surtout diligent, c'est le principal point :
Pour toi, prends garde à tout, et ne t'épargne point.

1. « Mais aussi s'il retient.... » : tome IV, p. 437 et note 3.
2. Ci-dessus, vers 58. — 3. Je vois. (1729.)

PARMENON.

Je n'ai que trop d'emploi, n'ayez peur que je chomme[1].
PHÆDRIE, revenant.

A propos, prends le soin de bien styler[2] notre homme.
PARMENON.

Quel homme?
PHÆDRIE.

Notre eunuque.
PARMENON.

A servir d'espion? 375
PHÆDRIE.

Il le faut employer dans cette occasion.
PARMENON, voyant Phædrie s'en aller.

Que de desseins en l'air son ardeur se propose!
PHÆDRIE, retournant, et donnant une bourse à Parmenon.

Je savois bien qu'encor j'oubliois quelque chose :
Aux valets de Thaïs, tiens, fais quelque présent;
C'est de tous les secrets le meilleur à présent[3]. 380
PARMENON.

Est-ce là le dépit conçu pour cette injure?
N'avez-vous fait serment que pour être parjure?
PHÆDRIE.

Voudrois-tu que jamais on ne pût m'apaiser?
PARMENON.

Votre bon naturel ne se peut trop priser[4] :
Qui pardonne aisément mérite qu'on le loue. 385
PHÆDRIE.

Vraiment je suis d'avis qu'un[5] esclave me joue,
Qu'il tranche du[6] railleur, qu'il fasse l'entendu[7].

---

1. Tome VI, p. 210 et note 3. — 2. Tome IV, p. 360.
3. Tome V, p. 559 et note 3. — 4. Estimer : *ibidem*, p. 304.
5. Comparez *le Cuvier*, vers 49 et note 5.
6. Livre VI, fable IV, vers 16.
7. Chez Corneille, *le Menteur*, vers 863 : « trancher des entendus ».

ACTE I, SCÈNE V.

PARMENON.
Quoi! vous voulez qu'encor tout ceci soit perdu?
PHÆDRIE.
Garde bien¹ au retour de m'en rendre une obole.
PARMENON.
Vous serez obéi, Monsieur, sur ma parole.   390
PHÆDRIE.
Je l'entends d'autre sorte, et veux qu'on donne à tous.
PARMENON.
Nous pouvons leur donner, et retenir pour nous.
PHÆDRIE.
Adieu, que du soldat sur tous² il te souvienne.
PARMENON.
Fuyons vite d'ici, de peur qu'il ne revienne.

1. Prends bien garde : tome VI, p. 20 et note 7.
2. Sur tout. (1729.)

FIN DU PREMIER ACTE.

ACTE II.

SCÈNE PREMIÈRE.

GNATON.

Que le pouvoir est grand du bel art de flatter, 395
Qu'on voit d'honnêtes gens par cet art subsister,
Qu'il s'offre peu d'emplois que le sien ne surpasse,
Et qu'entre l'homme et l'homme il sait mettre d'espace[1] !
Un de mes compagnons, qu'autrefois on a vu
Des dons de la fortune abondamment pourvu, 400
Qui, tenant table[2] ouverte, et toujours des plus braves[3],
Vouloit être servi par un monde d'esclaves[4],
Devenu maintenant moins superbe et moins fier,
S'estimeroit heureux d'être mon estafier[5].
Naguère en m'arrêtant il m'a traité de maître ; 405
Le long temps et l'habit me l'ont fait méconnoître :
Autant qu'il étoit propre, aujourd'hui négligé,
Je l'ai trouvé d'abord tout triste et tout changé.
« Est-ce vous ? » ai-je dit. Aussitôt il me conte
Les malheurs qui causoient son chagrin et sa honte ;

---

1. *Di immortales! homini homo quid præstat!*
(Térence, vers 232.)
2. Tome VI, p. 96 et note 2.
3.   Comment ! elle est aussi brave que nous !
(*La Servante justifiée*, vers 70 et note 3.)
4. Tome VI, p. 26 et note 4.
5. Livre XII, fable XXII, vers 11 et note 4.

ACTE II, SCÈNE I.

Qu'ayant été d'humeur à ne se plaindre rien[1],
Ses dents avoient duré plus longtemps que son bien,
Et qu'un jeûne forcé le rendoit ainsi blême. [même[2]?]
« Pauvre homme! n'as-tu point de ressource en toi-
Ai-je répondu lors; et ton cœur abattu   415
Manque-t-il au besoin d'adresse et de vertu?
Compare à ce teint frais ta peau noire et flétrie;
J'ai tout, et je n'ai rien[3] que par mon industrie.
A moins que d'en avoir pour gagner un repas,
Les morceaux tout rôtis ne te chercheront pas.   420
Enfin veux-tu dîner n'ayant plus de marmite[4],
Imite mon exemple, et fais-toi parasite;
Tu ne saurois choisir un plus noble métier.
— Gardez-en, m'a-t-il dit, le profit tout entier :
On ne m'a jamais vu ni flatteur, ni parjure :   425
Je ne saurois souffrir, ni de coups, ni d'injure[5];
Et, lorsque j'ai d'un bras senti la pesanteur,
Je ne suis point ingrat envers mon bienfaiteur.
D'ailleurs faire l'agent, et d'amour s'entremettre,
Couler dans une main le présent et la lettre,   430
Préparer les logis, faire le compliment[6];
Quand Monsieur est entré, sortir adroitement,
Avoir soin que toujours la porte soit fermée,

---

1. A ne se refuser rien : comparez le vers 124 de *Belphégor* et la note.
2. *Itan' parasti te ut spes nulla reliqua in te esset tibi?*
(Térence, vers 240.)
3. *Omnia habeo, neque quidquam habeo....*
(*Ibidem*, vers 243.)
4. Je n'ai, dit-il, cuisinier ni marmite.
(*Le Faucon*, vers 174 et note 1.)
5. *At ego infelix, neque ridiculus esse, neque plagas pati Possum.*
(*Ibidem*, vers 244-245.)
6. Rapprochez *le Petit Chien*, vers 247 et 297.

Et manger, comme on dit, son pain à la fumée¹ ;
C'est ce que je ne puis, ni ne veux pratiquer.   435
Adieu. » Moi de sourire, et lui de s'en piquer.
« Il s'en trouve, ai-je dit, qu'à bien moins on oblige,
Et c'est là le vieux jeu² qu'à présent je corrige.
On voit parmi le monde un tas de sottes gens
Qui briguent des flatteurs les discours obligeants ; 440
Ceux-là me duisent³ fort ; je fuis ceux qui sont chiches⁴,
Et cherche les plus sots, quand ils sont les plus riches.
Je les repais de vent⁵, que je mets à haut prix ;
Prends garde à ce qui peut allécher leurs esprits ;
Sais toujours applaudir, jamais ne contredire ;   445
Être de tous avis, en rien ne les dédire ;
Du blanc donner au noir la couleur et le nom ;
Dire sur même point tantôt oui, tantôt non.
Ce sont ici leçons de la plus fine étoffe⁶ ;
Je commente cet art, et j'y suis philosophe :   450
Le livre que j'en fais⁷ aura, sans contredit,
Plus que ceux de Platon, de vogue et de crédit. »
Nous nous sommes quittés, remettant la dispute ;
J'ai quelque ordre important qu'il faut que j'exécute.
De la part d'un soldat, que je sers à présent,   455
Je vais trouver Thaïs, et lui faire un présent ;

---

1. Tandis que les autres ont le rôt, le bon de l'affaire : voyez la notice du *Cas de conscience* (tome V, p. 339-340).

2. .... Mais c'étoit le vieux style.
(*La Gageure*, vers 239.)

3. Conviennent : tome VI, p. 43 et note 7.
4. *Nicaise*, vers 55 et note 4.
5. De vents. (1729.)
6. *Le Berceau*, vers 24 et note 6.

— J'ai bien un avis d'autre étoffe.
(Regnier, épître III, vers 55.)

7. Chez Térence, il ne fait pas de « livre », mais il engage son interlocuteur à le suivre comme premier disciple de sa secte.

Il est tel que mon âme en est presque tentée :
C'est une jeune esclave à Rhodes achetée :
L'âge en est de seize ans, l'embonpoint d'un peu plus ;
La taille en marque vingt. Et pour moi je conclus   460
Qu'elle soit, et pour cause, en vertu d'hyménée,
Aux desirs d'un époux bientôt abandonnée,
Ou je crains fort d'en voir quelque autre possesseur.
Ce grand abord de gens au logis de sa sœur,
Le scrupule des noms d'ingrate et de cruelle[1],   465
De ces cœurs innocents la pitié criminelle,
Cent autres ennemis d'un honneur mal gardé[2],
Marquent le sien perdu, du moins fort hasardé.
Mais entre eux le débat : n'étant point ma parente,
La suite m'en doit être au moins indifférente :   470
L'exposant au danger sans crainte et sans souci,
Je m'en vais la querir dans un lieu près d'ici ;
Et plût à quelque dieu qu'en passant par la rue,
Du rival de mon maître elle fût aperçue !
Voici son Parmenon qui s'avance à propos ;   475
Pour peu qu'il tarde ici, nous en dirons deux mots.

SCÈNE II.

PARMENON.

Notre amant, ayant dit mille fois en une heure :
« Quoi ! s'éloigner des lieux où mon âme demeure !
N'irai-je pas ! irai-je ? » enfin s'est hasardé,
Et mille fois encor m'a tout[3] recommandé :   480

---

1. Un scrupule du genre de ceux de la nonne (*Mazet*, vers 152), d'Alix (*le Faiseur*, vers 65).

2.   Moins d'ennemis attaquent leur pudeur.
                           (*Mazet*, vers 20.)

3. M'a bien. (1729.)

L'EUNUQUE.

Que je prenne bien garde au nombre des visites
Qu'on peut rendre en personne ou bien par parasites;
Qu'aux environs d'ici nul ne fasse un seul tour
Dont mon livre chargé[1] ne l'instruise au retour;
Et que, si je surprends le soldat auprès d'elle,   485
Je tienne des clins d'œil un registre[2] fidèle;
Écrive leur propos de l'un à l'autre bout,
Ne laisse rien passer, et sois présent à tout :
Car le sage ne doit qu'à soi-même s'attendre[3].
C'eût été pour quelque autre un plaisir de l'entendre;
Moi, qui sans cesse marche, et qui trotte, et qui cours,
Je ne ris[4] qu'à demi de semblables discours,
Et je souhaiterois, du fond de ma pensée[5],
Que le dieu Cupidon eût la tête cassée :
Cela feroit grand bien aux pieds de cent valets.   495
J'approche de Thaïs, et voici son palais.
Quoi! j'aperçois aussi notre flatteur à gage[6]!

SCÈNE III.

PARMENON; GNATON, conduisant Pamphile.

PARMENON.

Avance, homme de bien!

GNATON.

Contemple ce visage.

---

1. Mon livre de comptes, de notes, mon livre-journal, mon livre de raison. Comparez *A Femme avare*, vers 60 :
  Déchargez-en votre livre, de grâce.
2. Voyez *les Rémois*, vers 127.
3. Ne t'attends qu'à toi seul, c'est un commun proverbe.
  (*L'Alouette et ses Petits*, vers 1 et note 3.)
4. Je ne vis (1729.) — 5. Au fond [de] ma pensée. (*Ibidem.*)
6. Livre VI, fable III, vers 22.

ACTE II, SCÈNE III.

PARMENON.

Le coquin parle en prince, et n'est qu'un gueux parfait.

GNATON.

Tu te penses moquer, je suis prince en effet.

PARMENON.

Des fous, cela s'entend.

GNATON.

Quoi! des fous? Il n'est sage
Qui sous moi ne dût faire un an d'apprentissage.

PARMENON.

En quel art?

GNATON.

De goinfrer[1].

PARMENON.

Je le trouve très beau.
Si tu peux y savoir quelque secret[2] nouveau,
Il n'est point d'industrie à l'égal de la tienne[3].

GNATON.

Va, tu mérites bien que je t'en entretienne;
Seulement traitons-nous un mois à tes dépens.

PARMENON.

Volontiers : mais dis-moi, sans me mettre en suspens,
Quelle est cette beauté qu'en triomphe[4] tu mènes?

GNATON.

Celle qui va bientôt t'épargner mille peines.
Je te trouve honnête homme, et suis fort ton valet.
D'un mois, par mon moyen, ni lettre, ni poulet,
Ni billet à donner, ni réponse à prétendre[5].

1. Au livre II, fable xx, vers 46 : « goinfrerie ».
2. Tome V, p. 568.
3. Vers 418.
4. *Les Filles de Minée*, vers 515.
5. *Sex ego te totos, Parmeno, hos menses quietum reddam,*
   Ne sursum deorsum cursites, neve usque ad lucem vigiles.
   (TÉRENCE, vers 277-278.)

L'EUNUQUE.

PARMENON.

Je commence, Gnaton, d'avoir peine à t'entendre.

GNATON.

Ni nuits à faire guet avec tes yeux d'Argus[1]. 515

PARMENON.

Tu me gênes[2] l'esprit par ces mots ambigus;
Veux-tu bien m'obliger?

GNATON.

Comment?

PARMENON.

De grâce, achève.

GNATON.

Avec toi pour un mois les courses ont fait trêve.

PARMENON.

Je le crois; mais encor, dis-m'en quelque raison.

GNATON.

Thaïs, par ce présent, sera toute à Thrason. 520

PARMENON.

Je veux qu'il soit ainsi : quelle en sera la suite?

GNATON.

Pour un homme subtil, et si plein de conduite,
Tu devrois pénétrer et voir un peu plus loin :
Je veux, encore un coup, te délivrer de soin.
Thrason voyant Thaïs, ceux dont elle est aimée 525
Peuvent tous s'assurer que sa porte est fermée :
Ton maître comme un autre; et tu n'entendras plus
Ni souhaits impuissants, ni regrets superflus,
Ni : « Quel est ton avis? » ni : « Fais-lui tel message[3]. »

PARMENON.

Ah! combien voit de loin l'homme prudent et sage!

1. Voyez *la Coupe*, vers 365 et note 3 :
   Damon, de peur de pis, établit des Argus, etc.

2. Au sens propre du mot : Tu me mets l'esprit à la gêne, à la torture.

3. Tome IV, p. 33.

ACTE II, SCÈNE III.

J'avois peine à comprendre où tendoit ce propos;
Mais, grâce aux immortels, j'aurai quelque repos.

GNATON.

Dis, grâces à Gnaton.

PARMENON.

Et rien pour cette belle?

GNATON.

A propos, que t'en semble [1]?

PARMENON, voulant toucher Pamphile.

O dieux! qu'elle est rebelle!
Du bout du doigt à peine on ose lui toucher.   535

GNATON.

Nul mortel que Thrason n'a droit d'en approcher.

PARMENON.

Pour un si rare objet on peut tout entreprendre.

PAMPHILE.

Dieux! quelle patience il faut pour les entendre!
Gnaton, conduis-moi vite, et ne te raille point.

PARMENON.

De grâce, écoute-moi, je n'ai plus qu'un seul point.

GNATON.

Dis ce que tu voudras.

PARMENON.

Quel est son nom?

GNATON.

Pamphile.

PARMENON.

Point d'autre?

GNATON.

Que t'importe?

PARMENON.

Est-elle en cette ville
Depuis un fort long temps?

---

1. *Sed quid videtur*
    Hoc tibi mancipium?
              (TÉRENCE, vers 273-274.)

L'EUNUQUE.

GNATON.

Ton caquet m'étourdit.

PARMENON.

Saurai-je son pays, son âge?

GNATON.

Est-ce tout dit?

PARMENON.

Tu te fais trop prier, n'étant pas si beau qu'elle[1]. 525

GNATON.

Te confondent les dieux, et toute ta séquelle!
Je te sauve un gibet, te souhaitant ceci.

PARMENON.

Ton bon vouloir mérite un ample grand merci[2] :
Un jour nous t'en rendrons quelque digne salaire.

GNATON.

Tu le peux sans tarder. Mais n'as-tu point affaire[3] ? 530

PARMENON.

Pour toi, quand j'en aurois, je voudrois tout quitter.

GNATON.

De ce pas à Thaïs viens donc me présenter;
Sers-moi d'introducteur[4].

PARMENON.

Tu ris, mais il n'importe.
Entre seul, tu le peux.

GNATON.

Tiens-toi donc à la porte,
Et garde[5] qu'on ne laisse entrer dans la maison 535

---

1. Elle, au contraire, a le droit de se faire prier, et s'en sert (vers 534-535).
2. Voyez la *Mandragore*, vers 110 et note 3.
3. *Detineo te : fortasse tu profectus alio fueras.*
(TÉRENCE, vers 280.)
4. *Tum tu igitur paululum da mihi operæ : fac ut admittar.*
(*Ibidem*, vers 281.)
5. Vers 389 et note 1.

ACTE II, SCÈNE IV.

Quelque autre messager que celui de Thrason;
Je t'en donne l'avis, comme ami de ton maître :
Et peut-être qu'un jour il saura reconnoître
De quelque bon repas ce conseil important.

PARMENON.

Encor deux jours de vie, et je mourrai content.   560

GNATON.

Il te faut bien un mois à la bonne mesure.

PARMENON.

Non, non, je te rendrai ces mots avec usure,
Dans deux jours au plus tard.

GNATON.

      Nous le verrons. Adieu.

PARMENON.

Mon galant est parti : qu'ai-je affaire en ce lieu?
J'avois dessein de voir cette sœur prétendue;   565
Et je me trompe fort, ou c'est peine perdue
De s'en aller offrir, après un tel présent,
Notre vieillard[1] flétri[2], chagrin, et mal plaisant;
Mais il faut obéir.

SCÈNE IV.

CHERÉE, PARMENON.

PARMENON.

   Où courez-vous, Cherée?

CHERÉE.

C'en est fait, Parmenon, ma perte est assurée.   570

---

1. Le véritable eunuque acheté par Phædrie, Dorus.
2. Plus haut, chez Térence, lorsque Parmenon aperçoit Pamphile conduite par Gnaton (vers 230-231) :

  .... *Mirum, ni ego me turpiter hodie hic dabo*
  Cum meo decrepito hoc eunucho.

PARMENON.

Comment?

CHERÉE.

L'as-tu point vue en passant par ces lieux?

PARMENON.

Qui?

CHERÉE.

Certaine beauté, qui, s'offrant à mes yeux,
N'a rien fait que paroître, et s'est évanouie.

PARMENON.

Vous en avez la vue encor toute éblouie.

CHERÉE.

O dieux! Mais où chercher? Que le maudit procès 575
Puisse avoir quelque jour un sinistre succès!

PARMENON.

Comment? quoi? quel procès?

CHERÉE.

Ah! si tu l'avois vue!

PARMENON.

Et qui?

CHERÉE.

Cette beauté de mille attraits pourvue.

PARMENON.

Hé bien?

CHERÉE.

Tu l'aimerois, et cet objet charmant
Ne peut souffrir qu'un cœur lui résiste un moment.
Ne me parle jamais de tes beautés communes;
Leurs caresses me sont à présent importunes,
Rien que de celle-ci mon cœur ne s'entretient.

PARMENON.

Vraiment! c'est à ce coup que le bon homme en tient[1].
L'un de ses fils aimoit; l'autre, plein de furie, 585
Passera les transports de son frère Phædrie.

1. Tome V, p. 573 et note 1.

ACTE II, SCÈNE IV.

De l'humeur dont je sais que le cadet est né,
Ce ne sera que jeu; dans deux jours, de l'aîné.

CHERÉE.

Aussi ne sauroit-il avoir l'âme charmée
Des traits d'une beauté plus digne d'être aimée.   590

PARMENON.

Peut-être.

CHERÉE.

En doutes-tu ?

PARMENON.

C'est un trop long discours.
Vous aimez ?

CHERÉE.

A tel point que si d'un prompt secours....

PARMENON.

Tout beau, demeurons là, ne marchons pas si vite :
Où prétendez-vous donc ce soir aller au gîte ?

CHERÉE.

Hélas ! s'il se pouvoit, chez l'aimable beauté.   595

PARMENON.

Certes, pour un malade il n'est point dégoûté.

CHERÉE.

Tu ris et je me meurs.

PARMENON.

Mais encor, quel remède
Faudroit-il apporter au mal qui vous possède[1] ?

CHERÉE.

De ce mot de remède en vain tu m'entretiens,
Si par tes prompts efforts bientôt je ne l'obtiens.   600
Tu m'as dit tant de fois : « Essayez mon adresse ;
Votre âge le permet, aimez, faites maîtresse[2]. »

---

1. *Adonis*, vers 235-236.

2. *Scis te mihi sæpe pollicitum esse :* « *Chærea, aliquid inveni
Modo, quod ames : utilitatem in ea re faciam ut cognoscas meam.* »
(TÉRENCE, vers 308-309.)

J'aime, j'en ai fait une¹ : achève, et montre-moi
Que mon cœur se pouvoit engager sur ta foi.

PARMENON.

Je l'ai dit en riant, et sans croire votre âme, 605
Pour un discours en l'air, susceptible de flamme.

CHERÉE.

Qu'il ait été promis ou de bon ou par jeu,
Si tes soins, Parmenon, ne me livrent dans peu
Cette même beauté qui captive mon âme,
Je ne vois que la mort pour terminer ma flamme. 610

PARMENON.

Dépeignez-la-moi donc.

CHERÉE.

Elle est jeune, en bon point².

PARMENON.

Celui qui la menoit?

CHERÉE.

Je ne le connois point.

PARMENON.

Le nom d'elle?

CHERÉE.

Aussi peu.

PARMENON.

Son logis?

CHERÉE.

Tout de même.

PARMENON.

Vous ne savez donc rien?

1. Comparez Corneille, *le Menteur*, vers 253, *la Toison d'or*, vers 365, et les *Poésies diverses* (xiv, tome X, p. 55) :

Si je perds bien des maîtresses,
J'en fais encor plus souvent.

2. Tome IV, p. 345 et note 3. — Chez Térence, vers 318 :

Color verus, corpus solidum et succi plenum.

ACTE II, SCÈNE IV.

CHERÉE.

Rien, sinon que je l'aime.

PARMENON.

Me voilà bien instruit. Quel chemin ont-ils pris ? 615

CHERÉE.

Tandis qu'elle arrêtoit mes sens et mes esprits,
Notre hôte Archidemide, avec son front sévère[1],
Est venu m'aborder, et m'a dit que mon père
Ne faillît pas demain d'être son défenseur
Contre l'injuste effort d'un puissant agresseur ; 620
Et, comme les vieillards sont longs en toute chose,
D'un récit ennuyeux il m'a déduit sa cause,
Tant qu'après notre adieu je n'ai plus aperçu
L'objet de ce desir qu'en passant[2] j'ai conçu.

PARMENON.

C'est être malheureux.

CHERÉE.

Autant qu'homme du monde.

PARMENON.

Vous l'avez bien maudit ?

CHERÉE.

Que le Ciel le confonde !
Depuis plus de deux ans nous ne nous étions vus.

PARMENON.

Il se rencontre ainsi des malheurs imprévus.
Celui qui la menoit est quelque homme de mine[3] ?

CHERÉE.

Rien moins[4]. Tu le croirois un pilier de cuisine ; 630
Et lui seul, sans mentir, est aussi gras que deux.

PARMENON.

Son habit ?

---

1. *La Servante justifiée*, vers 64 et note 5.
2. Rien qu'à la voir passer : vers 473 et 571.
3. Rapprochez *le Muletier*, vers 20.
4. Tome IV, p. 46 et note 1.

CHERÉE.
Fort usé.
PARMENON.
Leur train[1] ?
CHERÉE.
Je n'ai vu qu'eux.
PARMENON.
C'est elle assurément.
CHERÉE.
Qui ?
PARMENON.
Rassurez votre âme ;
Je connois maintenant l'objet de votre flamme....
CHERÉE.
L'as-tu vue ?
PARMENON.
Elle-même.
CHERÉE.
Et tu sais son logis ? 635
PARMENON.
Je le sais.
CHERÉE.
Parmenon, dis-le-moi.
PARMENON.
Chez Thaïs.
Comme ils venoient d'entrer, je vous ai vu paroître ;
C'est un don que lui fait le rival de mon maître.
CHERÉE.
Il doit être puissant.
PARMENON.
Plus en bruit qu'en effet.
CHERÉE.
Qu'il m'en fasse un pareil, j'en serai satisfait. 640

1. Tome VI, p. 96 et note 1.

ACTE II, SCÈNE IV.

PARMENON.

On vous croit sans jurer.

CHERÉE.

Mais qu'en pense Phædrie ?
Je n'y vois point pour lui sujet de raillerie.

PARMENON.

Qui sauroit son présent le plaindroit beaucoup plus.

CHERÉE.

Quel présent ?

PARMENON.

Un vieillard impuissant et perclus,
Sans esprit, sans vigueur[1], sans barbe[2], sans perruque,
Un spectre, un songe, un rien, pour tout dire un [eunuque,
Dont encore il prétend, contre toute raison,
Pouvoir contrecarrer le présent de Thrason.
Si l'on nous laisse entrer, je veux perdre la vie.

CHERÉE.

S'il est aussi[3] reçu, qu'il me donne d'envie ! 650

PARMENON.

Vous préservent les dieux d'un heur pareil au sien !
Ce seroit pour Pamphile un mauvais entretien[4].

CHERÉE.

Quoi ! garder une fille et si jeune et si belle !
Coucher en même chambre, et manger auprès d'elle[5],
La voir à tout moment sans crainte et sans soupçon,

---

1.   *Illumne, obsecro,*
Inhonestum hominem, quem mercatus est heri, senem, mulierem ?
                              (Térence, vers 356-357.)
2. Tome IV, p. 447 et note 5.
3. « Mais aussi s'il est.... » : ci-dessus, vers 360.
4. Tome V, p. 450 et note 6.
5. *O fortunatum istum eunuchum, qui quidem in hanc detur domum !*
  — *Quid ita ? — Rogitas ? Summa forma semper conservam domi*
Videbit, conloquetur ; aderit una in unis ædibus ;
Cibum nonnunquam capiet cum ea ; interdum propter dormiet.
                              (*Ibidem*, vers 365-368.)

Tu ne voudrois pas être heureux de la façon[1]?

PARMENON.

Vous pouvez aisément avoir cette fortune[2] :
La ruse est assurée autant qu'elle est commune.
D'un voyage lointain depuis peu revenu,
Sans doute chez Thaïs vous êtes inconnu : 660
Il faut prendre l'habit que notre eunuque porte :
Vous passerez pour lui, déguisé de la sorte.
Votre menton sans poil[3] y doit beaucoup aider.

CHERÉE.

Et l'on me donnera cette belle à garder?

PARMENON.

Et sans doute à garder vous aurez cette belle. 665
Mais après?

CHERÉE.

Innocent! je puis lors auprès d'elle
Boire, manger, dormir, lui parler en secret.

PARMENON.

Usez-en tout au moins comme un homme discret.

CHERÉE.

Tu ris?

PARMENON.

Des vains projets où l'amour vous emporte.
Vous vous croyez dedans avant qu'être à la porte; 670
Et, sans savoir encor quelle est cette beauté,
D'un espoir amoureux votre cœur est flatté :
Il faut auparavant s'acquérir une entrée.

CHERÉE.

L'échange[4] proposé me la rend assurée.

---

1. De la sorte : tome V, p. 241 et note 2.
2. *Quid si nunc tute for unatus fias?* (TÉRENCE, vers 369.)
3. Ci-dessus, vers 645.
4. Plutôt la substitution.

ACTE II, SCÈNE IV.

PARMENON.
Oui, s'il se pouvoit faire.

CHERÉE.
A d'autres, Parmenon! 675

PARMENON.
Quoi! vous avez donc cru que c'étoit tout de bon[1]?

CHERÉE.
Tout de bon ou par jeu[2], derechef il n'importe;
Et, si je ne l'obtiens ou d'une ou d'autre sorte,
Je suis mort.

PARMENON.
Mais avant que de vous engager,
Pesez, encore un coup, la grandeur du danger. 680

CHERÉE.
Trop de raisonnement peut nuire en telle affaire :
L'occasion se perd tandis qu'on délibère;
Un autre la prendra, j'en aurai du regret.

PARMENON.
Mais au moins pourrez-vous me garder le secret?

CHERÉE.
Ne crains rien.

PARMENON.
Priez donc Amour qu'il favorise 685
De quelque bon succès cette haute entreprise.

CHERÉE.
Amour! si sa beauté peut s'offrir à mes sens,
Tu ne manqueras plus ni d'autels ni d'encens[3].

---

1.   *Quid agis? Jocabar equidem.*
                           (TÉRENCE, vers 378.
2. Ci-dessus, vers 607.
3. Rapprochez la scène VII de l'acte II du *Muet*.

FIN DU DEUXIÈME ACTE.

ACTE III.

SCÈNE PREMIÈRE.

THRASON.

Il faut dire le vrai, j'en voulois à Pamphile[1] ;
Et, bien que pour Thaïs une[2] amour plus facile   690
Étouffât celle-ci presque encore au berceau,
Sans mentir j'ai regret de perdre un tel morceau[3].
Je ne sais quel remords tient mon âme occupée ;
Mais encore être ainsi de mes mains échappée,
C'est le comble du mal, et souffrir qu'un enfant   695
Des lacs d'un vieux routier[4] se sauve en triomphant.
Me préservent les dieux d'une beauté naissante !
Il n'est point de méthode en amour si puissante
Qui ne fût inutile à qui s'en piqueroit[5] ;
Souvent ces jeunes cœurs sont plus durs qu'on ne croit ; 700
Pour gagner son amour, je ne sais point de voie :
C'est un fort[6] à tenir aussi longtemps que Troie.
J'aurois, sans me vanter, depuis qu'elle est chez moi,
Réduit à la raison quatre filles de roi.
J'eusse pu l'épouser, mais je fuis la contrainte ;   705
Le seul nom de l'hymen me fait frémir de crainte[7] :

---

1. J'avais un caprice pour elle : livre I, fable IV, vers 8.
2. Tome VI, p. 179 et note 3. — 3. Tome V, p. 421 et note 8.
4. *Ibidem*, p. 541 et note 1.
5. Tome VI, p. 52 et note 1. — 6. *Ibidem*, p. 26.
7. C'est un thème cher à la Fontaine : comparez *Belphégor*, vers 315-316.

Et je ne voudrois pas que mon cœur fût touché
De l'espoir d'un royaume à Pamphile attaché.
Rien n'est tel, à qui craint une femme importune,
Que de vivre en soldat, et chercher sa fortune¹.   710
On se pousse² partout, on risque sans souci,
Et qui n'y gagne rien, n'y peut rien perdre aussi.
Mais rarement Thrason se plaint-il d'une dame;
Jusqu'ici peu d'objets ont régné sur son âme
Sans payer son amour³ d'une ou d'autre façon⁴.   715
Phædrie en pourroit bien avoir quelque leçon;
Je n'en pense pas plus, n'étant point d'humeur vaine.
Voyons si notre agent⁵ aura perdu sa peine :
Le voici qui s'approche.

SCÈNE II.

THRASON, GNATON.

THRASON.

Hé bien, qu'as-tu gagné?

GNATON.

Que de peine, Seigneur, vous m'avez épargné!   720
Je vous allois chercher au port et dans la place⁶.

1.   Cherchons partout notre fortune.
                        (*Joconde*, vers 247.)

2. « Que ne vous poussez-vous? » (*le roi Candaule*, vers 148 et note 6).

3.   .... L'une ou l'autre payra sa peine.
                (*La Fiancée*, vers 584 et note 10.)

4. Ci-dessus, vers 678. — 5. Vers 429.

6. Comme Marinette dans le *Dépit amoureux* de Molière, acte I, scène II, vers 87-89 :

Pour vous chercher j'ai fait dix mille pas,
Et vous promets, ma foi.... — Quoi? — Que vous n'êtes pas
Au temple, au cours, chez vous, ni dans la grande place.

THRASON.

Tu me rapportes donc des actions de grâce[1]?

GNATON.

Le faut-il demander? J'en suis tout en chaleur.

THRASON.

Enfin le don lui plaît?

GNATON.

Non tant pour la valeur,
Que pour venir de vous[2]; c'est là ce qui la touche, 725
Et ce qu'à tous moments elle a dedans la bouche,
Comme un des plus grands biens qu'elle ait jamais reçus.
Vous ririez de l'ouïr triompher[3] là-dessus.

THRASON.

Ce qui vient de ma part cause ainsi de la joie;
J'ai cent fois plus de gré[4] d'un bouquet que j'envoie,
Qu'un autre n'en auroit de quelque don de prix,
Fût-ce même un trésor.

GNATON.

Vivent les bons esprits!
Il n'est, à bien parler, que manière à tout faire[5].
D'un travail de dix ans ce que le sot espère,
L'honnête homme, d'un mot, le lui viendra ravir. 735

THRASON.

Aussi le roi m'emploie, et j'ai su le servir
A la guerre, en amour, auprès de ses maîtresses,
Quoique j'eusse souvent ma part de leurs caresses.

---

1. *Magnas vero agere gratias Thais mihi?*
(TÉRENCE, vers 391.)

2. .... *Non tam ipso quidem
Dono, quam abs te datum esse.*
(*Ibidem*, vers 392-393.)

3. Tome V, p. 324 et note 5.

4. On me sait cent fois plus de gré : livres I, fable xiv, vers 34, X, fable i, vers 60.

5. Il n'est que de savoir s'y prendre.

ACTE III, SCÈNE II.

GNATON.

Mais s'il l'apprend aussi[1]?

THRASON.

Gnaton, soyez discret.
Je ne découvre pas à tous un tel secret. 740

GNATON.

C'est fait en homme sage.

Tout bas, se tournant.

Il l'a dit à cent autres.

Haut.

Le roi n'agréoit donc autres soins que les vôtres?

THRASON.

Que les miens; et parfois se trouvant dégoûté
Du tracas importun qui suit la royauté,
Comme s'il eût voulu.... tu comprends ma pensée[2]? 745

GNATON.

Prendre un peu de bon temps, toute affaire laissée[3].

THRASON.

Cela même. Aussitôt il m'envoyoit quérir :
Seuls ainsi nous passions les jours à discourir
De cent contes plaisants que je lui savois faire;
Et s'il se présentoit quelque importante affaire, 750
Après avoir le tout entre nous disposé,
Son conseil n'en avoit qu'un reste déguisé;
Et souvent, malgré tous, ma voix étoit suivie,

GNATON.

Lors chacun d'enrager, mourir, crever d'envie?

THRASON.

Et Thrason de s'en rire.

GNATON.

À l'oreille du roi? 755

1. Vers 650 et note 3.
2. *Tum sicubi eum satietas*
Hominum, aut negoti si quando odium ceperat,
Requiescere ubi volebat, quasi.... nostin'?
(TÉRENCE, vers 403-405.)
3. Comparez *le Faiseur*, vers 58 et 78.

THRASON.

Qui peut te l'avoir dit?

GNATON.

C'est qu'ainsi je le croi.

THRASON.

Sur ce propos, un jour qu'il remarquoit leur peine,
Le chef des éléphants, appelé Metasthène,
Des plus considérés près du prince à présent,
Ne se put revancher[1] d'un trait assez plaisant.   760
Il mâchoit de dépit quelque mot dans sa bouche,
Et me tournant les yeux[2] : « Qui vous rend si farouche?
Sont-ce les bêtes, dis-je, à qui vous commandez[3]? »

GNATON.

Et le roi, qu'en dit-il?

THRASON.

Nous étant regardés,
Il ne put à la fin s'empêcher de sourire.   765
Je dis, sans vanité, peu de mots qu'il n'admire.

GNATON.

Comme vous en parlez, c'est un prince poli[4].

THRASON.

Peu d'hommes ont, de vrai, l'esprit aussi joli :
Surtout il s'entend bien à placer son estime.

GNATON.

Celle qu'il fait de vous me semble légitime.   770

THRASON.

T'ai-je dit un bon mot, qu'en un bal invité....

1. *Le Faiseur*, vers 172 et note 6.
2. Roulant des yeux furibonds. On dit familièrement : « tourner une paire d'yeux à quelqu'un ».
3.   *Quæso, inquam, Strato,*
   Eone es ferox, quia habes imperium in belluas?
                         (TÉRENCE, vers 414-415.)
4.   *Regem elegantem narras.*
                         (*Ibidem*, vers 408.)

ACTE III, SCÈNE II.   57

GNATON.

Non. Bas, se tournant. Plus de mille fois il me l'a raconté¹.

THRASON.

Nous étions régalés² du satrape Orosmède,
Chacun avoit sa nymphe³ ; alors un Ganymède
Approchant de la mienne, aussitôt je lui dis   775
Que les restes de Mars seroient pour Adonis⁴.

GNATON.

Le jeune homme rougit?

THRASON.

Belle demande à faire?
Il rougit, et d'abord fut contraint de se taire :
Depuis chacun m'a craint.

GNATON.

Avec juste raison.
N'ont-ils point un recueil des bons mots de Thrason?

THRASON.

Je t'en conterois cent; mais changeons de matière.
Thaïs, comme tu sais, est femme assez altière,
Jalouse, et d'un esprit à tout craindre de moi :
Dois-je, en quittant sa sœur, lui confirmer ma foi?

GNATON.

Rien moins. Il vaut bien mieux la tenir en cervelle⁵.
Ayez toujours en main⁶ quelque⁷ amitié nouvelle⁸ :

1. *Nunquam tibi dixi? — Nunquam; sed narra, obsecro. Plus millies audivi.*
(TÉRENCE, vers 421-422.)
2. Tome V, p. 190. — 3. Tome VI, p. 129 et note 5.
4. Rapprochez Corneille, *Médée*, vers 641-642.
5. En éveil, en inquiétude : comparez Brantôme, tomes IV, p. 221, 373, V, p. 143, VII, p. 113, etc.; Montaigne, tome III, p. 78; Scarron, *Jodelet*, acte I, scène v; Regnard, *le Distrait*, acte III, scène xi; et les *Lexiques de Malherbe* et *de Corneille*.
6. « Dès que le sire avoit donzelle en main » (*les Rémois*, vers 21 et note 6).
7. Une. (1729.) — 8. Quelque amour nouveau : tome V, p. 588.

De ce secret d'amour l'effet n'est pas petit;
C'est par là qu'on maintient les cœurs en appétit,
Et qu'on accroît l'amour au lieu de le détruire.
Mais je fais des leçons à qui devroit m'instruire. 790
THRASON.
Comment un tel secret a-t-il pu m'échapper?
GNATON.
Des soins plus importants pouvoient vous occuper;
Vous rêviez, je m'assure[1], à quelque haut fait d'armes.
THRASON.
Il est vrai que la guerre a pour moi de tels charmes
Qu'ils me font oublier tous les autres plaisirs. 795
GNATON.
Mais l'amour trouve aussi sa part dans vos desirs?
THRASON.
Entre Mars et Vénus mon cœur se sent suspendre,
Est recherché des deux, ne sait auquel entendre;
Laissons là leur débat. Quel traité m'as-tu fait?
GNATON.
Tel qu'un plus amoureux en seroit satisfait; 800
Thaïs se veut purger de tous sujets de plainte :
Deux jours, par mon moyen, sans rival et sans crainte
Vous lui rendrez visite en dépit des jaloux.
THRASON.
Je t'aime.
GNATON.
Et du dîner sur moi reposez-vous;
Je l'ai fait, en passant, apprêter chez votre hôte. 805
THRASON.
De faim jamais Gnaton ne mourra par sa faute.
GNATON.
Qu'y faire? il faut bien vivre ici comme autre part.
THRASON.
Retourne chez Thaïs, et dis-lui qu'il est tard.

---

1. Tome I, p. 176; et ci-dessus, vers 526.

SCÈNE III.

THAIS, THRASON, GNATON.

THAÏS.
Il n'en est pas besoin, je viens sans qu'on m'appelle.
THRASON.
Sais-je faire un présent?
THAÏS.
Certes la chose est belle; 810
Mais je n'estime au don¹ que le lieu dont il vient².
GNATON.
Notre dîner est prêt, s'il ne vous en souvient.
THRASON, à Thaïs.
Plus rare et d'autre prix je vous l'aurois donnée.
GNATON.
Toujours en compliments il se passe une année;
Le dîner nous attend, hâtons-nous, c'est assez. 815
THAÏS.
Nous ne sommes, Gnaton, pas encor si pressés.
Il me faut du logis donner charge à Pythie.
GNATON.
Tout ira comme il faut, j'en réponds sur ma vie.
THAÏS.
Sans avoir pris ce soin, je n'ose m'engager³.
GNATON.
Puissent mes ennemis de femmes se charger! 820
Elles n'ont jamais fait⁴, toujours nouvelle excuse.
THAÏS.
De vains retardements à tort on nous accuse;
Votre sexe se laisse encor moins gouverner.

1. Tome VI, p. 340 et note 4. — 2. Vers 724-725.
3. Vers 679. — 4. Page 8 et note 2.

GNATON.
Ne tient-il point à moi[1] que nous n'allions dîner?
THAÏS.
Ne plaise aux dieux, Gnaton, qu'on ait telle pensée.
GNATON.
Je ne vous en vois point pour cela plus pressée.
THAÏS.
Allons, si tu le veux.

SCENE IV.

THAIS, THRASON, GNATON; PARMENON,
amenant Cherée.

PARMENON.
Un mot auparavant.
GNATON.
Nous voici, grâce aux dieux, aussi prêts que devant :
Je dînerai demain, s'il plaît à la fortune.
Fais vite, Parmenon, ta harangue importune.   830
PARMENON.
Mon maître, par votre ordre absent de ce séjour,
Avecque ce présent vous offre le bonjour.
Je ne veux point passer la loi qui m'est prescrite,
Ni parler de ses pleurs quand il faut qu'il vous quitte :
De vous-même à son mal vous pouvez compatir,   835
Et le croire affligé sans l'avoir vu partir.
Faisant un don plus riche, il eût eu plus de joie;
Mais au moins de bon cœur croyez qu'il vous l'envoie.
THRASON.
Le présent peut passer.

1. N'allez-vous pas prétendre que c'est à moi qu'il tient, etc. : tome IV, p. 315 et note 3.

ACTE III, SCÈNE IV.

THAÏS.

Il me charme en effet.
Je ne l'aurois pas cru si beau, ni si bien fait.   840

PARMENON.

On l'appelle Doris : et quant à son adresse,
En tout ce que l'on doit apprendre à la jeunesse
On l'a, dès son jeune âge, instruit et façonné.
A quoi que de tout temps il se soit adonné,
Soit aux arts libéraux, soit aux jeux d'exercice,   845
A sauter, à lutter[1], à courir dans la lice,
Il a toujours passé pour un des plus adroits.
Enfin, permettez-lui de parler quelquefois,
Vous l'entendrez bientôt en conter des plus belles ;
Il vous entretiendra de cent choses nouvelles.   850
Mon maître cependant n'exige rien de vous :
Vous ne le trouverez importun ni jaloux ;
Il ne vous contera ni bons mots ni faits d'armes ;
Et vous pouvez, Thaïs, disposer de vos charmes
Sans craindre qu'il s'offense et vous tienne en souci,
Comme un de vos amants qui n'est pas loin d'ici.
Faites entrer chez vous soldats et parasites,
Pourvu qu'il puisse rendre à son tour ses visites
(J'entends quand vous serez d'humeur ou de loisir) ;
Il se tiendra content par delà son desir[2].   860

THRASON.

Si ton maître avoit dit ce que tu viens de dire....

---

1. *Luiter*, dans l'édition originale : rapprochez *Adonis*, vers 149 et note 1.

2. *Atque hæc qui misit, non sibi soli postulat*
Te vivere, et sua causa excludi cæteros;
Neque pugnas narrat, neque cicatrices suas
Ostentat, neque tibi obstat, quod quidam facit.
Verum ubi molestum non erit, ubi tu voles,
Ubi tempus tibi erit, sat habet, tum si recipitur.
(TÉRENCE, vers 480-485.)

PARMENON.

Comme j'en suis l'auteur, vous n'en faites que rire ?

THRASON.

Dois-je contre un valet employer mon courroux ?
Que t'en semble, Gnaton ?

GNATON.

Seigneur, épargnez-vous[1].

THRASON.

Je te croirai. Thaïs, ce parleur m'incommode. 865

GNATON.

De vrai, les compliments ne sont plus à la mode ;
Allons.

THAÏS.

Quand on voudra.

THRASON.

Qu'un long discours déplaît !

GNATON.

Surtout, à mon avis, quand le dîner est prêt.

THAÏS.

Du zèle et du présent je lui suis obligée.

PARMENON.

Le don ne vous tient pas vers mon maître engagée ; 870
S'il doit être payé, c'est du zèle sans plus.

GNATON.

Remettons à tantôt ces discours superflus ;
Il n'est pas maintenant saison de repartie.

THAÏS.

Tu me permettras bien d'ordonner à Pythie
Que le soin de Pamphile à Doris soit commis. 875

GNATON.

Faites que Gnaton dîne, et tout vous est permis.

---

1. Ménagez-vous, ne vous faites pas de bile.

SCÈNE V.

THRASON, GNATON, PARMENON.

PARMENON.

Pour un entremetteur[1], on te fait trop attendre :
Ce n'est point là le gré[2] que tu pouvois prétendre ;
Et si j'avois reçu tel présent par Gnaton,
Il se verroit à table assis jusqu'au menton.   880
On ne devroit ici rendre aucune visite
Sans avoir un billet signé de Parasite ;
Il lui faut cependant mettre tout son espoir
A courir tout le jour pour déjeuner au soir.
Pour moi, je ne crois pas qu'autre chose il attrape, 885
Si ce n'est que son roi le fasse un jour satrape,
Ou que, las de courir et battre le pavé,
Plus haut que son mérite il se trouve élevé[3].
Que dis-tu de ces mots ? Ai-je su te le rendre[4] ?

THRASON.

Le coquin veut railler. Gnaton, va nous attendre ; 890
Je vais prendre Thaïs.

GNATON.

Laissez-moi cet emploi
Un chef doit autrement tenir son quant à moi[5].

THRASON.

Adieu donc, Parmenon : tu diras à Phædrie

---

1. Vers 429.
2. Ci-dessus, vers 730 et note 4.
3. En bon français : « il soit pendu ».
4. Ai-je su te « tenir coup », te « rendre le change » ? comme il est dit aux vers 39 et 41 de *Mazet*.
5. Comparez *Joconde*, vers 175 et note 4 ; et Noël du Fail, tomes I, p. 10, p. 105 : « Il faisoit bien le suffisant, le quant à

64   L'EUNUQUE.

Que Thaïs, pour un temps, trouve bon qu'il l'oublie ;
Que pour l'entretenir deux jours me sont assez.   895
    PARMENON.
Ne vous en vantez point avant qu'ils soient passés.

SCÈNE VI.

PARMENON, demeure seul.

Ceci pour notre eunuque assez bien se prépare.
Pendant qu'ils dîneront, il faut qu'il se déclare,
Prenne l'occasion, et ne perde un moment
A pousser des soupirs et languir vainement.   900
Non que parlant d'amour il rencontre œuvre faite[1] :
Alors qu'on en vient là[2], toutes ont leur défaite :
Tel souvent en a peu qui croit en avoir tout,
Et même va bien loin sans aller jusqu'au bout[3].
Que Pamphile d'ailleurs volontiers ne l'écoute[4],   905
Toute sage qu'elle est, je n'en fais point de doute :
C'est le propre du sexe, il veut être flatté[5],
Et se plaît aux effets que produit sa beauté.
Puis notre homme a de quoi charmer la plus sévère[6] :

moy, et se cuydant bien valoir quelque chose par sus les aultres »,
II, p. 98 ; Regnier, satire x, vers 62 :

  Il se met sur un pied et sur le quant à moi ;

Molière, le *Dépit amoureux*, acte IV, scène II :

  Elle m'a répondu, tenant son quant à moi.

 1. *Mazet*, vers 84 et note 6.
 2. *Ibidem*, vers 124.
 3.   Froid est l'amant qui ne va jusqu'au bout.
     (*Le Magnifique*, vers 117 et note 3.)
 4. Comparez *la Coupe*, vers 167.
 5. Tome VI, p. 80 et note 5.
 6. *Les Rémois*, vers 181 et note 4 ; et *Clymène*, vers 112.

ACTE III, SCÈNE VI.

Il est jeune, il est beau, toujours prêt à tout faire[1] ; 910
En dit plus qu'on ne veut, sait bien le débiter,
Est d'humeur libérale, et donne sans compter.
Si par ces qualités d'abord il ne la touche,
Le temps, qui peut gagner l'esprit le plus farouche,
Ne lui permettra pas d'y faire un long effort, 915
Et ce peu de loisir m'embarrasse très fort :
Je crains notre vieillard, qu'on attend d'heure en heure.
Il n'a jamais aux champs fait si longue demeure[2] ;
Quelque charme puissant l'y retient arrêté ;
S'il revient une fois, le mystère est gâté[3]. 920
O dieux ! c'est fait de nous, le voici qui s'avance ;
Je ne sais quel frisson m'annonçoit sa présence.
Parmenon, cependant que tout seul il discourt,
Va te précipiter[4], ce sera ton plus court ;
Qui pourroit toutefois choisir une autre voie[5].... 925
Le vieillard est plus doux qu'il ne veut qu'on le croie :
L'amour pour ses enfants, qu'il laisse à l'abandon[6],
Fait qu'il me reste encor quelque espoir de pardon ;
Usons à cet abord[7] d'un peu de complaisance.

1. « Prêts à bien faire » (*le Calendrier*, vers 117 et note 2).
2. Tome V, p. 550 et note 1. — 3. Tome VI, p. 20 et note 3.
4.   Je crois bien
   Qu'il ne se fût précipité lui-même.
   (*La Jument*, vers 57 et note 3.)

5. Tel est le texte de l'édition originale et de celle de 1729 ; mais le vers, au lieu d'y être suivi de plusieurs points, l'est d'un point et virgule. Cela rend le sens fort obscur ; aussi Walckenaer a-t-il cru devoir corriger, sans prévenir :

   Tu pourrois toutefois choisir une autre voie.

« Ce changement que rien n'autorise, dit avec raison M. Marty-Laveaux, jette, à ce qu'il me semble, beaucoup de froideur sur tout le passage. Le vers s'explique fort bien d'ailleurs par un sens suspendu, et la tournure est alors pleine de vivacité. »
6. Abandonnés à eux-mêmes, à leurs caprices, la bride sur le cou.
7. Tome IV, p. 27 et note 2.

SCÈNE VII.

DAMIS, PARMENON.

PARMENON.

Je me plaignois, Monsieur, de votre longue absence.
DAMIS.
En ma maison des champs je trouve un goût exquis,
Et ne fis jamais mieux qu'alors que je l'acquis.
PARMENON.
Sophrone et vos enfants sont d'avis tout contraire.
DAMIS.
Les voir changer d'humeur n'est pas ce que j'espère :
Bien loin de se réduire au champêtre séjour, 935
Ma femme aime à causer, mon aîné fait l'amour.
PARMENON.
Cette façon d'agir plairoit à peu de pères :
Quand il s'agit d'amour, presque tous sont sévères ;
A cet âge impuissant lorsqu'ils sont arrivés,
Ils donnent des conseils qu'ils n'ont point observés. 940
DAMIS.
Quant à moi, je me rends plus juste et plus commode :
Non qu'il faille en tout point que l'on vive à sa mode ;
Mais aimer quelque peu ne fut jamais blâmé,
Et moi-même autrefois je m'en suis escrimé[1].
Il est vrai que le gain n'en vaut pas la dépense : 945
Aux uns il faut présents, aux autres récompense,
Corrompre les valets[2], et les entretenir ;
Mais les dieux m'ont toujours donné pour y fournir.

1. Tome IV, p. 474 et note 4.
2.   J'ai corrompu trente valets,
    Afin de rendre mes poulets, etc.
(CORNEILLE, *Poésies diverses*, VII, tome X des Œuvres, p. 40.)

ACTE III, SCÈNE VII.

Si je fais peu d'acquêts, que mes fils s'en accusent ;
C'est eux, et non pas moi, qu'après tout ils abusent. 950
Ayant connu d'abord mon esprit indulgent,
L'aîné va, ce me semble, un peu vite à l'argent ;
Des beautés de Thaïs son âme est fort touchée ;
Et bien qu'il m'ait tenu cette flamme cachée,
J'en sais plus qu'il ne croit, et le souffre aisément : 955
Thaïs vaut qu'on l'estime, à parler franchement ;
Peu voudront toutefois qu'elle entre en leur famille ;
Veuve, on la doit priser un peu moins qu'une fille :
Notre ville est féconde en partis bien meilleurs,
Et mon fils, après tout, doit s'adresser ailleurs. 960
Pour un choix plus sortable il faut qu'il se dispose :
Je t'en veux, Parmenon, proposer quelque chose.
Mais où sont mes enfants ? Je les voudrois bien voir.

PARMENON.

Votre aîné, par malheur, est absent d'hier au soir.

DAMIS.

D'où pourroit provenir un si soudain voyage ? 965
N'est-il point arrivé quelque noise[1] en ménage ?

PARMENON.

Je ne sais.

DAMIS.

Plût aux dieux que quelque changement
Lui fît prendre bientôt un autre sentiment !
Mais comme sans leur aide il ne se peut rien faire,
Allons leur de ce pas recommander l'affaire. 970

[1] Tome VI, p. 103 et note 1.

FIN DU TROISIÈME ACTE.

ACTE IV.

SCÈNE PREMIÈRE.

CHERÉE, déguisé en eunuque ; PAMPHILE.

CHERÉE.

C'est trop rêver, Pamphile, et mon zèle indiscret
Ne sauroit plus souffrir cet entretien secret.
Dans quelques doux pensers qu'une âme soit plongée,
Souvent elle a besoin d'en être dégagée ;
Et, lorsqu'on l'abandonne à ce triste plaisir, 975
Elle songe à ses maux avec plus de loisir.
Souffrez donc....

PAMPHILE.

    C'est assez, et ta bonté m'oblige,
Quoique le noir chagrin qui sans cesse m'afflige
Empêche mon esprit d'en pouvoir profiter.

CHERÉE.

Et qu'auriez-vous, Pamphile, à vous tant attrister ? 980
Vous êtes jeune et belle, et, si je l'ose dire,
Ce sont les seuls trésors où toute femme aspire.

PAMPHILE.

Je suis jeune, il est vrai ; pour belle, on me le dit :
Ce discours près du sexe est toujours en crédit ;
Mais quand de pareils dons le Ciel m'auroit comblée, 985
A peine en verrois-tu mon âme moins troublée ;

---

1. Les actes IV et V sont très différents chez Térence et chez la Fontaine, sauf aux pages 82, 104, 108 et 110.

ACTE IV, SCÈNE I.

L'objet de mes malheurs me touche beaucoup plus.
Les dieux nous vendent cher tous ces biens superflus ;
Souvent, par mille maux, nous en payons l'usure.

CHERÉE.

C'est que l'esprit humain en prend mal la mesure ; 990
Injuste en son estime autant qu'en ses desirs,
Il compte les douleurs, sans compter les plaisirs.

PAMPHILE.

Ne me crois pas, Doris, d'une âme si légère :
Sans amis, sans parents, et partout étrangère,
J'ai sujet de rêver, et tu n'en verras point 995
Que le sort obstiné persécute à tel point.

CHERÉE.

Chacun pense le même[1], et moi comme tout autre ;
Le mal d'autrui n'est rien quand nous parlons du nôtre.
Vous vous croyez en butte aux plus sensibles coups ;
Je sais tel qui pourroit en dire autant que vous. 1000
Celui dont je vous parle est un autre moi-même ;
Il me ressemble assez, et souffre un mal extrême
Pour certaine beauté qui vous ressemble aussi,
Et qui fuit, comme vous, l'amour et son souci.

PAMPHILE.

Si j'étois cet ami, j'affranchirois mon âme 1005
Des injustes liens de l'objet qui l'enflamme.

CHERÉE.

Si vous étiez l'objet des vœux qu'il a conçus ?

PAMPHILE.

Peut-être qu'à la fin ses vœux seroient reçus.

CHERÉE.

Qui vous diroit ceci pour préparer votre âme....
Tout de bon[2], si quelqu'un vous découvroit sa flamme,
N'étant rien ici-bas qui ne puisse arriver

---

1. La même chose. — 2. Vers 676.

(J'entends à quelque fin que l'on doive approuver),
Agréríez-vous son offre ? et votre âme, touchée,
Prendroit-elle plaisir à s'en voir recherchée ?

PAMPHILE.

Selon ce qu'il auroit d'aimable et de parfait. 1015

CHERÉE.

Je le suppose riche, honnête, assez bien fait,
D'âge au vôtre sortable[1], enfin tel, à tout prendre,
Qu'aux partis les plus hauts il ait droit de prétendre[2].

PAMPHILE.

J'aime ces qualités dont il seroit pourvu ;
Mais, pour en bien parler, il faudroit l'avoir vu. 1020

CHERÉE.

Vous le voyez, Pamphile, et vous allez connoître
Un feu qui ne peut plus s'empêcher de paroître.
Par un excès d'amour, sous cet habit trompeur
Je me suis pour esclave offert à votre sœur ;
Né libre cependant, on m'appelle Cherée ; 1025
La noblesse des miens ne peut être ignorée :
Peu de partis ici voudroient me refuser ;
Mon zèle est toutefois plus que tout à priser ;
Ne le dédaignez point. Quoi ! vous fuyez, Pamphile ?

PAMPHILE.

Insolent, quitte-moi, ta fourbe est inutile. 1030
Pythie !

CHERÉE.

Auparavant, encore un mot ou deux.

PAMPHILE.

Qui t'a fait entreprendre un coup si hasardeux ?
En vain tu fais servir ces honneurs à ta flamme :
L'espoir d'y prendre part n'aveugle point mon âme ;

1. Vers 961.
2. A des partis plus hauts ce beau fils doit prétendre.
(CORNEILLE, *le Cid*, vers 170.)

ACTE IV, SCÈNE I.

Le Ciel m'a faite esclave, il est vrai ; mais crois-tu 1035
Que cette qualité répugne à la vertu ?

CHERÉE.

Qui le croiroit, Pamphile, après vous avoir vue ?
Les sévères appas dont vous êtes pourvue
Désespèrent les cœurs qu'ils viennent d'enflammer ;
Mais, sous le nom d'hymen, il est permis d'aimer. 1040
Loin[1] de votre pays esclave et délaissée,
Où pourriez-vous ici porter votre pensée ?
Par là je n'entends point mépriser vos appas :
Le mérite en est grand ; mais l'heur n'y répond pas.
Tant que[2] l'effort des ans[3] en détruise l'empire, 1045
Assez d'amants viendront vous conter leur martyre ;
Assez d'amants aussi, d'un discours mensonger,
Vous offriront un cœur toujours prêt à changer.
Devant que vous soyez à leurs vœux exposée,
Prévenez le dépit de vous voir abusée ; 1050
Faites un choix plus sûr, il vous est important.

PAMPHILE.

Peut-être dans ta foi n'es-tu pas plus constant.

CHERÉE.

Pamphile, croyez-en ces soupirs et ces larmes.

PAMPHILE.

Ah ! cesse d'employer le secours de leurs charmes[4],
Ote-moi ta présence, engage ailleurs ta foi ; 1055
Veux-tu rendre mon cœur plus esclave que moi ?
Va, ne réplique point, étouffe ton envie ;
Crains d'attacher tes jours aux malheurs de ma vie ;
Va-t'en, laisse-moi seule et me plaindre et souffrir.

CHERÉE.

Un sort plus favorable en vos mains vient s'offrir. 1060

---

1. S'il est permis d'aimer, loin, etc. (1729.) — 2. Jusqu'à ce que.
3. *Philémon et Baucis*, vers 161. — 4. Ci-dessus, vers 289-290.

L'EUNUQUE.

PAMPHILE.

Ce n'est point l'intérêt qui me rendra facile;
Et si je cède.... hélas! achève pour Pamphile.
Que sert de m'expliquer? Tu lis dedans mon sein.

CHERÉE.

Et que rencontrez-vous d'injuste en ce dessein?

PAMPHILE.

Je ne sais, je crains tout, je suis irrésolue :   1065
Va briguer quelque voix sur mon cœur absolue.

CHERÉE.

Que je tienne de vous l'espoir d'un si grand bien.

PAMPHILE.

Sans l'aveu de Thaïs je ne te promets rien ;
Elle a sur mes desirs une entière puissance :
Ce que j'aurois aux miens[1] rendu d'obéissance,   1070
Je le dois à ses soins, par qui j'espère enfin
Retrouver mes parents, et changer de destin.

CHERÉE.

Pamphile, songez-y, la chose est importante ;
Et puisqu'en vos malheurs un moyen se présente,
Ne le rejetez pas : il est en votre main.   1075

PAMPHILE.

Qui me peut garantir ce discours incertain?

CHERÉE.

Moi-même.

PAMPHILE.

Un tel garant n'assure point mon âme :
Quand vous voulez montrer l'effet de votre flamme,
Un parent, un tuteur, un ami bien souvent,
Font que de tels projets il ne sort que du vent;   1080
Quelquefois, pour changer, ils vous servent d'excuse.

CHERÉE.

Contre ces lâchetés, dont chacun nous accuse,

1. Vers 182, 239, ci-dessous, vers 1126, etc.

ACTE IV, SCÈNE I.

Je n'oppose qu'un mot : dans trois jours au plus tard,
Si l'effet ne s'en voit ou d'une ou d'autre part,
Vous pourrez m'accuser de parjure et de feinte ; 1085
Mais aussi jusque-là suspendez votre crainte,
Et faites de mes vœux un meilleur jugement.

PAMPHILE.

Le terme n'est pas long, j'y consens aisément :
Mais je vous interdis cependant ma présence,
Comme un juste moyen d'expier votre offense. 1090

CHERÉE.

L'arrêt est rigoureux, le crime étant léger :
J'obéirai pourtant ; mais, pour m'encourager,
Adoucissez la peine à ma ruse imposée :
Cette faveur m'importe, et vous est fort aisée.

PAMPHILE.

Que me demandez-vous ?

CHERÉE.

Pour m'élever aux cieux[1],
Il ne faut qu'un aveu de la bouche ou des yeux.

PAMPHILE.

Et bien, je vous l'accorde ; est-ce assez vous complaire ?

CHERÉE.

Je partirai content après un tel salaire ;
Cependant joindrez-vous vos vœux à mon transport ?

PAMPHILE.

Qu'il ne tienne à cela que tout n'aille à bon port[2] ! 1100

CHERÉE, baisant la main de Pamphile.

Que je jure en vos mains une amour éternelle !

PAMPHILE.

Je trouve du serment la mode un peu nouvelle.

---

1. La belle avoit de quoi mettre un Gascon aux cieux.
(*Le Gascon puni*, vers 30 et note 8.)

2. Qu'est-il de faire afin que l'aventure
Nous réussisse, et qu'elle aille à bon port ?
(*La Mandragore*, vers 122-123.)

CHERÉE.

Ne blâmez point l'excès où mon zèle est tombé.

PAMPHILE.

Il lui faut bien donner ce qu'il m'a dérobé.

CHERÉE.

Ah! dieux! quelles douceurs où mon âme se noie[1]! 1105
Soulagé du tourment, je me meurs de la joie;
Au prix de vos baisers tout me semble commun :
Pamphile, seulement encor la moitié d'un.

PAMPHILE.

Vous en pourriez mourir, et j'aime votre vie.

CHERÉE.

L'hymen saura bientôt en combler mon envie, 1110
Pour un que vous m'avez aujourd'hui retenu.

PAMPHILE.

Aussi n'en meurt-on plus quand ce temps est venu.

CHERÉE.

Si jamais envers vous je change de pensée,
Me punissent les dieux d'une mort avancée.

PAMPHILE.

Vous promettez beaucoup.

CHERÉE.

Je ferai beaucoup plus. 1115
Sans employer le temps en discours superflus,
Je m'en vais de ce pas en parler à mon père :
Dès demain vous saurez ce qu'il faut que j'espère.
Et quand, par une humeur sévère ou d'intérêt,
Il auroit contre nous prononcé quelque arrêt, 1120
Nous pourrions passer outre, et fléchir son courage[2] :
Il sera fort aisé de calmer cet orage.

1. O vous, tristes plaisirs où leur âme se noie!
(*Adonis*, vers 203.)

2. Son cœur : tome VI, p. 202 et note 4.

ACTE IV, SCÈNES II ET III.

PAMPHILE.
Thaïs, si vous sortez, aura soupçon de moi.
CHERÉE.
Je reviendrai bientôt vous confirmer ma foi.

SCÈNE II.

PAMPHILE.

Je ne puis trop priser son ardeur généreuse ; 1125
Loin des miens, après tout, la rencontre est heureuse :
Je dis loin, quoiqu'ici l'on m'ait donné le jour,
Et que tous mes parents y fissent leur séjour.
O dieux ! si mon soupçon se trouvoit véritable,
Si j'étois pour Cherée un parti plus sortable[1], 1130
Et qu'à cette beauté, dont il me semble épris,
L'éclat de la naissance ajoutât quelque prix,
Seroit-il une fille au monde plus heureuse ?
Peu s'en faut que déjà je n'en sois amoureuse.
J'entends du bruit, sortons ; on peut nous écouter. 1135

SCÈNE III.

THAIS, PYTHIE.

PYTHIE.
Ah ! que j'ai de secrets, Madame, à vous conter !
Mais ne le dites pas, vous me feriez querelle.
Ma foi, le compagnon nous l'a su donner belle[2].

---

1. Vers 1017 et note 1.
2.   Pinucio nous l'alloit donner belle.
                    (*Le Berceau*, vers 195 et note 2.)

THAÏS.

Qui?

PYTHIE.

Faut-il demander? Ce beau présent de foin[1]:
Fût-il en Éthopie, ou bien encor plus loin! 1140

THAÏS.

Tu viens de proférer une étrange parole.

PYTHIE.

Chacun n'a pas été comme vous à l'école;
Je m'entends.

THAÏS.

C'est assez.

PYTHIE.

Ceci nous doit ravir.
Vous n'aviez qu'à moitié des gens pour la servir,
Il falloit un eunuque; et le bon de l'affaire[2] 1145
Est que l'on n'a pas dit tout ce qu'il savoit faire.

THAÏS.

Que peut-il avoir fait?

PYTHIE.

Me le demandez-vous?

THAÏS.

Tu fais bien l'innocente en te moquant de nous.

PYTHIE.

Je n'en sais rien au vrai[3]; toutefois je m'en doute.

THAÏS.

Ce sont là des discours si clairs qu'on n'y voit goutte[4].

PYTHIE.

Votre sœur a tantôt, pour ne rien déguiser,

1. De rien, sans valeur. On dit de même « année de foin »,
année de rien, « avocat, médecin, de foin », avocat, médecin, pour
rire, ou « de paille, de brin », etc.
2. Tome V, p. 71 et note 3.
3. Tome IV, p. 300 et note 2.
4. Tome VI, p. 33 et note 2.

ACTE IV, SCÈNE III.

Laissé prendre à Doris sur sa main un baiser.
Savez-vous quel baiser ?

THAÏS.

Fort froid, je m'imagine.

PYTHIE.

En bonne foi, j'ai cru qu'il y prendroit racine :
Ce n'étoit point semblant, car même il a sonné.   1155
Si par mon serviteur un tel m'étoit donné,
Je n'en fais point la fine[1], il me rendroit honteuse.
Enfin, de ce baiser la suite est fort douteuse.

THAÏS.

Tu t'alarmes en vain, c'est marque de respect;
Puis cela vient d'un lieu[2] qui ne m'est point suspect :
Les baisers de Doris sont baisers sans malice,
Il en faudroit beaucoup pour guérir la jaunisse[3].

PYTHIE.

Pas tant que vous croyez, ou je n'y connois rien.
Ah ! que n'ai-je entendu leur premier entretien !
Mais, au cri de Pamphile[4] étant vite accourue,   1165
Comme en quelques endroits la porte étoit fendue,
Il m'est venu d'abord un desir curieux
D'approcher d'une fente et l'oreille et les yeux[5].
Ils ont dit quelques mots d'amour, de mariage;
Que votre sœur ne peut prétendre davantage;   1170
Que Doris est pour elle un assez bon parti;
Tant qu'enfin au baiser le tout est abouti.

THAÏS.

Ton récit est confus, j'ai peine à le comprendre.

---

1. Je l'avoue bonnement : comparez Molière, tome VI, p. 419 et note 3; et le *Lexique de Corneille*.
2. Ci-dessus, vers 811.
3. Tome V, p. 306 et note 4.
4. Vers 1031.
5. *Joconde*, vers 179-180.

L'EUNUQUE.

PYTHIE.

Aussi ne pouvoit-on qu'à moitié les entendre.
Voilà ce que j'en sais, fondez votre soupçon. 1175
Doris n'est point esclave, au moins à sa façon :
Je ne sais quoi de grand paroît sur son visage;
Tels valets ne sont point sans doute à notre usage.
A force d'y rêver, mon esprit s'est usé[1].
Madame, si c'étoit quelque amant déguisé! 1180
Telle fourbe en amour souvent s'est publiée.

THAÏS.

Ma sœur se seroit-elle à ce point oubliée?
J'ai cru sur sa vertu me pouvoir assurer.

PYTHIE.

En ce monde il ne faut jamais de rien jurer :
Les prudes bien souvent nous trompent au langage[2].

THAÏS.

Qu'est devenu Doris?

PYTHIE.

Il a troussé bagage[3].

THAÏS.

Il falloit tout au moins l'empêcher de sortir.

PYTHIE.

J'étois hors de mon sens, pour ne vous point mentir.

THAÏS.

Au retour de Phædrie on en saura l'histoire.

PYTHIE.

C'est ce que j'oubliois, tant j'ai bonne mémoire : 1190
A peine vous sortiez qu'il m'est venu trouver.

THAÏS.

Je le croyois aux champs.

PYTHIE.

Il en vient d'arriver.
« De longtemps, m'a-t-il dit, je connois ton adresse;

1. *La Chose impossible*, vers 41 et note 4.
2. *Belphégor*, vers 170.
3. Tome IV, p. 480 et note 2.

ACTE IV, SCÈNE III.

Tu sais la passion que j'ai pour ta maîtresse :
De m'en priver deux jours hier au soir je promis, 1195
Et crus qu'allant trouver aux champs quelques amis,
Ils pourroient de ce temps adoucir l'amertume ;
Mais à nul autre objet mon œil ne s'accoutume,
De nul autre entretien mon esprit n'est charmé.
Je pourrois vivre un siècle avec elle enfermé ; 1200
Vivre sans elle un jour m'est un trop grand supplice,
Et je ne suis pas sûr que ceci s'accomplisse
Sans que vous y perdiez la fleur de vos amis.
Si de ce long exil un jour ne m'est remis,
Je ne donnerois pas un denier de ma vie. 1205
Pour le souffrir je crois que tu m'es trop amie :
Fais valoir cet ennui qui cause mon retour ;
Dis que Thrason pour elle a beaucoup moins d'amour,
Qu'il prescrit trop de lois et se rend incommode :
Je t'abrège ceci, pour l'étendre à ta mode. » 1210
Voilà ce qu'il m'a dit, et tiens qu'il a raison.
Plutôt que de me voir caresser par Thrason,
J'aimerois cent fois mieux que l'autre m'eût battue.
Le soldat est trop vain, sa présence me tue :
Il n'a qu'une chanson[1] dont il nous étourdit ; 1215
Et, hors de ses exploits, c'est un homme interdit[2] ;
Puis, qu'on soit toute à lui : ma foi, l'on s'y dispose.

THAÏS.

Que veux-tu ? jusqu'ici ma sœur en est la cause.

PYTHIE.

Ne dissimulez plus, vous avez votre sœur.
Mais devrois-je parler avecque tant d'ardeur 1220
Pour ce donneur d'eunuque à la mode nouvelle ?

THAÏS.

Peut-être en le donnant l'a-t-il cru plus fidèle.

1. Tome IV, p. 139 et note 1.
2. Qui ne trouve plus un mot à dire.

PYTHIE.

Envoyez-le querir, vous l'entendrez parler.
THAÏS.
Comment, s'il vient ici, le pourra-t-on celer?
PYTHIE.
Quand Thrason le saura, vous avez votre conte[1]. 1225
THAÏS.
Je ne saurois tromper sans scrupule et sans honte.
Qu'on cherche toutefois Phædrie et son présent.
PYTHIE.
Vos gens les trouveront au logis à présent;
Dorie aura bientôt traversé cette rue.

SCÈNE IV.

THAIS.

A l'entendre parler, elle en doit être crue; 1230
Qu'un esclave pourtant se soit fait écouter[2],
A moins que l'avoir vu, j'ai sujet d'en douter :
Ma sœur fit toujours cas d'une vertu sévère.
Ceci n'est point d'ailleurs arrivé sans mystère ;
Phædrie ou Parmenon m'ont joué quelque tour; 1235
Mais quoi! la tromperie est permise en amour[3].
Je ne dois seulement accuser que Pamphile :
Aux desirs d'un amant se rendre si facile,
Ni grâces ni faveurs ne savoir ménager,
Ce n'est pas le moyen de pouvoir l'engager : 1240
Trop d'espoir à l'abord en étouffe le zèle.
Ah! que si j'eusse été fille encore comme elle!...
Mais ne nous plaignons point, et laissons tous ces vœux.

1. Votre compte : tomes I, p. 227 et note 12, VI, p. 10 et note 3, etc.
2. Ci-dessus, vers 905. — 3. Tome VI, p. 9 et note 4.

Ne pouvoir disposer d'un seul de ses cheveux[1],
D'un seul de ses desirs, d'un moment de sa vie, 1245
N'est pas une fortune à donner de l'envie :
Les maris sont jaloux, ou bien sans amitié.
Tel qui ne nous voyoit, disoit-il, qu'à moitié,
Quand il est possesseur[2], cherche ailleurs sa fortune[3].
Une femme en deux jours leur devient importune; 1250
Il faut, sans murmurer, souffrir leur peu de foi,
Et c'est là le plus dur de cette injuste loi.
Ce n'est qu'avec regret qu'en perdant ma franchise[4],
Pour la seconde fois on m'y verra soumise;
Et je crains que ma sœur n'en dise autant aussi. 1255
La pourvoir d'un époux est mon plus grand souci :
Ce qui convient à l'une est à l'autre incommode;
Et si c'est mon talent que de vivre à la mode,
Dans un autre dessein je dois l'entretenir.

SCÈNE V.

PHÆDRIE, THAIS, PYTHIE; DORUS,
véritable eunuque; DORIE.

PYTHIE.

Dorie est de retour, vos gens s'en vont venir; 1260
Les voici. Mais quel homme accompagne Phædrie?
Est-ce pour se moquer, ou pour nous faire envie?
O l'agréable objet, et digne d'être vu !

PHÆDRIE.

Mon retour en ces lieux est peut-être imprévu;
Vous ne m'attendiez pas après tant d'assurances. 1265

1. Voyez le conte x de la IIe partie, vers 9.
2. Jouissant : tomes II, p. 432, IV, p. 254, VI, p. 46, etc.
3. Vers 710 et note 1. — 4. En abdiquant ma liberté.

J. DE LA FONTAINE. VII   6

PYTHIE.

Toujours de la façon,[1] trompez nos espérances :
La surprise nous plaît, pourvu que le soldat
Laisse passer le tout sans bruit et sans éclat.

PHÆDRIE.

Nous saurons l'adoucir, quoiqu'il tranche[2] du brave.

THAÏS.

Vous a-t-on pas prié d'amener cet esclave   1270
Que pour servir ma sœur vous aviez acheté,
Et que votre valet m'a tantôt présenté?

PHÆDRIE.

Le voilà.

THAÏS.

Quoi! cet homme à la peau si flétrie?
Parlez-vous tout de bon[3], ou si c'est raillerie?

PYTHIE.

Qui n'auroit point eu d'yeux seroit bien attrapé.   1275

PHÆDRIE.

Je n'en sache point d'autre, ou les miens m'ont trompé.
Mais pourquoi jetez-vous cet éclat de risée[4]?

PYTHIE.

L'autre a le teint plus frais qu'une jeune épousée ;
Il ne sauroit avoir que vingt ans tout au plus,
Et vous nous amenez un vieillard tout perclus[5].   1280

---

1. Ci-dessus, vers 656. — 2. Vers 387. — 3. Vers 1010.
4. Au vers 339 du *Roi Candaule* : « grand éclat de risée ».
5. *Videam; obsecro, quem? — Hunc scilicet. — Quis hic est homo?
— Qui ad vos deductus hodie'st. — Hunc oculis suis
Nostrarum nunquam quisquam vidit, Phædria.
— Non vidit? — An, tu hunc credidisti esse, obsecro,
Ad nos deductum? — Nam alium quem habui neminem. — Au!
Ne comparandus hic quidem ad illum'st. Ille erat
Honesta facie et liberali. — Ita visus est
Dudum, quia varia veste exornatus fuit ;
Nunc tibi videtur fædus, quia illam non habet.
— Tace, obsecro! quasi vero paulum intersiet.
Ad nos deductus hodie est adolescentulus*

ACTE IV, SCÈNE V.

PHÆDRIE.
Tu me tiens des propos où mon esprit s'égare.
THAÏS, regardant Dorus.
Ce que cet homme en sait, il faut qu'il le déclare.
PHÆDRIE, à Dorus.
Es-tu double ? Viens çà, réponds sans hésiter.
DORUS.
Monsieur, c'est Parmenon qui me l'a fait prêter.
PHÆDRIE.
Quoi prêter ?

DORUS.
   Mon habit.
PHÆDRIE.
     A quel homme ?
DORUS.
        A Cherée. 1285
THAÏS.
N'en demandez pas plus, la fourbe est avérée.
PHÆDRIE.
D'où saurois-tu son nom ?
DORUS.
     Parmenon me l'a dit.
PHÆDRIE.
Mais je te trouve encor couvert du même habit.
DORUS.
Incontinent après il me l'est venu rendre.
PHÆDRIE.
A moins qu'être devin, l'on n'y peut rien comprendre.
THAÏS.
Lui hors, on vous dira le tout de point en point[1].
PHÆDRIE, à Dorus.
Va, retourne au logis, et ne t'éloigne point.

Quem tu videre vero velles, Phædria.
Hic est vietus, vetus, veternosus, senex,
Colore mustellino, etc. (TÉRENCE, vers 676-689.)

1. Tome V, p. 298 et note 3.

SCÈNE VI.

PHÆDRIE, THAIS, PYTHIE.

PHÆDRIE.

Que direz-vous enfin de ma foi violée ?
Si l'aise[1] de vous voir pour un peu reculée
A rendu mon esprit toujours inquiété ; 1295
Si le jour, loin de vous, me paroît sans clarté ;
Si je veille au plus fort de l'ombre et du silence,
Jugez ce que feroit une plus longue absence ;
Et si mon amour craint le seul éloignement,
Jugez ce que feroit un triste changement. 1300

THAÏS.

Il faudra toutefois y résoudre votre âme ;
Nous verrions à la fin soupçonner notre flamme :
Mon cœur accorde mal ce différent souci ;
Et si vous m'êtes cher, l'honneur me l'est aussi.

PHÆDRIE.

Cette vertu me charme en redoublant ma peine : 1305
Vous méritez, Thaïs, une amour plus certaine ;
Dans une autre saison je saurois y pourvoir ;
Mon cœur, comme le vôtre, a soin de son devoir.
Je ne vous aime pas pour faveur que j'obtienne :
L'aveu de mes parents, ou leur mort, ou la mienne,
Feront voir que ce cœur, prêt à se déclarer,
S'il ne doit avoir tout, ne veut rien espérer.

THAÏS.

De quoi me peut servir cette ardeur généreuse ?
Pour plaire à vos parents, je suis trop malheureuse ;
Se fonder sur leur mort est un but incertain : 1315

1. Tome V, p. 267 et note 6.

On se trompe souvent aux ordres du destin.
Le reste me fait peur, et jusque-là mon âme
Voyoit avec plaisir l'effort de votre flamme;
Faites un choix plus sûr, suivez votre devoir,
Et croyez que je puis vous aimer sans vous voir. 1320
PHÆDRIE.
N'essayez point, Thaïs, de me rendre coupable;
D'un si lâche dessein je me trouve incapable;
Puisqu'un autre devoir se joint à mon desir,
Je me rends au plus fort, et n'ai point à choisir.

SCÈNE VII.
PHÆDRIE, THAIS, PYTHIE, DORIE.
DORIE.
Un Monsieur tout chargé de clinquant vous demande.
THAÏS.
C'est Chremès, car voici deux jours que je le mande.
Qu'il monte; et toi, Pythie, entretiens-le un moment.
Nous, allons voir ma sœur sur cet événement.
PYTHIE.
Comment? seule avec lui?
PHÆDRIE.
Que tu fais la sucrée[1]!

---

[1]. La modeste, l'innocente, la scrupuleuse, l'affectée, l'empruntée. Dans la *Ballade des livres d'amour*, vers 2 : « Alizon la sucrée ». Comparez Coquillart, tomes I, p. 126 : « nos gorgiases, nos sucrées », II, p. 49 : « les plus sucrées et drues », p. 121 : « les plus sucrées et plus parées », p. 255 :

 Ne faictes pas tant la sucrée;

Rabelais, tome I, p. 45 : « Il faisoit le sucré », p. 297 : « les plus sucrées damoyselles »; du Fail, tome II, p. 18 : « La sucrée n'eust osé dire Couillard »; Marot, tome I, p. 281 :

 Nos poupinettes tant sucrées;

86   L'EUNUQUE.

PYTHIE.

Quoi! vous semblé-je donc une chose sacrée   1330
Qu'on n'oseroit toucher?
THAÏS.
J'approuve ton souci;
Mais, tant qu'avec[1] Pamphile on se soit éclairci,
Défends-toi, si tu peux, et garde[2] qu'il s'ennuie.
PYTHIE.
Je l'entends, sortez vite.

SCÈNE VIII.

CHREMÈS, PYTHIE.

CHREMÈS.
Et quoi! voilà Pythie?
J'ai cru que pour sa noce on venoit me prier.   1335

Belleau, tome I, p. 204 : « Venus la sucrée »; Brantôme, tome IX, p. 237 : « Elle faisoit de la sucrée, de la chaste, de la prude, de la feinte »; Henri Estienne, *Deux Dialogues du nouueau langage françois italianizé*, p. 187 : « Quelle raison y a t il qu'ung homme ait honte de dire ung mot que les dames de la cour, qui ont des bouches tant sucrées, n'ont point honte de dire? »; Corneille, *le Menteur*, vers 1414 :

Faites moins la sucrée, et changez de langage;

Scarron, *le Virgile travesti*, livre VII :

Elle faisoit bien la sucrée;

Molière, *l'Étourdi*, vers 971 :

Elle fait la sucrée et veut passer pour prude;

Tallemant des Réaux, tome VII, p. 212 : « Cette Mme de Bragelonne, qui faisoit tant la sucrée, n'avoit pas meilleure réputation qu'une autre »; Voltaire, *l'Enfant prodigue*, acte IV, scène IV :

Vous, infidèle, avec votre air sucré!

1. Vers 1045 et note 2 : voyez le *Lexique de Corneille*.
2. Prends garde : ci-dessus, p. 42 et note 5.

ACTE IV, SCÈNE VIII.

PYTHIE.
Je n'ai garde, Monsieur, de me tant oublier.
CHREMÈS.
Que me veut donc Thaïs ?
PYTHIE.
Elle s'en va descendre.
CHREMÈS.
Je ne me lasse point jusqu'ici de l'attendre :
Me pût-elle deux jours laisser seul avec toi !   1340
PYTHIE.
Si vous prenez plaisir à vous moquer de moi,
Exercez votre esprit, n'épargnez point Pythie :
Elle souffrira tout, de peur qu'il vous ennuie.
CHREMÈS, lui voulant mettre la main au sein[1].
Souffriras-tu ceci ?
PYTHIE.
Monsieur, arrêtez-vous.
Que ces hommes, voyez, sont fins au prix de nous !
Ils songent dès l'abord toujours à la malice ;   1345
Je suis pour tels galants trop simple et trop novice :
Une autre fois, Monsieur, vous ne m'y tiendrez pas.
CHREMÈS.
Tu veux donc qu'en t'aimant je souffre le trépas ?
PYTHIE.
Assez dans votre sexe on se meurt de parole ;
Je crois que vous allez chacun en même école,   1350
Rien qu'un même discours ne vous sert sur ce point.
Tandis qu'ils sont vermeils et remplis d'embonpoint,
Messieurs sèchent sur pied, du moins à ce qu'ils disent ;
En avons-nous pitié, les galants nous méprisent.
CHREMÈS.
Et puis passer pour simple envers moi tu prétends ?   1355

1. Lui « couler sa main au sein » (*la Servante justifiée*, vers 30).

PYTHIE.

Quand Madame le dit, quelquefois je l'entends;
Ce sont propos d'amour trop fins pour ma boutique,
Et je n'en sus jamais le train ni la pratique¹.

CHREMÈS.

A propos de Madame, a-t-elle encor Thrason ?
Je suis, comme tu sais, ami de la maison ;   1360
Pourquoi ne veux-tu pas renouer connoissance ?

PYTHIE.

Mais, à propos aussi, d'où vient la longue absence
Dont vous avez payé l'accueil qu'on vous faisoit ?

CHREMÈS.

De ce beau fanfaron qu'alors elle prisoit.

PYTHIE.

Peut-être.

CHREMÈS.

    Je l'ai cru : n'en voit-elle point d'autre ? 1365

PYTHIE.

Vous savez ce logis qui regarde le nôtre ?

CHREMÈS.

Un des fils de Damis est encor sur les rangs ?

PYTHIE.

L'aîné.

CHREMÈS.

    J'en suis ravi, car nous sommes parents :
Surtout il a de quoi te donner tes étrennes².

PYTHIE.

Qui, lui ? c'est petit gain, je n'y perds que mes peines,

CHREMÈS.

Que fera-t-il du bien par les siens amassé ?

PYTHIE.

Chacun serre³ son fait⁴, le bon temps est passé.

1. *La Servante justifiée*, vers 2-4.
2. *La Jument*, vers 65.
3. Tome V, p. 365 et note 5. — 4. *Ibidem*, p. 391 et note 2.

CHREMÈS.
Tu ne te plaindrois pas, si j'étois en sa place ;
Et j'ai quelque présent qu'il faut que je te fasse.
PYTHIE.
Faites, vous n'oseriez.
CHREMÈS.
     Aussi, pour m'en payer.... 1375
PYTHIE.
Vers Thaïs, n'est-ce pas, il se faut employer ?
CHREMÈS.
Que tu détournes bien les coups que l'on te porte !
PYTHIE.
J'ai cru qu'il le falloit entendre de la sorte.
CHREMÈS, tirant de son doigt un diamant, et le présentant à Pythie.
Pour me mieux expliquer, tiens, veux-tu cet anneau ?
PYTHIE, le recevant, et l'ayant regardé.
Je ne m'engage à rien, quoiqu'il me semble beau. 1380
CHREMÈS, lui voulant mettre la main au sein.
Si veux-je pour ce coup que ma main se hasarde.
PYTHIE, se retirant, et repoussant sa main.
Il vous faut des tetons ! vraiment on vous en garde[1] !
CHREMÈS.
Mauvaise, laisse-m'en au moins un à tenir.
PYTHIE.
Arrêtez-vous, Monsieur ; j'entends quelqu'un venir.

SCÈNE IX.

CHREMÈS, PYTHIE, DORIE.

DORIE.
Madame est un peu mal, et je viens pour vous dire....

1. Vers 1217.

CHREMÈS.

Que je monte ?

DORIE.

Oui, Monsieur.

CHREMÈS.

J'étois en train de rire.
Foin de la messagère, et de son compliment[1] !
Un beau coup m'est rompu[2] par elle assurément.
De l'endroit où j'en suis[3] souviens-toi bien, Pythie ;
Car je veux à demain remettre la partie.   1390

1. .... Le curé Jean, qui lui dit : « Foin de toi ! »
(*La Jument*, vers 164.)

2. *Rompre un coup, rompre le dé*, arrêter, détourner une chance des dés en les empêchant de rouler librement. Comparez les *Lexiques de Malherbe, de Corneille, de Racine*; et *la Fiancée*, vers 794 et note 2.

3. .... Ils en étoient sur un point, sur un point....
(*Le Cuvier*, vers 23.)

FIN DU QUATRIÈME ACTE.

ACTE V.

SCÈNE PREMIÈRE.
GNATON, sortant de chez Thaïs.

Tu me fais donc chasser, femme ingrate et sans foi!
Est-ce ainsi que l'on traite un agent[1] comme moi?
Quoi! respecter si peu ce sacré caractère!
Le nom d'ambassadeur, que partout on révère,
Est ici méprisé par ce sexe inhumain,   1395
Qui même sur l'autel iroit porter sa main!
Est-il chose assez sainte à l'endroit d'une femme?
Ni respect, ni serment, ne peut rien sur son âme;
Elle viole tout sans honte et sans souci.
A moins que d'apporter, je n'ai que faire ici :   1400
A peine a-t-on reçu le présent de mon maître,
Qu'aucun de ce logis ne le veut plus connoître.
Si pourtant mon avis n'en est point dédaigné,
On l'y verra tantôt, et bien accompagné.
Mais j'aperçois Damis; auroit-il pu m'entendre?   1405
Adieu, pauvre logis, tu n'as qu'à nous attendre!

SCÈNE II.
DAMIS, PARMENON.
DAMIS.

Depuis qu'encore enfant tu me fus présenté,
Ton zèle à me servir s'est toujours augmenté;

1. Vers 718.

Aussi t'ai-je donné mes deux fils à conduire :
Parmenon, si tu peux à l'hymen les réduire[1], 1410
Pour prix de tes travaux, je te veux affranchir.
Peut-être que l'aîné ne se pourra fléchir ;
Son amour pour Thaïs est encore un peu forte ;
Entreprends mon cadet : qui des deux il n'importe.
Dès lors que j'en verrai l'un ou l'autre soumis, 1415
Tu te peux assurer de ce qu'on t'a promis.

PARMENON.

Je ne refuse point un si digne salaire ;
Mais rien que mon devoir ne m'excite à bien faire ;
Vous m'y voyez, Monsieur, déjà tout préparé.
Non que je m'en promette un succès assuré : 1420
Il est des plus douteux du côté de Phædrie,
J'ai beau parler d'hymen, c'est en vain qu'on le prie ;
Tout autre m'entendroit, lui seul me semble sourd.

DAMIS.

Je m'en promettois mieux, lorsque son prompt retour
A détruit mes projets fondés sur son voyage. 1425

PARMENON.

On n'en rencontre point qui tiennent leur courage[2] ;
Tous ces fréquents dépits font peu pour ce regard[3].
Riottes[4] entre amants sont jeux pour la plupart ;

1. Vers 935, 1441, 1511.
2. Persistent dans leur résolution : ci-dessus, vers 1121.
3. A cet égard : comparez le conte du *Juge de Mesle*, vers 10 ; Noël du Fail, tome I, p. 232 ; Brantôme, tomes II, p. 103, VIII, p. 156 ; Montaigne, tomes III, p. 428, IV, p. 82, 92 ; et les *Lexiques de Malherbe et de Corneille*.
4. Querelles, disputes, d'où *riotter, riotteux.* « Ces petites noisettes, ces riottes.... sont nouueaulx rafraischissemens et aiguillons d'amour. » (RABELAIS, tome II, p. 65.) Chez Ronsard, tome II, p. 116 :

Nos chants ne sont combatz, riottes ni finesses :
C'est pour guerir l'amour de nos ieunes maistresses.

« Ilz s'en alloient tout routichant (grondant) et riottant l'ung à l'autre. » (Livre rouge de la Bibliothèque d'Abbeville cité par du Cange.)
« .... Les riotteux, outrecuidez et mesdisans. » (DuFAIL, tome II, p. 283.)

ACTE V, SCÈNE II.

Vous les trouverez tous bâtis[1] sur ce modèle :
Un mot les met aux champs[2], demi-mot les rappelle[3] ;
Et, tout considéré, ce qu'on peut faire ici,
C'est d'en remettre au temps la cure et le souci.
Quant à votre cadet, j'en espère autre chose.

DAMIS.

Qu'il s'assure de moi[4], quelque objet qu'il propose.
Un autre auroit voulu s'en réserver le choix ;   1435
Mais n'étant point d'humeur à prendre tous mes droits,
Si la beauté lui plaît, j'entends qu'il se contente[5],
Et la dot d'une bru ne fait point mon attente.
Il me peut satisfaire et suivre son desir,
Pourvu que de naissance il sache la choisir.   1440
Ceci les réduiroit, s'ils étoient tous deux sages.
J'ai du bien, grâce aux dieux, assez pour trois ménages ;
Il ne m'est plus besoin de former d'autres vœux
Que de me voir bientôt renaître en mes neveux,
Et qu'un petit Cherée entre mes bras se joue.   1445

PARMENON.

Votre desir est juste, et, pour moi, je le loue.

DAMIS.

Je m'en suis, Parmenon, si fort entretenu,
Que je crois déjà voir mon cadet revenu.

PARMENON.

Vous le verrez aussi, dormez en assurance ;

---

1. *Richard Minutolo*, vers 189 et note 4.
2. Hors d'eux-mêmes. — « .... Voilà Monsieur le Duc et Monsieur le Prince aux champs, et le Roi en colère. » (SAINT-SIMON, tome I, p. 387.)
3. Rapprochez, pour ces dépits d'amants, renouvellements d'amour, Plaute, *Amphitryon*, acte III, scène II, vers 59-62, Térence, *l'Andrienne*, acte III, scène VI, vers 23, l'ode charmante d'Horace, *Donec gratus eram tibi*, etc., etc., et le *Dépit amoureux* de Molière qui parut deux ans après *l'Eunuque* de la Fontaine.
4. Qu'il ait confiance en moi : tome V, p. 278 et note 8.
5. *Ibidem*, p. 551 et note 3.

Je ne suis pas devin, mais j'ai bonne espérance. 1450
Qui vous en parleroit¹, Monsieur, dès aujourd'hui....

DAMIS.

Tu flattes un peu trop l'amour que j'ai pour lui.

PARMENON.

Il n'est, à mon avis, que d'avancer matière².

DAMIS.

Je remets en tes mains mon espérance entière.

PARMENON.

Il s'en faut assurer le plus tôt qu'on pourra. 1455

DAMIS.

Agis, parle, dispose ainsi qu'il te plaira;
Tâche à³ me rendre heureux par un double hyménée :
Si l'aîné pour Thaïs tient son âme obstinée,
Je consens qu'il l'épouse avant la fin du jour.
D'abord il te faudra combattre son amour, 1460
Et, s'il ne se rend point, lui redonner courage.
Tu me vois, grâce aux dieux, assez sain pour mon âge;
Mais si la mort nous trompe, et rend libre mon fils,
Il conclura l'affaire, ou peut-être encor pis.
Je remets, Parmenon, le tout à ta prudence. 1465
De leurs plus grands secrets ils te font confidence :
Ménage ton crédit, et m'avertis de tout;
Il n'y faut plus penser, si tu n'en viens à bout.
Je m'en vais cependant trouver Archidemide :
Par des tours de chicane un voisin l'intimide; 1470
Tu peux en voir l'avis qu'il me vient d'envoyer.
A les mettre d'accord on devroit s'employer :
Il ne s'agit enfin que de fort peu de chose.
Cette lettre contient un récit de la cause,

---

1. Et si l'on vous en parlait; que diriez-vous si l'on vous en parlait? Ci-dessus, vers 1009.
2. Tome V, p. 149 et note 4.
3. Tome VI, p. 335 et note 6.

Mais si long, si confus, que je veux, sans tarder, 1475
M'en instruire aujourd'hui, pour demain la plaider.
PARMENON.
Dites-lui qu'il abrège, et que votre présence
Ne nous manque au besoin¹ par trop de complaisance.
DAMIS.
Il est long, en effet.
PARMENON.
Gardez² de l'être aussi.
DAMIS.
Son logis, en tout cas, n'est qu'à trois pas d'ici. 1480
PARMENON, seul.
Les voilà bien ensemble, et je tiens que le nôtre
A rebattre³ un discours l'emporte dessus l'autre.
Pour moi, j'ai de la peine à souffrir cet excès :
Quand un plaideur s'en vient m'enfiler⁴ son procès,
Quelque excuse aussitôt m'épargne un mal de tête, 1485
De peur d'être surpris la tenant toujours prête :
D'un « Mon maître m'attend » j'interromps leur caquet.
Qu'Archidemide vienne, il aura son paquet⁵,
Fût-il plus révérend⁶ cent fois qu'il ne nous semble.

1. Ci-dessus, vers 416. — 2. Vers 1333 et note 2.
3. Tome VI, p. 67 et note 1.
4. Dans *le Mari confesseur*, vers 30 :

    Si le mari ne se fût fait connoître,
    Elle en alloit enfiler beaucoup plus.

5. Comparez *l'Étourdi* de Molière, acte II, scène x, vers 829 :

    Ah! le fâcheux paquet que nous venons d'avoir!

6. Digne de respect; terme vieilli, sauf dans le langage ecclésiastique : « Mon révérend, mon révérend père ». Rapprochez les deux premiers vers de la lettre de notre poète à l'abbesse de Mouzon :

    Très révérende mère en Dieu,
    Qui révérende n'êtes guère....

SCÈNE III.

CHREMÈS, PHÆDRIE, CHERÉE, PARMENON.

PARMENON.

Tous deux fort à propos je vous rencontre ensemble ;
Mais ce lieu m'est suspect, tirons-nous à l'écart.

CHREMÈS.

Adieu, dans vos secrets je ne veux point de part.

PHÆDRIE.

Vous pouvez demeurer, je sais votre prudence ;
On se peut devant vous ouvrir en confidence.
Ne crains point, Parmenon.

PARMENON.

     Le voulez-vous ainsi ? 1495
Damis notre vieillard vient de partir d'ici.

PHÆDRIE.

Je savois son retour.

PARMENON.

    Il sait aussi le vôtre ;
Et comme on peut tomber d'un discours en un autre,
M'ayant de vos amours longtemps entretenu.
A des propos d'hymen il est enfin venu : 1500
Qu'il se voyoit déjà presque un pied dans la tombe ;
Qu'au faix de tant de biens chargé d'ans il succombe ;
Que, pour courir à tout n'étant plus assez vert,
Il se veut désormais tenir clos et couvert[1] ;

---

1. Comme on dit : clos et secret, clos et coi, couvert et caché.
Chez Remy Belleau, tome II, p. 80 :

 .... Bref l'extresme rigueur de la morte saison
 Tenoit clos et couuert chacun en sa maison.

Voyez aussi Marot, tome I, p. 259, des Périers, tome II,
p. 199, Brantôme, tome IX, p. 490 ; et notre tome II, p. 224.

Caresser, les pieds chauds, quelque bru qui lui plaise;
Conter son jeune temps; banqueter à son aise :
« C'est là, ce m'a-t-il dit, le seul but où je tends;
S'ils veulent voir mes jours plus longs et plus contents,
Il faut qu'un prompt hymen me délivre de crainte :
Non que je leur impose une aveugle contrainte;   1510
Pour plus tôt les réduire à suivre mon desir,
Je leur laisse à tous deux le pouvoir de choisir
(Citoyenne[1], j'entends), du reste il ne m'importe :
Ennuyé des chagrins que l'âge nous apporte,
Je ne demande plus qu'un entretien flatteur   1515
Qui dessus mes vieux jours me mette en belle humeur,
Que l'un ou l'autre enfin choisisse une maîtresse.
L'amour de ces objets qu'on suit dans la jeunesse
Ne produit rien d'égal aux plaisirs infinis
Que cause un sacré nœud dont deux cœurs sont unis[2].
Tu sais que les douceurs jamais ne s'en corrompent;
Au lieu que ces amours, dont les charmes nous trompent,
Jamais à bonne fin ne peuvent aboutir.
On verra mon aîné trop tard s'en repentir :
J'en ai su le retour aussitôt que l'absence;   1525
Ce changement soudain, cette molle impuissance,
M'empêchent d'espérer qu'il s'accorde à mes vœux;
Mais, le cadet encor n'étant pas amoureux,
C'est là qu'il faut tourner l'effort de la machine;
Et de peur que Thaïs, ou quelque autre voisine,   1530
Par son civil accueil ne l'aille retenir,
Sans perdre un seul moment il le faut prévenir.
S'il se pouvoit, ô dieux! que j'aurois d'allégresse!
Tu sais qu'il a longtemps voyagé par la Grèce :
A peine en revient-il, et depuis son retour   1535
Je ne vois point qu'encore il ait conçu d'amour.

1. Une fille de naissance libre : vers 1440 et 1564.
2. Tome VI, p. 164 et note 1.

Ses plaisirs ont été les chevaux et la chasse :
Avant qu'une maîtresse en son cœur ait pris place,
Peut-être son devoir ailleurs l'aura porté. »
A ces mots le vieillard, en pleurant, m'a quitté. 1540
C'est un père, après tout; il faut qu'on lui complaise.

PHÆDRIE.

Vraiment vous en parlez tous deux bien à votre aise :
Si l'amour en vos cœurs régnoît pour un moment,
Je vous verrois bientôt d'un autre sentiment.

PARMENON.

Contre moi sans raison vous entrez en colère : 1545
D'interprète, sans plus, je sers à votre père;
Quoique vous m'entendiez parler en précepteur,
De tout ce long discours je ne suis point l'auteur;
Vous voyez que ceci tient beaucoup de son style.

PHÆDRIE.

Tu ne l'es pas non plus de la fourbe subtile 1550
Dont mon frère, en eunuque aujourd'hui déguisé,
A chacun du logis par sa feinte abusé?
Qui t'a rendu muet? cherches-tu quelque excuse?

CHERÉE.

C'est à moi qu'il vous faut imputer cette ruse;
Assez pour m'en distraire il s'est inquiété. 1555
Enfin n'en parlons plus, c'est un point arrêté :
Gardez votre Thaïs, laissez-moi ma Pamphile;
Et pendant que mon père est d'humeur si facile,
Allons lui proposer le choix que j'en ai fait.

PARMENON.

Croyez-vous que d'abord il en soit satisfait? 1560
N'étant que ce qu'elle est, j'en aurois quelque crainte.

CHERÉE.

Quoi! tu ne sais donc pas le succès de ma feinte?

PARMENON.

Non, car toujours depuis j'ai demeuré chez nous.

ACTE V, SCÈNE III.

CHERÉE.

Pamphile est citoyenne[1].

PARMENON.

O dieux! que dites-vous?
Pamphile est citoyenne!

CHERÉE.

Et Chremès est son frère. 1565
Te conter en détail comment il s'est pu faire,
Demanderoit peut-être un peu plus de loisir :
C'est assez que la chose, au gré de mon desir,
S'est naguère entre nous pleinement avérée.
Outre que de sa sœur la foi m'est assurée, 1570
Chremès ne me tient pas un homme à dédaigner ;
Il ne nous reste plus que mon père à gagner.

PARMENON.

Je vous le veux livrer au plus tard dans une heure.
Du vieillard au procès savez-vous la demeure?
C'est là qu'il nous attend.

PHÆDRIE.

Que mon frère est heureux
De se voir possesseur[2] aussitôt qu'amoureux!
Chacun s'oppose au bien que mérite ma peine.
Thaïs n'a plus en moi qu'une espérance vaine :
Ne pouvant de discours plus longtemps l'amuser,
J'ai promis de mourir, ou bien de l'épouser. 1580
Mourons, puisque l'on n'ose en parler à mon père ;
Ce n'est que pour moi seul qu'il se montre sévère.
Adieu, je vais mourir.

PARMENON.

Attendez un moment.
J'ai par son ordre seul harangué vainement,
Et par son ordre enfin je vous rends l'espérance. 1585
Vous feriez beaucoup mieux d'user de déférence ;

1. Ci-dessus, vers 1513. — 2. Vers 1249.

Mais puisque tant d'amour loge[1] dans votre sein,
Que cette amour[2] d'ailleurs s'obstine en son dessein,
Vous irez jusqu'au bout[3], j'ose vous le promettre.
Obtenez de Chremès qu'il se veuille entremettre, 1590
Et, parlant pour tous deux, vous sauvé un compliment
Qui vous feroit rougir dans son commencement.

CHREMÈS.

Je me tiens tout prié.

CHERÉE.

Nous vous en rendons grâce.

PHÆDRIE.

Ah! mon cher Parmenon, viens çà que je t'embrasse!

PARMENON.

Il n'est pas encor temps.

SCÈNE IV.

DAMIS, CHREMÈS, PHÆDRIE, CHERÉE, PARMENON.

DAMIS.

Je reviens faire un tour : 1595
Mon homme étoit absent, et j'attends son retour.
Mais j'aperçois nos gens qui consultent ensemble.

CHREMÈS.

Voilà, si ce n'est lui, quelqu'un qui lui ressemble.

DAMIS.

Qu'a de commun Chremès avec leur entretien?
Ce n'étoit qu'un, jadis, de son père et du mien : 1600
Peut-être mes enfants lui content leur affaire.

---

1. Tome VI, p. 53 et note 4.
2. Pages 52, 73, 84, 92, etc.
3. Vers 904 et note 3.

ACTE V, SCÈNE IV.

CHERÉE, bas à Chremès.

Vite, car il s'approche.

CHREMÈS.

Allez, laissez-moi faire.

PARMENON, à Cherée.

Ne sauriez-vous sans hâte attendre l'avenir ?
Votre tête à l'évent[1] ne se peut contenir ;
D'un ton plus sérieux tâchez de lui répondre ; 1605
Ne l'interrompez point, parlez sans vous confondre.

A Chremès.

Vous, commencez le choc, et puis à notre tour
Vous nous verrez tous deux appuyer son amour.

DAMIS.

Comment vous va[2], Chremès ?

CHREMÈS.

Mieux qu'en jour de ma vie.
Et vous ?

DAMIS.

De mille maux la vieillesse est suivie. 1610

CHREMÈS.

Il se faut consoler, c'est un commun malheur.

DAMIS.

Damis a fait son temps[3], d'autres fassent le leur.
Mais à propos, Chremès, quand serai-je de fête ?
Pour rire à votre hymen dès longtemps je m'apprête :
C'est une honte à vous d'être si vieux garçon, 1615
Et je veux que mes fils vous fassent la leçon.
Quand voulez-vous quitter cette humeur solitaire ?

---

1. Ce n'est qu'une coquette, une tête à l'évent.
   (CORNEILLE, *Mélite*, vers 969, variante.)
2. Même locution dans *les Rieurs du Beau-Richard*, vers 61.
3. La raison est que je n'ai que vingt ans ;
   Et, comme toi, je n'ai pas fait mon temps.
   (*Mazet*, vers 91-92.)

CHREMÈS.
Si je vous proposois une semblable affaire?
DAMIS.
Pour qui? pour mon cadet?
CHREMÈS.
C'est de lui qu'il s'agit.
DAMIS.
Je m'en suis bien douté, car même il en rougit. 1620
CHREMÈS.
Je ne veux point priser[1] un parti qui me touche;
Ses louanges, Damis, siéroient mal en ma bouche;
Mais enfin l'alliance est assez à souffrir:
En un mot, c'est ma sœur que je vous viens offrir.
DAMIS.
Votre sœur! vous rêvez : où l'auriez-vous trouvée? 1625
CHREMÈS.
A l'âge de quatre ans elle fut enlevée;
On vient de me la rendre, et Thaïs l'a chez soi.
Afin que l'on ajoute à ceci plus de foi,
Dès lors que vous aurez achevé l'hyménée,
La moitié de mes biens à ma sœur est donnée, 1630
Avec espoir du tout, mais après mon trépas.
Quant à vous étaler tous ses autres appas[2],
Je ne m'en mêle point; c'est à ceux qui l'ont vue[3].
PHÆDRIE.
Chacun sait la beauté dont Pamphile est pourvue.
CHERÉE.
Qui la possèdera doit s'estimer heureux. 1635
PARMENON, à Damis.
Vous-même en deviendrez, je le gage, amoureux :

1. Louer : ci-dessus, vers 384, 1028, etc.
2. .... Vénus vient étaler ses plus rares trésors.
(*Le Fleuve Scamandre*, vers 42.)
3. C'est affaire à ceux qui l'ont vue.

On ne s'en peut sauver[1], et fût-on tout de glace;
J'estime sa beauté, mais j'admire sa grâce.
Ne cherchez pas plus loin, Monsieur, et m'en croyez[2].

CHREMÈS, à Damis.

Vous n'en sauriez juger si vous ne la voyez; 1640
Aussi bien faudra-t-il prouver cette aventure,
Quoique mon bien promis assez vous en assure :
Si ce n'étoit ma sœur, voudrois-je la doter?
Beaucoup d'autres raisons m'empêchent d'en douter:
L'âge et le temps du rapt peuvent servir d'indice; 1645
Ce qu'en dit mon valet, ce qu'en sait sa nourrice,
Une marque en son bras, une autre sur son sein.

DAMIS.

J'entre donc chez Thaïs, non pas pour ce dessein :
Il suffit de savoir la beauté de Pamphile.

CHREMÈS.

Vous éclaircir de tout ne peut être inutile. 1650

DAMIS.

Touchez là[3], je ne veux autre éclaircissement.

CHREMÈS.

Thaïs vous apprendra tout cet événement :
Sans l'ardeur de son zèle envers notre famille,
Je n'aurois point de sœur, vous n'auriez point de fille.
Pamphile doit au soin que les siens en ont eu 1655
Tout ce qu'elle a d'esprit, de grâce et de vertu,
Enfin, chacun de nous étant son redevable[4],

1. Dans *Adonis*, vers 50 :
   Et le cœur de Vénus ne sait où se sauver.
2. Passez votre chemin, la fille, et m'en croyez.
                    (Livre III, fable I, vers 55.)
3. Tome V, p. 36 et note 2.
4. « Philippe lui dit que non seulement il l'écouteroit, mais encore se tiendroit grandement son redevable. » (MALHERBE, tome I, p. 442.)

   Vous pourrez quelque temps être ma redevable.
            (CORNEILLE, *Sophonisbe*, vers 584.)

Pour moi, de ce côté je me tiens insolvable ;
Ma sœur ne l'est pas moins, son amant l'est aussi :
Jugez qui de nous tous doit prendre ce souci. 1660

DAMIS.

Mon aîné volontiers se charge de la dette.

CHREMÈS.   [mette ?

Que voulez-vous qu'il donne, ou du moins qu'il pro-
Car donner maintenant n'est pas en son pouvoir.

DAMIS.

Ce sera, je m'en doute, à Damis d'y pourvoir :
J'en suis content, Chremès, et veux, sans répugnance,
Marquer cet heureux jour d'une double alliance.
Ma joie et vos conseils, tout parle pour Thaïs ;
Nous n'avons à gagner que le cœur de mon fils :
N'appréhendez-vous point l'effort qu'il faudra faire ?

CHREMÈS.

S'il s'est laissé gagner, il a su vous le taire ; 1670
Que pouvoit-il de plus que garder le respect ?
Il se tait même encore, et tremble à votre aspect.

DAMIS.

Ses yeux parlent assez, si sa langue est muette,
Et j'en tiens le silence une marque secrète,
Que cet excès de joie avoit peine à sortir ! 1675
Je vais prier Thaïs d'y vouloir consentir.
Pour épargner sa honte, attendez que j'en sorte.

SCÈNE V.

THRASON, GNATON, CHREMÈS, PHÆDRIE,
CHERÉE, PARMENON, SYRISCE, DONAX,
SANGA, SIMALION, et autres personnages muets.

THRASON.

Courage, compagnons ! commençons par la porte.

ACTE V, SCÈNE V.

CHERÉE, bas à sa troupe.

Voici le capitan tout prêt de nous braver.

PHÆDRIE.

Lui découvrirons-nous ce qui vient d'arriver? 1680

CHREMÈS.

Il vaut mieux en tirer le plaisir qu'on peut prendre.

CHERÉE.

Il ne nous a pas vus, cachons-nous pour l'entendre.

THRASON.

Simalion, Donax, Syrisce, suivez-moi :
Tu sauras ce que c'est d'avoir faussé ta foi,
Déloyale Thaïs, et d'aimer un Phædrie. 1685
Mais il nous manque ici de notre infanterie.

GNATON.

Le reste suit de près; les ferai-je avancer?

THRASON.

Tels coquins ne sont bons qu'à nous embarrasser.

GNATON.

J'en tiens pour votre bras le secours inutile.

THRASON.

Par les cheveux d'abord je veux prendre Pamphile. 1690

GNATON.

Très bien.

THRASON.

Et puis après, lui donner mille coups.

GNATON.

Ce sera fait, Seigneur, fort vaillamment à vous.

THRASON.

Pour Thaïs, tu peux dire, autant vaut, qu'elle est morte.

GNATON.

Dieux! quel nombre d'exploits!

THRASON.

Rangeons cette cohorte.
Holà, Simalion! voici votre quartier. 1695

GNATON.

C'est là ce qu'on appelle entendre le métier.

THRASON.

Et toi, Syrisce.....

SYRISCE.

Au gros[1]?

THRASON.

Non, conduis l'aile droite.

GNATON.

Je ne vois rien de tel qu'une vaillance adroite.

THRASON.

Donax, prends ce bélier, et marche avec le gros.
Je ne vois point Sanga, vaillant parmi les brocs.   1700
Sanga!

SANGA.

Que vous plaît-il?

THRASON.

Tu manques de courage!

SANGA.

Ne faut-il pas quelqu'un pour garder le bagage?

THRASON.

L'on ne te voit jamais combattre au premier rang.
Pourquoi tiens-tu ceci?

SANGA.

Pour étancher le sang.

THRASON.

Est-ce avec un mouchoir que tu prétends combattre?

SANGA.

La vaillance du chef et de ceux qu'il faut battre
M'ont fait croire, Seigneur, qu'on en auroit besoin,
Il faut pourvoir à tout.

THRASON.

N'a-t-on pas eu le soin
Des vivres qu'il faudra pour nourrir notre armée?

---

1. Tome VI, p. 283 et note 1.

ACTE V, SCÈNE V.

GNATON.

Oui, Seigneur; et sachant qu'une troupe affamée 1710
N'est pas de grand effet¹, j'ai laissé Sauvion
Pour mettre ordre au souper, et garder la maison.

THRASON.

Un autre emploi, Gnaton, se doit à ta prudence;
Va commencer l'attaque, et montre ta vaillance :
Je donnerai d'ici les ordres du combat. 1715
Jamais qu'en un besoin² le bon chef ne se bat;
Chacun commence à craindre aussitôt qu'il s'expose.

GNATON.

Avecque vous sans cesse on apprend quelque chose :
Encore une leçon, je saurois le métier³.

THRASON.

Ce n'est pas pour néant qu'on me tient vieux routier⁴.

CHERÉE, *sortant d'où il étoit caché avec sa troupe.*

Je n'en puis plus souffrir l'insolente bravade.

THRASON.

N'entends-tu rien, Gnaton? Dieux! c'est une embuscade.
Enfants, sauve qui peut! car nous sommes trahis.
D'où peut être venu ce secours à Thaïs?

DONAX.

Le secours n'est pas grand, et nous pouvons nous battre.

THRASON.

Il faut tout éprouver avant que de combattre :
Le sage n'en vient point à cette extrémité,
Qu'après n'avoir rien pu gagner par un traité;
Quant à moi, j'ai toujours gardé cette coutume.

GNATON.

Vous êtes pour le poil autant que pour la plume⁵, 1730

---

1. Tome IV, p. 340. — . Tome II, p. 356.
3. Ci-dessus, vers 1696. — 4. Vers 696.
5. Jeu de mots : aussi habile à vous servir de l'épée que de la plume. Dans *la Comtesse d'Escarbagnas* de Molière, scène VIII;

Bon en paix, bon en guerre, enfin homme de tout.
THRASON.
Qui peut sans coup férir mettre une affaire à bout,
Seroit mal conseillé¹ d'en user d'autre sorte².
CHERÉE.
Soldat, que cherchez-vous autour de cette porte?
THRASON.
Mon bien.
CHERÉE.
Quoi! votre bien?
THRASON.
Pamphile.
CHERÉE.
Est-elle à vous?
Je n'aime point à rire, et suis un peu jaloux :
Trêve de différend, ou vous verrez folie.
THRASON.
De grâce, contestons³ sans fougue et sans saillie;
C'est belle chose en tout d'écouter la raison.
Je soutiens que Pamphile appartient à Thrason. 1740
CHREMÈS.
Par quel droit?
THRASON.
Par l'achat que l'on m'en a vu faire :
Enfin je suis son maître.
CHREMÈS.
Et moi, je suis son frère,
Qui n'ai souci d'achat, de maître, ni d'argent.

« Je vous ferai voir que je suis au poil et à la plume. » On dit qu'un chien est au poil et à la plume pour dire qu'il arrête toute sorte de gibier, comme lièvres, perdrix, etc.

1. Tome V, p. 454 et note 2.
2. Tout le commencement de cette scène y est imité de Térence, vers 770-790.
3. Vers 179.

ACTE V, SCÈNE V.

THRASON.

On m'a toujours tenu pour un homme obligeant,
Je le veux être encore : allez, je vous la donne ;   1745
Mais j'entends, pour Thaïs, que l'on me l'abandonne.

PHÆDRIE.

Encor moins celle-ci.

THRASON.

Que sert donc notre accord?

PHÆDRIE.

J'ai l'esprit trop jaloux, je vous l'ai dit d'abord[1],
Et ne saurois souffrir seulement qu'on la nomme.

GNATON.

Pauvres gens, d'attirer sur vos bras un tel homme! 1750
Vous feriez beaucoup mieux de l'avoir pour ami[2].
Il ne sait ce que c'est d'obliger à demi.

PHÆDRIE.

Beaucoup mieux! Et qu'es-tu pour parler de la sorte?
Si je te vois jamais regarder cette porte,
M'entends-tu? tu sauras ce que pèse ma main.   1755
Ne me va point conter[3] : « C'est ici mon chemin,
Et je ne saurois pas m'empêcher d'y paroître » :
Je ne veux voir autour le valet ni le maître;
Est-ce bien s'expliquer?

GNATON.

Des mieux, et nettement.

Mais peut-on à l'écart vous parler un moment?   1760

PHÆDRIE.

Hé bien?

GNATON, bas à l'écart.

Notre soldat a la bourse garnie,
Vous le pouvez admettre en votre compagnie.
Il n'est pas pour vous nuire auprès d'aucun objet;

---

1. C'est Cherée qui l'a dit (vers 1736).
2. Fable 1 du livre XI, vers 52. — 3. La Fiancée, vers 796.

Pour donner du soupçon, c'est un foible sujet.
Si Thaïs l'a souffert, vous en savez la cause ;   1765
Sa présence d'ailleurs est bonne à quelque chose :
Il peut, sans vous causer de crainte et de souci,
Vous défrayer de rire, et de festins aussi[1].

PHÆDRIE.

J'accepte, au nom des trois, le parti qu'on nous offre ;
Non que nous ayons peur de fouiller dans le coffre, 1770
Mais afin d'en tirer du divertissement.
J'en vais dire à Chremès quatre mots seulement :
Car, que d'aucun soupçon[2] mon âme soit saisie,
Le soldat n'est pas homme à donner jalousie ;
Tout ce que j'en ai dit étoit pour l'abuser.   1775
Mais crois-tu qu'au hasard il se veuille exposer ?

GNATON.

Faites venir vos gens, et puis laissez-moi faire.

PHÆDRIE, à Chremès.

Chremès, votre conseil est ici nécessaire ;
Et vous aussi, mon frère, approchez un moment.

GNATON, retourne vers Thrason.

Seigneur, j'ai ménagé votre accommodement ;   1780
Chacun pourra servir cette femme à sa mode,
Et crois que ce rival se rendant incommode[3],
Thaïs le quittera pour être toute à vous.
On ne trouve jamais son compte à des jaloux :
Votre bourse d'ailleurs n'étant point épargnée,   1785
L'intérêt vous pourra donner cause gagnée ;
Et, fût-elle d'humeur à le trop négliger,
Votre mérite seul suffit pour l'engager.

THRASON.

Je t'entends. Que faut-il à présent que je fasse ?

1. Comparez Térence, vers 1072-1078.
2. Car, que de quelque soupçon, etc. — 3. Vers 1209.

ACTE V, SCÈNE V.

GNATON.

D'abord à ces Messieurs vous devez rendre grâce, 1790
Et reconduire après vos troupes au logis,
Où, comme en quelque port heureusement surgis,
Après tant de travaux, de dangers, et d'alarmes,
En beaux verres de vin nous changerons nos armes,
Buvant à la santé de notre conducteur, 1795
Qui de cette victoire a seul été l'auteur.

THRASON.

Je crois que c'est le mieux que nous puissions tous faire.
A Phædrie et à sa troupe.
Messieurs, ne suis-je point en ce lieu nécessaire?

PHÆDRIE.

Comment?

THRASON.

Je me retire, et mes gens avec moi.

PHÆDRIE.

Gnaton vous a-t-il dit?...

THRASON.

Oui, Messieurs, c'est de quoi
Je rends très humble grâce à Votre Seigneurie :
De ma part, si jamais il survient brouillerie,
En pièces aussitôt je consens d'être mis ;
Et de l'heureux malheur qui nous rend bons amis,
Il ne sera moment que le jour je ne chomme[1]. 1805

GNATON.

Vous ai-je pas bien dit qu'il étoit galant homme?

CHERÉE, à Thrason.

Il reste cependant querelle entre nous deux.
Quoi! vous vouliez tantôt en prendre une aux cheveux!
Il faut que je la venge au péril de ma vie.

THRASON.

Ah! ne réveillons point une noise[2] assoupie. 1810

1. Vers 373. — 2. Vers 966.

PHÆDRIE.

Il a raison, mon frère, et c'est à contre-temps.

THRASON, à ses soldats.

De l'avantage acquis étant plus que contents,
Soldats, retirons-nous : à vos rangs prenez garde ;
Pour moi, j'aurai le soin de mener l'avant-garde.

CHRÉMÈS.

C'est faire en vaillant chef.

SCÈNE VI.

DAMIS, CHREMÈS, THAIS, PHÆDRIE, CHERÉE, PAMPHILE, PARMENON,

CHREMÈS.

Damis a bien perdu : 1815
Que n'a-t-il un moment avec nous attendu!
Comme nous il eût eu sa part de la risée.
Mais le voici qui vient avecque l'épousée[1].

PARMENON.

Cet hymen le fera de moitié rajeunir.

DAMIS, présentant Pamphile à Cherée.

Mon fils, je te la rends, tu peux l'entretenir ; 1820
Et je trouve Pamphile et si sage et si belle,
Que, si je ne savois que tu brûles pour elle,
Je t'y voudrois porter; mais son œil trop charmant
En a su prévenir le doux commandement.
Les dieux en soient loués, et fassent que son frère 1825
Achève sans tarder l'hymen qu'il prétend faire !
Je donne vingt talents.

CHREMÈS.

J'accepte le parti.

---

1. Vers 1277-1278

ACTE V, SCÈNE VI.

DAMIS.
Et j'attends qu'à nos vœux Pamphile ait consenti.
CHREMÈS.
Épargnez-lui, Damis, cet aveu de sa flamme :
Son front vous dit assez ce qu'elle a dedans l'âme[1] ;
Cette rougeur n'a point les marques d'un courroux....
PAMPHILE.
Mon frère, une autre fois vous parlerez pour vous.
CHREMÈS.
Une autre fois, ma sœur, vous parlerez sans feinte.
PAMPHILE.
Puisque vous le voulez, j'obéis sans contrainte.
CHERÉE.
La seule indifférence est peu pour mon desir.   1835
CHREMÈS.
Ajoutez-y, ma sœur, que c'est avec plaisir.
PAMPHILE.
Ce jour est pour Pamphile un jour d'obéissance.
THAÏS.
En puissiez-vous longtemps célébrer la naissance !
CHRÉMÈS, à Thaïs.
C'est savoir ajouter trop de grâce au bienfait.
THAÏS.
Je voudrois que mon zèle eût produit plus d'effet. 1840
CHREMÈS.
Quel autre effet ma sœur en pouvoit-elle attendre ?
Vos soins à l'obtenir, vos bontés à la rendre,
Et l'excès d'amitié que nous avons pu voir,
Nous enseignent assez quel est notre devoir.
Disposez de mes biens, de moi, de ma famille ;   1845
Tenez-moi lieu de sœur.
DAMIS.
Tenez-moi lieu de fille,
Puisqu'on doit à vos soins tout l'heur de ce succès.

1. Tome V, p. 565 et note 2.

THAÏS.

Cet honneur me confond, et va jusqu'à l'excès.

DAMIS.

Ce n'est pas tout, Madame; achevez la journée :
Nous voulons vous devoir un second hyménée ;   1850
Vous me l'avez promis.

THAÏS.

J'accepte votre loi,
Et la suis de bon cœur en lui donnant ma foi.

CHERÉE.

Vous oserois-je encor demander quelque chose?

DAMIS.

Tu peux tout à présent : dis-moi, parle, propose ;
Tu verras ton desir exactement suivi.   1855

PHÆDRIE.

Vous savez à quel point Parmenon m'a servi.

DAMIS.

J'entends à demi-mot : tu veux qu'on l'affranchisse?

CHERÉE.

Mon père, que ceci tout d'un temps[1] s'accomplisse!

DAMIS.

Il est juste, et déjà j'en ai donné ma foi.
Sois libre, Parmenon; mais demeure avec moi.   1860

PARMENON.

Par ce double bienfait mon attente est comblée.

PHÆDRIE.

De te voir affranchi ma joie est redoublée.

CHREMÈS.

Le temps est un peu cher; quittons ces compliments,
Et ne retardons point l'aise[2] de nos amants.

1. Tome V, p. 365 et note 1.
2.   Ce tour fripon du couple augmentoit l'aise.
               (*Le Cuvier*, vers 72 et note 5.)

FIN DE L'EUNUQUE.

LES RIEURS

DU

BEAU-RICHARD

BALLET

(1659)

NOTICE.

Le manuscrit de ce ballet n'a été imprimé qu'en 1827 par les soins de Walckenaer [1], auquel il avait été offert par Monmerqué, son confrère à l'Académie des Inscriptions et Belles-Lettres; celui-ci l'avait trouvé en 1825 chez le libraire Bluet, au milieu de pièces, également manuscrites, du temps de Louis XIV, provenant de la bibliothèque Trudaine, la plupart de la main de Tallemant des Réaux : ces papiers remplissaient deux portefeuilles [2].

Les explications intéressantes, les éclaircissements curieux, dont Walckenaer l'a fait précéder, méritent bien d'être reproduits ici :

« Un pauvre savetier de la ville de Château-Thierry, dont la femme était jolie, avait acheté à crédit un demi-muid de blé, et avait donné en payement un billet à terme. L'échéance arrivée, le vendeur du blé pressa le savetier de le payer, et en même temps il chercha à cajoler la femme de son débiteur : celle-ci en avertit son mari, qui lui dit de donner rendez-vous au galant, et de tout lui promettre, à condition que le billet lui serait rendu; puis de tousser, mais de tousser fort, au moment critique. Tout fut exécuté ponctuellement comme le savetier l'avait prescrit. Au signal convenu il sortit de la cachette où il se trouvait; le vendeur du blé, troublé dans l'exécution de son projet, fut forcé de dissimuler et n'osa plus réclamer le payement d'une créance dont il avait fait la remise, et dont il avait livré le titre, par des motifs qu'il ne voulait pas divulguer. Ce fut le savetier qui se vanta du stratagème qui lui avait si bien réussi.

[1]. Œuvres de la Fontaine, Paris, 1827, in-8°, tome IV, p. 125.
[2]. Voyez les Historiettes de Tallemant des Réaux, publiées par Monmerqué, 2ᵉ édition, Paris, 1861, in-12, tome I, p. 66.

« La chose parut si plaisante à la Fontaine, qu'il composa sur ce sujet une espèce de ballet en vers, accompagné de chant, de danses et de lazzi, et qu'il le joua avec ses jeunes amis pour réjouir la société de Château-Thierry. Il ne s'en tint pas là, et depuis il inséra, dans le premier recueil de contes qu'il publia quelques années après, la narration de cette aventure [1]. Quant à la pièce, il la rangea parmi les compositions de sa jeunesse qu'il avait condamnées à l'oubli; elle s'est retrouvée dans les papiers de ce Tallemant des Réaux, frère de l'abbé Tallemant, académicien, beau-frère de Rambouillet de la Sablière, dont la femme fut l'amie et la protectrice de la Fontaine....

« Une note qui est de la main de Tallemant des Réaux nous apprend que la petite pièce des *Rieurs du Beau-Richard*, qui se trouve dans ces manuscrits, est de la Fontaine. Cette preuve seule suffirait pour nous assurer qu'elle est l'ouvrage de notre poète, puisque Tallemant des Réaux était intimement lié avec lui, et qu'il est même le seul qui, dans son journal manuscrit, intitulé *Historiettes*, nous ait transmis des anecdotes sur sa jeunesse : mais d'autres preuves confirment encore celle-là. En effet, parmi les acteurs qui sont désignés comme s'étant prêtés à jouer cette petite farce, sont des parents ou des amis de la Fontaine, qui ont été mentionnés dans ses lettres déjà publiées. C'est un M. de Bressay, dont le nom de famille était Josse, et qui était cousin de la Fontaine par les femmes, ainsi que nous l'apprend une note généalogique sur les Bressay, dressée par Mlle de la Fontaine, arrière-petite-fille du fabuliste, pour établir les droits de la Fontaine à la succession des Bressay, note que nous avons sous les yeux, en ayant pris copie dans les papiers que M. Héricart de Thury nous a communiqués. C'est encore un M. de la Haye, désigné plusieurs fois par la Fontaine comme un des plus aimables habitants de Château-Thierry, et comme honoré de la confiance particulière de la duchesse de Bouillon. C'est enfin un M. de la Barre, qui porte le même nom que le curé qui baptisa la Fontaine : or il est bien présumable qu'il était neveu ou parent de cet ecclésiastique [2]. La distribution des rôles prouve aussi jusqu'à

1. Voyez notre tome IV, p. 108.
2. « Les actes relatifs au domaine de la Trueterie, ou de la Fontaine-au-Renard, longtemps possédé par la famille de la Fontaine, nous ont appris qu'un Charles de la Haye, écuyer, était

quel point la Fontaine et ses jeunes compagnons aimaient les caricatures, puisque Bressay représentait la femme du savetier, et qu'un M. le Formier était chargé du rôle d'un âne.

« Tallemant des Réaux a encore mis de sa main au titre de la pièce des *Rieurs du Beau-Richard* l'explication suivante : « Beau-« Richard est un carrefour de Château-Thierry où l'on se rassemble « pour causer. »

« En effet, le carrefour de la ville de Château-Thierry formé par la réunion de la Grande-Rue ou rue d'Angoulême, de la rue du Pont et de la rue du Marché, se nomme encore actuellement la place ou le carrefour du *Beau-Richard*. Dans l'emplacement actuel d'une maison d'épicier, qui fait face à la Grande-Rue, existait une chapelle nommée *la Chapelle de Notre-Dame-du-Bourg*, qui fut construite en 1484 par un Richard-Fier-d'Épée, lequel a déclaré par son testament la volonté d'y être inhumé. Cette chapelle n'a été détruite que pendant la Révolution, en 1790; et tous les vieillards de Château-Thierry attestent que dans leur jeunesse les principaux habitants de cette ville avaient l'habitude de se réunir à diverses heures du jour, mais particulièrement dans les soirées d'été, dans le carrefour du Beau-Richard, et qu'on s'asseyait sur les marches de la chapelle de Notre-Dame-du-Bourg, pour raconter les aventures de la ville et les nouvelles du temps, ou pour gloser sur les passants. Cet usage a été détruit par la Révolution, mais il a laissé des traces dans le langage; car, lorsqu'on veut faire entendre qu'on doute de quelque fait, ou qu'une anecdote est hasardée, on dit encore aujourd'hui à Château-Thierry : *C'est une nouvelle du Beau-Richard.*

« Je ne dois pas non plus oublier de faire remarquer que la rue du Marché, qu'on nomme aussi rue du Beau-Richard, est si courte qu'elle est comme la continuation du carrefour de ce nom, parce qu'elle se termine à un autre carrefour qui débouche sur

prévôt de Château-Thierry en 1585, qu'un le Tellier était notaire en la même ville en 1545, et qu'en 1596 Nicolas de la Barre, écuyer, était garde des sceaux de la prévôté de Château-Thierry, ayant succédé à Louis Jannart, écuyer, seigneur de l'Huis, qui l'était en 1595; et il est probable que les acteurs de la pièce de la Fontaine étaient les fils, neveux ou parents de ces personnages qu'on doit supposer avoir été trop graves ou trop âgés pour se livrer à ces divertissements. »

une très grande place où se tient le marché, et où par conséquent se rassemble tout le peuple de la ville et des environs. »

Pour la date de la composition de cette pièce, 1659, pour les détails sur les amis de l'auteur qui représentèrent cette jolie bluette, etc., voyez notre tome I, p. LXIII-LXIV.

PROLOGUE.

*Le théâtre représente le carrefour du Beau-Richard,
à Château-Thierry.*

UN DES RIEURS PARLE[1].

Le Beau-Richard tient ses grands jours[2],
Et va rétablir son empire.
L'année est fertile en bons tours ;
Jeunes gens, apprenez à rire[3].

Tout devient risible ici-bas,   5
Ce n'est que farce et comédie ;
On ne peut quasi faire un pas,
Ni tourner le pied qu'on en rie[4].

1. Le Prologue fut parlé, le reste de la pièce chanté.
2. Ses assises : comme les cours de justice.
3. Il y avait sans doute à Château-Thierry une société de bons vivants, de bons lurons, grands amis de la joie et surtout grands moqueurs, ressemblant à celle des Conards de Rouen, des Bons Frères de Reims (tomes IV, p. 304, fin de la note 6, V, p. 208 et note 3), et qui avait coutume, pour se divertir, de jouer, à certaines époques, les faits marquants de l'année, et spécialement les « tours » si chers à la Fontaine, les scandales et commérages de la ville. Comparez des Périers, nouvelle XXVI, *des Copieux de la Flesche, en Aniou*, « lesquelz on dit auoir esté si grands gaudisseurs que iamais homme n'y passoit qui n'eust son lardon » ; et Balzac, *Scènes de la vie de Province*, où nous retrouvons çà et là quelques traces de ces passe-temps d'autrefois, où nous entendons comme un dernier écho des rires de ces gais compagnons : il n'était point de ville, de petite ville surtout, qui n'eût ses « rieurs ».
4. Ou mieux : « qu'on n'en rie », ou « qu'on ne rie » ; mais cette omission de la négation était fréquente autrefois.

Qui ne riroit des précieux[1]?
Qui ne riroit de ces coquettes   10
En qui tout est mystérieux,
Et qui font tant les Guillemettes[2]?

1. Chez la Bruyère (tome I, p. 243) : « .... C'est en un mot un composé du pédant et du précieux, fait pour être admiré de la bourgeoisie et de la province. »
2. Les saintes nitouches, les niaises, les innocentes. Dans les *Curiosités françoises* d'Oudin, « chanter guillemette, dire des sottises »; dans *les Recherches de la France* d'Estienne Pasquier, livre VIII, chapitre LIX : « Nous auons deux noms desquelz nous baptizons en commun propos ceulx qu'estimons de peu d'effect, les nommans Ieans, ou Guillaumes. Dont soit cela prouenu, ie m'en rapporte à ce qui en est. Bien vous diray ie que dez le temps que ceste farce (la farce de *Patelin*) fut composée, on se mocquoit des Guillaumes. Et par aduenture l'auteur, pour ceste mesme raison, appela le drapier Guillaume; car Guillemette (femme de Patelin) voulant sçauoir son nom, Patelin luy respond :

C'est ung Guillaume
Qui a le surnom de Ioucealme;

et en ung aultre passage, le drapier se mescontentant à part soy de Patelin :

Il est aduocat portatif
A trois leçons et trois pseaumes;
Et tient il les gens pour Guillaumes ? »

Rapprochez la XLVe lettre amoureuse de Voiture, où il parodie une vieille chanson :

Il vous sied fort bien de rire,
Vous êtes en belle humeur;
Mais, quoi que vous puissiez dire,
Voiture a bien du bonheur
Qu'il ne sait pas
Tous vos ébats,
Guillemette, la, la, la !

la dédicace adressée par Scarron « à très honnête et très divertissante chienne dame Guillemette », petite levrette de sa sœur; et une ballade de la Fontaine à Foucquet (tome V *M.-L.*, p. 23) :

.... De grâce permettez
Que je vous conte en vers une sornette :
Colin venant des universités

Elles parlent d'un certain ton,
Elles ont un certain langage
Dont auroit ri l'aîné Caton, 15
Lui qui passoit pour homme sage.

D'elles pourtant il ne s'agit
En la présente comédie :
Un bon bourgeois s'y radoucit[1]
Pour une femme assez jolie. 20

« Faites-moi votre favori[2],
Lui dit-il, et laissez-moi faire. »
La femme en parle à son mari,
Qui répond, songeant à l'affaire :

« Ma femme, il vous faut l'abuser, 25
Car c'est un homme un peu crédule,
Sous l'espérance d'un baiser,
Faites-lui rendre ma cédule[3].

Déchirez-la de bout en bout[4],
Car la somme en est assez grande. 30
Toussez après ; ce n'est pas tout :
Toussez si haut qu'on vous entende.

Il ne faut pas tarder beaucoup,
De crainte de quelque infortune ;

Promit un jour cent francs à Guillemette;
De quatre-vingts il trompa la fillette, etc.

1. Fait le tendre.
2. Tome V, p. 120 et note 4 :
   Quoi donc! si votre femme avoit un favori....
3. Tome IV, p. 110 et note 3.
4. Tome VI, p. 356 et note 2.

Toussez, toussez encore un coup,
Et toussez plutôt deux fois qu'une¹. »

Ainsi fut dit, ainsi fut fait².
En certain coin l'époux demeure,
Le galant vient frisque³ et de hait⁴,
La dame tousse à temps et heure.

Le mari sort diligemment,
Le galant songe à s'aller pendre ;
Mais il y songe seulement :
Cela n'est pas trop à reprendre.

1. Tome IV, p. 110 et note 6.
2. Tome VI, p. 130 et note 2.
3. Fringant, délibéré : voyez *les Cordeliers*, vers 118 et note 2.
4. Gaillard, leste, dispos ; vieux mot qui se trouve encore dans Nicot (1606), mais n'est plus chez Richelet (1680).

— Nous sommes ioyeulx et de hait,
Et auons le temps à souhait.
(*Le Mistere du viel Testament*, tome IV, p. 243.)

Comparez l'*Ancien Théâtre françois*, tomes I, p. 373, II, p. 109, III, p. 12 : « Venez et allons de bon hait » ; *les Cent Nouvelles nouvelles*, p. 347 : « Et hurta l'on de bon hait à la porte » ; Villon, p. 83 :

Se i'aime et sers la belle de bon hait...;

Coquillart, tome I, p. 54 :

Fine, franche, ferme, et de hait;

Rabelais, tomes I, p. 304 : « En l'abbaye estoit pour lors ung moine claustrier nommé frere Iean des Entommeures, ieune, guallant, frisque, de hait, bien à dextre, hardy, aduentureux », II, p. 22 : « Lesquelles galoyses voluntiers et de bon hait font plaisir à gens de bien » ; des Périers, tome I, p. 120 : « Et maistre Pierre escampe de hait, qui estoit ung petit mieulx en equipage que le iour de deuant » ; du Fail, tome I, p. 223 : « Il montoit à cheual hait et ioyeux » ; etc.

Tous les galants craignent la toux,
Elle a souvent troublé la fête¹.
Nous parlons aussi comme époux,
Autant nous en pend à la tête.

1. *Les Rémois*, vers 68 et note 6.

FIN DU PROLOGUE.

PERSONNAGES.

LE SAVETIER (M. DE LA HAYE[1]).

LA FEMME DU SAVETIER (M. DE BRESSAY[2], déguisé en femme).

UN MARCHAND DE BLÉ (M. LE BRETON).

UN NOTAIRE (M. DE LA BARRE[3]).

UN MEUNIER ET SON ANE (M. LE CURRON, pour le meunier; et M. LE FORMIER, déguisé en âne).

DEUX CRIBLEURS (MM. DE LA BARRE et LE TELLIER).

La scène est à Château-Thierry, sur la place du Marché[4].

1. Tome I, p. LXIII, note 3.
2. *Ibidem*, p. LXIV, note 1.
3. *Ibidem*, note 2.
4. Voyez ci-dessus, la notice, p. 119-120.

LES RIEURS

DU

BEAU-RICHARD.

Le théâtre représente la place du Marché de Château-Thierry. On y distingue, sur le devant, la boutique d'un savetier, peu éloignée du comptoir d'un marchand de blé.

PREMIÈRE ENTRÉE.

UN MARCHAND, ayant devant lui, sur son comptoir, des sacs de blé.

J'ai de l'argent, j'ai du bonheur,
Aux mieux fournis je fais la nique[1];
Et si j'avois un petit cœur[2],
J'aurois de tout dans ma boutique.

50

1. Son nez haut relevé sembloit faire la nique
À l'Ovide Nason, au Scipion Nasique.
(REGNIER, satire x, vers 155-156; ibidem, satire IX, vers 196.)
2. Une jolie petite femme.
 .... Bien que d'un cabinet sortist un petit cœur, etc.
(Ibidem, satire XI, vers 84.)
Quelle joie en effet, quelle douceur extrême...,
De s'entendre appeler « petit cœur »!
(BOILEAU, satire x, vers 9-11.)
Même expression familière dans l'École des femmes de Molière, variante du vers 1586, et dans le Malade imaginaire, acte I, scène VI : « Mon cœur ».

SECONDE ENTRÉE.

LE MARCHAND, DEUX CRIBLEURS.

LES DEUX CRIBLEURS.
Monsieur, si vous avez du blé
Où quelque ordure se rencontre,
Nous vous l'aurons bientôt criblé. 55
LE MARCHAND.
Tenez, en voici de la montre¹.
LES CRIBLEURS.
Six coups de crible, assurez-vous
Que la moindre ordure s'emporte;
Rien ne reste à faire après nous,
Tant nous criblons de bonne sorte. 60
Les cribleurs s'en vont.

TROISIÈME ENTRÉE.

LE MARCHAND, UN SAVETIER.

LE SAVETIER, *sortant de sa boutique, et s'adressant au marchand.*
Bonjour, Monsieur.
LE MARCHAND.
Comment vous va²?
Le ménage est-il à son aise³?

---

1. En voici à la montre, à l'étalage, plus exposé par conséquent à la poussière, à l' « ordure ».
2. Ci-dessus, p. 101.
3. Rapprochez le vers 3 du *Conte d'une chose arrivée à Château-Thierry:*

.... Les bonnes gens, qui n'étoient à leur aise.

TROISIÈME ENTRÉE.

LE SAVETIER.

Las! nous vivons cahin-caha[1],
Étant sans blé, ne vous déplaise[2].
A présent on ne gagne rien ;
Cependant il faut que l'on vive.

LE MARCHAND.

Je fais crédit aux gens de bien,
Mais je veux qu'un notaire écrive.
Voyez ce blé.

LE SAVETIER.

   Il est bien gris.

LE MARCHAND.

Cette montre[3] est beaucoup plus nette.

LE SAVETIER.

Voici mon fait[4] : dites le prix.

LE MARCHAND.

Quarante écus.

LE SAVETIER.

   C'est chose faite,
Mine dans muid[5].

LE MARCHAND.

   C'est un peu fort.

LE SAVETIER.

Faut six setiers.

---

1. Tant bien que mal. — « En cestuy bas estat, guaingnant cahin caha sa paouure vie. » (RABELAIS, tome II, p. 257.) Comparez *cahy caha* chez Coquillart, tome II, p. 121.
2. Tome I, p. 60 et note 8.
3. La montre qu'il vient de faire cribler (p. 128).
4. *Le Cas de conscience*, vers 119.
5. « Anciennement *mine* ou *maine* dans *muid* signifiait, à Château-Thierry, deux bichets en sus du muid : le muid était composé de quarante-huit bichets (voyez notre tome IV, p. 109 et note 1), et, quand le vendeur consentait à donner *maine dans muid*, il livrait cinquante bichets, et ne recevait le prix que de quarante-huit. » (Lettre de M. Vol, maire de Château-Thierry, à Walckenaer, du 14 février 1826.)

LE MARCHAND.
J'en suis d'accord.
Le notaire est ici tout proche.   75
Le savetier sort pour aller querir un notaire.

QUATRIÈME ENTRÉE.

LE MARCHAND, UN NOTAIRE; LE SAVETIER,
vers la fin.

LE NOTAIRE.
Avec moi l'on ne craint jamais
Les *et cætera* de notaire[1];
Tous mes contrats sont fort bien faits,
Quand l'avocat me les fait faire.

Il ne faut point recommencer;   80
C'est un grand cas[2] quand on m'affine[3],
Et Sarasin m'a fait passer
Un bail d'amour à Socratine[4].

1. Les *et cætera* de notaire, qui peuvent amener quantité d'explications, de disputes, de rôles, de procès. « Dieu nous garde, dit le proverbe, des et cætera de notaire et des quiproquo d'apothicaire. »
2. C'est bien étonnant : tome V, p. 347 et note 2.
3. Quand on me trompe : tome I, p. 257 et note 11. — « Le diable ne me affineroit pas. » (RABELAIS, tome I, p. 335.)

>Fuyez du tout, fuyez la garce fine
>Qui soubs beaulx dicts ung vray amant affine.
>(MAROT, tome II, p. 31.)

>Ne cuydez pas que vous vueille affiner,
>Ou cautement vostre argent rapiner.
>(*Ibidem*, p. 168.)

4. Allusion aux *Stances* de Sarasin *à Mlle Bertaud*, que ce poète appelait Socratine :

>Vous me direz que les amants
>Aujourd'hui ne font que se rire,

QUATRIÈME ENTRÉE.

Mieux que pas un, sans contredit,
Je règle une affaire importante.
Je signerai, ce m'a-t-on dit,
Le mariage de l'Infante[1].

Tandis que le notaire danse encore, le savetier entre sur la fin, et dit au notaire, en montrant le marchand.

LE SAVETIER.

Je dois à Monsieur que voilà,
Et c'est un mot qu'il en faut faire.

LE NOTAIRE, *écrivant.*

Par devant les..., *et cætera....*
C'est notre style de notaire.

LE MARCHAND, *au notaire.*

Mettez pour six setiers de blé.
Mine dans muid.

LE NOTAIRE.

Quelle est la somme?

LE MARCHAND.

Quarante écus.

LE NOTAIRE.

C'est bon marché.

Et que je suis de ces Normands
Qui promettent pour se dédire.
Il est vrai, notre nation
Donne souvent la gabatine,
Mais je donnerai caution
De ne point tromper Socratine.
Pour rendre votre esprit certain
Et pour assurer nos affaires,
Je vous passerai dès demain
Un bail d'amour devant notaires,
Pour neuf ans, pour six, ou pour trois,
Et, si vous en êtes contente,
Avec la clause des six mois,
Afin que nul ne s'en repente.

(*OEuvres*, Paris, 1656, in-4°, p. 35.)

1. Ces deux vers prouvent que ce ballet fut écrit en 1659, quand se préparait le mariage de Louis XIV et de l'Infante.

LE SAVETIER.

C'est que Monsieur est honnête homme. 95

LE NOTAIRE.

Payable quand ?

LE MARCHAND.

A la Saint-Jean.

LE SAVETIER.

Jean ne me plaît[1].

LE MARCHAND.

Que vous importe ?
Craignez-vous de voir un sergent[2]
Le lendemain à votre porte[3] ?

LE SAVETIER.

A la Saint-Nicolas est bon. 100

LE MARCHAND.

Jean.... Nicolas.... rien ne m'arrête.

LE NOTAIRE.

C'est d'hiver[4] ?

LE SAVETIER.

Oui.

LE NOTAIRE.

Signez-vous[5] ?

LE SAVETIER.

Non.

LE NOTAIRE.

A déclaré[6].... la chose est faite.

1. Voyez *la Gageure*, vers 81 et note 6. — « Est-ce un lazzi, demande Walckenaer, que notre poète a dirigé contre lui-même ? » Ci-dessus, p. 125 :
                Nous parlons aussi comme époux,
                Autant nous en pend à la tête.
2. Tome VI, p. 109 et note 2. — 3. *Ibidem*, p. 107 et note 2.
4. « Le notaire, remarque Boissonade, veut s'assurer, par cette interrogation, que c'est de la Saint-Nicolas d'hiver ou du 6 décembre que l'on veut parler, et non de l'autre Saint-Nicolas ou du 10 septembre, qui est d'été. »
5. Savez-vous signer ? — 6. A déclaré ne pas savoir signer.

CINQUIÈME ENTRÉE.

Le notaire présente l'obligation étiquetée[1] *au marchand, et dit :*
Tenez.

LE MARCHAND, *donnant une pièce de quinze sous au notaire :*
Tenez.

LE NOTAIRE.
Il ne faut rien.

LE MARCHAND.
Cela n'est pas juste, beau sire.   105

LE SAVETIER.
Monsieur, je le paierai fort bien
En retirant[2]....

LE NOTAIRE.
C'est assez dire.

Le notaire et le savetier sortent. Le marchand reste dans sa boutique.

CINQUIÈME ENTRÉE.

UN MEUNIER, ET SON ANE.

LE MEUNIER.
Celui-là ment bien par ses dents[3],
Qui nous fait larrons comme diables[4] :
Diables sont noirs, meuniers sont blancs,   110
Mais tous les deux sont misérables.

Le meunier semble un Jodelet[5]

1. Munie d'une étiquette sur laquelle sont écrits les noms des parties et du notaire.
2. En retirant l'obligation.
3. Quelle incongruité ! vous mentez par les dents.
(RÉGNIER, satire x, vers 377.)
4. « Il n'y a rien, dit un des nombreux proverbes contre les meuniers, de plus hardi que la chemise d'un meunier parce qu'elle prend tous les jours un larron au collet. »
5. Célèbre acteur comique des théâtres de l'Hôtel de Bour-

Fariné[1] d'étrange manière;
Le diable garde le mulet[2],
Tandis qu'on baise la meunière.   115

Ai-je un mulet, il est quinteux,
Et je ne suis pas mieux en mule[3];
Si j'ai quelque âne, il est boiteux,
Au lieu d'avancer il recule.

Celui-ci marche à pas comptés;   120
On le prendroit pour un chanoine[4].
Allons donc, mon âne.

            L'ANE[5].
                    Attendez,
Je n'ai pas mangé mon avoine.
            LE MEUNIER.
Vous mangerez tout votre soûl.
            L'ANE, sentant une ânesse.
Hin-han, hin-han.
            LE MEUNIER.
        Que veut-il dire?   125
Hé quoi! mon âne, êtes-vous fou?

gogne, du Petit-Bourbon, et du Marais : voyez une lettre de notre poète à Maucroix du 22 août 1661 (tome III *M.-L.*, p. 306); et les tomes IV de Corneille, p. 123-125, II de Molière, p. 36-38.

1. Enfariné. — « Il se farinoit à la farce. » (SCARRON, *le Roman comique*, Ire partie, chapitre v.)

2. Proverbe analogue à « attendre sous l'orme », « croquer le marmot », « garder les manteaux » : « Garder le mulet » sur lequel est venu quelqu'un qui vous a laissé à la porte, n'être pas de la fête.

3. Dans *les Quiproquo*, vers 44-45 : « être mieux en femme ».

4. .... Un valet le portoit, marchant à pas comptés,
    Comme un recteur suivi des quatre facultés.
            (BOILEAU, satire III, vers 151-152.)

5. L'âne parle lui aussi, comme dans les anciens mystères; il ne

Vous brayez[1] quand vous voulez rire !

*Le marchand fait délivrer du blé au meunier : celui-ci le paye,
et tous deux sortent avec l'âne porteur des sacs de blé.*

SIXIÈME ENTRÉE.

LA FEMME DU SAVETIER entre d'abord seule, et ensuite LE MARCHAND DE BLÉ.

LA FEMME.

Que mon mari fait l'assoté[2] !
Il ne m'appelle que son âme ;
Si j'étois homme, en vérité,   130
Je n'aimerois pas tant ma femme.

*Sur la fin du couplet de la femme, le marchand de blé entre, et dit à part
en regardant la boutique du savetier :*

LE MARCHAND.

Ce logis m'est hypothéqué ;
L'homme me doit, la femme est belle,
Nous ferions bien quelque marché,
Non avec lui, mais avec elle.   135

Il s'adresse à la femme.

Vous me devez ; mais, entre nous,
Si vous vouliez.... bien à votre aise[3]....

---

se contente pas de braire, comme dans la vieille farce d'*Asinet*, donnée par les joueurs de marionnettes.

1. Tome V, p. 500 et note 8.
2. Ci-dessous, *Ragotin*, acte IV, scène IV. — Dans *les Cent Nouvelles nouvelles*, nouvelle XXVIII : « La Reine a une leuriere, comme vous sçauez, dont elle est beaucoup assotée, et la faict coucher en sa chambre. » Dans le *Don Juan* de Molière, acte II, scène I (tome V, p. III et note 5) : « Regarde la grosse Thomasse, comme elle est assotée du jeune Robain. »
3. *Mazet*, vers 140 et note 11.

LA FEMME.

Monsieur, pour qui me prenez-vous?...
Voyez un peu frère Nicaise[1] !

LE MARCHAND.

Accordez-moi quelque faveur.   140

LA FEMME.

Pourquoi cela?

LE MARCHAND.

Comme ressource ;
Songez que votre serviteur
A beaucoup d'argent dans sa bourse.

LA FEMME.

Je n'ai souci de votre argent.

LE MARCHAND.

Pour faire court[2] en trois paroles,   145
La courtoisie[3] ou le sergent[4],
Ou bien payez-moi six pistoles.

LA FEMME.

Je suis pauvre, mais j'ai du cœur ;
Plutôt que mes meubles l'on crie[5],
Comme j'ai soin de notre honneur,   150
Je ferai tout.

Le marchand entre dans la boutique du savetier.

1. Le sot, le niais, ou plutôt, ici, faisant le niais. Rapprochez le conte de *Nicaise*, vers 2 et note 2 :

> Un apprenti marchand étoit
> Qu'avec droit Nicaise on nommoit.

2. Tome VI, p. 56 et note 3.
3. La permission de ravir vos faveurs.

> ....Et faisant des mourants, et de l'âme saisie,
> Ils croient qu'on leur doit pour rien la courtoisie.
> Mais c'est pour leur beau nez : le puits n'est pas commun.
> (RÉGNIER, satire XIII, vers 233-235.)

4. Ci-dessus, vers 98.
5. Qu'on les vende à l'encan, à la criée.

LE MARCHAND.
Ma douce amie,
On doit apporter du vin frais;
Quelque régal il nous faut faire.

SEPTIÈME ENTRÉE.

LA FEMME ET **LE MARCHAND**, tous deux dans la boutique;
ET **UN PATISSIER**, qui apporte la collation.

LE PATISSIER.
Un bon bourgeois se met en frais....
*Il aperçoit le marchand qui caresse la femme du savetier,
et dit à part :*
Oh! oh! voici bien autre affaire;   155
Mais ne faisons semblant de rien....
Il s'adresse au marchand et à la femme :
Bonjour, Monsieur; bonjour, Madame.
LE MARCHAND.
Tous tes dauphins[1] ne valent rien.
LE PATISSIER.
En voici de bons, sur mon âme.
LE MARCHAND.
Mets sur ton livre, pâtissier;   160
Je n'ai pas un sou de monnoie.
Le pâtissier sort, et le marchand, buvant à la santé de la femme, dit :
A vous!
LA FEMME.
A vous!... Mais le papier?
LE MARCHAND, *montrant le papier qui contient l'obligation
que le savetier a souscrite à son profit :*
Le voilà.

1. Nom d'une ancienne pâtisserie à laquelle on donnait la forme d'un « dauphin ». C'était aussi le nom d'un fromage.

LA FEMME.
Donnez, que je voie;
Donnez, donnez, mon cher Monsieur.
LE MARCHAND.
Avant, donnez-moi la victoire. 165
LA FEMME.
Je suis vraiment femme d'honneur[1];
Quand j'ai juré, l'on me peut croire :
Déchirez.
LE MARCHAND, *déchirant à plusieurs reprises un coin de l'obligation.*
Crac....
LA FEMME.
Déchirez donc :
Vous n'en déchirez que partie.
LE MARCHAND, *déchirant le papier en entier.*
Il est déchiré tout du long. 170
LA FEMME, *toussant.*
Hem !
LE MARCHAND.
Qu'avez-vous, ma douce amie?
LA FEMME, *toussant encore plus fort.*
C'est le rhume[2].
LE MARCHAND.
Foin de la toux !
Assurément, ce sont défaites[3].

HUITIÈME ENTRÉE.

LE SAVETIER, *accourant en diligence au signal,
et disant d'un air railleur et courroucé :*
Ah ! Monsieur, quoi ! vous voir chez nous ?

1. Ou femme de parole (tome IV, p. 363).
2. Vers 35 et note 1. — 3. *L'Eunuque*, vers 902.

HUITIÈME ENTRÉE.

C'est trop d'honneur que vous nous faites[1]. 175

LE MARCHAND, *se levant.*

Argent! argent!

LE SAVETIER, *d'un air menaçant et cherchant à prendre l'obligation que le marchand tient à la main.*

Papier! papier!

LE MARCHAND, *effrayé.*

Si je m'oblige à vous le rendre....

LE SAVETIER, *s'avançant furieux sur le marchand.*

Ce n'est mon fait : point de quartier[2];
Je ne me laisse point surprendre.

Le marchand remet le papier au savetier, et sort de sa boutique et du théâtre. Le savetier et sa femme éclatent de rire. L'on danse.

---

1.   C'est pour ma femme trop d'honneur;
      Il ne lui faut si gros monsieur.
             (*Pâté d'anguille*, vers 44-45.)

On connaît la chanson de Béranger, *le Sénateur :*

      Quel honneur!
      Quel bonheur!
    Ah! Monsieur le sénateur....

2. Tome V, p. 535.

FIN DES RIEURS DU BEAU-RICHARD.

CLYMÈNE

COMÉDIE

(1671)

NOTICE.

Cette comédie fut composée sans doute de 1658 à 1661, puisque le poète met au début ces vers dans la bouche d'Apollon :

.... Je garde mon emploi
Pour les surintendants sans plus, et pour le Roi.

Comme le remarque Walckenaer, Servien et Foucquet étaient tous deux surintendants : Servien mourut le 17 février 1659, et, Foucquet étant resté seul surintendant, cette pièce où ce mot se trouve au pluriel doit être antérieure à cette époque.

Elle parut aux pages 140-191 des *Contes et nouvelles en vers*, 1671, in-12, troisième partie, à la suite du conte intitulé « le Petit Chien qui secoue de l'argent et des pierreries », puis fut réimprimée dans l'édition des *Œuvres diverses* de 1729, tome II, p. 169-210.

Voltaire, dans la lettre écrite, sous le nom de M. de la Visclède, à M. le Secrétaire perpétuel de l'Académie de Pau (tome XLVIII, p. 266), se montre très sévère pour cette aimable fantaisie qui rappelle les dialogues d'amour de nos anciens trouvères. Geoffroy, dans son *Cours de littérature dramatique* (tome II, p. 185), répète après lui qu'il n'y a rien de plus insipide : « Je m'étonne que dans l'édition des *Œuvres diverses* de la Fontaine donnée par Maucroix (*lisez :* d'Olivet), et dans toutes celles que j'ai vues, on ait inséré des pauvretés telles que la comédie de *Clymène*, les opéras de *Daphné*, d'*Astrée*, de *Galatée*, qui sont tout ce qu'il y a de plus insipide au monde. » Boissonade (*Critique littéraire sous le premier empire*, tome II, p. 263) exprime un avis tout contraire : « Je suis de ceux qui aiment à ne rien perdre, pour qui tout ce qu'ont écrit les hommes célèbres est précieux et digne d'être conservé. Leurs chefs-d'œuvre instruisent et plaisent ; on peut aussi s'instruire par leurs fautes. »

Pour M. Théodore de Banville cette petite comédie n'est point une guenille, une pauvreté, une bagatelle insipide, comme l'appelait Voltaire, ni ses éditeurs des espèces de sacristains maniaques qui veulent à toute force la faire révérer, encenser, mais un « diamant », un « chef-d'œuvre », un « enchantement ». Citons cet éloge enthousiaste, qu'on jugerait même à bon droit trop enthousiaste, s'il ne convenait de le considérer comme une réplique à la sévérité de ces critiques acerbes :

« Apollon s'ennuie sur le Parnasse, dans la verdoyante vallée de Phocide où la fontaine Castalie murmure son chant de cristal, et pour se distraire il veut entendre une histoire d'amour racontée en beaux vers; mais par le plus adorable et le plus excessif raffinement d'esprit, il veut que chacune des neuf Muses lui dise à son tour ce même conte : Clio tenant à la main son clairon hardi, Melpomène armée du poignard, Thalie au brodequin d'or, Uranie couronnée d'étoiles, Érato possédée du démon lyrique, et toutes leurs sœurs, chacune selon l'habitude de son génie; et Terpsichore elle-même arrêtera le vol de ses petits pieds bondissants pour se mêler à ce tournoi du bien-dire et aux jeux de cette divine cour d'amour. Recommencer neuf fois le même récit! Est-il possible d'imaginer un problème littéraire plus audacieux, plus effroyable à résoudre? Et quel autre que la Fontaine eût osé le rêver? Il est tout entier dans une pareille conception; et je sais plus d'un grand poète qui, après lui, l'a mesurée en frémissant, et qui a senti son cœur faiblir devant la tâche démesurée. Eh bien, ce chef-d'œuvre accompli avec un bonheur et une science dignes de l'entreprise, ce rare diamant aux facettes étincelantes, c'est *Clymène*, une comédie reléguée, inconnue, oubliée dans les œuvres diverses du fabuliste, *Clymène* où se trouve ce vers digne des temps héroïques :

Portez-en quelque chose à l'oreille des dieux.

Comédie, écrit la Fontaine, et *Clymène* est en effet une comédie, mais de celles qui sont faites pour être jouées devant un parterre de princes et de poètes, dans un décor de verdure fleurie, avec une rampe de lucioles et d'étoiles autour de laquelle voltige le chœur aérien des fées dans les blancs rayons de la lune. O la ravissante surprise de voir Thalie et Melpomène en personne devenir des comédiennes, contrefaisant celle-ci Clymène et celle-là

Acanthe sur le tréteau élevé en plein Parnasse, à deux pas de l'Hippocrène; Melpomène et Thalie se mettant du rouge parfumé d'ambroisie, et interrogeant d'un pied impatient quelque souffleur divin, Silène peut-être, ou le dieu Pan, caché dans une boîte de rocher! Pour moi, je ne me sens pas de joie quand le terrible dieu de Claros prie Clio de chanter à son tour l'héroïne Clymène en une ballade à la manière de Marot :

> Montez jusqu'à Marot et point par delà lui,
> Même son tour suffit....

Il suffit en effet, et plût aux dieux que nous pussions monter jusqu'à lui! Au temps où la Fontaine créait ces enchantements, pour lesquels Louis XIV ne prêta pas les bosquets et les eaux jaillissantes de Versailles, les mots de fantaisie et de poète fantaisiste n'étaient pas inventés :

> Diversité, c'est ma devise,

se bornait à dire le poète magicien[1]. »

Il semblera d'abord au lecteur que la comédie que j'ajoute ici[2] n'est pas en son lieu; mais, s'il la veut lire jusqu'à la fin, il y trouvera un récit, non tout à fait tel que ceux de mes Contes, et aussi qui ne s'en éloigne pas tout à fait. Il n'y a aucune distribution de scènes, la chose n'étant pas faite pour être représentée.

1. *Petit Traité de versification française*, p. 321-323.
2. Cet avertissement est imprimé immédiatement après le conte intitulé *le Petit Chien*, etc., p. 139 des *Contes et Nouvelles en vers*, 1671, in-12.

PERSONNAGES.

APOLLON.
LES NEUF MUSES.
ACANTHE[1].

La scène est au Parnasse.

---

1. Ce même nom semble désigner Racine dans *Psyché* (tome III *M.-L.*, p. 16, note 1). C'est celui que la Fontaine prend aussi dans *le Songe de Vaux*; voyez l'avertissement : « Je feins donc qu'une nuit de printemps m'étant endormi », et chapitre 1 : « Acanthe s'étant endormi une nuit de printemps ». — Il est très probable que cette comédie de *Clymène* a pour origine quelque aventure amoureuse de notre poète.

CLYMÈNE[1].

Apollon se plaignoit aux neuf Sœurs, l'autre jour,
De ne voir presque plus de bons vers sur l'amour.
Le siècle, disoit-il, a gâté cette affaire :
Lui nous parler d'amour! Il ne la[2] sait pas faire.
Ce qu'on n'a point au cœur, l'a-t-on dans ses écrits[3] ? 5
J'ai beau communiquer de l'ardeur aux esprits ;
Les belles n'ayant pas disposé la matière,
Amour et vers, tout est fort à la cavalière[4].
Adieu donc, ô beautés! je garde mon emploi[5]
Pour les surintendants[6] sans plus, et pour le Roi[7]. 10
Je viens pourtant de voir, au bord de l'Hippocrène[8],
Acanthe fort touché[9] de certaine Clymène.

 1. *Clymène* est le nom de l'héroïne des quatre élégies parues en 1671 (tome V M.-L., p. 82-92), et du conte XII de la IIIe partie.
 2. Ci-dessus, p. 100 et note 2.
 3. Voilà en un vers concis la condamnation de la rhétorique.
 4. A la cavalière, à la hussarde : trop brusque, trop dégagé, trop leste : on n'y sent point le véritable amour, la passion.
 5. Tome VI, p. 15 et note 5.
 6. Comparez la dédicace d'*Adonis* à Foucquet : « Les Muses, qui commençoient à se consoler de la mort d'Armand par l'estime que vous faites d'elles, en vous voyant malade, se voyoient sur le point de perdre encore une fois leurs amours. »
 7. Page 143.
 8. Source du mont Hélicon, que Pégase avait fait jaillir d'un rocher en le frappant de son pied.
 9. Voyez, pour cet emploi de ce verbe, tome IV, p. 147.

J'en sais qui sous ce nom font valoir leurs appas;
Mais, quant à celle-ci, je ne la connois pas;
Sans doute qu'en province elle a passé sa vie. 15

ÉRATO[1].

Sire, j'en puis parler : c'est ma meilleure amie.
La province, il est vrai, fut toujours son séjour;
Ainsi l'on n'en fait point de bruit en votre cour.

URANIE.

Je la connois aussi.

APOLLON.

Comment, vous, Uranie[2]!
En ce cas, Terpsichore, Euterpe, et Polymnie[3], 20
Qui n'ont pas des emplois du tout si relevés,
M'en apprendront encor plus que vous n'en savez.

POLYMNIE.

Oui, Sire, nous pouvons vous en parler chacune.

APOLLON.

Si ma prière n'est aux Muses importune,
Devant moi tour à tour chantez cette beauté; 25
Mais sur de nouveaux tons, car je suis dégoûté[4].
Que chacune pourtant suive son caractère.

EUTERPE.

Sire, nous nous savons toutes neuf contrefaire[5] :
Pour si peu laissez-nous libres sur ce point-là.

APOLLON.

Commencez donc, Euterpe, ainsi qu'il vous plaira. 30

1. Muse de la poésie anacréontique.
2. Uranie présidait à l'astronomie, emploi « relevé » s'il en fut, mais elle ne se perdait pas tellement dans la contemplation du ciel qu'elle ne jetât parfois un regard sur la terre : c'est ce qui étonne Apollon.
3. Terpsichore muse de la danse; Euterpe, de la musique; Polymnie, de la poésie lyrique.
4. Livre VII, fable VII, vers 19 : « faire le dégoûté ».
5. Déguiser : au figuré, ici; au propre, dans *le Cocu*, vers 82 et note 4.

COMÉDIE.

EUTERPE.
Que ma compagne m'aide, et puis en dialogue
Nous vous ferons entendre une espèce d'églogue.
APOLLON.
Terpsichore, aidez-la : mais surtout évitez
Les traits que tant de fois l'églogue a répétés;
Il me faut du nouveau, n'en fût-il point au monde[1]. 35
TERPSICHORE.
Je m'en vais commencer; qu'Euterpe me réponde.

Quand le Soleil a fait le tour de l'univers,
Ce n'est point d'avoir vu cent chefs-d'œuvre divers,
Ni d'en avoir produit, qu'à Téthys il se vante;
Il dit : « J'ai vu Clymène, et mon âme est contente. » 40
EUTERPE.
L'Aurore vous veut voir; Clymène, montrez-vous :
Non, ne bougez du lit : le repos est trop doux;
Tantôt vous paroîtrez vous-même une autre Aurore[2];
Mais ne vous pressez point, dormez, dormez encore.
TERPSICHORE.
Au gré de tous les yeux Clymène a des appas : 45
Un peu de passion est ce qu'on lui souhaite :
Pour de l'amitié seule, elle n'en manque pas :
Cinq ou six grains d'amour[3], et Clymène est parfaite.
EUTERPE.
L'amour, à ce qu'on dit, empêche de dormir :
S'il a quelque plaisir, il ne l'a pas sans peine. 50
Voyez la tourterelle, entendez-la gémir[4] :

1. Vers passé en proverbe : tome VI, p. 127 et note 6.
2. Voyez ci-dessous *Daphné*, vers 438; et la lettre à l'abbé Vergier du 4 juin 1688 (tome III *M.-L.*, p. 407) :

    Il semble, à voir son sourire,
    Que l'Aurore ouvre les cieux.

3. Tome IV, p. 65; tome III *M.-L.*, p. 288 et 374.
4. Rapprochez *Adonis*, vers 547 et suivants :

    Telle sur un ormeau se plaint la tourterelle, etc.

Vous vous garderez bien de condamner Clymène[1].
     TERPSICHORE.
Vénus depuis longtemps est de mauvaise humeur :
Clymène lui fait ombre[2]; et Vénus, ayant peur
D'être mise au-dessous d'une beauté mortelle[3], 55
Disoit hier à son fils : « Mais la croit-on si belle ?
— Hé oui, oui, dit l'Amour, je vous la veux montrer. »
     APOLLON.
Vous sortez de l'églogue.
     EUTERPE.
    Il nous y faut rentrer.

Amour en quatre parts divise son empire :
Acanthe en fait moitié, ses rivaux plus d'un quart; 60
Ainsi plus des trois quarts pour Clymène soupire :
Les autres belles ont le reste pour leur part.
     TERPSICHORE.
Tout ce que peut avoir un cœur d'indifférence,
Clymène le témoigne : elle en a destiné
Les trois quarts pour Acanthe; heureux dans sa souf-
S'il voit qu'à ses rivaux le reste soit donné ! [france 65
     EUTERPE.
Ne vous semble-t-il pas que nos bois reverdissent,
Depuis que nous chantons un si charmant objet ?
     TERPSICHORE.
Oiseaux, hommes et dieux, que tous chantres choisis-
Désormais, en leurs sons[4], Clymène pour sujet ! [sent

---

1. De la condamner pour ne pas vouloir aimer d'amour.
2. Ou ombrage : voyez les *Lexiques de Racine* et *de la Rochefoucauld*.
3. Au livre I de *Psyché* (tome III *M.-L.*, p. 25 et suivantes) : « .... En cet état, il ne se faut pas étonner si la reine de Cythère en devint jalouse. Cette déesse appréhendoit, et non sans raison, qu'il ne lui fallût renoncer à l'empire de la beauté, etc. »
4. Tome VI, p. 330 et note 5.

  — Horace, dans ses sons,
    L'avoit dit, etc.
 (Épître au prince de Conti, tome V *M.-L.*, p. 167.)

EUTERPE.
Pour elle le printemps s'est habillé de roses.
TERPSICHORE.
Pour elle les zéphyrs en parfument les airs.
EUTERPE.
Et les oiseaux pour elle y joignent leurs concerts.
Régnez, belle, régnez sur tant d'aimables choses.
TERPSICHORE.
Aimez, Clymène, aimez; rendez quelqu'un heureux :
Votre règne en aura plus d'appas pour vous-même.
EUTERPE.
En ce nombre d'amants qui voulez-vous qu'elle aime?
TERPSICHORE.
Acanthe.
EUTERPE.
    Et pourquoi lui?
TERPSICHORE.
              C'est le plus amoureux.

Sire, êtes-vous content?
APOLLON.
            Assez. Que Melpomène[1]
Sur un ton qui nous touche introduise[2] Clymène.   80
Vous, Thalie, il vous faut contrefaire[3] un amant
Qui ne veut point borner[4] son amoureux tourment[5].
MELPOMÈNE.
Mes sœurs, je suis Clymène.
THALIE.
            Et moi, je suis Acanthe.
APOLLON.
Fort bien; nous écoutons : remplissez notre attente.

1. Muse de la tragédie.
2. Tome VI, p. 127 et note 1. — 3. Imiter.
4. Mettre un terme à.
5. Son amoureux martyre (*le Magnifique*, vers 44).

CLYMÈNE.

Acanthe, vous perdez votre temps et vos soins. 85
Voulez-vous qu'on vous aime, aimez-nous un peu moins.
Otez ce mot d'amour, c'est ce qu'on vous conseille.

ACANTHE.

Que je l'ôte! Est-il rien de si doux à l'oreille?
Quoi! de vous adorer Acanthe cesseroit!
Contre sa passion il vous obéiroit! 90
Ah! laissez-lui du moins son tourment pour salaire.
Suis-je si dangereux? Hélas! non; si j'espère,
Ce n'est plus d'être aimé : tant d'heur ne m'est point dû;
Je l'avois jusqu'ici follement prétendu.
Mourir en vous aimant est toute mon envie : 95
Mon amour m'est plus cher mille fois que la vie.
Laissez-moi mon amour, Madame, au nom des dieux.

CLYMÈNE.

Toujours ce mot! toujours!

ACANTHE.

Vous est-il odieux?
Que de belles voudroient n'en entendre point d'autre!
Il charme également votre sexe et le nôtre : 100
Seule vous le fuyez; mais ne s'est-il point vu
Quelque temps où peut-être il vous a moins déplu?

CLYMÈNE.

L'amour, je le confesse, a traversé ma vie :
C'est ce qui, malgré moi, me rend son ennemie.
Après un tel aveu, je ne vous dirai pas 105
Que votre passion est pour moi sans appas,
Et que d'aucun plaisir je ne me sens touchée
Lorsqu'à tant de respect je la vois attachée¹.
Aussi peu vous dirai-je², Acanthe, écoutez bien,
Que par vos qualités vous ne méritez rien; 110

1. Lorsque je vous vois à la fois si passionné et si respectueux.
2. Je ne vous dirai pas non plus.

Je les sais, je les vois, j'y trouve de quoi plaire :
Que sert-il d'affecter le titre de sévère ?
Je ne me vante pas d'être sage à ce point,
Qu'un mérite amoureux ne m'embarrasse point[1].
Vouloir bannir l'amour, le condamner, s'en plaindre,
Ce n'est pas le haïr, Acanthe, c'est le craindre.
Des plus sauvages cœurs il flatte le desir ;
Vous ne l'ôterez[2] point sans m'ôter du plaisir ;
Nous y perdrons tous deux : quand je vous le conseille,
Je me fais violence, et prête encor l'oreille.   120
Ce mot renferme en soi je ne sais quoi de doux,
Un son qui ne déplaît à pas une de nous ;
Mais trop de mal le suit.

ACANTHE.

Je m'en charge, Madame :
Ce mal est pour moi seul ; j'en garantis votre âme.

CLYMÈNE.

Qui vous croiroit, Acanthe, auroit un bon garant[3]. 125
Mais non, je connois trop qu'Amour n'est qu'un tyran,
Un ennemi public, un démon, pour mieux dire.

ACANTHE.

Il ne l'est pas pour vous, cela vous doit suffire :
Jamais il ne vous peut avoir causé d'ennui ;
Vous en prenez un autre assurément pour lui.   130
S'il a quelques douceurs[4], elles sont pour les belles,
Et pour nous les soucis et les peines cruelles.
Vous n'éprouvez jamais ni dédain ni froideur :

---

1. Que je n'éprouve pas quelque embarras, quelque peine, à ne pas vouloir aimer un amant qui mérite d'être aimé. — Dans *le Petit Chien*, vers 461 :

Tout me rend excusable, Atis et son mérite.

2. Vers 87-88.
3. Ah ! le bon billet...! — Ci-dessus, p. 72.
4. Vers 50 : « S'il a quelque plaisir.... »

Quant à nous, c'est souvent le prix de notre ardeur.
Trop de zèle nous nuit[1].

CLYMÈNE.

Et pourquoi donc, Acanthe,
Ne modérez-vous pas cette ardeur violente?
Aimez-vous mieux souffrir contre mon propre gré,
Que si, m'obéissant, vous étiez bien traité?
Je vous rendrois heureux.

ACANTHE.

Selon votre manière,
Du bonheur d'un ami, d'un parent ou d'un frère;   140
Que sais-je? de chacun : car vous savez qu'on peut
Faire ainsi des heureux autant que l'on en veut.

CLYMÈNE.

Non, non, j'aurois pour vous beaucoup plus de tendresse.
Vous verriez à quel point Clymène s'intéresse
Pour tout ce qui vous touche.

ACANTHE.

Et pour moi-même aussi?

CLYMÈNE.

Quelle distinction mettez-vous en ceci?

ACANTHE.

Très grande. Mais laissons à part la différence;
Aussi bien je craindrois de commettre une offense,
Si j'avois entrepris de prouver contre vous
Qu'autre chose est d'aimer nos qualités ou nous.   150
Je vous dirai pourtant que mon amour extrême
A pour premier objet votre personne même :
Tout m'en semble charmant; elle est telle qu'il faut.
Mais, pour vos qualités, j'y trouve du défaut.

1. Tome VI, p. 204 et note 2. — Dans *la Courtisane amoureuse*, vers 116 :
Mon zèle me nuira.

CLYMÈNE.
Dites-nous quel il est, afin qu'on s'en corrige.

ACANTHE.
Vous n'aimez point l'Amour; vous le haïssez, dis-je;
Ce dieu près de votre âme a perdu tout crédit.

CLYMÈNE.
Je ne hais point l'Amour, je vous l'ai déjà dit :
Je le crains seulement, et serois plus contente
Si vous vouliez changer votre ardeur véhémente,
En faire une amitié, quelque chose entre deux[1];
Un peu plus que ce n'est quand un cœur est sans feux,
Moins aussi que l'état où le vôtre se treuve[2].

ACANTHE.
Tout de bon, voulez-vous que j'en fasse l'épreuve ?
Que demain j'aime moins, et moins le jour d'après,
Diminuant toujours, encor que vos attraits
Augmentent en pouvoir ? Le voulez-vous, Madame ?

CLYMÈNE.
Oui, puisque je l'ai dit.

ACANTHE.
L'avez-vous dit dans l'âme[3] ?

CLYMÈNE.
Il faut bien.

ACANTHE.
Songez-y; voyez si votre esprit
Pourra voir ce déchet[4] sans un secret dépit.
Peu de femmes feroient des vœux pareils aux vôtres.

CLYMÈNE.
Acanthe, je suis femme aussi bien que les autres ;
Mais je connois l'Amour, c'est assez : j'ai raison

1. Rapprochez *la Confidente*, vers 45.
2. Tome V, p. 169 et note 3.
3. Sincèrement : tome VI, p. 99 et note 8.
4. Cette diminution, proprement cette décadence d'amour.

D'en combattre en mon cœur l'agréable poison[1].
Voulez-vous procurer tant de mal à Clymène ?   175
Vous l'aimez, dites-vous, et vous cherchez sa peine !
N'allez point m'alléguer que c'est plaisir pour nous.
Loin, bien loin tels plaisirs ; le repos est plus doux :
Mon cœur s'en défendra ; je vous permets de croire
Que je remporterai malgré moi[2] la victoire.   180

APOLLON.

Voilà du pathétique assez pour le présent :
Sur le même sujet donnez-nous du plaisant.

MELPOMÈNE.

Qui ferons-nous parler ?

APOLLON.

                   Acanthe et sa maîtresse.

MELPOMÈNE.

Sire, il faudroit avoir pour cela plus d'adresse.
Rendre Acanthe plaisant ! C'est un trop grand dessein.

APOLLON.

Il est fou ; c'est déjà la moitié du chemin.

THALIE.

Mais il est dans l'excès[3].

APOLLON.

                 Tant mieux ; j'en suis fort aise,
Nous le demandons tel : je ne vois rien qui plaise,
En matière d'amour, comme les gens outrés.
Mille exemples pourroient vous en être montrés.   190

MELPOMÈNE.

Nous obéissons donc. Tu te souviens, Thalie,
D'un matin où Clymène, en son lit endormie,
Fut, au bruit d'un soupir, éveillée en sursaut,
Et se mit contre Acanthe en colère aussitôt,

---

1. Tome VI, p. 175 et note 1.
2. Vers 104.
3. Il dépasse toutes les bornes.—Mais il l'est dans l'excès. (1729.)

Sans le voir, croyant même avoir fermé la porte. 195
Mais qui pouvoit, que lui, soupirer de la sorte ?
« Vraiment vous l'entendez¹, avecque vos hélas,
Dit la belle; apprenez à soupirer plus bas. »
Il eut beau s'excuser sur l'ardeur de son zèle².
Une forge feroit moins de bruit, reprit-elle, 200
Que votre cœur n'en fait : ce sont tous ses plaisirs.
Si je tourne le pied³, matière de soupirs.
Je ne vous vois jamais qu'en un chagrin extrême :
C'est bien pour m'obliger⁴ à vous aimer de même.

ACANTHE.

Je ne le prétends pas.

CLYMÈNE.

Soyez-vous⁵ sur ce lit. 205

ACANTHE.

Moi!

CLYMÈNE.

Vous, sans répliquer.

ACANTHE.

Souffrez....

CLYMÈNE.

C'est assez dit.
Là; je vous veux voir là.

ACANTHE.

Madame,...

CLYMÈNE.

Là, vous dis-je.
Voyez qu'il a de mal! Sa maîtresse l'oblige

1. *Le Berceau*, vers 158. — 2. Ci-dessus, vers 135 et note 1.
3. Page 121 :

   On ne peut quasi faire un pas,
   Ni tourner le pied qu'on en rie.

4. Voilà bien de quoi m'obliger, c'est un plaisant moyen de m'obliger, etc.
5. Seyez-vous. (1729.)

A s'asseoir sur un lit : quelle peine pour lui !
Savez-vous ce que c'est ? je veux rire aujourd'hui. 210
Point de discours plaintifs : bannissez, je vous prie,
Ces soupirs à la voix du sommeil ennemie[1];
Témoignez, s'il se peut, votre amour autrement.
Mais que veut cette main[2] qui s'en vient brusquement ?

ACANTHE.

C'est pour vous obéir, et témoigner mon zèle[3]. 215

CLYMÈNE.

L'obéissance en est un peu trop ponctuelle[4];
Nous vous en dispensons : Acanthe, soyez coi[5].
Si bien donc que votre âme est tout en feu pour moi ?

ACANTHE.

Tout en feu.

CLYMÈNE.

Vous n'avez ni cesse ni relâche ?

ACANTHE.

Aucune.

CLYMÈNE.

Toujours pleurs, soupirs comme à la tâche[6] ?

ACANTHE.

Toujours soupirs et pleurs.

1. Ces soupirs dont la voix est ennemie du sommeil : ci-dessus, vers 192-193.
2. Comparez tome V, p. 148; et *le Tartuffe* de Molière, vers 916 :
Que fait là votre main ?
3. Vers 199.
4. Tome IV, p. 190.
5. Restez tranquille : tome V, p. 500 et note 4.
6. Rapprochez *la Fiancée*, vers 145-147 :
Pleurs de couler, soupirs d'être poussés,
Regards d'être au ciel adressés,
Et puis sanglots, et puis soupirs encore ;

et, pour l'expression « comme à la tâche », la fable III du livre XII, vers 12.

CLYMÈNE.
J'en veux avoir pitié
Allez, je vous promets....
ACANTHE.
Et quoi?
CLYMÈNE.
De l'amitié.
ACANTHE.
Ah! Madame, faut-il railler[1] d'un misérable!
CLYMÈNE.
Vous reprenez toujours votre ton lamentable[2].
Oui, je vous veux aimer d'amitié malgré vous ;
Mais si sensiblement, que je n'aie, entre nous,
De là jusqu'à l'amour rien qu'un seul pas à faire.
ACANTHE.
Et quand le ferez-vous ce pas si nécessaire?
CLYMÈNE.
Jamais.
ACANTHE.
Reprenez donc l'offre de votre cœur.
CLYMÈNE.
Vous en aurez regret; il a de la douceur.
Vous feriez beaucoup mieux d'éprouver ses largesses.
Je baise mes amis, je leur fais cent caresses ;
A l'égard[3] des amants, tout leur est refusé.
ACANTHE.
Je ne veux point du tout, Madame, être baisé.
Vous riez ?

1. Se railler.

Ne raillons point ici de la magistrature.
(RACINE, *les Plaideurs*, vers 607.)

2. Ci-dessus, vers 211 : « Point de discours plaintifs ».
3. A l'égard de la dent il fallut contester.
(Livre IX, fable IX, vers 4.)
Comparez tomes II, p. 82, 337, IV, p. 386, 405, etc.

CLYMÈNE.

CLYMÈNE.

Le moyen de s'empêcher de rire ! 235
On veut baiser Acanthe ; Acanthe se retire.

ACANTHE.

Et le pourriez-vous voir traiter de son amour
Pour un simple baiser, souvent froid, toujours court[1] ?

CLYMÈNE.

On redouble en ce cas.

ACANTHE.

Oui, d'autres que Clymène.

CLYMÈNE.

Éprouvez-le.

ACANTHE.

De quoi vous mettez-vous en peine ? 240

CLYMÈNE.

Moi ? de rien.

ACANTHE.

Cependant je vois qu'en votre esprit
Le refus de vos dons jette un secret dépit.

CLYMÈNE.

Il est vrai, ce refus n'est pas fort à ma gloire.
Dédaigner mes baisers ! cela se peut-il croire ?
Acanthe, je le vois, n'est pas fin à demi : 245
Il devoit[2] aujourd'hui promettre d'être ami ;
Demain il eût repris son premier personnage.

ACANTHE.

Et Clymène auroit pu souffrir ce badinage ?
Un baiser n'auroit pas irrité ses esprits[3] ?

---

1. « Traiter de son amour », comme un marchand qui offre un objet, en échange d'un simple baiser, etc. ?
2. Il veut être trop fin et ne l'est pas du tout : il aurait dû, etc.
3.   Bien est-il vrai qu'en rencontre pareille
    Simples baisers font craindre le surplus ;
    Car Satan lors vient frapper sur l'oreille
    De tel qui dort, et fait tant qu'il s'éveille.
        (*Les Rémois*, vers 128-131 et note 6.)

COMÉDIE.

CLYMÈNE.

Qu'importe? L'on s'apaise, et c'est autant de pris. 250
Vous en pourriez déjà compter une douzaine.

ACANTHE.

Madame, c'en est trop : à quoi bon tant de peine?
Pour douze d'amitié donnez-m'en un d'amour.

CLYMÈNE.

C'est perdre doublement; je le rendrois trop court[1].

ACANTHE.

Mais, Madame, voyons.

CLYMÈNE.

Mais, Acanthe, vous dis-je, 255
L'amitié seulement à ces faveurs m'oblige.

ACANTHE.

Eh bien, je consens d'être ami[2] pour un moment.

CLYMÈNE.

Sous la peau de l'ami, je craindrois que l'amant
Ne demeurât caché pendant tout le mystère[3].
L'heure sonne, il est tard; n'avez-vous point affaire[4]?

ACANTHE.

Non; et quand j'en aurois, ces moments sont trop doux.

CLYMÈNE.

Je me veux habiller; adieu, retirez-vous.

APOLLON.

Vous finissez bientôt !

MELPOMÈNE.

Point trop pour des pucelles[5].
Ces discours leur siéent mal, et vous vous moquez d'elles

---

1. Ci-dessus, vers 238. — 2. Amis. (1729.)
3. Tome VI, p. 137 et note 7.
4. Dans *l'Eunuque*, vers 550 :

.... Mais n'as-tu point affaire ?

5. Muses, venez m'aider : mais vous êtes pucelles,
   Au joli jeu d'amour ne sachant A ni B.
   (*Le Tableau*, vers 37-38 et note 4.)

J. DE LA FONTAINE. VII

CLYMÈNE.

APOLLON.

Moi, me moquer! pourquoi? J'en ouïs l'autre jour   265
Deux de quinze ans parler plus savamment d'amour.
Ce que sur vos amants[1] je trouverois à dire,
C'est qu'ils pleuroient tantôt, et vous les faites rire.
De l'air dont ils se sont tout à l'heure expliqués,
Ce ne sauroient être eux, s'ils ne se sont masqués[2]. 270

MELPOMÈNE.

Vous vouliez du plaisant, comment eût-on pu faire?

APOLLON.

J'en voulois, il est vrai, mais dans leur caractère.

THALIE.

Sire, Acanthe est un homme inégal à tel point,
Que d'un moment à l'autre on ne le connoît point :
Inégal en amour, en plaisir, en affaire;   275
Tantôt gai, tantôt triste; un jour il désespère,
Un autre jour il croit que la chose ira bien :
Pour vous en parler franc[3], nous n'y connoissons rien.
Clymène aime à railler : toutefois, quand Acanthe
S'abandonne aux soupirs, se plaint et se tourmente,
La pitié qu'elle en a lui donne un sérieux
Qui fait que l'amitié n'en va souvent que mieux.

APOLLON.

Clio[4], divertissez un peu la compagnie.

CLIO.

Sire, me voilà prête.

APOLLON.

          Il me prend une envie
De goûter de ce genre où Marot excelloit.   285

CLIO.

Eh bien, Sire, il vous faut donner un triolet.

---

1. Vos amants : tels que vous les faites parler.
2. Déguisés, contrefaits.
3. Même locution dans *la Fiancée*, vers 668 et note 6.
4. Muse de l'histoire.

APOLLON.

C'est trop ; vous nous deviez proposer un distique.
Au reste, n'allez pas chercher ce style antique
Dont à peine les mots s'entendent aujourd'hui :
Montez jusqu'à Marot, et point par delà lui ;   290
Même son tour suffit.

CLIO.

J'entends : il reste, Sire,
Que Votre Majesté seulement daigne dire
Ce qu'il lui plaît, ballade, épigramme, ou rondeau.
J'aime fort les dizains.

APOLLON.

En un sujet si beau
Le dizain est trop court ; et, vu votre matière,   295
La ballade n'a point de trop ample carrière.

CLIO.

Je pris de loin Clymène l'autre fois
Pour une Grâce en ses charmes nouvelle :
Grâce, s'entend, la première des trois ;
J'eusse autrement fait tort à cette belle.   300
Puis approchant, et frottant ma prunelle,
Je me repris, et dis soudainement :
« Voilà Vénus[1] ; c'est elle assurément ;
Non je me trompe, et mon œil se mécompte.
Cyprine là ? je faille[2] lourdement ;   305
Telle n'est point la reine d'Amathonte. »

Voyons pourtant ; car chacun, d'une voix,
En fait d'appas, prend Vénus pour modèle.
Je me mis lors à compter par mes doigts
Tous les attraits de la gente[3] pucelle,   310

---

1. Rapprochez le poème d'*Adonis*, vers 81-82 et note 1.
2. Tome VI, p. 6 et note 5.
3. *Ibidem*, p. 128 et note 1.

Afin de voir si ceux de l'immortelle
Y cadreroient¹, à peu près seulement :
Mais le moyen? Je n'y vins² nullement,
Trouvant ici beaucoup plus que le compte.
« Qu'est ceci, dis-je, et quel enchantement?   315
Telle n'est point la reine d'Amathonte. »

Acanthe vint tandis que je comptois :
Cette beauté le fit asseoir près d'elle;
J'entendis tout, les zéphyrs étoient cois³.
Plus de cent fois il l'appela cruelle,   320
Inexorable, à l'amour trop rebelle;
Et le surplus que dit un pauvre amant⁴.
Clymène oyoit cela négligemment;
Le mot d'amour lui donnoit quelque honte.
Si de ce dieu la chronique ne ment   325
Telle n'est point la reine d'Amathonte.

Ne recours plus, Acanthe, au changement :
Loin de trouver en ce bas élément
Quelque autre objet qui ta dame surmonte⁵,
Dans les palais qui sont au firmament   330
Telle n'est point la reine d'Amathonte.

APOLLON.

Votre tour est venu, Calliope⁶ : essayez
Un de ces deux chemins qu'aux auteurs ont frayés
Deux écrivains fameux; je veux dire Malherbe,

1. Tome V, p. 527 et note 3.
2. Parvins.
3. Vers 217 et note 5.
4.   Et le surplus de l'amoureux martyre.
(*Le Magnifique*, vers 44.)
5. Chez Mme de Sévigné, tome VI, p. 504 : « La crainte de n'être pas aimée, l'envie de surmonter.... »
6. Muse de la poésie héroïque et de l'éloquence.

COMÉDIE.   165

Qui louoit ses héros en un style superbe¹ ;   335
Et puis maître Vincent², qui même auroit loué
Proserpine et Pluton en un style enjoué.

CALLIOPE.

Sire, vous nommez là deux trop grands personnages.
Le moyen d'imiter sur-le-champ leurs ouvrages ?

APOLLON.

Il faut que je me sois sans doute expliqué mal ;   340
Car, vouloir qu'on imite aucun original
N'est mon but, ni ne doit non plus être le vôtre,
Hors ce qu'on fait passer d'une langue en une autre.
C'est un bétail servile et sot, à mon avis,
Que les imitateurs³ ; on diroit des brebis   345
Qui n'osent avancer qu'en suivant la première,
Et s'iroient sur ses pas jeter dans la rivière⁴.
Je veux donc seulement que vous nous fassiez voir,
En ce style où Malherbe a montré son savoir,
Quelque essai des beautés qui sont propres à l'ode ;   350
Ou si, ce genre-là n'étant plus à la mode
Et demandant d'ailleurs un peu trop de loisir,
L'autre vous semble plus selon votre desir,
Vous louiez galamment la maîtresse d'Acanthe,
Comme maître Vincent, dont la plume élégante   355
Donnoit à son encens un goût exquis et fin⁵,

1. « .... Ce sont les traits de poésie qui font valoir les ouvrages de cette nature. Malherbe en est plein, même aux endroits où il parle au Roi. » (Lettre à Foucquet du 30 janvier 1663.)
2. Voiture : voyez la lettre du 18 décembre 1687 à Saint-Évremond.
3. Tomes III, p. 302 et note 4, IV, p. 149 et note 2.
4. Les moutons de Panurge dont la Fontaine a raconté l'histoire, d'après Rabelais, dans le conte de *l'Abbesse* (tome V, p. 303-305).
5. Rapprochez la fable XXIV du livre XII, vers 7-8 et note 7 :

.... Un peu de cet encens qu'on recueille au Parnasse,
Et que j'ai le secret de rendre exquis et doux.

Que n'avoit pas celui qui partoit d'autre main.
CALLIOPE.
Je vais, puisqu'il vous plaît, hasarder quelque stance.
Si je débute mal, imposez-moi silence.
APOLLON.
Calliope manquer!
CALLIOPE.
Pourquoi non? Très souvent. 360
L'ode est chose pénible, et surtout dans le grand.

Toi, qui soumets les dieux aux passions des hommes,
Amour, souffriras-tu qu'en ce siècle où nous sommes,
Clymène montre un cœur insensible à tes coups?
Cette belle devroit donner d'autres exemples : 365
Tu devrois l'obliger, pour l'honneur de tes temples,
    D'aimer ainsi que nous.
URANIE.
Les Muses n'aiment pas.
CALLIOPE.
Et qui les en soupçonne?
Ce « nous » n'est pas pour nous; je parle en la personne
Du sexe en général[1], des dévotes d'Amour[2]. 370
APOLLON.
Calliope a raison ; qu'elle achève à son tour.
CALLIOPE.
J'en demeurerai là, si vous l'agréez, Sire.
On m'a fait oublier ce que je voulois dire.
APOLLON.
A vous donc, Polymnie ; entrez en lice aussi.
POLYMNIE.
Sur quel ton?

---

1. Comparez *le Faucon*, vers 268.
2. Tome V, p. 18 et note 3.

APOLLON.

          Je vois bien que sur ce dernier-ci   375
L'on ne réussit pas toujours comme on souhaite.
Calliope a bien fait d'user d'une défaite :
Cette interruption est venue à propos;
C'est pourquoi choisissez des tons un peu moins hauts.
Horace en a de tous; voyez ceux qui vous duisent[1]; 380
J'aime fort les auteurs qui sur lui se conduisent :
Voilà les gens qu'il faut à présent imiter.

POLYMNIE.

C'est bien dit, si cela pouvoit s'exécuter :
Mais avons-nous l'esprit qu'autrefois à cet homme
Nous savions inspirer sur le déclin de Rome?   385
Tout est trop fort déchu dans le sacré vallon[2].

APOLLON.

J'en conviens, jusque même au métier d'Apollon :
Il n'est rien qui n'empire, hommes, dieux; mais que
Irons-nous pour cela nous cacher et nous taire ? [faire?]
Je ne regarde pas ce que j'étois jadis,   390
Mais ce que je serai quelque jour, si je vis.
Nous vieillissons enfin, tout autant que nous sommes
De dieux nés de la fable, et forgés par les hommes[3].
Je prévois par mon art[4] un temps où l'univers
Ne se souciera plus ni d'auteurs, ni de vers;   395
Où vos divinités périront, et la mienne.
Jouons de notre reste avant que ce temps vienne.
C'est à vous, Polymnie, à nous entretenir.

---

1. Ci-dessus, p. 36. — 2. Tome VI, p. 348 et note 4.
3. *Ibidem*, p. 353 et note 1. Rapprochez la fable vi du livre IX, vers 19.
4.   Apollon sait un peu de l'avenir.
   (Epître à *M. de Turenne*, tome V *M.-L.*, p. 102.)

Voyez aussi *le Songe de Vaux*, tome III *M.-L.*, p. 211 : « Apollon..., berger, devin »; l'opéra de *Daphné*, vers 75; etc.

POLYMNIE.

Je songeois aux moyens qu'il me faudroit tenir :
A peine en rencontré-je un seul qui me contente.   400
Ceci vous plairoit-il? Je fais parler Acanthe.

Qu'une belle est heureuse, et que de doux moments,
Quand elle en sait user, accompagnent sa vie!
D'un côté le miroir, de l'autre les amants,
Tout la loue; est-il rien de si digne d'envie?   405

La louange est beaucoup, l'amour est plus encor :
Quel plaisir de compter les cœurs dont on dispose!
L'un meurt, l'autre soupire, et l'autre en son transport
Languit et se consume[1]; est-il plus douce chose?

Clymène, usez-en bien : vous n'aurez pas toujours   410
Ce qui vous rend si fière et si fort redoutée :
Caron vous passera sans passer les Amours[2];
Devant ce temps-là même ils vous auront quittée[3].

Vous vivrez plus longtemps encor que vos attraits;
Je ne vous réponds pas alors d'être fidèle :   415
Mes desirs languiront aussi bien que vos traits;
L'amant se sent déchoir aussi bien que la belle.

1.   Faut-il toujours vous dire
Qu'on brûle, qu'on languit, qu'on meurt sous votre empire?
    (*La Coupe enchantée*, tome V, p. 147, variante.)

2. Dans *la Matrone d'Éphèse*, vers 136 :

Voulez-vous emporter vos appas chez les morts?

3. L'âge la fit déchoir : adieu tous les amants.
Un an se passe, et deux, avec inquiétude;
Le chagrin vient ensuite; elle sent chaque jour
Déloger quelques Ris, quelques Jeux, puis l'Amour.
    (Livre VII, fable v, vers 27-30 et note 10.)

COMÉDIE.

Quand voulez-vous aimer que dans votre printemps[1] ?
Gardez-vous bien surtout de remettre à l'automne :
L'hiver vient aussitôt; rien n'arrête le temps,   420
Clymène, hâtez-vous, car il n'attend personne[2].

Sire, je m'en tiens là; bien ou mal, il suffit :
La morale d'Horace[3], et non pas son esprit[4],
Se peut voir en ces vers.
APOLLON.
Érato, que veut dire
Que vous, qui d'ordinaire aimez si fort à rire,   425
Demeurez taciturne, et laissez tout passer?
ÉRATO.
Je rêvois, puisqu'il faut, Sire, le confesser.
APOLLON.
Sur quoi ?
ÉRATO.
Sur le débat qui s'est ému[5] naguère.

1. Jouissons de notre printemps :
    Il faut au plus beau de nos ans
    Cueillir les fleurs de la jeunesse.
    (Saint-Évremond, OEuvres, 1711, in-12, tome I, p. 89.)

2. Rapprochez de ces strophes charmantes, entre autres variations très nombreuses sur le même thème, ces vers de Ronsard (*Amours*, Ier livre, xxviii, vers 19-24) :

    Pour qui gardes tu tes yeux
    Et ton sein delicieux,
    Ta ioue et ta bouche belle?
    En veux tu baiser Pluton
    Là bas, aprez que Charon
    T'aura mise en sa nacelle?

et l'ode si célèbre du même poète :

    Mignonne, allons voir si la rose, etc.

3. *Carpe diem, quam minimum credula postero.*
    (Horace, livre I, ode xi, vers 8.)
Voyez aussi nos tomes IV, p. 308, VI, p. 241, etc.

4. Vers 384-385.

5. Dans *les Fâcheux* de Molière, vers 385 : « un débat qu'ont

CLYMÈNE.

APOLLON.

Savoir si vous aimez?

ÉRATO.

Autrefois j'étois fière
Quand on disoit que non : qu'on me vienne aujourd'hui
Demander « Aimez-vous? » je répondrai que oui.

APOLLON.

Pourquoi?

ÉRATO.

Pour éviter le nom de Précieuse.

APOLLON.

Si cette qualité vous paroît odieuse,
Du vœu de chasteté l'on vous dispensera[1].
Choisissez un galant.

ÉRATO.

Non pas, Sire, cela :   435
Je veux un peu d'hymen pour colorer l'affaire.

APOLLON.

Un peu d'hymen est bon.

ÉRATO.

J'en veux, et n'en veux guère.

APOLLON.

Vous vous marierez[2] donc, ainsi qu'au temps jadis
Oriane épousa Monseigneur Amadis[3]?

ému nos divers sentiments » ; dans les *Poésies diverses* de Racine
(tome IV, p. 184) :

> Ces jours passés, chez un vieil histrion,
> Grand chroniqueur, s'émut en question, etc.

1. Page 161 et note 5. — Faut-il croire qu'il y eût des précieuses poussant la préciosité jusqu'à faire ce vœu? Tout au moins, le nom de précieuse fut à l'origine comme un brevet, non seulement de bel esprit, mais de pureté physique et morale.
2. Vous vous marieriez. (1729.)
3. Tome VI, p. 45 et note 2. — Oriane, lorsqu'elle épousa Amadis, avait déjà de lui un fils, l'illustre Esplandian :

> Oriane prêchoit, faisant la chattemite;

COMÉDIE.

ÉRATO.

Oui, Sire.

APOLLON.

La méthode, en effet, en est bonne. 440
Mais encore avec qui? car je ne vois personne
Qui veuille dans l'Olympe à l'hymen s'arrêter :
Les Sylvains ne sont pas des gens pour vous tenter.

ÉRATO.

Je prendrois un auteur.

APOLLON.

Un auteur? vous, déesse?
Aux auteurs Érato pourroit mettre la presse[1]. 445
Ce n'est pas votre fait[2], pour plus d'une raison :
Rarement un auteur demeure à la maison[3].

ÉRATO.

C'est justement cela qui m'en plaît davantage.

APOLLON.

Nous nous entretiendrons de votre mariage
A fond une autre fois. Cependant chantez-nous, 450
Non pas du sérieux, du tendre, ni du doux;
Mais de ce qu'en françois on nomme bagatelle,
Un jeu dont je voudrois Voiture pour modèle :
Il excelle en cet art. Maître Clément[4] et lui [d'hui. 455
S'y prenoient beaucoup mieux que nos gens d'aujour-

ÉRATO.

Sire, j'en ai perdu, peu s'en faut, l'habitude;
Et ce genre est pour moi maintenant une étude.
Il y faut plus de temps que le monde ne croit.
Agréez, en la place, un dizain.

> Après mille façons, cette bonne hypocrite
> Un pain sur la fournée emprunta, dit l'auteur :
> Pour un petit poupon l'on sait qu'elle en fut quitte.
> (*Ballade des livres d'amour*, tome V *M.-L.*, p. 61.)

1. Tome V, p. 110 et note 4. — 2. *Les Rieurs*, vers 71 et note 4.
3. Tome III, p. 302 et note 3. — 4. Marot : tome III *M.-L.*, p. 396.

CLYMÈNE.

APOLLON.

Dizain, soit.

ÉRATO.

Mais n'est-ce point assez célébré notre belle ? 460
Quand j'aurai dit les jeux, les ris, et la séquelle[1],
Les grâces, les amours; voilà fait à peu près.

APOLLON.

Vous pourrez dire encor les charmes, les attraits,
Les appas.

ÉRATO.

Et puis quoi ?

APOLLON.

Cent et cent mille choses.
Je ne vous ai conté ni les lis, ni les roses[2]; 465
On n'a qu'à retourner seulement ces mots-là[3].

ÉRATO.

La satire en fournit bien d'autres que cela :
Pour un trait de louange, il en est cent de blâme.

APOLLON.

Eh bien ? blâmez Clymène, à qui d'aucune flamme
On ne peut désormais inspirer le desir. 470

ÉRATO.

Ce sujet est traité; l'on vient de s'en saisir;
Il a servi de thèse à ma sœur Polymnie.

1. Tome IV, p. 125 : « Fuyez le monde et sa séquelle. »
2. Ci-dessous, vers 588-591; et tome VI, p. 233 et note 4 :

Rien ne manque à Vénus, ni les lis, ni les roses.

— Que de lis, que d'œillets, que de roses nouuelles...!
Que de beautés ensemble, ha Dieu !
(REMY BELLEAU, tome I, p. 209.)

« Je la trouvai très belle, le teint du plus grand éclat du monde, des lis et des roses en abondance. » (RETZ, tome I, p. 93.) « Cette dame étoit.... pétrie de lis et de roses, de neige et de lait. » (HAMILTON, *Mémoires du comte de Grammont*, chapitre XII.)

3. Corneille a plaisamment exprimé la même idée dans ses

COMÉDIE.

APOLLON.

Cela ne vous fait rien, la chose est infinie;
Toujours notre cabale y trouve à regratter[1].

ÉRATO.

Sire, puisqu'il vous plaît, je m'en vais le tenter.   475
Ma sœur excusera si j'enchéris sur elle.

POLYMNIE.

Voilà bien des façons pour une bagatelle[2].

ÉRATO.

C'est qu'elle est de commande.

APOLLON.

       Et que coûte un dizain?

ÉRATO.

Tout coûte : il faut pourtant que je me mette en train.

 Clymène a tort : je suis d'avis qu'elle aime 480
Notre vassal, dès demain au plus tard,
Dès aujourd'hui, dès ce moment-ci même :
Le temps d'aimer n'a si petite part
Qui ne soit chère[3], et surtout quand on treuve[4]
Un bon amant, un amant à l'épreuve. 485
Je sais qu'il est des amants à foison :
Tout en fourmille[5]; on n'en sauroit que faire;
Mais cent méchants n'en valent pas un bon;
Et ce bon-là ne se rencontre guère.

APOLLON.

Il ne nous reste plus qu'Uranie, et c'est fait. 490
Mais quand j'y pense bien, je trouve qu'en effet

---

comédies de *la Veuve*, vers 250-266, de *la Galerie du Palais*, vers 157-176, *Poésies diverses*.

1. « Je vous défie avec votre industrie de trouver à regratter là-dessus. » (Mme de Sévigné, tome IX, p. 317.)
2. Ci-dessus, vers 452. — 3. Tome V, p. 220 et note 4.
4. Vers 163. — 5. Comparez *les Oies*, vers 22.

CLYMÈNE.

Tant de louange ennuie, et surtout quand on loue
Toujours le même objet : enfin je vous avoue
Que, pour peu que durât l'éloge encor de temps,
Vous me verriez bâiller[1]. Comment peuvent les gens
Entendre, sans dormir, une oraison funèbre?
Il n'est panégyriste au monde si célèbre,
Qui ne soit un Morphée à tous ses auditeurs.
Uranie, il vous faut reployer vos douceurs :
Aussi bien qui pourroit mieux parler de Clymène 500
Que l'amoureux Acanthe? Allons vers l'Hippocrène;
Nous l'y rencontrerons encore assurément :
Ce nous sera sans doute un divertissement.
La solitude est grande autour de ces ombrages;
Que vous semble? On croiroit, au nombre des ouvrages
Et des compositeurs (car chacun fait des vers),
Qu'il nous faudroit chercher un mont dans l'univers,
Non pas double[2], mais triple, et de plus d'étendue
Que l'Atlas : cependant ma cour est morfondue[3];
Je ne rencontre ici que deux ou trois mortels, 510
Encor très peu dévots à nos sacrés autels.
Cherchez-en la raison dans les cieux, Uranie.

URANIE.

Sire, il n'est pas besoin, et sans l'astrologie
Je vous dirai d'où vient ce peu d'adorateurs.
Il est vrai que jamais on n'a vu tant d'auteurs 515

1. .... La louange délicate
   Avoit auprès d'elle son prix.
Elle traite aujourd'hui cet art de bagatelle;
Il l'endort; et, s'il faut parler de bonne foi,
   L'éloge et les vers sont pour elle
   Ce que maints sermons sont pour moi.
(Lettre à M. de Bonrepaus du 31 août 1687.)

2. Dans le *Poëme du Quinquina*, chant I, vers 51 :

Prince du double mont, etc.

3. Tome V, p. 113 et note 2.

Chacun forge des vers ; mais pour la poésie,
Cette princesse est morte, aucun ne s'en soucie.
Avec un peu de rime, on va vous fabriquer
Cent versificateurs en un jour, sans manquer.
Ce langage divin, ces charmantes figures[1],   520
Qui touchoient autrefois les âmes les plus dures[2],
Et par qui les rochers et les bois attirés
Tressailloient[3] à des traits de l'Olympe admirés ;
Cela, dis-je, n'est plus maintenant en usage.
On vous méprise, et nous, et ce divin langage.   525
« Qu'est-ce, dit-on ? — Des vers. » Suffit ; le peuple y
Pourquoi venir chercher ces traits en notre cour ? [court.
Sans cela l'on parvient à l'estime des hommes.

                APOLLON.
Vous en parlez très bien. Mais qu'entends-je ? Nous
Auprès de l'Hippocrène. Acanthe assurément [sommes
S'entretient avec elle ; écoutons un moment.
C'est lui, j'entends sa voix.

                ACANTHE.
                    Zéphyrs, de qui l'haleine
Portoit à ces échos mes soupirs et ma peine[4],

---

1. « Une langue à part, une langue assez charmante pour mériter qu'on l'appelle la langue des dieux.... » (Avertissement d'*Adonis*.)

2. ....*Nesciaque humanis precibus mansuescere corda.*
   (VIRGILE, *Géorgiques*, livre IV, vers 470.)

3. .... *Qua quondam sonitumque serens OEagrius Orpheus
   Et sensus scopulis, et silvis addidit aures.*
   (MANILIUS, *Astronomiques*, livre V, vers 322-323.)

Voyez aussi Ovide, *Métamorphoses*, livre XI, vers 1-2 ; Horace, ode XII du livre I, vers 7-12 ; Properce, élégie II du livre III, vers 1-4 ; Sénèque, *Medea*, vers 625-629, et *Hercules OEtæus*, vers 1031-1082 ; etc.

4. Cet amant toujours pleure, et toujours les Zéphyrs
   En volant vers Paphos sont chargés de soupirs.
            (*Adonis*, vers 229-230 et note 2.)

Je viens de vous conter son succès glorieux;
Portez-en quelque chose aux oreilles des dieux. 535
Et toi, mon bienfaiteur, Amour, par quelle offrande
Pourrai-je reconnoître une faveur si grande?
Je te dois des plaisirs compagnons[1] des autels,
Des plaisirs trop exquis pour de simples mortels.
O vous qui visitez quelquefois cet ombrage, 540
Nourrissons des neuf Sœurs....

APOLLON.

Sans doute il n'est pas sage :
Sachons ce qu'il veut dire. Acanthe!

ACANTHE, parlant seul.

Adorez-moi;
Car, si je ne suis dieu, tout au moins je suis roi.

ÉRATO.

Acanthe!

CLIO.

D'aujourd'hui pensez-vous qu'il réponde?
Quand une rêverie agréable et profonde 545
Occupe son esprit, on a beau lui parler.

ÉRATO.

Quand je m'enrhumerois à force d'appeler,
Si faut-il[2] qu'il entende. Acanthe!

ACANTHE.

Qui m'appelle?

ÉRATO.

C'est votre bonne amie Érato.

ACANTHE.

Que veut-elle?

ÉRATO.

Vous le saurez; venez.

ACANTHE.

Dieux! je vois Apollon. 550

1. Rapprochez le vers 1 de la fable II du livre VII.
2. Tome V, p. 522 et note 2.

COMÉDIE.

Sire, pardonnez-moi; dans le sacré vallon[1]
Je ne vous croyois pas.
APOLLON.
     Levez-vous, et nous dites
Quelles sont ces faveurs, soit grandes ou petites,
Dont le fils de Vénus a payé vos tourments.
ACANTHE.
Sire, pour obéir à vos commandements,   555
Hier au soir je trouvai l'Amour près du Parnasse :
Je pense qu'il suivoit quelque nymphe à la trace.
D'aussi loin qu'il me vit : « Acanthe, approchez-vous »,
Cria-t-il. J'obéis. Il me dit d'un ton doux :
« Vos vers ont fait valoir mon nom et ma puissance; 560
Vous ne chantez que moi ; je veux pour récompense,
Dès demain, sans manquer, obtenir du Destin
Qu'il vous fasse trouver Clymène, le matin,
Dans son lit endormie[2], ayant la gorge nue,
Et certaine beauté que depuis peu j'ai vue,   565
Sans dire quelle elle est; il suffit que l'endroit
M'a fort plu : vous verrez si c'est à juste droit.
Vous êtes connoisseur[3]. Au reste, en habile homme
Usez de la faveur que vous fera la somme.
C'est à vous de baiser ou la bouche, ou le sein[4],   570
Ou cette autre beauté : même j'ai fait dessein
D'en parler à Morphée, afin qu'il vous procure
Assez de temps pour mettre à profit l'aventure.
Vous ne pourrez baiser qu'un des trois seulement :
Ou le sein, ou la bouche, ou cet endroit charmant. » 575
ÉRATO.
Ne nous le nommez pas, afin que je devine.

1. Page 167 et note 2. — 2. Vers 192.
3. Même hémistiche au vers 26 du *Roi Candaule*.
4. .... De prendre un baiser il forma le dessein :
  Tout prêt à faire choix de la bouche ou du sein.
  (*La Fiancée du roi de Garbe*, vers 627-628 et note 5.)

ACANTHE.

Je vous le donne en deux.

ÉRATO.

C'est.... c'est, je m'imagine....

ACANTHE.

Quoi?

ÉRATO.

Le bras entier?

ACANTHE.

Non.

ÉRATO.

Le pied?

ACANTHE.

Vous l'avez dit.
« Je l'ai vu, dit l'Amour; il est sans contredit
Plus blanc de la moitié que le plus blanc ivoire[1].   580
Clymène s'éveillant, comme vous pouvez croire,
Voudra vous témoigner d'abord quelque courroux;
Mais je serai présent, et rabattrai les coups;
Le Sort et moi rendrons mouton votre tigresse[2]. »
Amour n'a pas manqué de tenir sa promesse :   585
Ce matin j'ai trouvé Clymène dans le lit[3].
Sire, jusqu'à demain je n'aurois pas décrit
Ses diverses beautés[4]. Une couleur de roses,

---

1. Tome V, p. 201 et note 7 : « un sein pour qui l'ivoire auroit eu de l'envie ».

2. Le rocher disparut : un mouton succéda, etc.
(*La Coupe enchantée*, vers 321.)

3. Rapprochez les *Galanteries du duc d'Ossone* de Mairet, acte III, scène II, où cet entreprenant seigneur se glisse dans le lit d'une jeune dame, sous prétexte qu'il fait grand froid; et voyez une situation inverse dans le *Clitandre* de Corneille, acte V, scène III (tome I, p. 353-356 et 367-369).

4. Une beauté!... Je ne la décris point,
Il me faudroit une semaine entière.
(*La Courtisane amoureuse*, vers 227-228 et note 3.)

COMÉDIE.

Par le somme appliquée, avoit, entre autres choses,
Rehaussé de son teint la naïve blancheur; 590
Ses lis ne laissoient pas d'avoir de la fraîcheur.
Elle avoit le sein nu : je n'ai point de parole,
Quoique dès ma jeunesse instruit dans cette école,
Pour vous bien exprimer un double mont d'attraits[1].
Quand j'aurois là-dessus épuisé tous les traits, 595
Et fait pour cette gorge une blancheur nouvelle,
Encor n'auriez-vous pas ce qui la rend si belle[2] :
La descente, le tour, et le reste des lieux
Qui pour lors m'ont fait roi (j'entends roi par les yeux,
Car mes mains n'ont point eu de part à cette joie[3]). 600
Le Sort à mes regards a mis encore en proie
Les merveilles d'un pied, sans mentir, fait au tour[4].

1. .... Ces deux monts
Qu'en nos climats les gens nomment tetons.
(*La Jument*, vers 137-138 et note 5.)

2. Comparez ce joli tableau du *Songe de Vaux* (tome III *M.-L.*, p. 222) : « ....Je ne sus à laquelle de leurs beautés donner l'avantage, à leur forme ou à leur blancheur, bien que cette dernière fît honte à l'albâtre. Ce ne fut pas le seul trésor que je découvris en cette merveilleuse personne. Les Zéphyrs avoient détourné de dessus son sein une partie du linomple qui le couvroit, et s'y jouoient quelquefois parmi les ondes de ses cheveux; quelquefois aussi, comme s'ils eussent voulu m'obliger, ils les repoussoient. Je laisse à penser si mes yeux surent profiter de leur insolence; c'étoit même une faveur singulière de pouvoir goûter ces plaisirs sans manquer au respect. Je n'entreprendrai de décrire ni la blancheur, ni les autres merveilles de ce beau sein, ni l'admirable proportion de la gorge, qu'il étoit aisé de remarquer malgré le linomple, et qu'une respiration douce contraignoit parfois de s'enfler. Encore moins ferai-je la description du visage, car que pourrois-je dire qui approchât de la délicatesse des traits, de la fraîcheur du teint, et de son éclat? »

3. Cimon, son camarade, eut sa part de la joie.
(*Le Fleuve Scamandre*, vers 22.)

4. .... Tout charmoit, tout étoit fait au tour.
(*Le Tableau*, vers 97.)

Figurez-vous le pied de la mère d'Amour,
Lorsqu'allant des Tritons attirer les œillades[1],
Il dispute du prix avec ceux des Naïades :   605
Vous pouvez l'avoir vu, Mars peut vous l'avoir dit.
Quant à moi, j'ai vu, Sire, au pied dont il s'agit,
Du marbre, de l'albâtre[2], une plante vermeille :
Téthys l'a, que je pense, ou doit l'avoir pareille.
Quoi qu'il en soit, ce pied, hors des draps échappé[3],
M'a tenu fort longtemps à le voir occupé.
Pour en venir au point où j'ai poussé l'affaire :
« Quel des trois, ai-je dit, faut-il que je préfère[4] ?
J'ai, si je m'en souviens, un baiser à cueillir,
Et, par bonheur pour moi, je ne saurois faillir[5].   615
Cette bouche m'appelle à son haleine d'ambre[6]. »
Cupidon est entré là-dessus dans la chambre ;
Je ne sais pas comment, car j'avois fermé tout.
J'ai parcouru le sein de l'un à l'autre bout :
« Ceci me tente encore, ai-je dit en moi-même ;   620
Et quand je serois prince, et prince à diadème,
Une telle faveur me rendroit fortuné. »
Par caprice à la fin m'étant déterminé,

1. Cent Tritons, la suivant jusqu'au port de Cythère,
Par leurs divers emplois s'efforcent de lui plaire, etc.
(*Psyché*, livre I, tome III *M.-L.*, p. 27.)

2. Tome VI, p. 233 et note 1.

3. Dans *la Coupe*, vers 265 :

.... Sort du lit un bras blanc.

4. Ci-dessus, vers 570-571 et note 4. Dans *la Céliane*, comédie de Rotrou, citée au vers 628 de *la Fiancée* (tome IV, p. 438, note 5), Pamphile ne choisit ni la bouche, ni la joue, ni les yeux, mais caresse assez longtemps ce qu'il a préféré pour que Nise, sa maîtresse, ait le loisir de dire vingt vers au bout desquels Pamphile se retourne du côté des spectateurs : ce jeu de scène est indiqué à la marge.

5. Quoi que je choisisse, j'aurai mon baiser.

6. Dans *le Tableau*, vers 84 : « Flore à l'haleine d'ambre ».

J'ai réservé ces deux pour la première vue¹.
Le pied, par sa beauté qui m'étoit inconnue, 625
M'a fait aller à lui. Peut-être ce baiser
M'a paru moins commun, partant plus à priser;
Peut-être par respect j'ai rendu cet hommage;
Peut-être aussi j'ai cru que le même avantage
Ne reviendroit jamais, et qu'on ne baise pas 630
Un beau pied quand on veut, trop bien² d'autres appas.
La rencontre après tout me sembloit fort heureuse;
Même à mon sens la chose étoit plus amoureuse :
De dire plus friponne³, et d'aller jusque-là,
Je n'ai garde, c'est trop : j'ai, Sire, pour cela 635
Trop de respect pour vous, ainsi que pour Clymène.
Elle s'est éveillée avec assez de peine;
Et m'ayant entrevu, la belle et ses appas
Se sont au même instant cachés au fond des draps⁴.
La honte l'a rendue un peu de temps muette; 640
Enfin, sans se tourner, ni quitter sa cachette,
D'un ton fort sérieux et marquant son dépit :
« Je vous croyois plus sage, Acanthe, a-t-elle dit :
Cela ne me plaît point; sortez, et tout à l'heure.
— Amour, ai-je repris, me dit que je demeure; 645
Le voilà; qui croirai-je? accordez-vous tous deux.
— Qui, l'Amour? Pensez-vous, avec vos ris, vos jeux,
Vos amours, m'amuser? a reparti Clymène.
— Tout doux », a dit l'Amour. Aussitôt l'inhumaine,

---

1. Pour la première fois que je les reverrais.
2. Tome VI, p. 134 et note 3.
3. Dans *le Cuvier*, vers 72 : « ce tour fripon ».
4.   La pauvrette
    Tourne la tête, et vers le coin du lit
    Se va cacher, pour dernière retraite.
        (*La Mandragore*, vers 278-280 et note 2.)

Voyez aussi *le Remède*, vers 83.

CLYMÈNE.

Oyant la voix du dieu, s'est tournée, et changeant 650
De note¹, prenant même un air tout engageant :
« Clymène, a-t-elle dit, tu n'es pas la plus forte ;
C'est à toi de fermer une autre fois la porte.
Les voilà deux ; encore un dieu s'en mêle-t-il.
Afin qu'Acanthe sorte, eh bien, que lui faut-il ? 655
Qu'il dise les faveurs dont il se juge digne. »
J'ai regardé l'Amour ; du doigt il m'a fait signe.
Je n'ai pas entendu d'abord ce qu'il vouloit ;
Mais, me montrant les traits qu'une bouche étaloit,
Il m'a fait à la fin juger, par ce langage, 660
Qu'un baiser me viendroit, si j'avois du courage ;
Or, je n'en eus jamais en qualité d'amant.
Amour m'a dit tout bas : « Baisez-la hardiment ;
Je lui tiendrai les mains ; vous n'aurez point d'obstacle. »
Je me suis avancé : le reste est un miracle. 665
Amour en fait ainsi ; ce sont coups de sa main².

APOLLON.

Comment ?

ACANTHE.

Clymène a fait la moitié du chemin.

POLYMNIE.

Que vous autres mortels êtes fous dans vos flammes !
Les dieux obtiennent bien d'autres dons de leurs dames,
Sans triompher ainsi.

ACANTHE.

Polymnie, ils sont dieux. 670

---

1. Ou de ton (tome I, p. 297), ou de gamme (tome IV, p. 104), ou d'antienne (tome V, p. 509).

— Puis rechangeant de note il montre sa rotonde.
(REGNIER, satire VIII, vers 65.)

Comparez Molière, tome IV, p. 30 et note 5 ; Sévigné, tome VI, p. 413 ; etc.

2. Ce sont, hélas ! ses divertissements !
(*Joconde*, vers 121 et note 4.)

COMÉDIE.

APOLLON.

Je l'étois, et Daphné ne m'en traita pas mieux[1];
Perdons ce souvenir. Vous, triomphez, Acanthe :
Nous vous laissons, adieu ; notre troupe est contente.

1. Voyez ci-après, l'opéra de *Daphné*.

FIN DE CLYMÈNE.

DAPHNÉ
OPÉRA

(1674)

NOTICE.

Ce livret d'opéra, qui ne fut jamais mis en musique, fut publié pour la première fois dans le volume intitulé : *Poème du Quinquina, et autres ouvrages en vers de M. de la Fontaine*, à Paris, chez Denis Thierry et Claude Barbin, 1682, in-12, p. 128-242, et réimprimé dans les *OEuvres diverses* de 1729, tome III, p. 219-292.

La Fontaine l'avait composé en 1674 à la prière de Lulli, mais celui-ci refusa de s'en servir, et lui préféra l'*Alceste* de Quinault, ce qui détermina le poète à écrire contre le musicien récalcitrant la satire du *Florentin* (tome V *M.-L.*, p. 119) : la satire vaut mieux que l'opéra, dont le style est trop mou, trop familier, et paraît s'assujettir d'avance aux petits airs de Lulli.

Nous renvoyons pour cette pièce, où son goût avoué pour le lyrique n'a guère inspiré la Fontaine, à la *Notice biographique* qui est en tête de notre tome I, p. CXXXVII-CXXXIX.

Rapprochez Parthenius, *Erotica*, chapitre XV; les *Métamorphoses* d'Ovide, livre I, vers 452-567; Hyginus, fable CCIII; Eusèbe de Césarée, *Préparation évangélique*, livre II, chapitre 1; le poème de Baïf intitulé *le Laurier* (tome II des *OEuvres*, p. 43-55); et aussi, entre autres poésies, le joli sonnet, autrefois si admiré, de Fontenelle :

« Je suis, crioit jadis Apollon à Daphné,
Lorsque tout hors d'haleine il couroit après elle,
Et racontoit pourtant la longue kyrielle
Des rares qualités dont il étoit orné ;

Je suis le dieu des vers, je suis bel esprit né. »
Mais les vers n'étoient point le charme de la belle
« Je sais jouer du luth. Arrêtez. » Bagatelle :
Le luth ne pouvoit rien sur ce cœur obstiné.

« Je connois la vertu de la moindre racine;
Je suis par mon savoir dieu de la médecine. »
Daphné couroit encor plus vite que jamais.
Mais s'il eût dit : « Voyez quelle est votre conquête :
Je suis un jeune dieu, toujours beau, toujours frais, »
Daphné, sur ma parole, auroit tourné la tête.

Nous citerons parmi les drames mythologiques auxquels ce gracieux symbole a donné naissance, celui de Rinuccini, *la Dafne*, musique de Jacopo Peri et Giulio Caccini, représenté à Florence en 1594 (même ville, 1600, in-4°, puis 1608, in-fol., avec musique nouvelle de Marco da Gagliano), le premier essai d'opéra que l'on connaisse, et où tous les beaux-arts semblent conspirer, sans beaucoup de succès, il est vrai, à associer leurs pompes et leurs prestiges; *les Amours d'Apollon et de Daphné*, comédie en musique, en trois actes en vers, et un prologue, par Charles Coypeau, sieur d'Assoucy (Paris, 1650, in-8°); et *Apollon et Daphné*, opéra en un acte, paroles de Pitra, musique de Mayer, joué à l'Académie royale de musique le 24 septembre 1782.

On sait qu'une peinture d'Herculanum représente Daphné changée en laurier. Parmi les modernes, Vanloo et l'Albane ont fait chacun une Daphné moitié femme et moitié laurier dans deux tableaux qui sont au Musée du Louvre. Rappelons aussi les belles statues de Coustou et du Bernin, le très vivant bas-relief de Bouchardon.

PERSONNAGES DU PROLOGUE.

JUPITER. — L'AMOUR. — VÉNUS. — MINERVE. MOMUS[1]. — PROMÉTHÉE. — CHŒUR.

Un modèle de nouveaux hommes, que Prométhée a forgé.

1. Voyez le *Poëme du Quinquina*, chant II, vers 288 et note 1.

PROLOGUE.

Le théâtre s'ouvre, et laisse voir dans le fond et aux deux côtés une suite de nuages à dix pieds de terre, et dans ces nuages les palais des dieux. Les dieux y paroissent assis et dormant. Au-dessous de ces nuages, la terre est représentée telle qu'elle étoit incontinent après le déluge, avec les débris qu'il y a laissés. Pendant que la plupart des dieux dorment, Jupiter descend de sa machine, accompagné de Momus. Vénus, l'Amour et Minerve descendent aussi de la leur.

JUPITER.

Vous, qui voulez qu'à la fureur de l'onde
Jupiter mette un frein[1], et repeuple ces lieux,
Vous vous lassez trop tôt d'être seuls dans le monde;
Mille vœux vont troubler cette paix si profonde
Dont la terre à présent laisse jouir les cieux.   5

VÉNUS.

Charmante oisiveté, repos délicieux!

MINERVE.

Ou plutôt, repos ennuyeux!

VÉNUS.

Quoi! le sommeil pourroit aux déesses déplaire!
    Ne point souffrir,
    Ne point mourir,   10
    Et ne rien faire,
Que peut-on souhaiter de mieux?

1. Dans l'*Athalie* de Racine, vers 61 :
    Celui qui met un frein à la fureur des flots....

DAPHNÉ.

Ce qui fait le bonheur des dieux,
C'est de n'avoir aucune affaire,
Ne point souffrir,
Ne point mourir,
Et ne rien faire[1].

MINERVE.

Est-ce ainsi qu'on a des autels?

JUPITER.

Eh bien, faisons d'autres mortels :
Vos talents et nos soins deviendront nécessaires.

MOMUS.

Ne vous faites point tant d'affaires.

JUPITER.

Les premiers des humains sont péris[2] sous les eaux :
Fille de ma raison[3], forgeons-en de nouveaux.
Prométhée en fait des modèles;
Vents, allez le chercher, qu'il vienne sur vos ailes[4].

A ce commandement de Jupiter, les Vents partent de tous les côtés du théâtre, et apportent Prométhée.

PROMÉTHÉE.

Que me veut Jupiter?

JUPITER.

Ouvre tes magasins.

PROMÉTHÉE.

Paroissez, nouveaux humains.

A ce commandement de Prométhée, les toiles qui représentent la terre

1. .... Le repos, le repos, trésor si précieux
Qu'on en faisoit jadis le partage des dieux.
(Livre VII, fable XII, vers 17-18 et note 7.)

2. Sur cet emploi du verbe *périr* avec *être*, voyez les *Lexiques de Corneille* et *de Sévigné*.

3. Minerve, sortie du cerveau de Jupiter, et, elle-même, déesse de la « Raison ».

4. Dans la *Paraphrase du psaume XVII* (tome V *M.-L.*, p. 74) :

Les vents, les chérubins, te portent sur leurs ailes.

s'ouvrent de côté et d'autre, et au fond aussi, et laissent voir de toutes parts une boutique[1] de sculpteur, avec force outils et morceaux de toutes matières, et des statues d'hommes et de femmes debout sur des cubes.

MOMUS.

Sont-ce là des humains? Quelle race immobile!
J'aimois mieux la première, encor que moins tranquille.

PROMÉTHÉE.

Vous ne les connoissez pas. 30

MOMUS.

Fais-leur faire quelques pas.

PROMÉTHÉE.

Descendez.

Les statues descendent, et viennent à pas lents et graves faire une entrée, dansant presque sans mouvement, et d'une façon composée, comme feroient des sages et des philosophes.

MOMUS.

Quelles gens! Ce n'est qu'une machine.

PROMÉTHÉE.

C'est l'idole d'un sage.

LES DIEUX.

Eh quoi! la passion
Jamais chez eux ne domine[2]?

PROMÉTHÉE.

Leur cœur en est tout plein; ce n'est qu'ambition, 35
Colère, désespoir, crainte, ou joie excessive.
Machine, on veut voir vos ressorts;
Quittez tous ces trompeurs dehors.

Les nouveaux hommes, qui paroissoient de véritables statues, quittent une partie de l'habit qui les enveloppe, et se font voir tels qu'ils sont dans l'intérieur : l'un représentant l'ambition; l'autre la colère, la crainte, le désespoir, la joie excessive; etc. En cet état ils dansent en confusion et d'une manière aussi impétueuse et aussi vive que l'autre étoit grave et peu animée.

1. Tome IV, p. 278, note 3.
2. Comparez *les Filles de Minée*, vers 491-493 et note 4 :

    Je veux des passions; et si l'état le pire
        Est le néant, je ne sais point
    De néant plus complet qu'un cœur froid à ce point.

MOMUS, *considérant les divers ressorts de cette machine,*
dit ces paroles :
Je la trouvois trop lente, et la voilà trop vive.
MINERVE.
Laissez-moi régler ces transports. 40
VÉNUS.
Mon fils, par de secrètes causes,
Peut, encor mieux que vous, les calmer à son tour :
Rien n'a d'empire sur l'Amour,
L'Amour en a sur toutes choses.
Le plus magnifique don 45
Qu'aux mortels on puisse faire,
C'est l'amour.
MINERVE.
C'est la raison.
Le don le plus nécessaire
Aux hôtes de ce séjour,
C'est la raison.
VÉNUS.
C'est l'amour. 50
L'AMOUR.
L'effet en jugera[1] : servez-vous de vos armes,
Et moi j'emploierai mes charmes.
MINERVE, *aux hommes.*
Que vous vous tourmentez, mortels ambitieux!
Désespérés et furieux,
Ennemis du repos, ennemis de vous-mêmes, 55
A modérer vos vœux mettez tous vos plaisirs :

1. On en jugera à l'effet, d'après l'effet. Chez Corneille, *Nicomède*; vers 958 :
Les effets répondront;
dans l'*Iphigénie* de Racine, vers 195 :
Dans les champs phrygiens les effets feront foi;
chez Molière, *Don Juan*, acte II, scène IV : « Les effets décident mieux que les paroles. »

PROLOGUE.

Régnez sur vos propres desirs;
C'est le plus beau des diadèmes.

Les hommes, qui s'étoient arrêtés quelques moments pour ouïr Minerve, attendent à peine qu'elle ait achevé, et ne laissent pas, malgré ses conseils, de témoigner toujours la même fureur et le même emportement. L'Amour leur faisant signe qu'il veut parler, ils s'arrêtent.

L'AMOUR, à Minerve.

De vos sages discours voyez quel est le fruit.
Je ne dirai qu'un mot.

Aux hommes.

Aimez.

A ce mot, ceux qui dansoient en confusion et en tumulte dansent deux à deux comme personnes qui s'aiment.

L'AMOUR.

On obéit.:   60
Vous le voyez.

VÉNUS.

Amour, qu'il est doux de te suivre!

JUPITER, aux nouveaux hommes.

Vivez, nouveaux humains.

CHŒUR DES DIEUX.

Vivez, nouveaux humains.

VÉNUS.

Laissez-vous enflammer.
Que vaut la peine de vivre,
Sans le doux plaisir d'aimer?   65

CHŒUR.

Que vaut la peine de vivre,
Sans le doux plaisir d'aimer?

MOMUS.

D'où vient que si mal assortie
Cette belle a fait choix d'un vieillard pour amant?   70

L'AMOUR.

C'est l'effet merveilleux d'un secret sentiment
Que j'appelle sympathie.

VÉNUS.

Le démon opposé n'a pas moins de pouvoir.
Souvent nous haïssons ce qui devroit nous plaire.

JUPITER.

Tel dieu sait l'avenir[1], qui n'a pas su prévoir 75
 Quels maux ce démon lui va faire.
 Mais un jour un prince viendra[2]
 Qui plaira plus qu'il ne voudra.
Le Destin parmi nous lui garde un rang insigne ;
 Et je lui veux accorder, 80
  Afin qu'il en soit plus digne,
 L'art de savoir commander.
 Mars lui promet en apanage
 La grandeur d'âme et le courage.

MINERVE.

Moi, la vertu.

VÉNUS.

  Moi, l'agrément. 85

L'AMOUR.

Et moi, le don d'aimer, et d'être heureux amant[3].

VÉNUS, L'AMOUR et MINERVE, ensemble.

L'Amour et la Raison s'accorderont pour faire [jour.
Qu'aux cœurs comme aux esprits ce prince plaise un

CHOEUR.

 Heureux qui par raison doit plaire !
 Plus heureux qui plaît par amour ! 90

---

1. Apollon : voyez *Clymène*, vers 394 et note 4.
— *Phœbus amat; visæque cupit connubia Daphnes;*
Quæque cupit, sperat; suaque illum oracula fallunt.
  (OVIDE, *Métamorphoses*, livre I, vers 490-491.)
2. Voici l'éloge, presque obligé dans les opéras, de Louis XIV.
3. Rapprochez le conte 1 de la IIIe partie, vers 20 et note 5.

FIN DU PROLOGUE.

PERSONNAGES.

APOLLON.
MOMUS.
PÉNÉE, dieu d'un fleuve.
DAPHNÉ, fille de Pénée.
LEUCIPPE, amant de Daphné.
APOLLON, sous le nom de Tharsis, prince de Lycie, amant de Daphné.
MOMUS, sous le nom de Télamon, confident de Tharsis.
APIDAME,
AMPHRISE, } fleuves de la cour de Pénée.
SPERCHÉE,
MÉROÉ, nourrice et gouvernante de Daphné.
CLYMÈNE, confidente de Daphné.
CHLORIS,
AMINTE, } nymphes de Daphné.
ISMÈLE, sibylle ou pythonisse.
UN SACRIFICATEUR.
VÉNUS.
L'AMOUR.
DIANE.
TROUPE DE SYLVAINS, DE CHASSEURS, ET DE BERGERS.
MERCURE.
MELPOMÈNE.
THALIE.
UN POÈTE héroïque.

UN POÈTE lyrique.
UN POÈTE satirique.
PHILIS, jeune muse du genre lyrique.
DAPHNIS, poète lyrique, amant de Philis.
CHŒURS.

DAPHNÉ.

ACTE PREMIER.

La décoration de cet acte représente la vallée de Tempé, et au fond les eaux du Pénée, avec une prairie couverte de fleurs; le Parnasse en éloignement.

SCÈNE PREMIÈRE.

CHLORIS, AMINTE.

Chloris et Aminte, nymphes, entrent sur la scène en se tenant par la main, et chantent ensemble cette chanson :

Allons dans cette prairie :
C'est un tranquille séjour;
Jamais les larmes d'amour
N'y baignent l'herbe fleurie;
Les moutons y sont en paix,
Et les loups n'y font jamais
D'outrage à la bergerie[1].

CHLORIS.

Viens, ma sœur.

AMINTE.

Je te suis.

CHLORIS.

Viens goûter une vie

1. *Adonis*, vers 239-240.

DAPHNÉ.

Dont le calme est digne d'envie.
Notre nymphe a banni de ces lieux si charmants   100
Ce peuple d'importuns que l'on appelle amants.
La voici.

AMINTE.

Que d'appas, de beautés, et de grâces !
Diroit-on pas que l'air s'embellit à ses traces[1] ?

SCÈNE II.

DAPHNÉ ; CLYMÈNE, SA CONFIDENTE ; MÉROÉ,
SA NOURRICE ET SA GOUVERNANTE ; CHLORIS, AMINTE.

DAPHNÉ.

Amour, n'approche point de nos ombrages doux,
 De nos prés, de nos fontaines ;   105
Laisse en repos ces lieux ; assez d'autres que nous
Se feront un plaisir de connoître tes peines[2].
 A Chloris.
Chloris, n'est-ce pas là ta sœur que tu m'amènes ?

CHLORIS.

Je vous la viens offrir. Nous cherchions en ces lieux
Ce que Flore a pour vous de dons plus précieux.   110

DAPHNÉ.

Cherchons, cherchons des fleurs ; l'âge nous y convie :
Parons-nous de bouquets pendant notre printemps :
  Les plaisirs ont chacun leur temps,
  Comme les saisons de la vie.

---

1. Comparez, dans la lettre à la duchesse de Bouillon, du mois de juin 1671, « les lieux
  Honorés par les pas, éclairés par les yeux
   D'une aimable et vive princesse. »

2. Ces vers rappellent Alcimadure, l'héroïne de la fable XXIV du livre XII : « Fier et farouche objet, etc. »

ACTE I, SCÈNE II.

Daphné, ayant achevé ces paroles, se baisse pour cueillir des fleurs, et le nymphes de la suite en font autant; pendant quoi un chœur de bergers, demeuré par respect derrière le théâtre, répète ces mots :

Cherchons, cherchons des fleurs; Daphné nous y convie.

DAPHNÉ.

J'entends de nos bergers le concert plein d'appas.
Qu'ils chantent, je le veux, mais qu'ils n'approchent pas.

CHŒUR DES BERGERS.

Cherchons, cherchons des fleurs; Daphné nous y convie :
    Il en renaît sous ses pas.

DAPHNÉ.

Déployons nos trésors.

CHLORIS.

        J'ai cueilli les plus belles.   120

AMINTE.

Et moi, les plus nouvelles.

MÉROÉ.

Moi, les plus vives en couleur.

DAPHNÉ, à Clymène.

Et vous? Quel mauvais choix vous avez fait, ma sœur!
    Vous nous direz, pour votre peine,
    Une chanson contre l'Amour.   125
    Cependant je veux que ma cour
Jure de lui porter une éternelle haine;
    Jurez la première, Clymène!

CLYMÈNE.

    Tout serment
    De n'avoir jamais d'amant   130
    Est chose fort incertaine.
    Il en est peu que l'on tienne
    Plus d'un jour, plus d'un moment.
    Tout serment
    De n'avoir jamais d'amant   135
    Est chose fort incertaine.

DAPHNÉ.

Je veux que vous juriez; dites donc après moi :
　Amour,

CLYMÈNE.

　　Amour,

DAPHNÉ.

　　Si jamais sous ta loi
Je respire,

CLYMÈNE.

　Si jamais sous ta loi
Je respire,

DAPHNÉ.

　　Je consens de mourir.　　　140

CLYMÈNE.

Mourir? c'est beaucoup dire.

DAPHNÉ.

Je consens de mourir, si jamais je soupire.

CLYMÈNE.

Je consens de mourir, si jamais je soupire.

DAPHNÉ.

Clymène, acquittez-vous[1] : accompagnons ses sons[2],
　Et que nos pas animent nos chansons.　　145

Daphné et les personnes de sa suite se prennent alors par la main, et Clymène chante cette gavotte, que toute la troupe danse[3], la répétant après elle.

　　L'autre jour sur l'herbe tendre
　　Je m'assis près de Philandre ;
　　Il me conta ses tourments;
　　Ma mère alors me querelle.
　　« Petite fille, dit-elle,　　　150
　　N'écoutez point les amants.

---

1. De la chanson contre l'Amour que je vous ai condamnée à chanter (vers 124-125).
2. Ci-dessus, p. 150 et note 4.
3. Dans *Adonis*, vers 157 et note 1 : « Ils dansoient aux chansons. »

Ils sont indiscrets, volages,
Téméraires, et peu sages ;
Ils font mille faux serments :
Ils sont jaloux, ils sont traîtres,
Et tyrans quand ils sont maîtres :
N'écoutez point les amants. »

Écoutez ma chansonnette,
Et l'écho qui la répète,
Et ces rossignols charmants :
Leur musique est sans pareille ;
Mais ne prêtez point l'oreille
Au ramage des amants.

DAPHNÉ.

Méroé, poursuivez nos divertissements.

MÉROÉ.

J'ai vu le temps qu'une jeune fillette
Pouvoit, sans peur, aller au bois seulette[1].
Maintenant, maintenant les bergers sont loups[2] :
Je vous dis, je vous dis : « Filles, gardez-vous[3]. »

---

1. On connaît la vieille ronde populaire :

> Où vas-tu belle fille ?
> — Je vais au bois seulette.
> — Quoi faire au bois seulette... ?
> L'amour t'y croquera :
> Giroflé, girofla.

2. Ci-dessous, p. 218 :

> Des pas de Florise
> Loin, bien loin les loups.

3. Tome V, p. 149 et note 1 :

> C'est donc à moi
> De me garder.

Dans *la Fiancée*, vers 787 :

> Filles, maintenez-vous.

SCÈNE III.

Pendant que ces nymphes dansent, Apollon et Momus passent. C'étoit incontinent après la défaite du serpent Python[1]. Toute la troupe des jeunes filles, à la vue de ces étrangers, s'enfuit, l'une d'un côté, l'autre de l'autre. Apollon et Momus demeurent.

APOLLON, MOMUS.

APOLLON.

Voici Tempé, cette vallée
Dont on vante partout l'ombrage et les beautés ; 170
    Et voilà les flots argentés
    Qu'y fait couler le dieu Pénée.
Plus loin vers ces sommets mon empire s'étend[2].
N'y veux-tu pas venir, Momus ? on nous attend.

MOMUS.

Demeurons encore où nous sommes : . 175
    Ai-je pu voir en un instant
    Toutes les sottises des hommes ?
Par vos puissants efforts, invincible Apollon,
On ne craint plus ici les fureurs de Python[3].
    Les habitants de ces rivages, 180
Devenus plus heureux, n'en seront pas plus sages :
Le temps de la sottise est celui du bonheur.

---

1. Au début de l'opéra de Rinuccini, on voit également Apollon tuer le serpent Python au moment où ce monstre met en fuite les bergers et les nymphes. Tout orgueilleux de sa victoire, il brave l'Amour, qui, avec Vénus, était descendu sur la terre. Le dieu enfant se venge : Apollon aperçoit Daphné ; il la poursuit, elle se dérobe ; et un messager vient raconter sa métamorphose.

2. Le poète nous a dit, au commencement (p. 197), que l'on apercevait « le Parnasse en éloignement ».

3.   Tel Apollon marchoit quand l'énorme Python
   L'obligea de quitter l'ombre de l'Hélicon.
           (*Adonis*, vers 313-314 et note 3.)

APOLLON.

Mais que dis-tu de ma victoire?

MOMUS.

Elle vous a comblé d'honneur,
Et rien n'égale votre gloire. 185

APOLLON.

Que le fils de Vénus cesse de se vanter
 Qu'ainsi que nous il sait porter
 Un carquois, un arc, et des flèches;
 C'est un enfant qui fait des brèches[1]
 Dans les cœurs aisés à dompter. 190
Il remporte toujours des victoires faciles;
Je défais des serpents qui dépeuplent des villes.

MOMUS.

Vous méprisez celui qui tient tout sous sa loi.
Si l'Amour vous entend?

APOLLON.

     Et que crains-tu pour moi?

MOMUS.

Parlez bas, c'est un dieu; s'il venoit à paroître? 195

APOLLON.

Un dieu! c'est un enfant : quitte ce vain souci[2].

MOMUS.

 Qui donne à Jupiter un maître,
 Vous en pourroit donner aussi[3].

---

1. Comparez, pour ces images de guerre, appliquées à l'amour, tome VI, p. 26 et note 2.
2. Dans la fable XXII du livre I, vers 19 : « mais quittez ce souci ».
3. Tome V, p. 181 et note 2.

SCÈNE IV.

Dans le temps que Momus achève ces mots, l'Amour descend du ciel comme un trait, et se vient placer entre Apollon et Momus.

CUPIDON, à Apollon.

Quel est l'orgueilleux qui me brave ?
Quel téméraire ose attaquer l'Amour ?
Ah ! je vous reconnois : vous serez mon esclave
Avant la fin du jour[1].

Ces paroles dites, Cupidon s'en revole dans les airs.

SCÈNE V.

APOLLON, MOMUS.

MOMUS.

Que cet enfant est fier ! Voyez comme il menace !
Ne le prendroit-on pas pour l'aîné des Titans ?

---

1. *Primus amor Phœbi Daphne Peneia; quem non*
Fors ignara dedit, sed sæva Cupidinis ira.
Delius hunc nuper, victa serpente superbus,
Viderat adducto flectentem cornua nervo :
« Quidque tibi, lascive puer, cum fortibus armis ?
Dixerat : ista decent humeros gestamina nostros.
Qui dare certa feræ, dare vulnera possumus hosti;
Qui modo, pestifero tot jugera ventre prementem,
Stravimus innumeris, tumidum Pythona, sagittis.
Tu face, nescio quos, esto contentus amores
Irritare tua : nec laudes adsere nostras. »
Filius huic Veneris : « Figat tuus omnia, Phœbe,
Te meus arcus, ait : quantoque animalia cedunt
Cuncta tibi, tanto minor est tua gloria nostra. »
Dixit, et eliso percussis aere pennis
Impiger umbrosa Parnassi constitit arce.
     (OVIDE, *Métamorphoses*, livre I, vers 452-467.)

ACTE I, SCÈNE V.

Je plains le dompteur de serpents ; 205
Il ne fait pas sûr en sa place.

Tandis que Momus dit ces paroles, Daphné, avec ses compagnes, par une curiosité de jeunes filles, avance un peu la tête sur le théâtre, et fait quelques pas dans la scène pour voir ces deux étrangers. Apollon la voit un moment ; aussitôt l'Amour, qui est demeuré dans l'air, fait son coup[1] ; *et Daphné, avec sa troupe, s'enfuit encore une fois.*

APOLLON.

Ah! qu'ai-je vu, Momus? que de traits éclatants!
Que de jeunesse! que de grâce!

MOMUS.

Elle fuit.

APOLLON.

Mille amours avec elle ont paru.

MOMUS.

Mille amours? C'est beaucoup ; je n'en ai pas tant vu.
Vous aimez ; vous voyez d'un autre œil que le nôtre :
De quelques qualités qu'un objet soit pourvu,
L'amant y voit toujours ou plus ou moins qu'un autre[2].

APOLLON.

Déesse, tu me fuis? t'ai-je déjà déplu?
C'est pourtant Apollon qui t'aime, qui t'adore. 215
Je n'en puis plus, je sens un feu qui me dévore :
Reviens, charmant objet! Et vous, Olympe, cieux,
    Je vous dis d'éternels adieux!
    Je vous méprise, je vous laisse[3] :
    Qu'êtes-vous près de ma déesse? 220
Tout votre éclat vaut-il un seul trait de ses yeux?

1. Décoche sa flèche à Apollon.
2. Livre IV, fable XXI, vers 38-39. :
    Il n'est, pour voir, que l'œil du maître.
    Quant à moi, j'y mettrois encor l'œil de l'amant.
Mais ici quel est le sens? C'est que l'amant y voit moins clair que l'indifférent.
3. Le Ciel est ma patrie, et Paphos mon domaine :
    Je les quitte pour toi.
        (*Adonis*, vers 88-89.)

Ne la verrai-je plus? Faut-il que cette belle
Emporte mes plaisirs et mon cœur avec elle?
Demeurons sur ces bords, je ne les puis laisser.

MOMUS.

Passerons-nous pour dieux[1]?

APOLLON.

Et pour qui donc passer? 225

MOMUS.

Pour mortels; car les dieux, par leur grandeur suprême,
　　　Ne font souvent qu'embarrasser :
　　　On les craint plus qu'on ne les aime.
　　　Les vrais amants doivent toujours
Sous un maître commun vivre d'égale sorte :　　　230
Ou monarques ou dieux, n'entrez chez vos amours[2]
Qu'après avoir laissé vos grandeurs à la porte[3].

APOLLON.

Je te croirai; changeons de nom :
Je m'appelle Tharsis, satrape de Lycie.

MOMUS.

Et moi, son suivant Télamon.　　　235
Que si sur mon chemin quelque nymphe jolie
Se rencontre en passant, je prétends bien aussi

---

1. Garderons-nous notre forme de dieux? où nous ferons-nous passer pour mortels?
2. Tome VI, p. 284 et note 3.
3. Je vous aime; et non pas comme les immortelles,
　Par crainte, par devoir, sans transports, sans desir....
　　　Il faut auprès de la beauté
　　　Oublier la divinité.
　　　　　　(*Galatée*, acte I, scène III.)

Comparez l'*Amphitryon* de Molière, vers 78 et suivants :

.... Il n'est point, à mon gré, de plus sotte méthode
Que d'être emprisonné toujours dans sa grandeur;
Et surtout aux transports de l'amoureuse ardeur
La haute qualité devient fort incommode, etc.

La cajoler[1], m'approcher d'elle,
Non pas en amoureux transi :
Je vous veux servir de modèle ; 240
Et cependant, allons conquérir votre belle.

SCÈNE VI.

VÉNUS, descendant dans une machine.

Qu'est devenu mon fils ? Mortels, le savez-vous ?
Je souffre, je languis, je meurs en son absence :
Si l'Amour ne me suit, rien ne me semble doux.
Heureux les lieux qu'anime sa présence ! 245
Heureux tout l'univers qui me doit sa naissance !
Qu'est devenu l'Amour ? Échos, le savez-vous ?
Quel nouveau cœur aujourd'hui de ses coups
Éprouve la puissance ?
Qu'est devenu l'Amour ? Échos, le savez-vous ? 250
Je souffre, je languis, je meurs en son absence.

Ce récit fait, l'Amour vient se jeter dans le giron de sa mère.

VÉNUS.

Ah ! mon fils, d'où viens-tu ?

L'AMOUR.

De blesser Apollon.
Je l'ai rendu pour Daphné tout de flamme ;
Tandis qu'un autre trait, par un autre poison,
Fait que pour lui Daphné n'a que haine dans l'âme[2]. 255

---

[1]. Rapprochez *la Clochette*, vers 24-26 et note 4 :

.... Le nôtre soit sans plus un jouvenceau,
Qui dans les prés, sur le bord d'un ruisseau,
Vous cajoloit la jeune bachelette, etc.

[2]. *Eque sagittifera promsit duo tela pharetra*
Diversorum operum ; fugat hoc, facit illud amorem

DAPHNÉ.

VÉNUS, à son fils.

Amour, tu sais dompter les cœurs et les esprits.

Aux dieux et aux hommes.

Que la terre et les cieux célèbrent de mon fils
La dernière victoire!
Mortels et dieux, chantez sa gloire.

Pour obéir à ce commandement de Vénus, on chante et on danse sur la terre, et dans la gloire qui est au fond du théâtre : sur la terre, des personnes de toutes conditions; et dans la gloire, des enfants qui représentent les Amours, les Jeux et les Ris. La danse achevée, Vénus, dont le char est entouré d'enfants, chante ces paroles :

Allez de toutes parts, courez, Amours et Ris ;   260
Faites connoître de mon fils
Le doux et le suprême empire :
Ne laissez rien qui ne soupire.
Allez de toutes parts, courez, Amours et Jeux;
Rendez l'univers amoureux.   265

CHOEUR[1].

Allez de toutes parts, courez, Amours et Jeux;
Rendez l'univers amoureux.

> *Quod facit, auratum est, et cuspide fulget acuta.*
> *Quod fugat, obtusum est, et habet sub arundine plumbum.*
> *Hoc deus in nympha Peneide fixit; at illo*
> *Læsit Apollineas trajecta per ossa medullas.*
>
> (OVIDE, *Métamorphoses*, livre I, vers 468-473.)
>
> Pour ses armes, Amour cuysant
> Porte de gueules à deux traicts,
> Dont l'ung, ferré d'or trez luysant,
> Cause les amoureux attraicts;
> L'aultre, dangereux plus que trez,
> Porte ung fer de plomb mal couché,
> Par la poincte tout rebouché,
> Et rend l'amour des cueurs estaincte.
> De l'ung fut Apollo touché;
> De l'aultre Daphné fut attaincte.
>
> (MAROT, *le Temple de Cupido*, tome I des OEuvres, p. 12-13.)

1. Ici ce mot est écrit *Cœur* dans quelques exemplaires de premier tirage de l'édition originale.

FIN DU PREMIER ACTE.

ACTE II.

Le théâtre représente le palais d'un dieu de fleuve, avec de l'eau véritable, qu'on voit tomber et saillir de tous les côtés.

SCÈNE PREMIÈRE.

PÉNÉE AVEC SA COUR, COMPOSÉE DES FLEUVES SPERCHÉE, AMPHRISE, APIDAME[1], ET AUTRES DIEUX DES SOURCES VOISINES.

PÉNÉE.
Dieux tributaires de mon onde,
Je veux, par les beautés de ce moite séjour[2],
Arrêter quelque temps deux princes à ma cour ;　　270
Que votre zèle me seconde !
　　　　LES FLEUVES.
Commandez.
　　　　PÉNÉE.
　　　Que le Sort vous a rendus heureux !
Hyménée et l'Amour fréquentent vos rivages :
Vos grottes quelquefois leur prêtent des ombrages[3] :
　　　Ces dieux me méprisent tous deux.　　275
　　　　APIDAME.
Laissez agir le temps ; il peut tout auprès d'eux.
A peine a-t-il encor fait passer la princesse
Des appas de l'enfance à ceux de la jeunesse ;
Deux soleils[4] ont à peine éclairé son printemps.

---

1. Ou plutôt *Apidane* (Ovide, *Métamorphoses*, livre I, vers 579-580).
2. Au vers 1 de *Ragotin* : « moites retraites ».
3. Tome VI, p. 17 et note 3. — 4. Deux années.

PÉNÉE.

Combien de cœurs depuis ce temps
   Ont en vain soupiré pour elle[1]!
Ah! si Tharsis pouvoit la rendre moins cruelle!

SPERCHÉE.

Consultez la sibylle Ismèle :
Les dieux peut-être par sa voix
Obligeront Daphné de suivre votre choix.

PÉNÉE.

Hélas! jamais Daphné n'aimera que les bois.

AMPHRISE.

Ces plaisirs passeront : tout passe dans la vie;
De différents desirs elle est entre-suivie[2].
On y change d'humeur, on y change d'envie;
   On y veut goûter de tout.
   Le plus libre enfin se lie;
   Tôt ou tard on s'y résout.

APIDAME.

Il faut peu pour changer ces âmes si sévères;
L'exemple à ce doux nœud les amène toujours.
   Des bergers chantant[3] leurs amours,
Dans les bras de l'hymen voir mener des bergères,
Et leurs folâtres jeux sur les vertes fougères,
Apprivoisent les cœurs, qui, devenus plus doux,
S'accoutument aux mots d'amour, d'amant, d'époux,
   Des mots on en vient au mystère[4].

---

1. Ovide, *Métamorphoses*, livre I, vers 478-487.
2. Dans le *Poème de la captivité de saint Malc*, vers 522 et note 10 :

   Des deux flambeaux du ciel la course entre-suivie, etc.

3. *Chantans*, au pluriel, dans l'édition originale, malgré le complément : voyez tome VI, p. 284 et note 4.
4. Comparez *Clymène*, vers 259 et note 3.

PÉNÉE.

J'approuve vos raisons; et Daphné, pour me plaire,
Doit faire en mon palais les honneurs de ce jour.
On y va célébrer l'hymen du jeune Amphrise;
  Il s'engage avecque Florise;
La fête arrêtera ces princes à ma cour :   305
Allons en prendre soin. Daphné vient et Clymène;
  Entrons dans la grotte prochaine

SCENE II.

DAPHNÉ, CLYMÈNE.

DAPHNÉ.
Ah, Clymène! plains-moi.
CLYMÈNE.
Princesse, vous pleurez! puis-je savoir pourquoi?
DAPHNÉ.
Je ne me connois plus; ce n'est plus moi, Clymène :
  Ces puissants dédains, cette haine,
Ces serments contre Amour, que sont-ils devenus?
  Un mortel les rend superflus.
  Hélas! il vient de me dire sa peine,
Et depuis ce moment je ne me connois plus.   315
CLYMÈNE.
Un des princes, sans doute, a causé ces alarmes.
Seroit-ce point Tharsis? Je lui trouve des charmes
Contre qui je sens bien que ma sévérité
  N'emploieroit pas toutes ses armes.
DAPHNÉ.
Je crois, si tu le veux, qu'on en est enchanté,   320
Cependant il me cause une invincible haine;
Contre lui dans mon âme un dieu me semble agir.

DAPHNÉ.

CLYMÈNE.
Je le connois ce dieu : c'est Leucippe.
DAPHNÉ.
         Ah, Clymène !
Ne me regarde point, tu me ferois rougir.
CLYMÈNE.
Pourquoi rougir? commettez-vous un crime? 325
Le Ciel permet-il pas d'aimer ou de haïr?
 Est-il rien de si légitime?
 Tircis est des plus charmants,
 Je méprise son martyre;
 Cependant sous mon empire 330
 Il languit depuis longtemps.
 Philandre à peine y soupire,
 Son service est reconnu;
 La raison? je vais la dire :
 Mon temps d'aimer est venu. 335
DAPHNÉ.
Hélas! le mien aussi. Mais garde-toi, Clymène,
De découvrir ma flamme, et l'exposer au jour :
Plains-toi que de Tharsis je méprise la peine[1];
Notre sexe veut bien que l'on sache sa haine,
Mais il met tous ses soins à cacher son amour[2]. 340
CLYMÈNE.
Le voilà ce Tharsis; son malheur vous l'amène.

1. Ci-dessus, vers 329 :
  Je méprise son martyre.

2. La belle aimoit déjà; mais on n'en savoit rien :
Filles de sang royal ne se déclarent guères;
Tout se passe en leur cœur : cela les fâche bien,
Car elles sont de chair ainsi que les bergères.
(*La Fiancée du roi de Garbe*, vers 50-53 et note 5.)

SCÈNE III.
THARSIS, DAPHNÉ.

THARSIS.
Que je dois au Destin de m'avoir arrêté
En des lieux où l'on voit briller votre présence !
    Vous y régnez par la beauté,
      Aussi bien que par la naissance :   345
Souffrez que j'y demeure au rang de vos sujets.

DAPHNÉ.
Non, Seigneur, je ne puis recevoir vos hommages ;
    Offrez-les à d'autres objets ;
      Abandonnez nos rivages :
Quel plaisir aurez-vous parmi des cœurs sauvages ? 350

THARSIS.
Je vous verrai.

DAPHNÉ.
      Fuyez cette triste douceur.
    Il vaut mieux qu'une prompte absence
    Rende le calme à votre cœur,
Que de vous voir enfin guéri par ma rigueur,
    Ma haine, ou mon indifférence.   355

THARSIS.
    O Ciel ! lui dois-je ajouter foi[1] ?
Quoi ! ne pouvoir m'aimer ! me haïr ! me le dire !
Amour, tyran des cœurs, depuis que sous ta loi
      On gémit, on pleure, on soupire[2],

---

1.   Je ne veux pas que vous m'ajontiez foi.
                          (*Le Calendrier*, vers 174.)
    Charmante déité, vous dois-je ajouter foi ?
                    (*Adonis*, vers 93 et note 5.)
2. Page 168 et note 1 :
    L'un meurt, l'autre soupire, et l'autre en son transport
    Languit et se consume.

DAPHNÉ.

Fut-il jamais amant plus malheureux que moi ? 360
  Que je sache au moins, inhumaine,
Ce qu'a Tharsis en lui de si digne de haine ?

DAPHNÉ.

Son amour, c'est assez. Je le dis à regret,
Vous avez dans mon cœur quelque ennemi secret[1]
  Qui met un voile sur ces charmes 365
A qui d'autres auroient déjà rendu les armes.
Enfin quittez nos bords, Seigneur, vous ferez mieux :
Qui ne peut être aimé doit s'éloigner des lieux
Où sans cesse il peut voir le sujet de ses peines.
Faut-il livrer son cœur à d'éternelles gênes[2] 370
  Pour le plaisir de ses yeux ?
Je vous laisse, et me tais ; ma fuite et mon silence
  Vous seront des tourments plus doux.

THARSIS.

Princesse, demeurez : je trouve votre absence
  Plus cruelle encore que vous[3]. 375

SCÈNE IV.

THARSIS, TÉLAMON.

TÉLAMON.

Ceci vous trouble et vous étonne.

THARSIS.

Suis-je donc le fils de Latone ?

---

1. Vers 322.
2. Page 40 et note 2.
— Je sens de son courroux des gênes trop cruelles.
    (MOLIÈRE, *Dépit amoureux*, vers 1514.)
3.   .... Atis, il t'est plus doux encor
  De la voir ingrate et cruelle
  Que d'être privé de ses traits.
    (*Le Petit Chien*, vers 139-141.)

Ai-je dompté Python? suis-je un dieu? Je n'ai pu
Gagner une mortelle! un enfant m'a vaincu!
Qu'il m'ôte mes autels : que sert-il qu'on me donne
  En ces lieux l'encens qui m'est dû?
Et qu'est-ce que l'encens, qu'une chose frivole
Près des moindres faveurs que nous font de beaux yeux?
Daphné, vous me pourriez d'une seule parole
  Mettre au-dessus des autres dieux!   385

   TÉLAMON.

 Espérez ce mot favorable :
 Il n'est amant si misérable
Qui n'espère.

   THARSIS.

  Tu ris.

   TÉLAMON.

   Jupiter vous vaut bien :
Je ris aussi quand l'Amour veut qu'il pleure.
 Vous autres dieux, n'attaquez rien   390
Qui, sans vous étonner, s'ose défendre une heure[1] :
Sachez que le temps seul en a plus couronné
  Que tous les efforts qu'on peut faire[2].

   THARSIS.

Je n'ose plus parler de mes feux à Daphné.

   TÉLAMON.

 Laissez dormir sa colère.   395
  Après que l'on vous aura
  Contraint longtemps de vous taire,
  Un moment arrivera
  Que l'on vous écoutera.

1. Vous n'attaquez pas une mortelle, que, pour peu qu'elle se défende, vous ne soyez étonnés de sa résistance.
2. Dans l'opéra de *Galatée*, vers 158-159 :
 Notre amour ne sert pas toujours de récompense,
 Et ce n'est pas toujours un ouvrage du temps.

SCÈNE V.

Pénée et sa cour entrent sur la scène, et la noce ensuite; Daphné conduit l'épousée, et un des fleuves le marié. Toute cette troupe fait le tour du théâtre en cérémonie. Deux bergers chantent ces paroles, que le chœur répète :

  Hymen! Hyménée!   400

Après que chacun s'est rangé et a pris sa place, les deux bergers chantent ce premier couplet de l'épithalame :

  Florise est donnée
  A l'un des plus beaux
  Qui porte à Pénée
  Tribut de ses eaux :
  Qu'il ait chaque année   405
  De nombreux troupeaux,
  Et chaque journée
  Des plaisirs nouveaux.
  Hymen! Hyménée!

Daphné présente au sacrificateur l'épousée, et un des fleuves le marié. Le sacrificateur prend leurs mains, et dit ces paroles :

Amants, je vous unis; vivez sous mêmes nœuds.   410

    CHOEUR.

 Parmi les plaisirs et les jeux.

MOMUS, *à quelques filles de la noce près desquelles il se rencontre.*

Pour un pareil lien formez-vous point des vœux?
  Songez-y bien, bergères :
Hyménée est un dieu jeune, charmant, et blond;
Mais les jours avec lui ne se ressemblent guères :   415
Le premier est amour, amitié le second,
Le troisième froideur; songez-y bien, bergères.

   MÉROÉ, *interrompant Télamon.*

 Vraiment, Télamon,
  La leçon
  Est jolie.   420

ACTE II, SCÈNE V.

Changez de place, Iris; venez ici, Célie;
Pholoé, ne l'écoutez plus.
J'en suis d'avis[1]! mes soins deviendront superflus;
Télamon corrompra cette troupe innocente.

MOMUS.

Que vous êtes reprenante,　　　　　　　　425
Gouvernante!
Laissez-nous causer en paix :
Laissez la jeunesse rire;
Elle inspire
Toujours d'innocents secrets.　　　　　　430

Je crois que vous êtes sage :
A votre âge
On le doit être, ou jamais.
Vingt ou trente ans de veuvage,
C'est dommage,　　　　　　　　　　　435
Ont refroidi vos attraits.

Ah! si selon vos souhaits
Vous redeveniez aurore[2],
Vous vous serviriez encore
De vos traits.　　　　　　　　　　　　440

MÉROÉ.

Me faudra-t-il aussi souffrir la raillerie?

PÉNÉE, à Méroé et à Télamon.

Laissez-nous achever cette cérémonie.

LE SACRIFICATEUR.

Hymen, Amour, joignez vos nœuds,

---

1. Tome V, p. 565 et note 3.
2. Voyez ci-dessus, *Clymène*, vers 43 et note 2; et le conte de *l'Abbesse*, vers 134-135 et note 9:

　　　　Elle redevient rose,
　　　　OEillet, aurore.

DAPHNÉ.

Et rendez ces amants heureux,

<small>Les gens de la noce dansent, et pendant qu'ils se reposent on chante ces deux autres couplets de l'épithalame :</small>

    Des pas de Florise 445
    Loin, bien loin les loups[1] ;
    Et de ceux d'Amphrise
    Les soupçons jaloux.
    Que leur destinée
    N'ait rien que de doux, 450
    Et que la lignée
    Ressemble à l'époux.
    Hymen ! Hyménée !

    Jamais la constance
    Aux amants ne nuit ; 455
    On vit d'espérance,
    Puis le reste suit.
    L'amour obstinée[2]
    Porte fleur et fruit.
    O douce journée ! 460
    O plus douce nuit[3] !
    Hymen ! Hyménée !

<small>Le chœur répète à chaque fois ces deux dernières paroles.</small>

1. Ci-dessus, vers 167.
2. Page 147 et note 2.
3.   Douce journée, et nuit plus douce encore !
                (*A Mme de Fontanges*, 1680.)

FIN DU SECOND ACTE.

ACTE III.

La décoration de cet acte est une forêt mêlée d'architecture, comme d'un temple de Diane.

SCÈNE PREMIÈRE.

CLYMÈNE.

Tout me semble parler d'amour
En ces lieux amis du silence :
Ici les oiseaux nuit et jour   465
Célèbrent de ses traits la douce violence.
Tout me semble parler d'amour
En ces lieux amis du silence[1].
Heureux les habitants de ces ombrages verts,
S'ils n'avoient que ce mal à craindre !   470
Mais nous troublons leur paix par cent moyens divers :
Humains, cruels humains[2], tyrans de l'univers,
C'est de vous seuls qu'on se doit plaindre !

Après ces paroles, on entend un bruit de cors et de cris de chasse.

Vois-je pas Télamon, confident de Tharsis ?
Hélas ! il vient en vain me conter les soucis   475
D'un prince que Daphné devroit trouver aimable.
Plût au Ciel qu'elle fût à ses vœux favorable !

---

1. Vous chantez sous ces feuillages,
    Doux rossignols pleins d'amour,
    Et de vos tendres ramages
    Vous réveillez tour à tour
    Les échos de ces bocages.

    (MOLIÈRE, *les Amants magnifiques*, IIIe intermède, scène 1.)

2 . *Saint Malc*, vers 238.

SCÈNE II.

TÉLAMON, CLYMÈNE.

TÉLAMON.
Que vous avez de grâce à porter un carquois !
Rien ne vous sied si bien.
     CLYMÈNE.
       On me l'a dit cent fois.
     TÉLAMON.
On ne vous l'a pas dit peut-être au fond d'un bois. 480
  En ces forêts, je vous prie,
  Écartons-nous un moment,
  Et mettons de la partie[1]
  L'ombre et l'amour seulement.
     CLYMÈNE.
  Tout rendez-vous un peu sombre 485
  Doit toujours être évité :
  Quand je vois l'amour et l'ombre,
  Je vais d'un autre côté[2].
     TÉLAMON.
C'est trop s'en défier. Mais, dites-moi, Clymène,
Daphné montre en ses yeux une secrète peine : 490
Qui la cause ? Leucippe est-il ce bienheureux ?
Où plutôt est-ce un dieu qui s'attire ces vœux ?
  Je m'y connois, l'Amour la touche.
     CLYMÈNE.
  On se laisse assez toucher,
  Mais on aime à le cacher[3] ; 495
  Et d'une jeune farouche[4]

---

1. Tome VI, p. 93 et note 5.
2. *La Clochette*, vers 68-69.
3. Vers 340 et note 2. — 4. Vers 104-107 et note 2.

L'Amour est plus tôt vainqueur,
Qu'il n'a tiré de sa bouche
Le nom qu'elle a dans le cœur.

TÉLAMON.

N'en saurai-je pas plus?

CLYMÈNE.

Je n'ai rien appris d'elle. 500

TÉLAMON.

Vous voulez garder ce secret :
Je serois importun aussi bien qu'indiscret
Si je vous pressois trop, et la chasse m'appelle.
Adieu, nymphe cruelle.

SCÈNE III.

DAPHNÉ, CLYMÈNE.

DAPHNÉ.

Je vous ai tous deux entendus : 505
Heureuse, si Tharsis ne me pressoit pas plus!

SCÈNE IV.

DAPHNÉ, LEUCIPPE.

LEUCIPPE.

Puis-je interrompre le silence
Qu'en ces paisibles lieux peut-être vous cherchez?
Me le permettez-vous?

DAPHNÉ.

Oui, Leucippe, approchez;
On ne craint pas votre présence ; 510
Venez me consoler de celle de Tharsis.

DAPHNÉ.

LEUCIPPE.

Et qu'ordonnerez-vous de mes propres soucis?
Mon rival ne peut plaire à l'objet qu'il adore,
Un sentiment jaloux ne me peut alarmer : [encore,
C'est beaucoup; mais que dis-je? ah! ce n'est rien
Vous savez bien haïr, mais pourriez-vous aimer?

DAPHNÉ.

J'ai souffert votre amour, répondez-vous vous-même.

LEUCIPPE.

O dieux! qu'ai-je entendu? quelle gloire suprême!
Quel bonheur! Doux transports qui venez me saisir,
Exprimez, s'il se peut, ma joie et mon plaisir, 520
    Et votre juste violence.
Princesse, après l'aveu qui vient de me charmer,
    Je ne sais rien pour m'exprimer,
    Que le langage du silence.

DAPHNÉ et LEUCIPPE, ensemble.

O bienheureux soupirs, favorables moments 525
Où l'un et l'autre cœur, plein de doux sentiments,
    Aime, et le dit, et se fait croire!
    Les dieux, dans leurs ravissements,
    Les dieux, au milieu de leur gloire,
Sont moins dieux quelquefois que ne sont les amants[1].

LEUCIPPE.

Je bénis mon destin, et cependant Pénée
    Favorise mon rival.

DAPHNÉ.

Quand il auroit pour lui le dieu même Hyménée,
Ce n'est pas son bonheur qui fera votre mal.

LEUCIPPE.

Et mon bien?

---

1. Nous avons déjà entendu Apollon-Tharsis déclarer (vers 384-385) que Daphné, d'une seule parole, peut le mettre au-dessus des autres dieux.

DAPHNÉ.
                Attendez la réponse d'Ismèle :   535
Peut-être elle sera favorable à nos vœux.
Allez : il reviendra quelque moment heureux;
Daphné craint qu'on ne trouve un amant avec elle.

SCÈNE V.

DAPHNÉ, demeurée seule.
            Que notre sexe a d'ennemis !
A combien de tyrans le Destin l'a soumis !   540
Des amants importuns, un père inexorable,
            Un devoir impitoyable;
Tout combat nos desirs : trop heureuses encor
            Si nous n'avions que cette peine !
            Mais il faut, par un double effort,   545
Ainsi que notre amour, surmonter notre haine.

SCÈNE VI.

PENÉE, DAPHNÉ, THARSIS.

PÉNÉE.
            Daphné, rendez grâces aux dieux :
            Cet ours fatal aux bergeries,
Fatal aux autres ours, teint de sang¹ nos prairies;
Tharsis a vaincu seul ce monstre furieux.   550
            THARSIS.
L'Amour m'accompagnoit, lui seul en a la gloire :

    1. Teint de son sang. — Dans *Adonis*, vers 514 : « l'amour de
tous les yeux
        Par le vouloir du Sort ensanglante ces lieux. »

Ce n'est pas à mes mains qu'on doit cette victoire,
Belle Daphné, c'est à vos yeux.
PÉNÉE.
Ma fille, venez voir aussi l'énorme bête.
Réjouissez-vous, bergers; 555
Que les ours soient de la fête :
Ils avoient part aux dangers.

SCENE VII.

THARSIS, TÉLAMON.

THARSIS.
Daphné ne peut souffrir ma flamme.
Si je parlois au Sort?
TÉLAMON.
Changera-t-il son âme?
THARSIS.
Je vais le consulter : attends ici Tharsis. 560

SCÈNE VIII.

MOMUS, demeuré seul et quittant le personnage de Télamon.
Vous qui de votre sort voulez être éclaircis,
Consultez, comme moi, le démon de la treille;
Mon oracle est Bacchus, quand j'ai quelques soucis,
Et ma sibylle est ma bouteille.
Cette chasse m'altère. Ah! si Bacchus.... Je croi 565
Que ce dieu m'entendoit.

SCÈNE IX.

BACCHUS, qui descend sur son berceau tiré par des tigres.

Momus, monte avec moi;
Viens écouter d'ici tous les chants de victoire.
Ces gens m'ont au spectacle invité; les voici.
Quoi! la peau de leur ours aussi?

SCÈNE X.

BACCHUS, MOMUS, TROUPE DE SYLVAINS, DE CHASSEURS, ET DE BERGERS.

Momus monte dans le berceau, qui s'arrête au milieu des airs. Cependant quatre chasseurs et autant de Sylvains, qui mènent chacun un ours, entrent sur la scène. Un autre Sylvain les suit, portant en guise de trophée la peau de l'ours au bout d'un épieu. Des chœurs de bergers les accompagnent. Toute cette troupe fait le tour du théâtre, au son des cors, et de leurs fanfares. Le Sylvain chargé du trophée se place au milieu de la scène, et un chasseur chante ces paroles :

Tharsis, nous érigeons ce trophée à ta gloire[1]. 570

UN SYLVAIN.

Par ta valeur, le monstre a vu finir son sort.

UN BERGER.

L'ennemi commun est mort.

MOMUS, comme s'il chantoit en éloignement.

Noyez-en dans le vin la funeste mémoire.

UN CHASSEUR, se tournant vers l'endroit où est le char de Bacchus.

N'est-ce pas Télamon qui nous invite à boire?

Toute la troupe, l'ayant aperçu, dit :

O le mortel heureux, d'être aimé de Bacchus! 575

1. .... Les champs où Télamon
Venoit de consacrer un trophée à son nom.
(*Les Filles de Minée*, vers 327-328.)

UN SYLVAIN.

Amis, laissons à part les discours superflus[1].
L'ours est mort.

UN CHASSEUR.

L'ours ne vit plus.

UN BERGER.

L'ours a passé l'onde noire[2].

Tous ensemble.

Noyons-en dans le vin la funeste mémoire.

Les chasseurs et les Sylvains dansent à l'entour du trophée, et font une forme[3] de bacchanales. Les Sylvains sont suivis de leurs ours, qui vont en cadence. Pendant que les danseurs se reposent, Bacchus et Momus, faisant[4] la débauche sous le berceau suspendu, animent toute cette troupe par leur exemple.

BACCHUS, à Momus.

Cher compagnon, me veux-tu croire ?   580
Courons ensemble le pays[5] ;
Tu sais médire, et je sais boire :
Nous ne manquerons point d'amis.

MOMUS.

Toujours le vin et la satire
Tiennent aux tables le haut bout[6] ;   585
Tu sais boire, et je sais médire :
Voilà de quoi passer partout.

1. Renaud laissa les discours superflus.
(*L'Oraison de saint Julien*, vers 290.)

2. Le Styx : tome VI, p. 251 et note 9.
3. Une espèce.
4. *Faisans*, dans l'édition originale.
5. Dans *Joconde*, vers 246 : « .... Et courons le pays. »
6. Rapprochez le vers 20 de la fable XIII du livre VIII et la note.

FIN DU TROISIÈME ACTE.

ACTE IV.

La décoration de cet acte est un antre, dont les avenues ont quelque chose d'inculte, de sauvage, et de difficile abord : et au fond un autel rustique, sans beaucoup d'ornements.

SCÈNE PREMIÈRE.

Clymène et Aminte, nymphes de Daphné, viennent les premières, et précèdent Pénée et sa cour, pour apprendre de la sibylle leur aventure.

CLYMÈNE, AMINTE.

CLYMÈNE.
Quel étrange et sombre palais!
Je frémis à le voir; n'as-tu point peur, Aminte?
Va seule dans ces lieux; pour moi, j'ai trop de crainte.
AMINTE.
Qu'y demanderois-tu? tes vœux sont satisfaits,
      Philandre a l'âme blessée
      Des traits dont tu sais charmer;
      Moi, que Tircis[1] a laissée,
      J'ai sujet d'être empressée   595
      Pour savoir qui doit m'aimer.
CLYMÈNE.
Je te rends ce Tircis; son ardeur m'importune.
AMINTE.
      J'aurai donc pour toute fortune
Ton refus[2].

---

1. Voyez, pour ces deux bergers, vers 328 et 332.
2. Ou rebut : ce dont tu n'auras pas voulu. Comparez Corneille, tome I, p. 241, note 1; et Molière, tome IX, p. 68 et note 5.

CLYMÈNE.
Que t'importe? examine ton cœur;
Et si Tircis te plaît, laisse le point d'honneur[1].   600
AMINTE.
Tu ris? que diras-tu, si je fais qu'il te quitte?
CLYMÈNE.
Mes rigueurs en cela préviendront ton mérite[2].
AMINTE.
Tu dois aux miennes ce berger
Que mes faveurs vont rengager[3].
CLYMÈNE et AMINTE, ensemble.
Une fille a cent adresses   605
Pour rebuter un amant;
Mais de dire ses finesses
Pour[4] faire un engagement[5],
On ne le peut nullement.
CLYMÈNE.
Voilà, sans consulter Ismèle,   610
Un oracle bientôt rendu.
AMINTE.
Auroit-elle mieux répondu?
CLYMÈNE.
Non, et nous nous pouvons désormais passer d'elle :
Aussi bien l'intérêt de Daphné nous appelle.

1.   Point d'honneur est une autre maladie.
(*L'Abbesse*, vers 141.)

2. Les rigueurs que je lui témoignerai devanceront l'effort de tes charmes et ton habileté à le reconquérir.

3. Et la moindre faveur d'un coup d'œil caressant
Nous rengage de plus belle.
(MOLIÈRE, *Amphitryon*, vers 186-187.)

4. De compter combien plus elle a de finesses pour, etc.
5. Une conquête; pour s'enchaîner quelqu'un.

SCÈNE II.

Ismèle sort du fond de l'antre, accompagnée de deux ou trois prêtresses aussi vieilles qu'elle. D'un autre côté, Pénée vient avec Daphné et les fleuves de sa cour.

ISMÈLE, DAPHNÉ, PÉNÉE, ET SA COUR.

PÉNÉE, à Daphné.

Ma fille, tout est prêt; Ismèle va sortir :   615
    N'ayez point de repentir,
  Si le choix des dieux est autre
      Que le vôtre.

ISMÈLE, *après quelques cérémonies étranges, dit, en invoquant la Divinité* :

Monarque de l'Olympe, en qui sont tous les temps,
Qui les fais devant toi passer comme moments[1],   620
Et pour qui n'est qu'un point toute la destinée,
    Dis-nous, ô maître des dieux,
     A qui doit être donnée
    La princesse de ces lieux!
Où sont tes truchements[2]? es-tu sourd aux prières? 625
Fantômes, qui savez peindre en mille manières
Les secrets du destin gravés au haut des cieux[3],
Simulacres volants[4], frères du dieu des songes,
    Faites-nous voir sans mensonges

---

1. Père des temps, qui vois tout naître et tout finir.
2. Tes interprètes : tome VI, p. 330 et note 1.
3.   Auroit-il (*Dieu*) imprimé sur le front des étoiles
  Ce que la nuit des temps enferme dans ses voiles?
      (Livre II, fable XIII, vers 21-22.)

    Je ne crois point que la Nature
  Se soit lié les mains, et nous les lie encor
  Jusqu'au point de marquer dans les cieux notre sort.
      (Livre VIII, fable XVI, vers 59-61.)

4. Voyez le jeu de scène qui suit.

Ce qu'ont ordonné les dieux 630
Sur un si digne hyménée ;
Dites-nous la destinée
De la nymphe de ces lieux.

Après ces paroles, Ismèle, comme possédée du dieu, danse avec les autres prêtresses, tantôt comme si elles alloient tomber en extase, et tantôt avec des contorsions étranges. Pendant qu'elles dansent, des enfants, en guise de petits démons, et représentant les simulacres et les espèces[1] qui s'offrent aux yeux, viennent de divers endroits du ciel se présenter à Ismèle, portant[2] des branches et des couronnes de laurier. Ismèle, ayant vu ces objets, dit :

Que vois-je ! quel objet ! quelle image à mes yeux
    Si vive et si claire 635
    Vient se présenter,
    Et me tourmenter
    Plus qu'à l'ordinaire ?
      L'objet
      Me fait 640
      Tressaillir :
      Je sens
      Mes sens
      Défaillir.

        AMPHRISE, fleuve.

Les dieux à leur interprète 645
Ont fait un étrange don ;
Ne peut-on être prophète,
Si l'on ne perd la raison ?

---

1. Fantômes, images, apparitions, sorte d'émanations subtiles que l'on supposait sortir des corps et les représenter : « La plus commune opinion est celle des péripatéticiens, qui prétendent que les objets du dehors envoient des espèces qui leur ressemblent, et que ces espèces sont portées par les sens extérieurs jusqu'au sens commun ; ils appellent ces espèces-là impresses, parce que les objets les impriment dans les sens extérieurs. » (MALEBRANCHE, *de la Recherche de la vérité*, III, II, 2.)

2. *Portans*, dans l'édition originale.

APIDAME, SPERCHÉR et AMPHRISE, ensemble.
        Les démons
      Vont l'agitant,   650
        Ses poumons
      Vont haletant ;
    Et son cœur va palpitant[1].
        Les ressorts
      De son corps,   655
      Son esprit,
        Tout pâtit.
ISMÈLE, jetant en l'air des feuilles sur lesquelles elle a écrit sa réponse.
Qu'on se taise : soyez attentifs aux mystères.
    J'épands en l'air[2] ces caractères :
C'est ma réponse ; il faut la poser sur l'autel.   660
Démons, peuples légers, ministres de l'oracle,
      Cherchez-la ; car aucun mortel
      Ne la peut trouver sans miracle.

A ce commandement d'Ismèle, les esprits habitants de l'air cherchent en dansant les feuilles que la sibylle a jetées, et les viennent, en dansant aussi, poser sur l'autel. Ismèle assemble ces feuilles, et dit à Pénée et à Daphné :

Approchez-vous, lisez, et que dans ce vallon
Un invisible chœur mon oracle répète.   665
            PÉNÉE et DAPHNÉ, lisant.
Daphné doit aujourd'hui couronner Apollon.
                   CHOEUR.
Daphné doit aujourd'hui couronner Apollon.
                 PÉNÉE, à Ismèle.
Ismèle, servez-vous vous-même d'interprète ;

---

1. .... *Subito non vultus, non color unus,*
   Non comptæ mansere comæ ; sed pectus anhelum,
   Et rabie fera corda tument.
              (VIRGILE, *Énéide*, livre VI, vers 47-49.)
Voyez aussi *ibidem*, vers 77-80 et 98-101.

2. Echo redit ces mots dans les airs épandus.
              (Livre XII, fable XXIV, vers 75.)

232   DAPHNÉ.

Expliquez-nous l'ordre des dieux.
AMPHRISE.
Un prophète entend-il les choses qu'il annonce ?   670
C'est à l'événement d'expliquer sa réponse.
ISMÈLE.
Adieu, princesse, adieu, je vous laisse en ces lieux.

SCÈNE III.

DAPHNÉ, PÉNÉE, ET LEUR COUR.

PÉNÉE.
Couronner Apollon ! Qu'importe à l'hyménée
De la fille de Pénée ?
Pour comprendre ces mots, je fais un vain effort.   675
AMPHRISE.
Nos conseils ont été frivoles ;
La seule obscurité fait le prix des paroles
Que l'on cherche au livre du Sort[1].
PÉNÉE, à Daphné.
Ma fille, rendez-vous aux volontés d'un père :
Qu'il soit votre oracle aujourd'hui.   680
Aimez Tharsis ; il vous doit plaire ;
Toute notre cour est pour lui.
APIDAME.
Tels étoient ces mortels pour qui l'idolâtrie
Commença d'introduire au monde son pouvoir.
AMPHRISE.
Il a tout l'air d'un dieu ; l'on diroit à le voir,   685
Que l'Olympe est sa patrie.
DAPHNÉ.
Hélas ! j'en crus autant, lorsqu'en notre prairie

1. Tome VI, p. 189 et note 4.

Je le vis arriver inconnu dans ces lieux.
Maintenant mon cœur tâche à démentir mes yeux.
Ne m'en accusez point : quelque force suprême   690
M'entretient malgré moi dans cette erreur extrême.
Que Tharsis soit parfait, qu'il ait l'air qu'ont les dieux,
 Est-ce par raison que l'on aime ?

PÉNÉE.

L'hymen change les cœurs : suivez mes volontés.

DAPHNÉ.

Quoi ! Seigneur, vous aussi vous me persécutez !   695
De ses autres tyrans sans peine on se console ;
 Mais d'un père ! un père m'immole !
Je tiens le jour de vous, Seigneur ; vous me l'ôtez.

PÉNÉE.

Moi, je perdrois Daphné ! qu'ai-je à conserver qu'elle ?
 L'hymen m'a-t-il fait d'autres dons ?   700

DAPHNÉ.

 Cependant, quand je vous appelle
  Du plus tendre de tous les noms,
Vous ne vous souvenez que de votre puissance ;
 Vous regardez l'obéissance,
La raison, et jamais d'autres tyrans plus doux ;   705
Il en est toutefois. Leucippe vient à nous :
 Je lui vais ôter l'espérance.
Vous le voulez, Seigneur ; je le lis dans vos yeux.

SCENE IV.

DAPHNÉ, LEUCIPPE.

DAPHNÉ.

Leucippe, il faut tâcher d'éteindre votre flamme.
Je ne puis être à vous.

LEUCIPPE.
O cieux! injustes cieux! 710
Est-ce là votre arrêt?
DAPHNÉ.
Cet oracle odieux
Vient de mon père seul.
LEUCIPPE.
Votre père et les dieux
Disposent de mon sort, mais non pas de mon âme :
Moi-même en suis-je maître?
DAPHNÉ.
Il le faut.
LEUCIPPE.
Ah! Daphné!
Que ce mot est facile à dire! 715
Et que l'amour possède avecque peu d'empire
Un cœur que la contrainte a si tôt entraîné!
DAPHNÉ.
Quoi! faut-il que mon cœur soit par vous soupçonné?
Cruel! n'avois-je pas encore assez de peine?
LEUCIPPE.
Enfin donc le Destin me déclare sa haine; 720
Vous serez à Tharsis; et moi, par mes soupirs,
J'augmenterai ses plaisirs.
DAPHNÉ.
Plût au Ciel que Tharsis causât seul vos alarmes,
Et qu'un père....
LEUCIPPE.
Achevez.
DAPHNÉ.
Eh! que sert d'achever
Un souhait qu'on sait bien qui ne peut arriver? 725
LEUCIPPE.
Il n'importe, mon âme y trouvera des charmes.

DAPHNÉ.
Ne m'aimez plus.
LEUCIPPE.
Le puis-je? et le souhaitez-vous?
DAPHNÉ.
Vos tourments ont pour moi quelque chose de doux,
Il est vrai; mais cessez.
LEUCIPPE.
Hélas! cesser de vivre
 Est le seul remède à mon mal :   730
  Voilà le parti qu'il faut suivre;
Mais avec moi je veux perdre aussi mon rival.
Vous ne me serez pas impunément ravie :
Non, Daphné. Vous pleurez? Ah, princesse! je dois
  Mourir pour vos yeux mille fois. 735
Avant qu'avoir Daphné, Tharsis aura ma vie.
  Je ne puis voir tant de biens
  En d'autres bras que les miens :
  Que mon rival me les cède,
  Et renonce à votre amour, 740
  Ou qu'il m'ôte aussi le jour
  Si l'on veut qu'il vous possède.
DAPHNÉ.
  Leucippe, si je vous perds,
  Il faut que dans nos déserts
  La solitude me donne 745
  Un sort plus calme et plus doux;
  Et ne pouvant être à vous,
  Je ne veux être à personne.

SCÈNE V.

APOLLON, LEUCIPPE, DAPHNÉ.

Apollon descend sur un trône de lumière. Cette pompe est jointe à une musique douce. Il est entouré des Heures, qui chantent ces mots :

Daphné, portez vos yeux
Sur le plus beau des dieux.　　　　　750

Daphné s'enfuit aussitôt qu'elle a reconnu Apollon sous le visage de Tharsis

APOLLON.

Tu me fuis, divine mortelle!
Où cours-tu? n'aperçois-tu pas
Un précipice sous tes pas?
Il est plein de serpents : détourne-toi, cruelle.
Suis-je encor plus à craindre? et rien dans ce vallon
Ne peut-il t'arrêter quand tu fuis Apollon?
　　Quoi! tant de haine en une belle !
　　Insolent, qui brûles pour elle,
　　Renonce à l'hymen de Daphné;
　　C'est Apollon qui te l'ordonne.　　　　　760
Regarde quel rival ton malheur t'a donné.

LEUCIPPE.

Mon malheur? Dis le tien. Toi, le fils de Latone!
N'es-tu pas ce Tharsis que tantôt on a vu?
D'un magique ornement ton front s'est revêtu.
Enchanteur, penses-tu que ta pompe m'étonne[1]?　　765
　　Ce n'est qu'un songe, ce n'est rien;
Va tromper d'autres yeux, et me laisse mon bien.

APOLLON.

O dieux! ô citoyens du lumineux empire[2]!
　　Que vient un mortel de me dire?

---

1. *Le Faiseur d'oreilles*, vers 127.
2. Ci-dessous, p. 267 et note 6.

Malheureux, ton orgueil s'en va te coûter cher : 770
 Les dieux ne sont pas insensibles.
 Qu'on l'attache sur ce rocher
 Avec des chaînes invisibles.

<small>Ce commandement est exécuté par les ministres[1] de la puissance d'Apollon, qui va se faire voir à Pénée, non plus sous le personnage de Tharsis, mais sous le sien propre.</small>

1. Tome VI, p. 158 et note 3.

FIN DU QUATRIÈME ACTE.

ACTE V.

Le théâtre est une suite de rochers; on y voit Leucippe retenu, sans que ses liens paroissent. Il est debout, appuyé dans l'endroit le plus en vue.

SCÈNE PREMIÈRE.

LEUCIPPE, sur un rocher.

Astres, soyez témoins de ces injustes fers,
 J'atteste ici tout l'univers,   775
 Et les vents emportent ma plainte[1].
Jupiter, je t'implore; on veut forcer les cœurs[2] :
 Il n'est plus de libres ardeurs,
 Ni d'autres lois que la contrainte.
Loges-tu dans le ciel, ou dans les antres sourds[3]? 780
Écoutez-moi, déserts; on m'ôte mes amours[4];
 Est-il douleur pareille?
Qui me consolera sur ce rocher fatal?
Leucippe est un spectacle à son cruel rival.
Déserts, écoutez-moi; les dieux ferment l'oreille. 785

Daphné entend cette plainte à l'un des coins du théâtre.

---

1. *Galatée*, vers 219 et note 2.
2. *Poème du Quinquina*, chant II, vers 144.
3. *Adonis*, vers 122 et note 4.
4. Ci-dessus, vers 231.

SCÈNE II.

DAPHNÉ, LEUCIPPE.

DAPHNÉ.
Qui vous consolera? ne le savez-vous pas?
LEUCIPPE.
Quoi! je vous vois! c'est vous! c'est ma princesse!...
J'avois perdu l'espoir d'une faveur si douce.   [Hélas!
Craignez-vous d'approcher?
DAPHNÉ.
                    Je sens qu'on me repousse :
    Quelque charme arrête mes pas.   790
    Mais, si c'est adoucir vos peines
    Qu'y prendre part, souffrir ces gênes[1],
    Gémir avec vous sous ces chaînes,
Vous aimer malgré tous, malgré cieux, malgré sort,
    Votre princesse en est capable.   795
LEUCIPPE.
Apollon, Apollon, tu fais un vain effort!
    Je ne suis plus le misérable.
DAPHNÉ.
Hélas! j'irrite un dieu jaloux et redoutable;
    A qui dois-je adresser ma voix[2]?
Je n'ose t'invoquer, déesse de nos bois[3].   800
Dans ta cour, dans ton cœur, autrefois j'avois place;
L'amour m'en a bannie; écoute toutefois :
    Je ne demande point pour grâce
Que tu souffres mes feux, et qu'un hymen charmant
Engage à d'autres dieux celle qui t'a servie;   805
    Délivre seulement

1. Vers 370. — 2. Tome IV, p. 217.
3. Diane : tome VI, p. 251.

Mon amant,
Et prends le reste de ma vie.

SCÈNE III.

APOLLON, DAPHNÉ, LEUCIPPE.

APOLLON.
Pourquoi finir vos jours en des lieux pleins d'ennui?
  Trouvez-vous le dieu du Parnasse   810
Plus affreux qu'un désert[1]?
Daphné témoigne vouloir s'enfuir.
      Hélas! ce dieu la chasse :
Elle aime mieux mourir que régner avec lui.
  C'est toi qui nous causes ces peines.
Mortel, contre les dieux oses-tu contester?
LEUCIPPE.
Mes amours sont mes dieux.
APOLLON.
    Qu'on redouble ses chaînes,   815
Démons!
DAPHNÉ, se jetant à genoux.
  Faites-les arrêter.
Pouvez-vous bien me voir à vos pieds toute en larmes,
  Sans vous laisser toucher le cœur?
APOLLON.
Daphné, c'est contre vous que retournent[2] ces armes.
  La pitié redouble vos charmes;   820
En combattant l'Amour, elle le rend vainqueur.
Votre douleur vous nuit; vous en êtes plus belle[3].
  Venez, venez être immortelle :

1. Vers 752-755. — 2. Se retournent.
3. Tome VI, p. 80 et note 4.

ACTE V, SCÈNES IV ET V.

Je l'obtiendrai du Sort, ou je jure vos yeux
      Que les cieux   825
Regretteront notre présence.
Zéphyrs, enlevez-la malgré sa résistance.
      DAPHNÉ, s'enfuyant.
O dieux! consentez-vous à cette violence?

SCÈNE IV.

DIANE aussitôt paroît sur son char, et crie aux Zéphyrs :
Démons, gardez[1] de lui toucher!
Deviens laurier, Daphné; Leucippe, sois rocher.   830
   A peine Diane a parlé, que les deux métamorphoses se font, et la
      déesse remonte au ciel.

SCÈNE V.

    APOLLON, accourt, et fait cette plainte.
Barbare, qu'as-tu fait? détruire un tel ouvrage!
    Faire à ton frère un tel outrage!
Cruelle sœur, cruelle, et cent foïs plus sauvage
      Que les ours avec qui tu vis!
      Que de trésors tu m'as ravis!   835
Rends-moi ces biens, rends-moi ce divin assemblage.
Daphné, vous n'êtes plus, j'ai perdu mes amours[2],
      Et ne saurois perdre la vie[3]!
Heureux mortels, vos pleurs cessent avec vos jours :
      La mort est un bien que j'envie.   840
      Puissent les cieux cesser leur cours!
Périsse l'univers avecque ma princesse!

  1. Page 86 et note 2. — 2. Vers 781, 815.
  3. La même idée est développée dans le poème d'*Adonis*, vers 571-574 et note 7.

SCÈNE VI.

APOLLON, L'AMOUR.

L'AMOUR, *qui descend sur le char de sa mère.*
Sèche tes pleurs, elle est déesse.
Viens l'épouser : mes traits se sont assez vengés ;
Ces mouvements de haine en amour sont changés. 845
APOLLON.
Puis-je t'ajouter foi[1]? m'as-tu fait cette grâce?
L'AMOUR.
Viens l'éprouver.
APOLLON.
Allons, et que sur le Parnasse
On célèbre des jeux à l'honneur de Daphné ;
Que le vainqueur y soit de laurier couronné.
Bel arbre, adieu. Je quitte à regret cette place, 850
Et veux qu'à l'avenir on ceigne de lauriers
Le front de mes sujets et celui des guerriers[2].

Apollon monte dans le char où est l'Amour, et tous deux retournent au ciel. Le théâtre change aussitôt. Le Parnasse se découvre au fond. Quelques muses sont assises en divers endroits de sa croupe, et quelques poètes à leurs pieds. Sur le sommet, le palais du dieu se fait voir. Les deux côtés du théâtre sont deux galeries qui ressemblent à celles où on étale[3] des

---

1. Ci-dessus, p. 213 et note 1.
2. Comparez le *Poëme du Quinquina*, chant II, vers 98-99 ; et Ovide, *Métamorphoses*, livre I, vers 558-565 :

Arbor eris certe, dixit, mea. Semper habebunt
Te coma, te citharæ, te nostræ, Laure, pharetræ.
Tu ducibus Latiis aderis, cum læta triumphum
Vox canet, et longas visent Capitolia pompas.
Postibus Augustis eadem fidissima custos
Ante fores stabis ; mediamque tuebere quercum.
Utque meum intonsis caput est juvenile capillis,
Tu quoque perpetuos semper gere frondis honores.

3. *Clymène*, vers 659.

ACTE V, SCÈNE VI.

raretés les jours de fête et les jours de foire¹. Là sont les archives du Destin. L'architecture est ornée de feuilles de laurier. Sous chaque portique est un buste; il y en a neuf de conquérants et autant de poètes; les conquérants d'un côté, les poètes de l'autre. Les conquérants sont Cyrus, Alexandre, etc.; et les poètes sont Homère, Anacréon, Pindare, Virgile, Horace, Ovide, l'Arioste, le Tasse, et Malherbe. Apollon a voulu que l'avenir fût montré en faveur de cette fête.

Un poète héroïque commence les jeux, et chante ceci :

Quel prince offre à mes yeux des lauriers toujours verts² ?
Je vois dans l'avenir cent potentats divers
Lui disputer en vain l'honneur de la victoire.   855
O toi, fils de Latone, amour de l'univers,
Protecteur des doux sons, des beaux-arts, des bons vers,
    Aide-nous à chanter sa gloire!

MELPOMÈNE.

    Ce n'est pas l'ouvrage d'un jour³ :
Sublime, allez dormir encor sur le Parnasse⁴;   860
    Et vous, clairons, faites place
    Aux doux concerts de l'amour.

Philis, jeune muse, et Daphnis, poète lyrique, entrent sur la scène, accompagnés d'une musique de flûtes, de hautbois et de musettes, et chantent ce dialogue de pastorale :

PHILIS.

    Les Zéphyrs sont de retour :
    Flore avec eux se promène.

DAPHNIS.

    Savez-vous qui les ramène?   865
    C'est l'Amour.

PHILIS.

    De quoi parle en se séjour
    La savante Philomèle?

---

1. Les jours de fêtes et les jours de foires. (1729.)
2. Encore l'éloge obligé de Louis XIV.
3.   Ce n'est pas l'ouvrage d'un jour
    Que d'épuiser cette science.
        (Livre XII, fable xiv, vers 3-4.)
4. Tome VI, p. 337 et note 2. Comparez Regnier, satire ii, vers 217 : « dormir sur Hélicon. »

DAPHNIS.
Et de quoi parleroit-elle,
  Que d'amour ? 870
PHILIS et DAPHNIS, ensemble.
Faisons aussi notre cour
  Au printemps vêtu de roses ;
  Ayons, comme toutes choses,
    De l'amour.

Un poète satirique vient brusquement les interrompre, et dit :

Aimez, mais permettez que je parle à mon tour. 875
    Comment faire
    Pour se taire?
Le monde est plein de sots, de l'un à l'autre bout;
Le passé, le présent, et l'avenir surtout.
    Comment faire 880
    Pour se taire?

CHOEUR.
    Comment faire
    Pour se taire?

THALIE.
Ridicules[1], envoyez-nous
  Les principaux d'entre vous. 885

Cinq ridicules entrent sur la scène. C'est une coquette emportée, une précieuse, un méchant poète, un homme affectant le bel air, et un vieillard amoureux.

Le méchant poète, chargé des intérêts de la troupe, dit ces paroles

Quoi! dans ces lieux sacrés on souffre la satire!

THALIE.
Soyez les premiers à rire.

Les ridicules se consolent, et font une entrée, dansant tous sur les mêmes pas, et gardant[2] toutefois, autant qu'ils peuvent, leur caractère.

1. *Ridicules*, substantivement, personnages ridicules de comédie : voyez Molière, tome VIII, p. 148 et note 3 : « .... Certaine mascarade que je prétends faire entrer dans une bourle que je veux faire à notre ridicule. »

2. *Dansans* et *gardans*, dans l'édition originale.

ACTE V, SCÈNE VI.

Mercure, monté sur Pégase, descend au sacré vallon. Il interrompt la danse des ridicules, et vient présenter trois couronnes de laurier à ces trois genres de poésie.

MERCURE.

Chacun de vous doit être couronné :
Recevez ces présents de la part de Daphné.
  Elle est maintenant déesse,   890
  Aimant le dieu de ces lieux :
  Poussez-en jusques aux cieux
  Des chants remplis d'allégresse.

Mercure revole au ciel, ayant laissé Pégase sur le double mont. Quatre auteurs lyriques et autant de muses du même genre viennent danser en témoignage de joie ; puis les ridicules se mêlent avec eux, formant de différentes figures avec des branches de laurier qu'ils portent tous, et dont ils se font des espèces de berceaux. C'est le grand ballet.

Après qu'ils ont dansé une fois, une muse du genre lyrique chante ceci :

  Il n'est que de s'enflammer ;
  Laissez, laissez-vous charmer ;   895
  La raison vous y convie :
  Sans le dieu qui fait aimer.
  Que seroit-ce que la vie ?

Le grand ballet recommence encore, puis une autre muse lyrique chante ce second couplet :

  Chacun sent quelque desir ;
  Tout consiste à bien choisir ;   900
  Faites-vous de douces chaînes :
  En amour tout est plaisir,
  Et même jusques aux peines[1].

CHOEUR.

  Aimez, doctes nourrissons :
S'il n'étoit point d'amour, seroit-il des chansons ?   905

---

1. Dans *Adonis*, vers 109-110 et note 2 :
   Il sent un mal
 A qui les plus grands biens n'ont rien qui soit égal.

FIN DE DAPHNÉ.

GALATÉE

(1682)

NOTICE.

Cet opéra inachevé parut, comme le *Poème du Quinquina* et *Daphné*, dans le recueil de 1682 (p. 94-127), sous le titre de *Galatée*; dans les *Œuvres diverses* de 1729 (tome II, p. 337-358), sous le titre de *Fragments de Galatée*.

Il fut commencé sans doute dès l'année 1674; du moins ce que dit notre poète, dans l'épître adressée, la même année, à Turenne, semble, comme le remarque Walckenaer (*Histoire de la Fontaine*, tome II, p. 24), s'appliquer à *Galatée*, son « nouvel » opéra, plutôt qu'à *Daphné* :

>   En surmontant Charles et Caprara[1],
>   Vous avez fait, Seigneur, un opéra.
>   Nous en faisons un nouveau, mais je doute
>   Qu'il soit si bon, quelque effort qu'il m'en coûte.

La Fontaine ne l'acheva point. « L'inconstance et l'inquiétude, qui me sont si naturelles, dit-il dans son avant-propos, m'ont empêché d'achever les trois actes à quoi je voulois réduire ce sujet. » Peut-être est-il fâcheux, pensons-nous avec Walckenaer, qu'il n'ait pas terminé cette petite pièce; les deux actes qui nous en restent promettaient quelque chose de mieux que *Daphné*.

Elle s'ouvre par une chanson charmante, qui fut mise en musique par Lambert; et Mathieu Marais[2], qui écrivait plus de quarante ans après, dit que, de son temps, « cette chanson se trouvoit dans la bouche de tout le monde ».

Citons, parmi les pièces tirées du même sujet, outre le drame

---

1. Turenne avait battu, le 16 juin 1674, à Sintzheim, les troupes du prince Charles, duc de Lorraine, et celles d'Albert, comte de Caprara, général de l'Empereur.

2. *Histoire de la vie et des ouvrages de la Fontaine*, p. 73.

allégorique de Philoxène, les comédies ou dialogues de Nicocharès, Alexis, Posidippe, Philostrate, etc., *Galatea*, fable bocagère de Chiabrera (Venise, 1607, in-12); *Acis et Galatée*, pastorale héroïque en trois actes, paroles de Campistron, musique de Lulli, représentée au château d'Anet, devant le Dauphin, le 6 septembre 1686[1]; et *Galatea vindicata*, opéra italien en deux actes, livret de Métastase, musique de Conti, Bianchi, etc., joué à Vienne en 1727.

Rappelons aussi Théocrite, idylles VI et XI, imitées par Callimaque et Virgile; le livre XIII des *Métamorphoses* d'Ovide, vers 750-897; Ronsard, églogue VII, *le Cyclope amoureux*[2]; le poème de Gongora intitulé *El Polifemo* (Madrid, 1623, in-4°), composé de soixante-trois octaves, qui a servi de modèle à plus de quinze autres poèmes espagnols et portugais, consacrés également à cette fable; Adrien Reland, *Galatea, lusus poeticus* (Amsterdam, 1701, in-8°); etc.

Il serait trop long de mentionner ici tous les artistes qu'ont inspirés les amours de Galatée et d'Acis, et la vengeance de Polyphème. Nous nommerons seulement, parmi les peintres, Raphaël, Rubens, Annibal Carrache, l'Albane, le Dominiquin, Nicolas Poussin, Claude Lorrain, Carlo Maratti, Luca Giordano, L. Lenain, Watteau, Glaize; et, parmi les sculpteurs, Baptiste Tubi[3], Bouchardon, Pradier, et Oudin.

1. *Journal de Dangeau*, tome I, p. 381.
2. Voyez notre tome V, p. 182-185 et les notes.
3. Auteur des statues d'Acis et de Galatée décrites dans *Psyché* (tome III *M.-L.*, p. 23):

> .... Aux deux bouts de la grotte, et dans deux enfonçures,
> Le sculpteur a placé deux charmantes figures;
> L'une est le jeune Acis aussi beau que le jour.
> Les accords de sa flûte inspirent de l'amour :
> Debout contre le roc, une jambe croisée,
> Il semble par ses sons attirer Galatée.

Je n'ai point commencé cet ouvrage dans le dessein d'en faire un opéra avec les accompagnements ordinaires, qui sont le spectacle et les autres divertissements. Je n'ai eu pour but que de m'exercer dans ce genre de comédie ou de tragédie mêlé de chansons, qui me donnoit alors du plaisir. L'inconstance et l'inquiétude, qui me sont si naturelles, m'ont empêché d'achever les trois actes à quoi je voulois réduire ce sujet. Si l'on trouve quelque satisfaction à lire ces deux premiers, peut-être me résoudrai-je à y ajouter le troisième[1].

1. Ces lignes sont à la page 94 du recueil de 1682, en tête du fragment qui suit.

PERSONNAGES.

GALATÉE, nymphe, fille de Nérée.
ACIS, berger, aimé de Galatée.
NÉRÉE, père de Galatée.
POLYPHÈME, cyclope, amoureux de Galatée.
CLYMÈNE, bergère et confidente de Galatée.
TIMANDRE, berger, amant de Clymène et confident d'Acis.
CHŒURS.

GALATÉE.

ACTE PREMIER.

SCÈNE PREMIÈRE.

TIMANDRE.
Brillantes fleurs, naissez[1],
Herbe tendre, croissez
Le long de ces rivages ;
Venez, petits oiseaux,
Accorder vos ramages
Au doux bruit de leurs eaux[2].

---

1. Nous avons dit (ci-dessus, p. 249) que le célèbre Lambert avait mis cette chanson en musique : nous ne l'avons point trouvée dans les *Airs à I, II, III et IV*e *parties avec la basse continue*, composés par M. Lambert, maître de la musique de la Chambre du Roi, Paris, Christophe Ballard, 1689, in-fol. Comme le remarque M. Marty-Laveaux, ce recueil « est loin de contenir tous les airs de Lambert, car on lit dans la dédicace au Roi : « Ce volume.... « sera suivi de sept autres. » Nous ne savons si ces volumes promis ont paru ; mais ils ne sont ni à la Bibliothèque nationale, ni dans celle du Conservatoire.
2. Le premier couplet de la fameuse chanson se retrouve textuellement, sauf le premier vers, dans le viie fragment du *Songe de Vaux* (tome III *M.-L.*, p. 221) :

> Fontaines, jaillissez,
> Herbe tendre, croissez
> Le long, etc.

Clymène sur ces bords
Vient chercher les trésors
De la saison nouvelle :
Messagers du matin, 10
Si vous voyez la belle,
Chantez sur son chemin.

Et vous, charmantes fleurs,
Douces filles des pleurs
De la naissante Aurore[1], 15
Méritez que la main
De celle que j'adore
Vous moissonne en chemin.

Mais j'aperçois Acis : il aime Galatée.
Son ardeur pourroit bien être enfin écoutée : 20
Il est beau, c'est assez ; et les filles des dieux
Ne consultent que leurs yeux.

1. .... Ainsi l'honneur des prés, les fleurs, présent de Flore,
Filles du blond Soleil et des pleurs de l'Aurore.
(*Adonis*, vers 531-532 et note 7.)

Rapprochez aussi Racine, *Promenade de Port-Royal* (tome IV des OEuvres, p. 35) :

C'est là qu'en escadrons divers,
Ils (*les papillons*) répandent dedans les airs
Mille beautés nouvelles,
Et que les essaims abusés
Vont chercher sous leurs ailes
Les pleurs que l'Aurore a versés ;

et ces jolis vers de Lucile de Châteaubriand, recueillis par Joubert :

Que j'aurais à t'offrir de fleurs
Si, semblable à l'Aurore,
Comme elle j'avais, par mes pleurs,
Le don d'en faire éclore !

SCÈNE II.

ACIS, TIMANDRE.

ACIS.

Soleil, hâte tes pas; amène ma déesse.
    O qu'heureux sont les amants
    Qui te reprochent sans cesse
    La vitesse des moments¹!

TIMANDRE.

Acis!

ACIS.

J'entends la voix de l'amant de Clymène.
Cher Timandre, à qui seul j'ai découvert ma peine,
N'as-tu point rencontré celle dont les beautés
Ont même sur Vénus la victoire emportée?

TIMANDRE.

Je viens de la quitter; elle aide Galatée
    A se parer des trésors de ces prés.

ACIS.

    C'est Galatée elle-même
    Que je viens chercher en ces lieux.
Tu t'es trompé, Timandre, et crois trop à tes yeux :
    Quand on dit la beauté suprême,
On dit la nymphe....

TIMANDRE.

        On dit la bergère que j'aime.
Nous en croirons les yeux² de tout autre que vous.

---

1. Tome V, p. 55 et note 8.
2. Dans *Joconda*, vers 21 :

    Que je n'en sois pas cru, mais les cœurs, etc.

Voyez *ibidem*, vers 33, et *la Gageure*, vers 41.

CHOEUR.

Vous ne vous trompez point, bergers : ce que l'on aime
  Est toujours l'objet le plus doux.   40

ACIS.

La voici cette nymphe; elle vient, laissez-nous,
  Bergers : ce n'est qu'au seul Timandre
  Que mes secrets se font entendre.

SCÈNE III.

ACIS, TIMANDRE, GALATÉE, CLYMÈNE.

ACIS.

Déesse des appas, si quelqu'un des mortels
  Mettoit son cœur au pied de vos autels,   45
Que feriez-vous ?

GALATÉE.

  Ce don ne se refuse guère.

ACIS.

  S'il étoit fait par un amant?

GALATÉE.

Je ne l'en croirois pas moins capable de plaire.

ACIS.

Si c'étoit un berger qui vous dît son tourment?

GALATÉE.

  Il pourroit être si charmant,   50
  Qu'on l'écouteroit sans colère.

ACIS.

Déesse des appas, écoutez les soucis
  D'Acis.
Je vous aime; et non pas comme les immortelles,
Par crainte, par devoir, sans transports, sans desir, 55
  Sans plaisir;

ACTE I, SCÈNE III.

Mais comme il faut aimer les belles :
Il faut auprès de la beauté
Oublier la divinité[1].

GALATÉE.

Berger, je vous trouve sincère ;
Vous pouviez autrement témoigner votre amour :
Je devois m'en douter; vous deviez me le taire[2].

ACIS.

Et ne l'ayant pas fait, je dois perdre le jour.
J'y cours, et je vous vais venger de cette offense,
Indigne que je suis de mourir à vos yeux.

GALATÉE.

Ne bougez, mortel ; c'est aux dieux
Que l'on doit réserver le soin de la vengeance[3].

ACIS.

Je suis mortel, il est vrai; mais aussi
Je puis par mon trépas faire honneur à vos charmes ;
Les dieux n'en usent pas ainsi :
Leur ardeur est légère ; ils aiment sans alarmes[4] ;
Et vous méritez un amant
Qui s'abandonne à son tourment.

---

1. Dans l'opéra de *Daphné*, vers 229-232 et note 3, les dieux sont priés d'oublier leur propre divinité :

Les vrais amants doivent toujours
Sous un maître commun vivre d'égale sorte :
Ou monarques ou dieux, n'entrez chez vos amours
Qu'après avoir laissé vos grandeurs à la porte.

2. Vous deviez faire en sorte que je le devine, que je m'en doute, sans cette déclaration catégorique.

3. Dans la fable XI du livre X, vers 56-57 :

Je sais que la vengeance
Est un morceau de roi ; car vous vivez en dieux.

4. Sans risquer d'en mourir. Il est vrai que parfois ils se plaignent de ne pouvoir mourir : telle Vénus (dans *Adonis*), tel Apollon (dans *Daphné*), telle bientôt Galatée elle-même.

TIMANDRE, ACIS, et CLYMÈNE, ensemble.

  Il n'est que d'avoir un amant
  Qui s'abandonne à son tourment.   75

TIMANDRE, à Clymène.

Le mien n'a point d'égal; et cependant, Clymène,
Qu'avez-vous fait encor pour soulager mes maux?
  Que sert de dire à tous propos :
  « Je suis contente de sa peine ? »
Payez-la donc, ingrate, insensible, inhumaine!   80

CLYMÈNE.

  Toujours les bergers
  Nous nomment cruelles,
  Et toujours leurs belles
  Les nomment légers.
  On leur est sévère;   85
  On fait prudemment :
  Cruelle bergère
  Craint volage amant.

GALATÉE.

Retirez-vous tous deux; toi, Clymène, demeure.
Acis, on vous pardonne; allez, et dans ces lieux   90
  Ne revenez de plus d'une heure.

SCÈNE IV.

GALATÉE, CLYMÈNE.

GALATÉE.

  Ils sont partis; je ne crains plus leurs yeux.
M'ont-ils point vu rougir? Clymène, cette offense
Méritoit un courroux plus prompt et plus puissant :
Ah! qu'il est malaisé de cacher ce qu'on pense,   95
  Et plus encor ce que l'on sent!

ACTE I, SCÈNE IV.

    Cruelle loi qui veux que notre gloire
Soit de n'aimer jamais, ou n'aimer que des dieux,
        Est-il juste de te croire
        Plutôt que ses propres yeux[1]?
        Dès qu'un berger m'a su plaire,
        Il n'est plus berger pour moi[2];
        Tu m'ordonnes de le taire;
        Injuste, et cruelle loi!

Hélas! il n'est plus temps, et déjà malgré toi
J'ai flatté ce berger dans l'ardeur qui le presse.
            CLYMÈNE.
Vous craignez de parler, et vous êtes déesse[3]!
Quand on est de ce rang, l'on doit encourager
        Son berger.
        Pour moi, je dis au mien sans cesse
Qu'il m'a touché le cœur aussi bien que les yeux.
Je n'en dirois pas tant au plus puissant des dieux.

Le silence en amour est une erreur extrême :
        Souffrez, mais déclarez vos maux;
        Car qui les sait mieux que vous-même?
        Que sert d'en parler aux échos?
        Il faut les dire à ce qu'on aime[4].
       GALATÉE et CLYMÈNE, ensemble.
    Hélas! pourquoi soumit-on nôtre cœur
    A ce tyran que l'on appelle honneur?
    Tous nos amants nous content leur martyre,
    Et nos desirs n'oseroient s'exprimer!

1. Vers 22.
2. Ci-dessous, vers 163 :

    Un berger qui me plaît peut passer pour un dieu.

3. *Daphné*, vers 340 et note 2; et ci-dessous, vers 118-123.
4. A qui l'on aime. (1729.)

Il faut nous empêcher d'aimer,
Ou nous permettre de le dire.

CHOEUR.

Aimez, déclarez vos desirs;
Car qui les sait mieux que vous-même ?   125
Que sert d'en parler aux Zéphyrs?
Il faut les dire à ce qu'on aime¹.

1. Ci-dessous, vers 218-219 :
Mais, hélas!
Je parle aux vents; Acis ne m'entend pas.

FIN DU PREMIER ACTE.

ACTE II.

SCÈNE PREMIÈRE.

POLYPHÈME[1].

Que vous êtes heureux, troupeaux[2] ! vous ne songez[3]
    Qu'à satisfaire vos envies.
Si l'amour vous contraint d'oublier les prairies,   130
    Vos feux sont bientôt soulagés ;
Et j'ai pour tout plaisir mes tristes rêveries ;
Vain et cruel recours des amants affligés.
Que vous êtes heureux, troupeaux ! vous ne songez
    Qu'à satisfaire vos envies.   135

J'aime la déité de ces rives fleuries :
Hélas ! à quoi mes soins se sont-ils engagés ?
J'ai beau lui tout offrir, et prés et bergeries[4],

---

1. Voyez, au sujet de Polyphème, chantant ainsi ses déplaisirs, *la Courtisane amoureuse*, vers 8-12 et les notes.

2.   Que vous êtes heureux, peuple doux ! etc.
                  (*Saint Malc*, vers 181.)

3. Rapprochez de ce couplet la scène III du IIIe intermède des *Amants magnifiques* de Molière (tome VII, p. 424 et note 5, où l'on renvoie pour ce lieu commun à des vers de Valérius Caton, de Racan, de Mme Deshoulières) :

    Hélas ! que vous êtes heureux,
Innocents animaux, de vivre sans contrainte,
    Et de pouvoir suivre sans crainte
Les doux emportements de vos cœurs amoureux ! etc.

4. « J'ai pourtant mille brebis dont ma main presse les ma-

Ainsi que mes soupirs mes dons sont négligés.
Que vous êtes heureux, troupeaux! vous ne songez 140
    Qu'à satisfaire vos envies.

Mais n'aperçois-je pas celle pour qui je meurs?
La voilà, l'inhumaine : autour d'elle Zéphyre
        Soupire;
  Son teint de lis et de roses[1] l'attire. 145
Jeune et folâtre dieu, va chercher d'autres fleurs.
  Laisse en repos son sein d'albâtre[2],
En vain tu fais la cour à cet objet charmant;
    Je dois seul en être idolâtre :
  Il n'est pas fait pour un volage amant. 150
Hélas! que me sert-il de l'aimer constamment[3]?

SCÈNE II.

POLYPHÈME, GALATÉE.

POLYPHÈME.

Venez-vous augmenter mes peines?
Cruelle! ai-je à souffrir quelque nouveau mépris?

GALATÉE.

Tâchez de vous guérir; vos poursuites sont vaines,
    Je vous donne un sincère avis. 155

POLYPHÈME.

  Quoi! c'est le fruit de ma souffrance!
C'est le fruit de mes soins si longs et si constants!

---

melles, et dont je bois le lait écumant.... Pour toi je nourris onze biches qui sont prêtes à donner leurs faons... : viens, tu posséderas ces richesses. » (THÉOCRITE, idylle XI, vers 34 et suivants.)

1. *Clymène*, vers 588 et suivants.
2. *Ibidem*, vers 608. — 3. Avec constance.

GALATÉE.

Notre amour ne sert pas toujours de récompense,
Et ce n'est pas toujours un ouvrage du temps[1].

POLYPHÈME.

Vous écoutez les vœux d'un insolent, sans doute ; 160
Un berger vous parloit tout à l'heure en ce lieu.

GALATÉE.

Ne pouvant vous aimer, qu'importe qui j'écoute ?
Un berger qui me plaît peut passer pour un dieu[2].

POLYPHÈME.

Acis un dieu ! Je tiens ce dieu bien téméraire.
    Qu'il évite ma colère ! 165
Polyphème est son prince ; et j'ai dans ces hameaux
Cent bergers comme lui qui gardent mes troupeaux.
Ils font de votre nom résonner ces coteaux.
    Si rien de moi vous pouvoit plaire,
Ma voix se mêleroit avec leurs chalumeaux. 170
L'autre jour je surpris au nid une fauvette,
    Un rossignol, et deux autres oiseaux[3] :
Je les instruis pour vous ; ils suivent ma musette[4],
Et chantent, sans faillir, déjà deux airs nouveaux.

---

1. Idée contraire dans l'opéra de *Daphné*, vers 392-393 :

    Sachez que le temps seul en a plus couronné (*d'amants*)
    Que tous les efforts qu'on peut faire.

2. Ci-dessus, vers 101-102 :

    Dès qu'un berger m'a su plaire,
    Il n'est plus berger pour moi.

Dans l'opéra de *Daphné*, acte III, scène IV :

    Les dieux, dans leurs ravissements,
    Les dieux, au milieu de leur gloire,
Sont moins dieux quelquefois que ne sont les amants.

3. *Parve columbarum, demptusve cacumine nidus.*

    (OVIDE, *Métamorphoses*, livre XIII, vers 833.)

4. Ils chantent en mesure les airs que je leur apprends sur ma musette.

Peut-être aimez-vous mieux de cruels animaux : 175
    Si ce don vous plaît davantage,
    J'apprivoise deux jeunes ours[1] :
Je n'en puis faire autant de votre humeur sauvage;
    Mes dons vous irritent toujours.
    J'ai des forêts, j'ai des campagnes, 180
    Des parcs où vous et vos compagnes
Pourrez chasser : tous ces biens sont à vous[2].
    Recevez-les, beauté céleste,
Avec un autre don que je préfère à tous :
    C'est mon cœur percé de vos coups. 185

GALATÉE.
    Je ne veux ce cœur, ni le reste.

POLYPHÈME.
Ah, cruelle! c'est trop : gardez que[3] le courroux
Ne me porte à la fin à quelque violence.

GALATÉE.
    Une déesse ne craint rien.

POLYPHÈME.
Qu'Acis craigne du moins, lui de qui l'insolence[4] 190

---

1. Comparez Théocrite, idylle XI, vers 41 ; Ovide, *Métamorphoses*, livre XIII, vers 834-837 :

> *Inveni geminos, qui tecum ludere possint,*
> *Inter se similes, vix ut dignoscere possis,*
> *Villosæ catulos in summis montibus ursæ :*
> *Inveni; et dominæ, dixi, servabimus istos;*

et dans *le Cyclope amoureux* de Ronsard :

> Ie trouuay l'aultre iour le cauerneux repaire
> D'une ourse bien pelue, et dedans une paire
> De petits ourselets qui deià pourront bien
> Se iouer auec vous sans auoir peur de rien :
> Ils sont bien esueillez, peu farouches, et semblent
> Estre freres bessons tant fort ils se ressemblent;
> Ie les trouuay pour vous, ie les vous garde aussi.

2. Ovide, *ibidem*, vers 810-830 : voyez nos tomes III, p. 334 et note 26, VI, p. 19-20 ; et ci-dessus, vers 138 et suivants.

3. Page 241 et note 1. — 4. Vers 160.

Ose me disputer ce qui fait tout mon bien.
GALATÉE.
Moi, le bien d'un cyclope?
POLYPHÈME.
Un cyclope possède
Ce que l'Olympe a de plus beau.
Il est vrai que Vénus vous cède;
Mais je vaux bien Vulcan[1]; je me suis vu dans l'eau[2].
Je vaux peut-être mieux que votre Acis lui-même :
Du moins par mes transports j'ai ses feux surpassés.
GALATÉE.
Eh bien, je crois Acis moins beau que Polyphème :
Cependant il me plaît, je l'aime, c'est assez.
L'amour a ses raisons; mais j'ai beau vous les dire. 200
POLYPHÈME.
L'amour est sans raison; mais j'ai beau me le dire,
J'aimerai malgré moi.
GALATÉE.
J'aimerai malgré vous.
POLYPHÈME et GALATÉE, ensemble.
Heureux ceux que ce dieu blesse des mêmes coups!
Heureux les cœurs unis sous un commun martyre[3]!
Tous leurs tourments leur semblent doux. 205

1. Tome V, p. 434, 596, etc.
2. Dans *la Courtisane amoureuse*, vers 11-12 et note 4 :

> .... Et, pour charmer sa nymphe joliette,
> Tailloit sa barbe, et se miroit dans l'eau.

Chez Ronsard, *le Cyclope amoureux* :

> .... Certes ie me cognois, ma face n'est difforme;
> Ie prens plaisir extreme à contempler ma forme.
> L'aultre iour tout mon chef et mon corps ie lauay,
> Quand la mer estoit calme, et beau ie me trouuay.

3. Et d'un commun martyre
    Tous deux brûloient....
(*La Fiancée*, vers 56-57.)

POLYPHÈME.

Ma présence vous irrite ;
Je le vois bien, cruelle. Adieu. Qu'Acis évite
   Mon courroux :
  S'il approche jamais de vous,
  S'il vous parle, s'il vous regarde,   210
S'il ose seulement prononcer votre nom :
  Voyez cet abîme profond,
  C'est ce que ma fureur lui garde[1].

SCÈNE III.

GALATÉE, CLYMÈNE.

GALATÉE.

Ses menaces me font trembler.
Acis n'osera plus me voir ni me parler.   215
O dieux ! il l'ose encor ! Le voici ; c'est lui-même.
  Malheureux, fuis Polyphème :
Fuis vite ; il n'est pas loin ; s'il te voit.... Mais, hélas !
Je parle aux vents ; Acis ne m'entend pas[2].
Clymène, cours à lui.

GALATÉE, demeurée seule.

    Que l'amour a d'alarmes[3] !   220
  Que de soucis rendent amers ses charmes !
  Quel dieu jaloux, corrompant ce plaisir,
   Voulut qu'il fût mêlé de peines,

---

1. Ovide, *Métamorphoses*, livre XIII, vers 861-866.
2. Ci-dessus, vers 126-127. Comparez le poème d'*Adonis*, vers 222 et note 5 :

  Il le conte aux forêts, et n'est point entendu ;

et l'opéra de *Daphné*, vers 776.

3. Vers 71 et note 4.

Et de ses plus aimables chaînes
Fit un sujet de crainte, ainsi que de desir[1] ! 225

SCÈNE IV.

GALATÉE, ACIS, CLYMÈNE, TIMANDRE.

GALATÉE.

Fuyez, Acis, fuyez ; je frémis quand je pense
Au sort dont un tyran menace nos amours.

ACIS.

Est-il d'autre danger pour moi que votre absence ?
Laissez là le soin de mes jours.

GALATÉE.

Qui le prendra que celle qui vous aime ? 230
Encor si je pouvois vous suivre chez les morts[2] !
Mais vous irez sans moi trouver la Parque blême[3] :
Elle rira de mes efforts[4].

ACIS.

Zéphyrs, portez aux dieux ces paroles charmantes[5].
Citoyens de l'Olympe[6], avez-vous des amantes, 235
En avez-vous qui d'un mot seulement
Puissent de Jupiter faire ainsi la fortune ?

1. Tome IV, p. 415 et notes 5, 6.
2. *Daphné,* vers 837-838 et note 3.
3. Tome III, p. 156 et note 10.
4. Les pleurs ne peuvent rien près de la Parque dure.
(*La Fiancée,* vers 135.)
5. Portez-en quelque chose aux oreilles des dieux.
(*Clymène,* vers 535.)
6. Ci-dessus, p. 236 et note 2 :

O dieux ! ô citoyens du lumineux empire !

Comparez tome V, p. 397 et note 8.

Allez, votre ambrosie[1] est chose trop commune ;
Je ne la daignerois souhaiter un moment.
   Après cette gloire suprême,   240
  Si je ne meurs de plaisir et d'amour,
   Je mérite que Polyphème
   A son rival ôte le jour
   Aux yeux de sa maîtresse même.

    GALATÉE.

  Berger, vous prodiguez mon bien ;   245
Votre vie est à moi[2] : cherchez quelque retraite
   Qui de nos feux ne dise rien,
   Quelque grotte sourde[3] et muette :
   Galatée, Hymen, et l'Amour,
   S'y rendront sur la fin du jour   250
   Par la route la plus secrète.
   Cependant je prierai le Sort
   Qu'il vous accorde l'ambrosie[4].
  Ne la méprisez plus si fort :
Elle vous ôtera la crainte de la mort,   255
   Sans qu'il vous en coûte la vie.
  J'ai découvert à mon père nos feux :
  Il y consent ; il veut ce que je veux.
   Le voilà qui sort de son onde.
Peut-être à nos desirs a-t-il déjà pourvu[5],   260
   Et déjà du Sort obtenu
   Ce qu'il refuse à tout le monde.
Mais que ne fait-on point pour les filles des dieux !
Cependant gardez-vous d'approcher ce rivage ;
Allez. Et vous, Timandre, arrachez-le à ces lieux : 265
Si vous m'aimez, s'il m'aime, arrêtez son courage[6].

 1. Tome V, p. 326 et note 2. — 2. *Adonis*, vers 188.
 3. Ci-dessus, p. 238 et note 3. — 4. Vers 238.
 5. Tome V, p. 293 et note 6.
 6. Page 74 et note 2.

ACTE II, SCÈNE V.

Je vous confie Acis, conservez-moi ce gage :
Je n'ai rien de plus précieux.

SCÈNE V.
NÉRÉE, GALATÉE.

NÉRÉE.

Ma fille, votre amant doit perdre la lumière.
Le Sort m'a répondu : « Vous me pressez en vain ; 270
    Si j'écoutois quelque prière,
    Je cesserois d'être Destin.
Je viens d'abandonner la trame d'un monarque
    Aux ciseaux de la Parque.
Afin de la fléchir, il offroit des trésors : 275
Mais l'or n'a point de cours au royaume des morts ;
Caron passe à présent ce prince[1] dans sa barque.
    Et vous me voulez obliger
    A rendre immortel un berger ! »

GALATÉE.

Quoi ! mon berger mourra ! Destin, pour toute grâce,
    Je te demande qu'il ne passe
Qu'après mille soleils[2] le fleuve sans retour[3].

---

1. Dans la comédie de *Clymène* vers 412 : « Caron vous passera.... »

2. *Soleils*, au sens d'*années* : ci-dessus, p. 209. — Dans le second *Discours à Mme de la Sablière* (tome V M.-L., p. 155) :

    De soixante soleils la course entre-suivie
    Ne t'a pas vu goûter un moment de repos.

Chez Lamartine (*Harmonies*, I, v), au sens de *jours* :

    Ainsi coule la vie en paisibles soleils.

3. Rapprochez Virgile, *Énéide*, livre VI, vers 425 :

    Evaditque celer ripam irremeabilis undæ ;

Je te demande, au moins, que dans le noir séjour
    Tu me permettes de le suivre.
Ne me condamne point au supplice de vivre[1],   285
Après avoir perdu l'objet de mon amour.

        GALATÉE et NÉRÉE, ensemble.
    Aveugle enfant, que sert qu'on te révère?
    Affranchis-tu tes sujets de la Mort?
    Elle les prend; et si tu t'en sais faire
    D'autres nouveaux, elle les prend encor.   290
    Vos déités[2] sont un mal nécessaire.

        NÉRÉE.
Allons trouver Acis.

        GALATÉE.
        Allons : puisqu'il n'espère
    Contre Pluton nulle faveur,
    Faisons qu'il cache son ardeur;
    Empêchons-le au moins de paroître,   295
    Si l'Amour laisse entrer la peur
    Dans les cœurs dont il est le maître.

CHŒURS DE BERGERS ET DE NAIADES.

        UN BERGER et UNE BERGÈRE.
    Pluton a son heure
    Ainsi que l'Amour;
    Il faut que tout meure,   300
    Que tout aime un jour.
    L'une et l'autre cour

Catulle, III, vers 11-12 :

    Qui nunc it per iter tenebricosum,
    Illuc, unde negant redire quemquam;

et Racine, *Phèdre*, acte II, scène 1, vers 387-388 :

    .... Il n'a pu sortir de ce triste séjour,
    Et repasser les bords qu'on passe sans retour.

[1] Page 267 et note 2. — [2]. L'Amour et la Mort.

En sujets abonde ;
Deux rois sont au monde,
Pluton et l'Amour. 305
CHOEUR.
Deux rois sont au monde,
Pluton et l'Amour.
LE BERGER et LA BERGÈRE.
Humains, qui devez tous un voyage à Cythère,
Ne laissez point passer la saison des beaux jours[1] :
Le temps d'aimer ne dure guère, 310
Et celui de mourir, hélas ! dure toujours.
DEUX AUTRES BERGERS.
Le plus beau de l'âge
Le premier s'enfuit :
C'est être peu sage
D'en perdre le fruit ; 315
Car tout ce qui suit
N'est que soins et peine,
Douleur et chagrin ;
Et puis à la fin
La mort nous entraîne[2]. 320
CHOEUR.
Goûtons la saison des fleurs ;
Usons des lis et des roses :
Bientôt la saison des pleurs
Viendra finir toutes choses.

1. *Adonis*, vers 154-155.
2. La plus belle saison fuit toujours la première ;
Puis la foule des maux amène le chagrin ;
Puis la triste vieillesse ; et puis l'heure dernière
Au malheur des mortels met la dernière main.
(Vers traduits par la Fontaine du livre III des *Géorgiques*
de Virgile, vers 66-68.)

FIN DU FRAGMENT DE GALATÉE.

RAGOTIN

OU

LE ROMAN COMIQUE

COMÉDIE

(1684)

NOTICE.

Cette comédie fut représentée au Théâtre-Français, sous le nom de Champmeslé, le 21 avril[1] 1684; elle eut dix représentations jusqu'au 16 juillet suivant.

Elle n'a jamais été reprise depuis. C'est à cet ouvrage que Furetière fait allusion lorsqu'il dit, dans son second *Factum*, publié à Amsterdam, chez Henry Desbordes, en 1686 (p. 20) : « Jean de la Fontaine n'a pas été plus heureux que Boyer et que le Clerc : quand il a voulu mettre quelque pièce sur le théâtre, les comédiens n'en ont pas osé faire une seconde représentation, de peur d'être lapidés. » Dans son troisième *Factum*, qui parut en 1688 (p. 41), il ajoute en manière d'amende honorable, mais sans se résigner à être exact : « Tout ce qu'il peut souhaiter que je réforme en l'article qui le concerne, c'est d'avoir dit que sa pièce de théâtre n'a été jouée qu'une seule fois; car j'ai appris depuis qu'il y en avoit eu deux représentations. »

Elle ne fut imprimée qu'en 1702, dans les *Pièces de théâtre de Monsieur de la Fontaine*, la Haye, Adrian Moetjens, in-12, de 5 feuillets liminaires non chiffrés et 296 pages numérotées. Ce recueil comprend : *Pénélope ou le retour d'Ulysse de la guerre de Troie*, tragédie; *le Florentin*; *Ragotin ou le Roman comique*; *Je vous prends sans verd*; *le duc de Monmouth*, tragédie par M. de Waernewyck. Bien que tout le volume ait une pagination continue, il existe pour chaque pièce un titre particulier, qui semble intercalé après coup, avec la date de 1701, mais sans nom de lieu ni

---

1. Et non le 12, comme il est dit au tome XII, p. 434, des frères Parfaict, qui, au tome VIII, p. 65, ont donné la vraie date; non le 1er, comme il a été imprimé à la page CXLIV de notre tome I.

d'imprimeur. La première pièce, quoique formellement attribuée à la Fontaine, est de l'abbé Genest, qui la fit réimprimer en 1703.

La comédie de *Ragotin* a été empruntée par la Fontaine et Champmeslé au *Roman comique* de Scarron publié de 1651 à 1657[1]. « Ils y ont rassemblé, autant qu'il leur a été possible, tous les événements du *Roman comique* de Scarron, particulièrement les aventures de Ragotin. Cependant ce n'est point ce personnage qui fonde l'intrigue de la pièce, c'est l'amour de Destin, le comédien, et d'Isabelle, fille de la Baguenaudière, promise en mariage par son père à Blaise Bouvillon, fils de Mme Bouvillon. Nous passons l'intrigue de cette comédie pour rendre compte du dénouement que nous croyons être de M. de la Fontaine. Le Destin enlève Isabelle; la Rancune, qui s'est aperçu de l'intelligence de ces amants, court après eux, et, secondé de quelques paysans, il ramène les fugitifs. Dans le moment que ces derniers essuyent de vifs reproches de la Baguenaudière et de Mme Bouvillon, survient le décorateur de la troupe des comédiens[2].... »

Voyez sur cette comédie, outre les renseignements que fournit le *Registre* de la Grange, qui est aux archives de la Comédie-Française, la *Notice biographique*, en tête de notre tome I, p. CXLII-CXLIV[3].

Presque tous les critiques et éditeurs s'accordent à juger sévèrement *Ragotin*, quelle que soit la part, très petite sans doute, de notre poète dans cette farce.

Boissonade, entre autres, dit, dans un article du *Journal de l'Empire* du 8 mai 1812[4] : « La Fontaine a mis en mauvais vers la

1. De 1662 à 1671, ont été essayées trois suites de l'ouvrage : par un anonyme qu'édita le libraire Offray; par Preschac; et enfin par M. D. L. — En 1849, M. Louis Barré a encore donné une conclusion fort courte. — En 1730, le Tellier d'Orvilliers mit en vers dans le *Mercure* de décembre et des mois suivants, en suivant le texte de très près, *le Roman comique* de Scarron, tour de force bien inutile.

2. Les frères Parfaict, tome XII, p. 434-435.

3. Où, selon une erreur trop répandue, on donne aux factums cités de Furetière les dates, non de leur publication, mais des sentences rendues contre l'auteur.

4. Reproduit dans le *Magasin encyclopédique* de 1812 (tome IV, p. 457).

prose originale de Scarron, et l'a complètement gâtée.... Il a voulu accumuler sur son principal personnage toutes les disgrâces et tous les ridicules : il a cru rendre le rôle plus plaisant ; mais il est trop chargé, et, au lieu d'amuser et d'exciter le rire, il fatigue et ennuie. A mon sens, *Ragotin* est une comédie détestable. M. Geoffroy, ajoute-t-il, écrivait : « L'on peut juger qu'un homme « tel que la Fontaine aura su tirer parti du roman de Scarron, « qu'on nomme *comique* à si juste titre[1]. » Je puis me tromper, mais je pense que, quand M. Geoffroy aura lu le *Ragotin* de la Fontaine, il s'étonnera de voir ce grand poète si fort au-dessous, non seulement de lui-même, mais de Scarron. Peut-être aussi trouvera-t-il que les scènes si plaisantes du *Roman comique* ne peuvent guère être transportées sur le théâtre. Au moins la Fontaine pouvait-il, même dans un sujet mal choisi, avoir un meilleur style. »

Rappelons que Théophile Gautier s'est aussi inspiré de l'épopée picaresque de Scarron, particulièrement des amours de Destin et de l'Étoile, dans son roman si poétique, si coloré, si pittoresque, *le Capitaine Fracasse*, d'où son gendre, Émile Bergerat, a tiré une comédie héroïque, en cinq actes, en vers (1890).

1. *Journal de l'Empire* du 24 avril 1811. — Oui, mais *Roman comique* ne veut dire que « Roman des comédiens ».

ACTEURS.

RAGOTIN.
M. DE LA BAGUENAUDIÈRE[1].
MADAME BOUVILLON.
BLAISE BOUVILLON, son fils.
ISABELLE, fille de M. de la Baguenaudière.
LE DESTIN,
LA RANCUNE, } comédiens.
L'OLIVE,
LE DÉCORATEUR,
LA CAVERNE, } comédiennes.
L'ÉTOILE,
Un Chartier[2].
Trois Porteurs.
M. DE PRÉRAZÉ,
M. DE BOISCOUPÉ, } gentilshommes
M. DES LENTILLES, provinciaux.
M. DE MOUSSEVERTE,
Un Laquais.

1. Piron paraît s'être souvenu de « M. de la Baguenaudière » dans son personnage de « M. Francaleu » de *la Métromanie* (1738).
2. *Chartier* est bien l'orthographe de l'édition originale : voyez notre tome II, p. 58-59 et note 6.

RAGOTIN.

ACTE PREMIER.

SCÈNE PREMIÈRE.

M. DE LA BAGUENAUDIÈRE[1], MADAME BOUVILLON, ISABELLE, BLAISE BOUVILLON.

LA BAGUENAUDIÈRE.

Déjà Phébus, voisin de ces moites retraites[2],
Ne semble plus mener ses chevaux qu'à courbettes[3];
Ce dieu porte-lumière[4], aux yeux vifs, au blond crin[5],

---

1. La Baguenaudière n'est chez Scarron qu'un personnage épisodique : « Gentilhomme provincial, homme à large échine, et couvert d'une grosse casaque qui grossissoit beaucoup sa figure..., le plus grand homme et le plus grand brutal du monde. » Notre la Baguenaudière, différent de celui du roman, est, pour quelques traits du moins, le la Rapinière de Scarron sous un autre nom.

2. Où il descend chaque soir. — Rapprochez l'opéra de *Daphné*, vers 269 et note 2 : « moite séjour ».

3. A courbettes, à bonds. Comparez ci-dessous, vers 230; Remy Belleau, tome I, p. 185 :

.... Picquer ung cheval, le manier en rond,
A dextre et à senestre, à courbette et à bond;

Jodelle, tome II, p. 47, 121; Brantôme, tomes VIII, p. 142, IX, p. 366; Scarron, *Don Japhet d'Arménie*, acte V, scène 1; etc.

4. Dans *le Virgile travesti* de Scarron, livre VI : « O Phébus porte-lumière! » Voyez aussi nos tomes III, p. 257, V, p. 316.

5. Livre V, fable VI, vers 6 : « Phébus aux crins dorés »

Ainsi que du tabac respire un air marin,
Et sentant que Téthys apprête sa litière[1]... 5

MADAME BOUVILLON.

En vérité, Monsieur de la Baguenaudière,
Depuis que la fureur de rimer au hasard
A pris le peu d'esprit dont le Ciel vous fit part,
On ne vous entend plus. Pourquoi cette litière,
Ce Phébus?

LA BAGUENAUDIÈRE.

C'est-à-dire en langage vulgaire, 10
Madame Bouvillon, que l'horloge six fois
S'est déjà fait entendre aux échos de nos bois,
Et des comédiens dont j'attends la venue
La troupe à mes regards n'est point encor parue.
Que veut dire ceci? Vous, Blaise Bouvillon, 15
Pour les voir arriver montez au pavillon;
Allez au cabinet[2] qui face[3] l'avenue,
Ma fille, et quand l'un d'eux vous frappera la vue,
Vous viendrez me le dire : allez.

---

1. « Le Soleil avoit achevé plus de la moitié de sa course, et son char, ayant attrapé le penchant du monde, rouloit plus vite qu'il ne vouloit. Si ses chevaux eussent voulu profiter de la pente du chemin, ils eussent achevé ce qui restoit du jour en moins d'un demi-quart d'heure, mais, au lieu de tirer de toute leur force, ils ne s'amusoient qu'à faire des courbettes, respirant un air marin qui les faisoit hennir et les avertissoit que la mer étoit proche, où l'on dit que leur maître se couche toutes les nuits. Pour parler plus humainement et plus intelligiblement, il étoit entre cinq et six, quand une charrette entra dans les halles du Mans. » (Le Roman comique, début du chapitre 1 de la Ire partie). — Il y a au livre 1 de Psyché (tome III M.-L., p. 20-22) une description poétique de cette descente d'Apollon chez Téthys.

2. Mazet, vers 117 et note 8.

3. Nous n'avons trouvé ce verbe, dont le sens est si clair d'ailleurs, dans aucun de nos dictionnaires, sinon comme terme du jeu de bassette, où sa signification est différente.

MADAME BOUVILLON.

        Que d'embarras !
Vous moquez-vous d'avoir ici tout ce fracas ?
Pourquoi cette dépense ? et que voulez-vous faire,
Vous, des comédiens ?

LA BAGUENAUDIÈRE.

       Quoi ! toujours en colère !
De ces emportements purgez-vous, purgez-vous :
Madame Bouvillon, prenez un ton plus doux ;
Et puisqu'enfin l'hymen unit notre famille,
Qu'il nous joint vous et moi, votre fils et ma fille,
Le plaisir qu'avec vous je prends de m'allier
Fait que je veux un peu rire sur mon palier[1] :
Je brûle pour cela que notre troupe vienne.

MADAME BOUVILLON.

Dites que c'est pour voir votre comédienne.

LA BAGUENAUDIÈRE.

Qui ? l'Étoile ? Ah ! jalouse.

MADAME BOUVILLON.

       Avouez-le entre nous,
Cette brillante Étoile est un astre pour vous :
Vous l'aimez, et votre âme adore sa puissance.

LA BAGUENAUDIÈRE.

Je ne veux pas vous rendre offense pour offense ;
Mais l'effet de cet astre est sur moi moins certain
Que sur vous l'ascendant[2] de Monsieur le Destin :
C'est un comédien bien fait, courtois, habile.

MADAME BOUVILLON.

Hé ! quoi donc ! sans aimer ne puis-je être civile ?
Est-il assez hardi pour présumer de soi...?

LA BAGUENAUDIÈRE.

Non.

---

1. *Palier, pallier,* ou *pailler :* tome V, p. 174 et note 2.
2. Comparez tome VI, p. 118 et note 6.

MADAME BOUVILLON.

Ce n'est qu'avec vous qu'il est venu chez moi. 40
LA BAGUENAUDIÈRE.

D'accord, je l'y menai, mais à votre prière ;
Et ce soir-là chez vous la chère fut entière[1] ;
Rien ne fut épargné. Si par l'extérieur
On peut probablement[2] juger du fond du cœur,
Le vôtre aux clairvoyants fut trop reconnoissable. 45
Quand de ce qu'on mettoit de meilleur sur la table
Ma main faisoit un choix pour le comédien,
Les vôtres, à l'envi, sans examiner rien,
A l'accabler de tout se montrèrent avides,
Tant qu'en un tournemain[3] tous les plats étant vides, 50
L'assiette du Destin fut si pleine en effet,
Que chacun s'étonna que le hasard eût fait,
De morceaux entassés avec autant d'emphase,
Un si haut monument sur aussi peu de base
Qu'est le cul d'une assiette[4].

MADAME BOUVILLON.

Hé bien! en ce moment,
Si j'eus à le servir un peu d'attachement,

1. Rapprochez *la Ligue des Rats*, vers 19 : « entière bombance » ;
et *les Troqueurs*, vers 128 : « On y fit chère. »
2. Avec grande probabilité.
3. Voyez le vers 32 de *la Chose impossible* et la note.
4. « Mme Bouvillon, qui avoit aussi son dessein, continuoit
toujours ses bons offices au comédien, et, ne trouvant plus de
poulets à couper, fut réduite à lui servir des tranches de gigot
de mouton. Il ne savoit où les mettre, et en tenoit une en chaque
main, pour leur trouver place quelque part, quand le gentilhomme,
qui ne voulut pas s'en taire au préjudice de son appétit, demanda
à Destin, en souriant, s'il mangeroit bien tout ce qui étoit sur
son assiette. Destin y jeta les yeux, et fut bien étonné d'y voir,
presque au niveau de son menton, la pile de poulets dépecés
dont la Garouffière et la Bouvillon avoient érigé un trophée à
son mérite. » (*Le Roman comique*, IIe partie, chapitre VIII.)

Qu'en pouvez-vous conclure? En un mot comme en
Ce n'étoit qu'un effet de mon humeur civile.   [mille[1],

LA BAGUENAUDIÈRE.

Hé bien! en un moment ce qui fait en ces lieux
Cette troupe venir et paroître à vos yeux,   60
C'est une tragédie ajustée au théâtre
Par moi. Je l'intitule *Antoine et Cléopâtre*[2];
Je brûle de la voir représenter, ainsi....

SCÈNE II.

M. DE LA BAGUENAUDIÈRE,
MADAME BOUVILLON, BLAISE BOUVILLON.

B. BOUVILLON.

Ne vous ennuyez plus; ils viennent, les voici,
Beau-père.

LA BAGUENAUDIÈRE.

     Avez-vous vu toute la troupe entière?   65

B. BOUVILLON.

Non, mais j'ai vu de loin une épaisse poussière;
Ce sont eux, ce sont eux, car mon œil a su voir
A travers ce brouillard un cheval gris et noir,
Qui tantôt se pavane[3], et puis qui tantôt trotte;
A chacun de ses flancs est pendue une botte,   70
Au-dessus de la selle il paroît un chapeau;
Le chapeau ne vient pas tout à fait au niveau,
Et laisse entre la selle et lui quelque distance.
Je ne sais ce qui peut causer cette éminence[4];

---

1. Tome V, p. 567 et note 5.
2. Voyez ci-après, l'acte IV.
3. Ci-dessous, vers 201-202.
4. Ce tableau rappelle la nouvelle xxxvii de Bonaventure des

C'est pourtant quelque chose, il n'est rien plus certain;
Mais je n'ai jamais pu le voir.
LA BAGUENAUDIÈRE.
C'est Ragotin.
MADAME BOUVILLON
Qu'est-ce que Ragotin?
LA BAGUENAUDIÈRE.
Ragotin, c'est, Madame,
Un petit homme veuf d'une petite femme,
Avocat de naissance et de profession,
Qui, dans une petite et proche élection, 80
Petitement possède une petite charge,
D'esprit assez étroit, de conscience large,
Menteur comme un valet, têtu, présomptueux,
Et vain comme un pédant, sot et fat comme deux,
Poète[1] à mériter de souffrir un supplice, 85
Si sur les méchants vers on mettoit la police;
Et c'est, pour au portrait mettre les derniers traits,
Le plus grand petit fou qui se soit vu jamais,
Et qui depuis Roland ait couru la campagne[2].

Périers : « De Teiran, qui, estant sus sa mule, ne paroissoit point par dessus l'arson de la selle. — Ceulx qui alloyent aprez virent ung païsan en ung champ assez prez du chemin, auquel ilz demanderent : « Mon amy, as tu rien veu ung homme à cheual « icy deuant qui s'en va droict à Narbonne? » Le païsan leur respond : « Nenny, dit il, ie n'ay point veu d'homme; mais i'ay « bien veu une mule grise qui auoit ung grand chapeau de feultre « sus la selle, et couroit à bride abbattue. »

1. *Poète* ici de trois syllabes : voyez tome II, p. 386 et note 4.
2. « Un petit homme, veuf, avocat de profession, qui avoit une petite charge dans une petite juridiction voisine. Depuis la mort de sa petite femme, il avoit menacé les femmes de la ville de se remarier, et le clergé de la province de se faire prêtre, et même de se faire prélat à beaux sermons comptant. C'étoit le plus grand petit fou qui ait couru les champs depuis Roland. Il avoit étudié toute sa vie; et, quoique l'étude aille à la connoissance de la vérité, il étoit menteur comme un valet, présomptueux et

Sans doute avec la troupe il vient, il l'accompagne: 90
Je cours au-devant d'eux.
B. BOUVILLON.
Et moi, j'y vais aussi.

SCÈNE III.
MADAME BOUVILLON, ISABELLE.

ISABELLE, entrant sans voir Mme Bouvillon.
Allons tôt.... que vois-je? Ah!
MADAME BOUVILLON.
Que cherchez-vous ici?
ISABELLE.
J'y venois pour apprendre à mon père qu'un homme
Arrive dans la cour.
MADAME BOUVILLON.
Comme est-ce qu'on le nomme?
ISABELLE.
Je ne sais. Je l'ai pris pour ce comédien, 95
Si jeune, si bien fait, qui déclame si bien,
Qu'on aime tant, et qui, quand la pièce est finie,
Vient toujours saluer toute la compagnie,
Et faire un compliment.
MADAME BOUVILLON.
C'est le Destin, j'y cours;
Ne me suivez pas.

opiniâtre comme un pédant, et assez mauvais poète pour être étouffé, s'il y avoit de la police dans le royaume. » (*Le Roman comique*, IIe partie, chapitre VIII.)

SCÈNE IV.

ISABELLE.

Quoi! des obstacles toujours! 100
Je ne puis satisfaire au penchant de mon âme.
N'est-ce point que le Ciel désapprouve ma flamme?
Que, sans l'aveu d'un père, épousant le Destin...?
Mais il a si bon air! Il m'aime, il est certain.
Il vient.

SCÈNE V.

LE DESTIN, ISABELLE.

ISABELLE.

Où courez-vous? Par un transport extrême,
Madame Bouvillon vous prévient elle-même :
Que va-t-elle penser en ne vous trouvant pas?

LE DESTIN.

Des nobles campagnards la retiennent là-bas;
Tandis qu'elle s'amuse en compliments frivoles,
Ne perdons point le temps en de vaines paroles. 110
Vous savez ce qu'au Mans mon cœur vous a promis,
Vous savez ce qu'ici le vôtre m'a permis :
Pour votre enlèvement tout est prêt, et Léandre
Avec trois bons relais en lieu sûr va nous rendre[1].
A la porte du parc courons sans hésiter.... 115

ISABELLE.

Êtes-vous sûr que rien ne nous puisse arrêter?

---

1. Cet inconnu s'engagea de la rendre
Chez Zaïr ou dans Garbe.
(*La Fiancée*, vers 657-658.)

ACTE I, SCÈNE V.

Le jour est encor grand, quelqu'un peut nous surprendre;
De peur de quelque obstacle, il vaudroit mieux attendre;
La nuit seroit un temps propre à notre desir.

LE DESTIN.

Quel temps plus favorable avons-nous à choisir ? 120
Madame Bouvillon est là-bas en affaire ;
Le soin de notre troupe occupe votre père :
L'embarras qu'ils auront l'un et l'autre en ces lieux
Et sur vous et sur moi lui[1] fermera les yeux,
Et nous serons déjà bien loin de leur présence 125
Avant que quelqu'un d'eux ait appris notre absence.
Est-ce qu'en différant, et par précaution,
Vous voulez donner temps à Blaise Bouvillon
De vous épouser?

ISABELLE.

Moi! que venez-vous me dire?
De tous les maux pour moi ce seroit là le pire; 130
J'aimerois mieux mourir que le voir mon époux.

LE DESTIN.

Et qui vous retient donc? parlez; est-ce, entre nous,
Que ma profession vous tiendroit en balance?
Ignorez-vous combien on nous estime en France?
Sans vanité, Madame, il est très peu de lieux 135
Où je ne sois en droit d'oser lever les yeux[2].
Si vous vous défiez de la foi que j'en donne,
Il faut....

ISABELLE.

Je n'ai des yeux que pour votre personne,
Et n'examine rien que vos seuls intérêts.
Madame Bouvillon m'observe ici de près : 140
Ayant un grand crédit sur l'esprit de mon père,

---

1. Voyez, sur cet accord, tome IV, p. 468 et note 2.
2. Rapprochez *l'Illusion* de Corneille, acte V, scène v, vers 1645 et suivants.

Par avance elle prend sur moi des droits de mère;
A ses ordres mon père attache mes destins;
Elle vous voit d'un œil qui fait que je la crains.

LE DESTIN.

Ne craignez rien.

ISABELLE.

Allons.... Elle vient. Ah! que faire?

SCÈNE VI.

MADAME BOUVILLON, ISABELLE, LE DESTIN.

MADAME BOUVILLON.

Quoi! seul dans l'embarras laissez-vous votre père?
Il veut vous présenter là-bas à ses amis;
Allez faire avec lui les honneurs du logis.

Isabelle sort, et tire la porte sur elle.

SCÈNE VII.

MADAME BOUVILLON, LE DESTIN.

MADAME BOUVILLON.

Vous, Monsieur le Destin, demeurez. L'étourdie,
Je pense, en s'en allant, a d'une main hardie   150
Fermé sur nous la porte : aveugle à ce point-là,
Elle....

LE DESTIN.

Je vais l'ouvrir.

MADAME BOUVILLON.

Je ne dis pas cela[1],

---

1. Comparez *le Misanthrope* de Molière, acte I, scène II (tome V, p. 466 et note 1), où la situation, il est vrai, est tout autre; et chez Brantôme (tome IX, p. 408-409), dans l'histoire d'une grande

ACTE I, SCÈNE VII.

Monsieur; mais aujourd'hui la médisance est telle....
LE DESTIN.
Je vais, pour l'empêcher, rappeler Isabelle,
Madame, s'il vous plaît.
MADAME BOUVILLON.
Je ne dis pas cela; 155
Mais c'est faire beaucoup qu'en venir jusque-là.
Vous savez, quand les gens sont enfermés ensemble,
Tête à tête, qu'ils font tout ce que bon leur semble;
Tout de même à son gré chacun en peut parler.
LE DESTIN.
Ah! ce n'est pas des gens qu'on voit vous ressembler
Qu'on fait impunément des soupçons téméraires;
Vous êtes au-dessus des sentiments vulgaires;
Mais, pour vous garantir de ces mauvais bruits-là,
Je vais me retirer.
MADAME BOUVILLON.
Je ne dis pas cela;
Mais ce matin Monsieur de la Baguenaudière, 165
Dont l'esprit a des cœurs la connoissance entière,
Me disoit, en raillant doucement avec moi,
Qu'il croyoit que pour vous certain je ne sais quoi[1]....
D'un ton malicieux il me faisoit entendre
Que vous étiez bien fait, qu'on avoit le cœur tendre.
LE DESTIN.
Pour ne point confirmer les sentiments qu'il a,
Il faut quitter ces lieux.
MADAME BOUVILLON.
Je ne dis pas cela;
Mais comme un chaste hymen me doit rendre sa femme,
Que sais-je? il craint peut-être....

dame et de son valet : « Ce n'est pas ce que je vous dis, Monsieur le sot..., ce n'est pas ce que je vous dis encore. »
1. Dans *l'École des femmes* de Molière, vers 564 :
Certain je ne sais quoi dont je suis toute émue.

J. DE LA FONTAINE. VII

SCÈNE VIII.

MADAME BOUVILLON, LE DESTIN, RAGOTIN.

RAGOTIN, criant derrière le théâtre.

Arrête, arrête, infâme!

MADAME BOUVILLON.

Qu'entends-je? à quel malheur le sort nous a livrés!
C'est la Baguenaudière.

RAGOTIN, frappant à la porte.

Ouvrez la porte, ouvrez!

MADAME BOUVILLON, au Destin.

Ouvrez tôt.

LE DESTIN, s'embarrassant dans les jupes de Madame Bouvillon, tombe

J'y cours. Ah! j'ai la jambe rompue.

MADAME BOUVILLON, ouvrant elle-même, Ragotin
pousse la porte rudement contre elle.

Ouvrons nous-même. Ah, Ciel! j'ai la tête fendue.

RAGOTIN, entrant brusquement rencontre les pieds du Destin, qui le font tomber. Il a une grande épée, une bandoulière[1] où pend un mousqueton, et des bottes retroussées jusqu'aux cuisses.

Et vite, où me cacher? Ah! j'ai le nez cassé.

MADAME BOUVILLON.

Ah! la tête.

LE DESTIN

Je suis brisé.

RAGOTIN, se relevant.

Je suis blessé. 130

MADAME BOUVILLON.

Quel est ce godenot[2] fagoté de la sorte?

---

1. La « bandoulière » servait à suspendre le mousqueton, le fourniment de poudre et de balles.
2. Proprement, petite figure de bois ou d'ivoire dont les joueurs

ACTE I, SCÈNE VIII.

LE DESTIN.

C'est Monsieur Ragotin.

MADAME BOUVILLON.

Que la fièvre l'emporte !

Quel coup !

LE DESTIN.

Quelle chute[1] !

de gibecière, les charlatans, se servent pour amuser les badauds.
— « Ragotin : c'étoit le nom du godenot. » (*Le Roman comique*,
Ire partie, chapitre VIII.) « Le Mazarin n'est qu'une manière de
godenot, qui se cache aujourd'hui, qui se montrera demain. »
(RETZ, tome IV, p. 320.) « Le petit prince, habillé comme un
godenot.... » (MME DE SÉVIGNÉ, tome VIII, p. 443.)

> Il n'est vice si bas
> Que n'ait le godenot que je ne nomme pas.
> (BOURSAULT, *Les Fables d'Ésope*, acte I, scène IV.)

1. « On desservit quand Destin cessa de manger. Mme Bouvillon
le fit asseoir auprès d'elle sur le pied d'un lit ; et sa servante....
en sortant de la chambre, tira la porte après elle. La Bouvillon, qui
crut peut-être que Destin y avoit pris garde, lui dit : « Voyez un
« peu cette étourdie, qui a fermé la porte sur nous ! — Je l'irai
« ouvrir, s'il vous plaît, lui répondit Destin. — Je ne dis pas cela,
« répondit la Bouvillon, en l'arrêtant ; mais vous savez bien que
« deux personnes seules enfermées ensemble, comme ils peuvent
« faire ce qui leur plaira, on en peut aussi croire ce que l'on vou-
« dra. — Ce n'est pas des personnes qui vous ressemblent que
« l'on fait des jugements téméraires, lui repartit Destin. — Je ne
« dis pas cela, dit la Bouvillon ; mais on ne peut avoir trop de pré-
« cautions contre la médisance. — Il faut qu'elle ait quelque
« fondement, lui repartit Destin ; et, pour ce qui est de vous et
« de moi, on sait bien le peu de proportion qu'il y a entre un
« pauvre comédien et une femme de votre condition. Vous
« plaît-il donc, continua-t-il, que j'aille ouvrir la porte ? — Je ne
« dis pas cela, dit la Bouvillon en l'allant fermer au verrou ; car,
« ajouta-t-elle, peut-être qu'on ne prendra pas garde si elle est
« fermée ou non : et, fermée pour fermée, il vaut mieux qu'elle
« ne se puisse ouvrir que de notre consentement. » L'ayant fait
comme elle l'avoit dit, elle approcha de Destin son gros visage
fort enflammé, et ses petits yeux fort étincelants, et lui donna
bien à penser de quelle façon il se tireroit à son honneur de la
bataille que vraisemblablement elle lui alloit présenter. La grosse

SCÈNE IX.

MADAME BOUVILLON, LE DESTIN, RAGOTIN, LA RANCUNE, un Chartier[1].

LE CHARTIER, à la Rancune.

Oh! vous m'arrêtez en vain; Laissez, que je l'assomme.

sensuelle ôta son mouchoir de cou et étala aux yeux de Destin, qui n'y prit pas grand plaisir, dix livres de tetons pour le moins, c'est-à-dire la troisième partie de son sein, le reste étant distribué à poids égal sous ses deux aisselles. Sa mauvaise intention la faisant rougir (car elles rougissent aussi les dévergondées), sa gorge n'avoit pas moins de rouge que son visage, et l'un et l'autre ensemble auroient été pris de loin pour un tapabor d'écarlate. Destin rougissoit aussi, mais de pudeur; au lieu que la Bouvillon, qui n'en avoit plus, rougissoit, je vous laisse à penser de quoi. Elle s'écria qu'elle avoit quelque petite bête dans le dos; et, se remuant en son harnois, comme quand on y sent quelque démangeaison, elle pria Destin d'y fourrer la main. Le pauvre garçon le fit en tremblant, et cependant la Bouvillon, lui tâtant les flancs au défaut du pourpoint, lui demanda s'il n'étoit point chatouilleux : il falloit combattre ou se rendre, quand Ragotin se fit ouïr de l'autre côté de la porte, frappant des pieds et des mains comme s'il l'eût voulu rompre, et criant à Destin qu'il ouvrît promptement. Destin tira sa main du dos suant de la Bouvillon, pour aller ouvrir à Ragotin, qui faisoit toujours un bruit du diable, et, voulant passer entre elle et la table assez adroitement pour ne pas la toucher, il rencontra du pied quelque chose qui le fit broncher et se choqua la tête contre un banc, assez rudement pour en être quelque temps étourdi. La Bouvillon cependant, ayant repris son mouchoir à la hâte, alla ouvrir à l'impétueux Ragotin, qui en même temps poussa la porte de l'autre côté de toute sa force, la fit donner si rudement contre le visage de la pauvre dame, qu'elle en eut le nez tout écaché et de plus une bosse au front grosse comme le poing. Elle cria qu'elle étoit morte. » (*Le Roman comique*, IIe partie, chapitre x.)

1. Voyez, pour cette orthographe, ci-dessus, p. 278 et note 2.

ACTE I, SCÈNE X.

RAGOTIN.

Ah! Monsieur le Destin,
Séparez-nous.

LE DESTIN.

Arrête!

LE CHARTIER.

Oh! je n'ai crainte aucune. 185

LA RANCUNE, prenant le chartier par le bras.

Si....

RAGOTIN.

Ne le lâchez pas, Monsieur de la Rancune.

SCÈNE X.

MADAME BOUVILLON, M. DE LA BAGUENAU-
DIÈRE, LE DESTIN, LA RANCUNE, L'OLIVE,
RAGOTIN, UN CHARTIER.

L'OLIVE.

Quel tintamarre!

RAGOTIN.

A moi, Monsieur l'Olive, à moi!

LA BAGUENAUDIÈRE, jetant le chapeau du chartier.

Quel bruit! les armes bas, maraud, de par le Roi!
Apprends, chétif mortel qui devant moi te couvre,
Qu'on doit à mon château même respect qu'au Louvre.

LE CHARTIER.

Mon pauvre âne qui vient d'expirer devant vous,
Morguoy[1]! m'a mis l'esprit tout sens dessus dessous.

LA BAGUENAUDIÈRE.

Et qui l'a fait mourir?

---

1. Morguoy, jarniguoy, palsanguoy, etc., altérations de mor-
dieu, jarnidieu, etc. : comparez tome V, p. 321 et note 7.

LE CHARTIER.
Cet avocat sans cause.
LA BAGUENAUDIÈRE.
Pourquoi?
RAGOTIN.
Mal à propos mon arme a fait la chose,
Mais c'est sans mon aveu, demandez-lui plutôt.   195
J'étois parti du Mans, monté sur un courtaud,
Comme un petit saint George[1] avec cet équipage,
Sans avoir le dessein de faire aucun dommage,
Foi d'avocat. Ayant joint la troupe au faubourg,
Nous avons pris d'ici le chemin le plus court;   200
Tantôt caracolant devant, tantôt derrière,
Et tantôt cajolant l'une ou l'autre portière[2],
Faisant couler le temps, gagnant toujours pays[3],
En propos gaillardins, réjouissants devis,
Nous nous sommes trouvés proche votre avenue.   205
D'abord votre présence ayant frappé ma vue,
Pied à terre aussitôt j'ai mis avec eux tous;
Vous nous avez reçus bras dessus bras dessous.
Pour jouir en chemin de votre air amiable[4],
J'ai voulu remonter à cheval, c'est le diable!   210

1. Puis sur vos grands chevaux monté comme un saint George.
(SCARRON, *Jodelet ou le Maître valet*, acte III, scène II.)

2. Comme on dirait : « lorgnant la portière », cajolant celles qui y sont assises.

3. Avançant, faisant du chemin. — Même locution chez Scarron, *le Virgile travesti*, livre II : « Il falloit gagner pays »; chez Saint-Simon, tome I, p. 67 : « Henri IV.... s'arrêta chez un gentilhomme pour faire repaître ses chevaux, manger un morceau, et gagner pays »; etc. On dit de même « gagner le large, gagner les champs, le (*ou* au) haut » (livre II, fable XV, vers 28).

4. Doux, avenant, conciliant. Chez des Périers, tome II, p. 247 : « Qu'elles soient gracieuses, courtoises, et amiables aux amants »; chez Malherbe, tomes I, p. 10 : « le ciel amiable », II, p. 641 : « son humeur fort douce et fort amiable ».

ACTE I, SCÈNE X.

En montant le matin dans ma cour bien et beau[1],
Je m'étois dextrement aidé[2] d'un escabeau ;
Mais, en pleine campagne étant sans avantage,
La pâleur de han han[3] m'est montée au visage.
Toutefois prenant cœur pour cet exploit guerrier,   215
J'ai vaillamment porté mon pied à l'étrier ;
D'une main empoignant le pommeau de la selle,
Pour porter l'autre jambe en l'autre part d'icelle,
Je me guindois[4] en l'air quand la selle a tourné :
Au crin tout aussitôt je me suis cramponné ;   220
Enfin, cahin-caha[5], j'avois monté ma bête.

1. Tome V, p. 46 et note 9.
2. *Servi*, dans les éditions modernes.
3. Ou « ahan ». « *Ahan*.... est une voix qui sort sans art du profond des buscherons ou aultres maneuures, quand, auec toute force de bras et de corps, ilz emploient leurs coignées à couper quelques pieces de bois, monstrans par ceste voix qu'ilz poussent de tout leur reste. Mot que nous auons mis en usage pour denoter une grande peine et trauail de corps ; et *ahanner* pour trauailler. Ronsard au deuxiesme livre de ses *Odes* :

    Si quelqu'un esternüe,
  Nous sommes courroucez ; si quelqu'un par la rüe
  Passe plus grand que nous, nous tressuons d'*ahan* ;
  Si nous oyons crier la nuict quelque choan,
    Nous herissons d'effroy.

« Du Bellay en ses *Ieux rusticques*, tirez du latin de Naugerius, introduisant le vanneur de grain, il lui faict faire ceste requeste aux vents :

    De vostre doulce haleine
    Esuentez ceste plaine,
    Esuentez ce seiour,
    Cependant que i'*ahanne*
    A mon blé que ie vanne
    En la chaleur du iour.

« Il n'est pas que le bon homme Iean Bouteillier, en sa *Somme rurale*, n'ait fait ung « ahannable », quand il appelle terres gaignables ou « ahannables » celles qui sont de grand rapport et se labourent à grand'peine. » (ESTIENNE PASQUIER, *Recherches de la France, etc.*, livre VIII, chapitre VI.)

4. Tome III, p. 322 et note 27. — 5. Ci-dessus, p. 129 et note 1.

La chose jusque-là n'avoit rien que d'honnête ;
Mais malheureusement ce maudit mousqueton,
Ayant entortillé mes jambes de son long,
S'est trouvé sur la selle et juste entre mes fesses. 225
Pour m'affermir dessus, sensible à ces détresses,
Mes pieds trop courts, cherchant mes étriers trop longs,
Ont fait à mon cheval sentir leurs éperons
Dans un endroit douillet où jamais la molette
N'avoit piqué cheval. Il part, marche à courbette[1], 230
Plus fort que ne vouloit un quasi Phaéton
Dont le corps ne portoit que sur un mousqueton.
Moi, j'ai soudain serré mes deux jambes de crainte ;
L'animal aussitôt, à cette double atteinte,
A levé le derrière, et moi je suis glissé 235
Aussitôt sur le col où je me suis blessé ;
Car le cheval mutin, après cette ruade,
A relevé sa tête et fait une saccade
Qui du col sur la croupe à l'instant m'a placé,
Du maudit mousqueton toujours embarrassé : 240
N'y souffrant rien, il a gambadé de plus belle,
Et m'a fait un pivot du pommeau de la selle.
M'étant saisi du crin[2], et me tenant serré,
Mon cheval galopoit, quand mon arme a tiré :
Je me suis cru le coup au travers de la panse ; 245
Mon cheval en a craint tout autant, que je pense,
Car il en a du coup si rudement bronché,
Que le maudit pommeau, qui me tenoit bouché
Juste un certain endroit comme un bouchon de liège,
A mon corps chancelant n'a plus servi de siège. 250
Suspendu donc en l'air, un pied libre et traînant,
L'autre, pour mon malheur, à l'étrier tenant,
Jamais de mon trépas je ne me crus si proche.

1. Vers 2 et note 3.
2. Vers 220.

Enfin je fais effort, et mon pied se décroche ;
Lors on a vu soudain, comme un fardeau de plomb,
Corps, harnois, baudrier, épée, et mousqueton,
Bandoulière, enfin bref, tout l'attirail de guerre,
Donner, non sans douleur, de compagnie à terre ;
Et tout cela s'est fait, ma foi ! sans vanité,
Bien plus adroitement que je n'étois monté.   260
A peine relevé de cette culebute[1],
J'avois l'esprit encore étourdi de ma chute,
Quand cet homme à plein poing est venu me charger.
M'étant senti des pieds encor pour déloger,
J'ai promptement cherché du secours dans la fuite ; 265
Mais il s'est jusqu'ici chargé de ma conduite,
Toujours la fourche aux reins[2].

1. Pour cette orthographe, voyez tome I, p. 358 et note 21 ; et ci-dessous, *le Florentin*, vers 412.

2. Ce récit, sauf le charretier et sa poursuite, est imité, de très près, de Scarron : « Il vola à son cheval sur les ailes de son amour, une grande épée à son côté et une carabine en bandoulière. Il n'a jamais voulu déclarer pourquoi il alloit à une noce avec une si grande quantité d'armes offensives ; et la Rancune même, son cher confident, ne l'a pu savoir. Quand il eut délâché la bride de son cheval, les carrosses se trouvèrent si près de lui, qu'il n'eut pas le temps de chercher de l'avantage pour s'ériger en petit saint George. Comme il n'étoit pas fort bon écuyer et qu'il ne s'étoit pas préparé à montrer sa disposition devant tant de monde, il s'en acquitta de fort mauvaise grâce, le cheval étant aussi haut de jambes qu'il en étoit court. Il se guinda pourtant vaillamment sur l'étrier, et porta la jambe droite de l'autre côté de la selle ; mais les sangles, qui étoient un peu lâches, nuisirent beaucoup au petit homme ; car la selle tourna sur le cheval quand il pensoit monter dessus. Tout alloit pourtant assez bien jusque-là ; mais la maudite carabine qu'il portoit en bandoulière, et qui lui pendoit au cou comme un collier, s'étoit mise malheureusement entre ses jambes sans qu'il s'en aperçût, tellement qu'il s'en falloit beaucoup que son cul ne touchât au siège de la selle qui n'étoit pas fort rase, et que la carabine traversoit depuis le pommeau jusqu'à la croupière. Ainsi il ne se trouva pas à son aise, et ne put pas seulement toucher les étriers du bout du pied. Là-

LE CHARTIER.

Eh mordienne[1] ! ai-je tort[2] ?
Du coup qu'il a tiré, Monsieur, mon âne est mort ;
Il me le doit payer.

RAGOTIN.

L'ai-je fait par malice ?

LA BAGUENAUDIÈRE.

Va songer au bagage, on te fera justice.   270

dessus, les éperons qui armoient ses jambes courtes se firent sentir au cheval dans un endroit où jamais éperon n'avoit touché. Cela le fit partir plus gaiement qu'il n'étoit nécessaire à un petit homme qui ne posoit que sur une carabine. Il serra les jambes, le cheval leva le derrière, et Ragotin, suivant la pente naturelle des corps pesants, se trouva sur le cou du cheval et s'y froissa le nez, le cheval ayant levé la tête par une furieuse saccade que l'imprudent lui donna ; mais, pensant réparer sa faute, il lui rendit la bride. Le cheval en sauta, ce qui fit franchir au cul du patient toute l'étendue de la selle et le mit sur la croupe, toujours la carabine entre les jambes. Le cheval, qui n'étoit pas accoutumé d'y porter quelque chose, fit une croupade qui remit Ragotin en selle. Le méchant écuyer resserra les jambes, et le cheval releva le cul encore plus fort, et alors le malheureux se trouva le pommeau entre les fesses comme sur un pivot..... Aussitôt qu'il ne se sentit être assis que sur fort peu de chose, il quitta la bride en homme de jugement, et se prit aux crins du cheval, qui se mit aussitôt à courir. Là-dessus la carabine tira. Ragotin crut en avoir au travers du corps ; son cheval crut la même chose, et broncha si rudement, que Ragotin en perdit le pommeau qui lui servait de siège, tellement qu'il pendit quelque temps aux crins du cheval, un pied accroché par son éperon à la selle, et l'autre pied et le reste du corps attendant le décrochement de ce pied accroché, pour donner en terre de compagnie avec la carabine, l'épée, le baudrier et la bandoulière. Enfin le pied se décrocha, ses mains lâchèrent le crin, et il fallut tomber : ce qu'il fit bien plus adroitement qu'il n'avoit monté. » (*Le Roman comique*, Ire partie, chapitres xix et xx.)

1. Ci-dessus, vers 192 et note 1. Voyez aussi le début de *la Coupe enchantée* : « Non mordienne ! vous dis-je. »

2. Dans *la Gageure*, vers 186 :

N'ai-je pas tort ?

Allons tous au-devant des dames.
####### B. BOUVILLON.
####### Les voici.

SCÈNE XI.

MESDEMOISELLES LA CAVERNE, L'ÉTOILE, MADAME BOUVILLON, RAGOTIN, LA BAGUE-NAUDIÈRE.

####### MADEMOISELLE LA CAVERNE.
Ah! Monsieur Ragotin, vous voilà, Dieu merci!
J'avois de votre chute une douleur interne.
####### RAGOTIN.
Je vous suis obligé, Madame la Caverne[1].
####### MADEMOISELLE L'ÉTOILE.
Avez-vous pu tomber ainsi sans vous blesser? 275
####### RAGOTIN.
Je ne sais, je n'ai pas eu le temps d'y penser,
Charmante Étoile; il faut, avant que je l'assure,
Y tâter. Grâce au Ciel, ma tête est sans fêlure,
Les ressorts de mes bras ne sont point fracassés,
Mes jambes et mes pieds se trémoussent assez. 280
Hem, hem, l'individu fait encor son office,
Et.... tout se porte bien, fort à votre service[2].
####### MADAME BOUVILLON.
Je n'en dis pas de même, et votre bras trop prompt
M'a donné de la porte un rude coup au front.

---

1. « Ce nom bizarre fit rire quelques-uns de la compagnie : sur quoi le jeune comédien ajouta que le nom de la Caverne ne devoit pas sembler plus étrange à des hommes d'esprit que ceux de la Montagne, la Vallée, la Rose, ou l'Épine. » (*Le Roman comique*, Ire partie, chapitre 1.)
2. *Le Baiser rendu*, vers 6-7.

RAGOTIN.
Excusez-en, Madame, une frayeur mortelle. 285
LA BAGUENAUDIÈRE.
Allons tous au jardin; donnez-moi la main, belle.
RAGOTIN.
Souffrez que cette main, pour réparer l'affront
De vous avoir tantôt fait un beignet[1] au front,
Aide à la promenade à soutenir la vôtre;
Madame la Caverne, approchez, voici l'autre. 290
Tels jadis les géants, plus grands que moi de corps,
Sous les monts qu'ils traînoient ensevelis....

SCÈNE XII.

MADAME BOUVILLON, LA CAVERNE, RAGOTIN,
TROIS PORTEURS chargés de coffres.

PREMIER PORTEUR.
         Hors, hors!
RAGOTIN.
Cet homme sous ce faix de la porte s'empare;
Laissons-le là, passons de l'autre.
DEUXIÈME PORTEUR.
         Gare, gare!

---

1. Une bosse : on dirait plutôt aujourd'hui une « beigne », ou une « bigne », mot que nous trouvons déjà dans Villon, p. 69

>Comme ung vieillard qui chancelle et trepigne,
L'ay veu souuent, quand il s'alloit coucher,
Et une foys il se fit une bigne,
Bien m'en souuient, à l'estal d'ung boucher;

chez Marot, tome II, p. 191 :

>Puis il trepigne, et se faict une bigne;

chez des Périers, tome II, p. 53 : « Il se faisoit à tous coups une bigne au front. » — Rapprochez l'expression populaire, très usitée, « un pain » : « Je vais t'envoyer, te coller, un pain. »

RAGOTIN.

Ces gens ont entrepris de nous embarrasser ; 295
Allons.
TROISIÈME PORTEUR.
Rangez-vous vite, et me laissez passer.
RAGOTIN.
Encor ! quel embarras ! tous les coffres[1] de France
Se sont ici donné rendez-vous, que je pense.
PREMIER PORTEUR.
Otez-vous.

---

1. C'est un sac d'avoine, chez Scarron (Ire partie, chapitre xvii), porté par un valet, qui cause l'embarras, puis, lâché dans l'escalier, amène une dégringolade générale : «.... Cependant les comédiennes s'en retournèrent en leur hôtellerie, avec un grand cortège de Manceaux. Ragotin s'étant trouvé auprès de Mlle de la Caverne, dans le temps qu'elle sortoit du jeu de paume où l'on avoit joué, lui présenta la main pour la ramener, quoiqu'il eût mieux aimé rendre ce service-là à sa chère l'Étoile. Il en fit autant à Mlle Angélique, tellement qu'il se trouva écuyer à droite et à gauche. Cette double civilité fut cause d'une triple incommodité ; car la Caverne, qui avoit le haut de la rue, comme de raison, était pressée par Ragotin pour qu'Angélique ne marchât point dans le ruisseau. De plus, le petit homme, qui ne leur venoit qu'à la ceinture, tiroit si fort leurs mains en bas, qu'elles avoient bien de la peine à s'empêcher de tomber sur lui. Ce qui les incommodoit encore davantage, c'est qu'il se retournoit à tout moment pour regarder Mlle de l'Étoile, qu'il entendoit parler derrière lui à deux godelureaux qui la ramenoient malgré elle. Les pauvres comédiennes essayèrent souvent de se dégager les mains ; mais.... il fallut prendre patience jusqu'à l'escalier de leur chambre.... Il essaya premièrement de monter de front avec les deux comédiennes ; ce qui s'étant trouvé impossible, parce que l'escalier étoit trop étroit, la Caverne se mit le dos contre la muraille et monta la première, tirant après soi Ragotin, qui tiroit après soi Angélique, qui ne tiroit rien, et qui rioit comme une folle. Pour nouvelle incommodité, à quatre ou cinq degrés de leur chambre, ils trouvèrent un valet de l'hôte, chargé d'un sac d'avoine d'une pesanteur excessive, qui leur dit à grand'peine, tant il étoit accablé de son fardeau, qu'ils eussent à descendre, parce qu'il ne pouvoit remonter, chargé comme il l'étoit, etc. »

DEUXIÈME PORTEUR.
Hors d'ici.
MADAME BOUVILLON.
Quittez-moi.
RAGOTIN.
Je sais bien
L'honneur qui....
TROISIÈME PORTEUR.
Boutons bas[1].
RAGOTIN.
Diable ! n'en faites rien.
PREMIER PORTEUR.
Je n'en puis plus.
DEUXIÈME PORTEUR.
Ni moi.
TROISIÈME PORTEUR.
Sous ce faix je succombe.

Tous trois se déchargeant.

Hors de là !
MADAME BOUVILLON.
Ah !
LA CAVERNE.
Ah !
RAGOTIN.
Ah ! c'est sur moi que tout tombe.
La chute du cheval m'a causé moins d'effroi ;
Ah ! Ragotin, ce jour n'est pas heureux pour toi.

---

1. « Mettons bas, déchargeons-nous, déposons notre fardeau », dit-il aux deux autres porteurs. — Comparez Rabelais, tomes I, p. 21 : « Boute à moy », III, p. 140 : « Boutons, boutons, passons »; Molière, tomes V, p. 105, 107, 122, VI, p. 49, 57, 59, etc.; ci-dessous, le vers 982 ; et *la Coupe enchantée*, fin de la scène I, et *passim*.

FIN DU PREMIER ACTE.

ACTE II.

SCÈNE PREMIÈRE.
BLAISE BOUVILLON, LA RANCUNE.

B. BOUVILLON.

Mon cher la Rancune, oui, je vous trouve admirable ;
Touchez là, vous venez de souper comme un diable ;
J'ai pris tant de plaisir en vous voyant manger,
Qu'avec vous d'amitié je me veux engager :
Embrassons-nous encor. Pour vous faire un peu rire,
Apprenez un secret.... c'est.... n'allez pas le dire. 310

LA RANCUNE.

Oh !

B. BOUVILLON.

Tenez ce flambeau. Vous voyez ce paquet,
Qu'est-ce ?

LA RANCUNE.

C'est un pétard[1].

B. BOUVILLON.

Oui, mais point de caquet.

LA RANCUNE.

Oh !

B. BOUVILLON.

Venez m'éclairer : motus au moins, pour cause.

LA RANCUNE

Oh !

1. Ci-dessous, scène IX.

####### B. BOUVILLON.
Il cloue le pétard à la porte d'Isabelle.

Le voilà cloué, Dieu merci! Bouche close[1].

####### LA RANCUNE.

Oh!

####### B. BOUVILLON.

Vous ne savez pas pourquoi je le mets là?

####### LA RANCUNE.

Non.

####### B. BOUVILLON.

Apprenez-le; au moins ne dites pas cela.

####### LA RANCUNE.

Oh!

####### B. BOUVILLON.

Vous venez de voir ma maîtresse Isabelle.

####### LA RANCUNE.

Oui.

####### B. BOUVILLON.

Dites-moi, comment la trouvez-vous? hem!

####### LA RANCUNE.

Belle.

####### B. BOUVILLON.

Demain un lacs d'hymen me donnera sa foi.

####### LA RANCUNE.

Peste!

####### B. BOUVILLON.

A prendre sans verd[2] nous jouons elle et moi :
D'avoir perdu deux fois j'ai déjà l'infortune;
Mais avec ce pétard je veux qu'elle en perde une.

####### LA RANCUNE.

Comment?

---

1. Encore un coup, motus,
Bouche cousue.
(*La Jument*, vers 104-105.)

2. Voyez ci-après la comédie de *Je vous prends sans verd*.

B. BOUVILLON.

Sur le minuit[1] j'y viens mettre le feu.
Isabelle, à ce bruit, oubliant notre jeu,
Sortira sans son verd; j'en suis sûr; sa surprise   325
Fera que pour ce coup elle se verra prise.
Le tour n'est-il pas drôle et bien trouvé?

LA RANCUNE.
                                              Fort bien.

B. BOUVILLON.
Adieu, je sors sans faire aucun semblant de rien.
Chut!

LA RANCUNE.
    Oh!

SCÈNE II.

LA RANCUNE[2], seul.

Qu'un campagnard est fat[3]! Son Isabelle
Plaît au jeune Destin; je le crois aimé d'elle.   330
J'admire en vérité les femmes d'aujourd'hui;

---

1. Tome IV, p. 208 et note 4.
2. Pour le caractère de la Rancune, voyez les vers 357 et suivants imités de Scarron (Ire partie, chapitre v) : « Le comédien la Rancune étoit de ces misanthropes qui haïssent tout le monde, et qui ne s'aiment pas eux-mêmes; j'ai su de beaucoup de personnes qu'on ne l'avoit jamais vu rire. Il avoit assez d'esprit et faisoit assez bien de méchants vers; d'ailleurs nullement homme d'honneur, malicieux comme un vieux singe et envieux comme un chien. Il trouvoit à redire en tous ceux de sa profession..., et je crois qu'il eût aisément laissé conclure qu'il avoit été le seul comédien sans défaut.... Sur ces beaux talents-là, il avoit fondé une vanité insupportable, laquelle étoit jointe à une raillerie continuelle, une médisance qui ne s'épuisoit point, et une humeur querelleuse qui étoit pourtant soutenue par quelque valeur. »
3. Sot : vers 84.

J'en vois peu qui ne soient quasi folles de lui.
Du temps que je jouois les premiers personnages,
Il n'auroit pas été propre à jouer les pages¹ ;
Parce qu'il est bien fait, jeune, et brillant d'appas², 335
De toute l'assemblée il a les brouhahas³.
Je l'ai toujours haï, car il a du mérite.
On vient ; c'est Isabelle et lui : cachons-nous vite.

SCÈNE III.

LE DESTIN, ISABELLE, un flambeau à la main.

LE DESTIN.

Sortez de votre chambre, et venez en ces lieux :
De peur d'une surprise, ici nous serons mieux ; 340
Au moindre bruit rendant la lumière inutile,
Voilà votre retraite, et voici mon asile.
Apprenez le sujet qui m'amène, en deux mots.
Ce soir, après minuit, lorsque par ses pavots
Le sommeil en ces lieux répandra le silence, 345
Je reviendrai vous prendre, et⁴, faisant diligence,
Nous gagnerons la porte, où mon valet m'attend,
Et.... Qu'avez-vous encor ? ce dessein vous surprend ?

1. « Du temps que je jouois les premiers rôles, il n'eût joué que les pages. » (*Le Roman comique*, Iʳᵉ partie, chapitre v.)
2. Tome IV, p. 22 et note 2.
3. « .... Et le moyen de connoître où est le beau vers, si le comédien ne s'y arrête et ne nous avertit par là qu'il faut faire le brouhaha ? » (MOLIÈRE, *les Précieuses ridicules*, scène ix.) « .... Voilà ce qui attire l'approbation et fait faire le brouhaha. » (Ibidem, *l'Impromptu de Versailles*, scène 1.) Comparez les « has » dans *le Misanthrope* (acte III, scène 1, vers 796) : « les beaux endroits qui méritent des has ».
4. Dans la plupart des éditions modernes, *en* au lieu de *et*, qui pourtant vaut mieux.

ISABELLE.

Je ne le cèle point, sur ce fatal voyage
Madame Bouvillon me donne de l'ombrage : 350
Elle vous aime.

LE DESTIN.

Hé bien ! craignez-vous son amour ?

ISABELLE.

Une femme à son âge, et la nuit et le jour
Curieuse, et sans cesse attachée à sa suite [1],
D'un amant qu'elle adore observe la conduite.
Pour trouver un temps propre à nous favoriser, 355
N'avez-vous point quelqu'un qui puisse l'amuser ?

LE DESTIN.

Qui ?

ISABELLE.

La Rancune est homme à vous rendre service.

LE DESTIN.

Vous le connoissez mal, il a plus de malice
Qu'un vieux singe [2]; envieux, contredisant [3], menteur,
Et qui s'éborgneroit du meilleur de son cœur 360
Pour faire perdre un œil à son voisin ; faux frère,
Médisant....

LA RANCUNE, de l'endroit où il est caché.

Hem ! hem !

ISABELLE éteint la lumière et fuit, et le Destin se jette dans la caisse.

Vite, éteignons la lumière.

LA RANCUNE.

Le drôle n'ébauchoit pas trop mal mon portrait;

1. « Toute entière à sa proie attachée » (Racine, *Phèdre*, vers 306).
2. Ci-dessus, p. 305, note 2.
3. Quant à l'humeur contredisante...,
   Quiconque avec elle naîtra
   Sans faute avec elle mourra,
   Et jusqu'au bout contredira
   Et, s'il peut, encor par delà.
(Livre III, fable XVI, *la Femme noyée*, vers 26-33.)

Un pinceau satirique en peignoit chaque trait ;
Il étoit en humeur de se donner carrière,
Et m'alloit achever de la belle manière,
Si je n'avois toussé sortant de mon étui :
Je ne me croyois pas si bien connu de lui ;
Mais sa furtive ardeur[1], par moi mise en lumière,
Pourra.... Que veut Monsieur de la Baguenaudière ?

SCÈNE IV.

LA BAGUENAUDIÈRE, LA RANCUNE.

LA BAGUENAUDIÈRE.

Ah ! bonsoir, la Rancune.

LA RANCUNE.

Ah ! Monsieur, serviteur.

LA BAGUENAUDIÈRE.

Vous êtes, sur mon âme, un admirable acteur.

LA RANCUNE.

Monsieur....

LA BAGUENAUDIÈRE.

Que dites-vous de mon habit de chasse ?

LA RANCUNE.

Qu'il est beau pour jouer un baron de la Crasse[2].

---

1. Son ardeur d'enlever furtivement Isabelle.
2. Un homme habillé prétentieusement, et qui se donne des manières de cour. — *Le Baron de la Crasse*, comédie en un acte en vers, de Raymond Poisson, représentée au mois de juin 1662, a pour principal personnage un gentilhomme campagnard. Elle commence ainsi :

> Voici donc le château du baron de la Crasse ?
> On disoit que c'étoit un si beau lieu de chasse.
> — C'est que l'on se railloit.

Il n'y est pas en effet autrement question de chasse.

LA BAGUENAUDIÈRE.
Je vous en fais présent.
LA RANCUNE.
Monsieur, en vérité, 375
Ce surprenant excès de générosité
Mérite....
LA BAGUENAUDIÈRE.
Par ma foi, vos femmes sont fort belles.
LA RANCUNE.
Ah! Monsieur, vous avez trop de bontés pour elles.
LA BAGUENAUDIÈRE.
Heureux qui peut sauver son cœur de leurs appas!
Ils blessent jusqu'à l'âme.
LA RANCUNE.
Oui ; mais on n'en meurt pas
LA BAGUENAUDIÈRE.
Pour moi voudrois-tu bien en apprivoiser[1] une?
Si tu réussissois je ferois ta fortune.
LA RANCUNE.
Mettre un homme d'honneur à des emplois si bas,
C'est choquer sa pudeur ; mais que ne fait-on pas
Pour des gens comme vous ? Je déchire le voile 385
De la mienne : quelle est cette beauté ?
LA BAGUENAUDIÈRE.
L'Étoile.
Elle a mis dans mon cœur certain trouble intestin.
LA RANCUNE.
J'entends. (Bas.) Voici de quoi me venger du Destin.
LA BAGUENAUDIÈRE.
La farouche vertu dont le Ciel l'a pourvue
Me fait appréhender une fâcheuse issue : 390

---

1. *L'Ermite*, vers 159. — « Elle s'est apprivoisée depuis qu'elle est chez moi. » (MOLIÈRE, *George Dandin*, acte I, scène IV.)

Quand je lui peins le feu dont mon cœur se nourrit,
Ou l'ingrate me quitte, ou la friponne rit.
Ne sauroit-on toucher ce miracle des belles[1]?

LA RANCUNE.

Vous n'êtes pas de mine à faire des cruelles :
Pour voir selon vos vœux réussir vos desseins,   395
Vous ne pouviez tomber en de meilleures mains.

LA BAGUENAUDIÈRE.

Est-ce que....

LA RANCUNE.

    Parlons bas. Ce soir, dans cette place,
Par mes soins vous pourrez vous trouver face à face.

LA BAGUENAUDIÈRE.

Ce soir je....

LA RANCUNE.

    Parlez bas, dis-je. Oui, ce soir, sans bruit
Dans ce lieu trouvez-vous environ à minuit :   400
Elle y viendra sans faute.

LA BAGUENAUDIÈRE.

      Ami, que je t'embrasse !

LA RANCUNE.

De peur de quelque obstacle, il faut que je vous chasse :
Sortez.

LA BAGUENAUDIÈRE.

 Jusqu'à tantôt.

LA RANCUNE.

    Je vous réponds de tout.

LA BAGUENAUDIÈRE.

Cet habit est pour toi ; fais-m'en venir à bout.

LA RANCUNE.

Sortez.

---

1. « Ce miracle d'amour » (*Joconde*, vers 126).

SCÈNE V.

LA RANCUNE.

De me venger j'ai trouvé la manière. 405
A minuit, ce Monsieur de la Baguenaudière,
Croyant trouver l'Étoile, en ces lieux se rendra;
Mais, au lieu de trouver sa belle, il surprendra
Le Destin séduisant sa fille. A ce spectacle....
Mais qu'entends-je?

SCÈNE VI.

LE DESTIN, ISABELLE, LA RANCUNE.

LE DESTIN, sortant de la caisse.

A sortir je n'entends plus d'obstacle.

ISABELLE, sortant de la chambre.

Voyons si le Destin est encore en ces lieux.

LA RANCUNE.

Voici nos deux amants, cachons-nous à leurs yeux.

LE DESTIN, à Isabelle.

Est-ce vous?

ISABELLE.

Oui.

LE DESTIN.

Ragotin chante derrière le théâtre, et vient avec de la lumière.

Mon cœur....

ISABELLE, s'enfuyant. [laisse.

Quelqu'un vient, je vous

LE DESTIN, se remettant dans la caisse.

O Ciel! encor.

LA RANCUNE.

Le drôle est caché dans la caisse.

SCÈNE VII.

RAGOTIN, LA RANCUNE.

RAGOTIN.

Bonnassere[1]. Ayant su que nous couchions nous deux,
J'ai fait provision d'un Saint-Laurent[2] fumeux[3],
Pour agréablement achever la journée.

LA RANCUNE.

Ce bachique dessein part d'une âme envinée[4].

RAGOTIN.

Avocat plus couvert qu'un jambon de lauriers,
J'ai toujours dans le vin conçu mes plaidoyers ;   420
Du *Cuisinier françois*[5] juridique interprète,
On me trouve au barreau bien moins qu'à la buvette[6].

1. *Buona sera*, bon soir.
2. Saint-Laurent-de-Médoc, chef-lieu de canton de l'arrondissement de Lesparre, Gironde ; ou Saint-Laurent, bourg de Provence, dans le département des Alpes-Maritimes, arrondissement de Grasse, canton de Vence ; ou Saint-Laurent-de-la-Salanque, dans les Pyrénées-Orientales, canton de Rivesaltes, tous trois célèbres par leurs vins. — « La rosée du matin est toujours de vin blanc, semblable au vin grec ou à celui de Saint-Laurent. » (FÉNELON, *Voyage dans l'île des Plaisirs*.)
3. *Fumeux*, comme on disait du Falerne : *Falernum acre, fumosum, indomitum, ardens*.
4. *Enviné*, qui a pris l'odeur du vin, en parlant d'un vase, d'une cruche.
5. *Le Cuisinier françois, enseignant la manière de bien apprester et assaisonner toutes sortes de viandes grasses et maigres, légumes, pastisseries, et autres mets qui se servent tant sur les tables des grands que des particuliers, avec une instruction pour faire des confitures*, par le sieur de la Varenne, escuyer de cuisine de M. le marquis d'Uxelles, Paris, 1651, in-8°.
6. Petit cabaret, annexé aux Cours de justice, où les magistrats et les avocats allaient déjeuner et se rafraîchir. — « Il ne comprend pas qu'on ait jamais pu se passer du greffe, du parquet,

Dans notre chambre allons humer ce piot-ci¹.
LA RANCUNE.
Nous sommes pour cela tout aussi bien ici ;
Employons cette caisse à nous servir de table :   425
Le Destin va tout vif enrager comme un diable².
RAGOTIN, buvant.
Au plus illustre acteur que l'on voie en ces lieux.
LA RANCUNE, buvant.
Au plus grand avocat qui soit devant mes yeux.
RAGOTIN.
Pour un homme meublé³ d'une âme non commune,
J'ai toujours regardé le savant la Rancune :   430
A son génie.
LA RANCUNE, buvant à son tour de même.
En homme au dernier point lettré,
Ragotin s'est toujours à mes regards montré :

et de la buvette. » (LA BRUYÈRE, tome I, p. 296.) — Dans les *Plaideurs* de Racine, vers 73-75 :

<blockquote>
Je ne veux de trois mois rentrer dans la maison.
De sacs et de procès j'ai fait provision.
— Et qui vous nourrira ? — Le buvetier, je pense.
</blockquote>

1. *Humer*, boire avec délectation, en le flairant, en le savourant. — *Piot*, du vieux français *pier* (πιεῖν), boire, que l'on retrouve dans les mots « pie », ou « pion », ivrogne (*le Testament de Taste Vin roy des Pions*, Paris, 1488, in-4°), et dans le mot « pépie ». — « Si nous perdons le piot, nous perdons tout, et sens et loy. » (RABELAIS, tome I, p. 70.) « .... La vigne dont nous vient ceste nectaricque, delicieuse, precieuse, celeste, ioyeuse et deificque liqueur qu'on nomme le piot. » (*Ibidem*, p. 220.) « Que sainct Antoine me arde si ceulx tastent du piot qui n'auront secouru la vigne. » (*Ibidem*, p. 105.) « *Natura abhorret vacuum....* Net, net. A ce piot. Auallez. » (*Ibidem*, p. 24.)

<blockquote>
.... Leur voyant de piot la cervelle échauffée.
(RÉGNIER, satire x, vers 347.)
</blockquote>

2. Vers 306.
3. Chez Molière, *les Femmes savantes*, vers 869 :

<blockquote>
.... De science aussi les femmes sont meublées.
</blockquote>

A sa science¹.
RAGOTIN.
Ami, trêve d'apothéose.
LA RANCUNE.
Ah ! Monsieur, entre nous sans louanges, pour cause².
RAGOTIN.
Ma pudeur à t'ouïr souffre terriblement.   435
LA RANCUNE.
Et la mienne rougit....
RAGOTIN.
Buvons sans compliment.
Pour t'immortaliser dans un renom extrême,
De tes rares vertus je veux faire un poème.
LA RANCUNE.
Quoi! le grand Ragotin, l'ornement d'ici-bas³,
Est poète!
RAGOTIN.
Et pourquoi ne le serois-je pas ?   440
Apollon a passé mon esprit sur la meule :
Du poète⁴ Garnier⁵ ma mère étoit filleule⁶,
Et tel que tu me vois j'ai son écritoire⁷.

1. Comparez à cet échange de phrases admiratives, à ces flagorneries, à ces coups d'encensoir en pleine figure, la fable v du livre XI, vers 35-54; et ci-dessous, la scène I de l'acte IV.
2. Tome V, p. 597, ci-dessus, p. 37, 303, etc.
3. *Astrée*, vers 487. — 4. Ci-dessus, vers 85.
5. Garnier, poète tragique, né en 1545 à la Ferté-Bernard, mort au Mans (où Scarron fait naître Ragotin) en 1601. Ses huit tragédies furent réunies en un seul volume, sous ce titre : *Les Tragédies de Robert Garnier, conseiller du Roi, lieutenant-criminel au siège présidial du Maine*, (dédiées) *au roi de France et de Pologne*, Paris, 1580, in-12. Ce recueil eut un très grand nombre d'éditions.
6. Rapprochez la fable III du livre IX, vers 16-17 :

Votre serviteur Gille,
Cousin et gendre de Bertrand, etc.

7. « .... Je crois que vous me l'apprendrez, dit Ragotin : ma

ACTE II, SCÈNE VII.

LA RANCUNE.
                              Oui,
C'est pour être poète, et poète accompli.
N'auriez-vous point pour nous fait une tragédie ? 445
RAGOTIN.
Oui ; mais je veux de plus, outre ma poésie,
Être comédien.
LA RANCUNE.
    Être comédien?
RAGOTIN.
Oui.
LA RANCUNE.
    Que d'honneur pour nous ! que d'éclat ! que de bien !
Pour voir cet air chez nous en foule on va se rendre.
RAGOTIN.
J'ai du majestueux, du fier, du doux, du tendre, 450
Du galant.
LA RANCUNE.
    Eh ! morbleu ! soyez comédien :
Près de vous désormais nous ne serons plus rien.
Ma joie à ce dessein est si peu retenue,
Que j'en vais boire à vous rasade, et tête nue.
RAGOTIN.
Je vais jeter en sable[1] à toi ce petit coup 455

mère étoit filleule du poète Garnier, et, moi qui vous parle, j'ai encore chez moi son écritoire. » (*Le Roman comique*, Ire partie, chapitre x.)

1. *Jeter en sable*, terme de fondeur, jeter la matière fondue dans le moule de sable : ici, boire tout d'un trait, avaler tout d'un coup et sans prendre haleine. « .... Un Tigillin qui souffle ou qui jette en sable un verre d'eau-de-vie. » (LA BRUYÈRE, tome II, p. 144 et note 2.) Figure analogue chez Voltaire, dans une lettre au comte d'Argental du 26 mai 1760 : « Cette pièce fut jetée en sable ; elle n'a jamais coûté quinze jours. » — On dit aussi *sabler :*

Ce vieux Crésus, en sablant du champagne,

Avec rubis sur l'ongle[1], et la bravoure[2] au bout.
LA RANCUNE.
Quoi! vous savez aussi de ces galanteries!
RAGOTIN.
Entre nous, ce ne sont que des badineries.
LA RANCUNE.
Comment! c'est le bon goût; c'est pour marcher du pair
Avec les grands acteurs. Grondez-vous point un air[3]?
RAGOTIN.
Bon! est-il une voix que la mienne ne morgue[4]?
Je te l'aurois fait voir quand j'accompagnois l'orgue,
Si notre sérénade et nos musiciens
N'avoient été troublés par quinze ou seize chiens,

> Gémit des maux que souffre la campagne,
> (*Ibidem*, épître LXXIV, à Mme Denis.)

1. Vider les verres de telle sorte qu'il y reste à peine une goutte de vin. « Cela se pratique en débauche; et, lorsqu'on a bu une rasade à la santé d'une personne de la compagnie, ou d'une autre qui est absente, et qu'on aime ou estime, on renverse la dernière goutte qui demeure dans le verre sur l'ongle du pouce, et ensuite on lèche cette même goutte, pour marquer l'attachement qu'on a pour la personne. » (Le Roux de Lincy, *Dictionnaire comique*.) — « Il beut à luy à la trotte qui mode, c'est à sçauoir la goutte sur l'ongle. » (NOEL DU FAIL, tome I, p. 212.)

> Je sirote mon vin, quel qu'il soit, vieux, nouveau;
> Je fais rubis sur l'ongle, et n'y mets jamais d'eau.
> (REGNARD, *les Folies amoureuses*, acte III, scène IV.)

> — Ouvrez la bouche, sablez;
> Rubis sur l'ongle; humez la goutte.
> (Théâtre italien de Gherardi, tome V, p. 371, *le Tombeau de Maître André*, scène VIII.)

2. Sans doute au sens qu'a le mot *brave* dans *le Calendrier des vieillards*, vers 199 et note 2 : le bel air, la gaillardise, la « piaffe », la gambade, la pirouette : « Allons, saute, marquis! »

3. Tome IV, p. 215 et note 5.

4. *Morguer*, braver. Rapprochez le substantif « morgue » au tome V, p. 139 et note 4.

ACTE II, SCÈNE VII.

Qui suivoient à l'envi, marchant de compagnie,   465
Une chienne coquette et de mauvaise vie[1],
Qui, pour le bien public, desiroit travailler
A croître[2] son espèce et la multiplier.
Comme on voit rarement, quand l'amour les assemble,
Un nombre de rivaux être d'accord ensemble,   470
Ceux-ci, dans leurs desirs amants immodérés,
Après s'être grondés, houspillés, déchirés,
Renversèrent sur nous, dans leur brute manie[3],
Orgue, table, tréteaux, et toute l'harmonie,
Chacun, pour s'en sauver, fuyant de son côté,   475
Tant que notre concert en fut déconcerté[4].

1. Comparez les vers 15-17 de la fable XXIV du livre VIII :
   Laridon négligé témoignoit sa tendresse
      A l'objet le premier passant, etc.

2. Activement : voyez les *Lexiques de Malherbe* et *de Corneille*.
3. *Manie*, folie, fureur : voyez les *Lexiques de Malherbe, Racine, la Bruyère*.
4. « Destin continuoit ainsi son histoire, quand on entendit tirer dans la rue un coup d'arquebuse et tout aussitôt jouer des orgues. Cet instrument, qu'on n'avoit peut-être point encore entendu à la porte d'une hôtellerie, fit courir aux fenêtres tous ceux que le coup d'arquebuse avoit éveillés. On continuoit toujours de jouer des orgues, et ceux qui s'y connoissoient remarquèrent même que l'organiste jouoit un chant d'église. Personne ne pouvoit rien comprendre à cette dévote sérénade, qui pourtant n'étoit pas encore bien reconnue pour telle. Mais on n'en douta plus quand on entendit deux méchantes voix, dont l'une chantoit le dessus, et l'autre râcloit une basse. Ces deux voix de lutrin se joignirent aux orgues, et firent un concert à faire hurler tous les chiens du pays. Ils chantèrent : « Allons, de nos voix et de nos « luths d'ivoire, ravir les esprits », et le reste de la chanson. Après que cet air suranné fut mal chanté, on entendit la voix de quelqu'un qui parloit bas le plus haut qu'il pouvoit, en reprochant aux chantres qu'ils chantoient toujours la même chose. Les pauvres gens répondirent qu'ils ne savoient pas ce qu'on vouloit qu'ils chantassent. « Chantez ce que vous voudrez, répondit à « demi haut la même personne; il faut chanter, puisqu'on vous « paie bien. » Après cet arrêt définitif les orgues changèrent de

LA RANCUNE.

Quel dommage! A propos de cette sérénade,
Personne n'est ici que nous deux, camarade :
L'assemblage d'une orgue et d'un musicien
Comme vous, tout cela ne se fait pas pour rien[1].   480

ton, et on entendit un bel *Exaudiat*, qui fut chanté fort dévotement. Aucun des auditeurs n'avoit encore osé parler, de peur d'interrompre la musique, quand la Rancune, qui ne se fût pas tu dans une pareille occasion pour tous les biens du monde, cria tout haut : « On fait donc ici le service divin dans les « rues? » Quelqu'un des écoutants prit la parole, et dit que l'on pouvoit proprement appeler cela « chanter ténèbres ». Un autre ajouta que c'étoit une procession de nuit; enfin tous les facétieux de l'hôtellerie se réjouirent sur la musique, sans que pas un d'eux pût deviner celui qui la donnoit, et encore moins à qui ni pourquoi. Cet *Exaudiat* avançoit toujours chemin, lorsque dix ou douze chiens qui suivoient une chienne de mauvaise vie vinrent à la suite de leur maîtresse se mêler parmi les jambes des musiciens; et, comme plusieurs rivaux ensemble ne sont pas longtemps d'accord, après avoir grondé et juré quelque temps les uns contre les autres, enfin tout d'un coup ils se pillèrent avec tant d'animosité et de furie, que les musiciens craignirent pour leurs jambes, et gagnèrent au pied, laissant leurs orgues à la discrétion des chiens. Ces amants immodérés n'en usèrent pas bien; ils renversèrent une table à tréteaux qui soutenoit la machine harmonieuse, et je ne voudrois pas jurer que quelques-uns de ces maudits chiens ne levassent la jambe et ne pissassent contre les orgues renversées, ces animaux étant fort diurétiques de leur nature, principalement quand quelque chienne de leur connoissance a envie de procéder à la multiplication de son espèce. Le concert étant ainsi déconcerté, l'hôte fit ouvrir la porte de l'hôtellerie, et voulut mettre à couvert le buffet d'orgues, la table et les tréteaux. Comme ses valets et lui s'occupoient à cette œuvre charitable, l'organiste revint à ses orgues, accompagné de trois personnes, entre lesquelles il y avoit une femme et un homme qui se cachoit le nez dans son manteau. Cet homme étoit le véritable Ragotin, qui avoit voulu donner une sérénade à Mlle de l'Étoile.... » (*Le Roman comique*, Ire partie, chapitre xv.)

1. « Il y a quelque temps que j'entends chanter à ma porte, et, sans doute, cela ne se fait pas pour rien. » (MOLIÈRE, *le Sicilien*, scène IV.)

ACTE II, SCÈNE VII.

Ne mentez point; c'étoit pour quelque demoiselle
De notre compagnie.

RAGOTIN.
Oui, tu l'as dit.

LA RANCUNE.
Laquelle?

RAGOTIN.
Je n'en sais rien.

LA RANCUNE.
Ni moi.

RAGOTIN.
C'est sans comparaison
La plus belle.

LA RANCUNE.
Et qui?

RAGOTIN.
C'est.... c'est....

LA RANCUNE.
Vous avez raison;
C'est une belle fille.

RAGOTIN.
Est-il pas vrai?

LA RANCUNE.
L'Étoile.

RAGOTIN.
L'Étoile, oui, oui, l'Étoile[1]; à ses regards la moelle

---

1. « La Rancune lui demanda ce qu'il disoit de leurs comédiennes. Le petit homme rougit sans lui répondre. Et, la Rancune lui demandant encore la même chose, enfin bégayant, rougissant et s'exprimant très mal, il fit entendre à la Rancune qu'une des comédiennes lui plaisoit infiniment. « Et laquelle? » lui dit la Rancune. Le petit homme étoit si troublé d'en avoir tant dit, qu'il répondit : « Je ne sais. — Ni moi aussi, » dit la Rancune. Cela le troubla encore davantage, et lui fit ajouter tout interdit : « C'est..., c'est.... » Il répéta cinq ou six fois le même mot, dont le comédien, s'impatientant, lui dit : « Vous avez raison, c'est « une fort belle fille. » Cela acheva de le déconcerter. Il ne put

Bout dans mes os, ainsi qu'un feu bien apprêté
Fait bouillir un bouillon.... tout comme.... A sa santé.
Au moins il est cassé : rends-lui ce témoignage
Que ce verre cassé pour elle est mon ouvrage[1]. 490

LA RANCUNE.

Touchez là ; je vous veux servir dans votre amour,
Et vous verrez.... Buvons ; demain il sera jour.

RAGOTIN.

Ainsi soit-il. Ami, que sens-je ici ? la caisse
De moment en moment sous mon corps hausse et baisse ;
Que veut dire cela ? Je lui résiste en vain ; 495
Haye, prends garde à toi ; prends garde, Ragotin,
Tu vas tomber ; adieu la bouteille et le verre.

LA RANCUNE.

Qui vous a donc fait choir ?

RAGOTIN.

      Un tremblement de terre,
Assurément.

LA RANCUNE.

Bon ! Bon !

jamais dire celle à qui il en vouloit ; et peut-être qu'il n'en savoit rien encore, et qu'il avoit moins d'amour que de vice. Enfin, la Rancune lui nommant Mlle de l'Étoile, il dit que c'étoit d'elle dont il étoit amoureux. » (*Le Roman comique*, Ire partie, chapitre XI.)

1. « (La Rancune) ayant donné double charge à un verre, il porta la santé de M. Ragotin à M. Ragotin même, qui lui fit raison, et but tête nue (ci-dessus, vers 454), et avec un si grand transport, à la santé des comédiennes, qu'en remettant son verre sur la table, il en rompit la patte sans s'en apercevoir : tellement qu'il tâcha deux ou trois fois de le redresser, pensant l'avoir mis lui-même sur le côté. Enfin, il le jeta par-dessus sa tête et tira la Rancune par le bras, afin qu'il y prît garde, pour ne pas perdre la réputation d'avoir cassé un verre. » (*Ibidem*.) C'était en effet, on le sait, une galanterie de bon goût de casser son verre après avoir bu à la santé d'une dame ou d'un hôte de marque, comme aussi de jeter au feu ou par la fenêtre, pour lui faire honneur, un bijou, un ruban, un gant, un colifichet, quelque partie de son habillement, de sa parure.

RAGOTIN.
C'en est un, par ma foi!
Car je sens que tout tourne.
LA RANCUNE.
Appuyez-vous sur moi.

SCÈNE VIII.

LE DESTIN, sortant de la caisse.

Si je n'avois contre eux trouvé cette machine,
Ici jusques au jour ils eussent pris racine.
Tout est calme; allons prendre Isabelle; il est tard.
Il frappe à la porte d'Isabelle.

SCÈNE IX.

BLAISE BOUVILLON, LE DESTIN, ISABELLE.

B. BOUVILLON.
Allons mettre le feu promptement au pétard.
LE DESTIN.
Il est temps de partir; venez, belle Isabelle. 505
ISABELLE.
N'aurons-nous point encor d'aventure nouvelle?
LE DESTIN.
Non.
ISABELLE, *entendant tirer le pétard.*
Qu'entends-je?
LE DESTIN.
D'où part ce grand bruit?
ISABELLE.
Il me perd.
Où fuir? je ne vois rien. Ciel

B. BOUVILLON, ouvrant sa lanterne sourde.

Je vous prends sans verd :
En avez-vous ? montrez, ou j'ai gagné, je jure.

LE DESTIN.

Qu'est-ce?

B. BOUVILLON.

A prendre sans verd nous avons fait gageure :
Elle a perdu.

ISABELLE.

Mon cœur ne reviendra jamais
De la peur qu'il m'a faite ici. Que je vous hais!

B. BOUVILLON.

C'est à cause qu'elle a perdu ; le tour est drôle[1].
Mais que faisiez-vous là?

LE DESTIN.

Je repassois un rôle.

B. BOUVILLON.

Comment? si tard!

LE DESTIN.

La nuit, dans le silence, au frais,
L'esprit, ayant du jour dissipé les objets,
Conçoit plus librement.

B. BOUVILLON.

Achevez votre affaire
Sans obstacle ; bonsoir.

LE DESTIN.

C'est ce que je vais faire.

B. BOUVILLON.

Enfin, vous me devez....

ISABELLE.

Je vais en bonne foi
Songer à vous payer tout ce que je vous doi.   520

B. BOUVILLON.

Nous le verrons ; adieu.

1. Vers 327.

SCÈNE X.

LE DESTIN, ISABELLE.

LE DESTIN.
L'impertinent! au diable!
ISABELLE.

Que j'ai tremblé!

LE DESTIN.
De peur d'un contre-temps semblable,
Ne nous amusons point en discours superflus.

SCÈNE XI.

LA BAGUENAUDIÈRE, LE DESTIN, ISABELLE, RAGOTIN.

LA BAGUENAUDIÈRE.

Cherchons l'Étoile.

RAGOTIN, derrière le théâtre.
A l'aide! à moi! je n'en puis plus.
ISABELLE.

Qu'entends-je?

LE DESTIN.
Qu'est-ce encor?
LA BAGUENAUDIÈRE.
Laquais! de la lumière.

Qui crie ainsi?

On apporte de la lumière.

ISABELLE.
Que vois-je? où suis-je? c'est mon père!
RAGOTIN, de même.

Au secours! au secours!

LA BAGUENAUDIÈRE.
                    D'où vient donc cette voix?
                    ISABELLE.
Elle s'est fait entendre à moi cinq ou six fois,
Mon père, et je sortois pour en savoir la cause.
                    LE DESTIN.
Ce qui m'amène ici, moi, c'est la même chose.   530
                    RAGOTIN, encore.
Je me meurs! je suis mort!
                    LA BAGUENAUDIÈRE.
                              Quel esprit dévoyé
Peut crier.... Mais que vois-je?
                    RAGOTIN, en chemise.
                              Ah! ah! je suis noyé.
                    LA BAGUENAUDIÈRE.
D'où naissent vos clameurs? quelle est votre infortune?
De quoi vous plaignez-vous? de qui?
                    RAGOTIN.
                              De la Rancune.
                    LA BAGUENAUDIÈRE.
Quoi?
                    RAGOTIN.
        Nous étions[1] couchés dans un bouge[2] ici près; 535
Le lit, qu'apparemment on avoit fait exprès,
Étoit, comme le bouge, étroit, et sans ruelle.
M'ayant laissé le soin d'éteindre la chandelle,
La Rancune au milieu s'est couché le premier;
Je me suis doucement mis au bord le dernier.   540
J'entonnois, en ronflant, déjà mon premier somme,
Alors que, d'une voix douloureuse, mon homme

---

1. L'aventure du pot de chambre arrive, dans le roman, à un marchand du bas Maine, qui avait eu la complaisance d'offrir à la Rancune la moitié de son lit (ci-après, p. 326, note 2).

2. Réduit : tome V, p. 456 et note 5.

M'a tiré par le bras, et s'est plaint, en criant,
D'une difficulté d'uriner, me priant
De lui donner le pot de chambre. A sa prière   545
Je l'ai fait. Après s'être en vain une heure entière
Efforcé, plaint, crié, juré comme un perdu,
Sans avoir uriné goutte, il me l'a rendu.
Moi qui porte un bon cœur que le mal d'autrui touche[1] :
« Je vous plains, » ai-je dit alors, ouvrant la bouche
Aussi grande qu'un four, à force de bâiller;
Puis je me suis remis plus fort à sommeiller.
Dans ce somme profond la matineuse[2] Aurore[3]
M'auroit trouvé gisant, si le perfide encore
Ne m'avoit réveillé, me tirant par le bras,   555
Pour me redemander, avec de grands hélas,
Une seconde fois ce maudit pot du diable.
Une seconde fois ma pitié charitable
L'a mis entre ses mains; pestant, mordant ses doigts,
N'ayant rien fait non plus que la première fois,   560
Il me l'a redonné, me priant, hors d'haleine,
De ne plus me donner une semblable peine,
Qu'elle n'étoit pas juste, et qu'il la prendroit bien :
Et moi, qui n'aime pas de contredire à rien,
J'ai dit qu'à ses desirs il pouvoit satisfaire.   565
Ayant remis le pot à sa place ordinaire,
J'aurois gagé, sentant le sommeil me saisir,

---

1. Tome IV, p. 159 et note 4.
2. Ce jour-là le Soleil fut assez matineux.
(Lettre à Foucquet du 26 août 1660.)

Les coqs, lui disoit-il, ont beau chanter matin,
Je suis plus matineux encore.
(Livre VI, fable xi, vers 3-4.)

Voyez aussi ci-dessous, *Je vous prends sans verd*, vers 227.
3. « L'Aurore se lève de trop grand matin. » (*Psyché*, livre II, tome III M.-L., p. 174.)

Qu'autant qu'une marmotte on m'alloit voir dormir.
Le maudit la Rancune, homme sans conscience,
N'avoit pas jusqu'au bout lassé ma patience :   570
Pour reprendre le pot, lui-même ayant porté
Tout son corps hors du lit, de force il m'a planté
Un coude dans le creux de l'estomac, terrible.
M'éveillant en sursaut à cette masse horrible :
« Morbleu! me suis-je alors écrié, je suis mort.   575
— Je vous demande excuse, a-t-il dit, et j'ai tort;
Mais de peur d'interrompre, en ma douleur extrême,
Votre sommeil encor, j'ai pris le pot moi-même.
— Malepeste, ai-je dit, m'étouffer, m'accabler,
M'enfondrer[1] l'estomac, n'est-ce pas le troubler? »   580
Mais lui, sans m'écouter, ni craindre ma colère,
Rendoit à la nature un tribut ordinaire.
Je l'en félicitois de mon mieux, quand le sot,
Voulant le mettre à terre, a répandu le pot
Plein jusqu'au bord sur moi, me noyant la poitrine,
La barbe, et tout le corps, d'un océan d'urine.
Portant bien loin du lit mes pas précipités,
Je cours, je vais, je viens, tout couvert de.... sentez[2].

1. Ce vieux mot est encore dans les deux premières éditions du Dictionnaire de l'Académie. — *Enfondrer* ou *effondrer* l'estomac, la gorge, le cerveau, etc.

2. « Le marchand entra là-dessus, et, ayant appris le sujet de la contestation, offrit la moitié de son lit à la Rancune.... La Rancune l'en remercia, autant que la sécheresse de sa civilité le put permettre. Le marchand soupa, l'hôte lui tint compagnie, et la Rancune ne se fit pas prier deux fois pour faire le troisième, et se mit à boire sur nouveaux frais.... La Rancune dit au marchand qu'il étoit affligé d'une difficulté d'urine, et qu'il étoit bien fâché d'être contraint de l'incommoder; à quoi le marchand lui répondit qu'une nuit étoit bientôt passée. Le lit n'avoit point de ruelle et joignoit la muraille; la Rancune s'y jeta le premier, et le marchand, s'y étant mis après, en la bonne place, la Rancune lui demanda le pot de chambre. « Et qu'en voulez-vous faire? » dit le marchand. « Le mettre auprès de moi de peur de vous incommoder, »

LA BAGUENAUDIÈRE.

Hé bien, pour vous sécher, allez dans la cuisine :
Vous, ma fille, rentrez; je vois à votre mine   590

dit la Rancune. Le marchand lui répondit qu'il le lui donne-
roit quand il en auroit affaire; et la Rancune n'y consentit qu'à
peine, lui protestant qu'il étoit au désespoir de l'incommoder.
Le marchand s'endormit sans lui répondre; et à peine com-
mença-t-il à dormir de toute sa force, que le malicieux comédien, qui étoit un homme à s'éborgner pour faire perdre un
œil à un autre (ci-dessus, vers 360-361), tira le pauvre marchand
par le bras, en lui criant : « Monsieur, oh! Monsieur! » Le
marchand tout endormi lui demanda en bâillant : « Que vous
« plaît-il? — Donnez-moi un peu le pot de chambre, » dit la Rancune. Le pauvre marchand se pencha hors du lit, et, prenant le
pot de chambre, le mit entre les mains de la Rancune, qui se
mit en devoir de pisser; et, après avoir fait cent efforts, ou fait
semblant de les faire, juré cent fois entre ses dents, et s'être bien
plaint de son mal, il rendit le pot de chambre au marchand sans
avoir pissé une seule goutte. Le marchand le remit à terre, et
dit, en ouvrant la bouche aussi grande qu'un four à force de
bâiller : « Vraiment, Monsieur, je vous plains bien, » et se ren-
dormit tout aussitôt. La Rancune le laissa embarquer bien avant
dans le sommeil, et, quand il l'ouït ronfler, comme s'il n'eût fait
autre chose toute sa vie, le perfide l'éveilla encore, et lui demanda
le pot de chambre aussi méchamment que la première fois. Le
marchand le lui remit entre les mains aussi bonnement qu'il avoit
déjà fait, et la Rancune le porta à l'endroit par où l'on pisse,
avec aussi peu d'envie de pisser que de laisser dormir le marchand. Il cria encore plus fort qu'il n'avoit fait, et fut deux fois
plus longtemps à ne point pisser, conjurant le marchand de ne
prendre plus la peine de lui donner le pot de chambre, et ajoutant
que ce n'étoit pas la raison, et qu'il le prendroit bien. Le pauvre
marchand, qui eût alors donné tout son bien pour dormir tout
son soûl, lui répondit, toujours en bâillant, qu'il en usât comme
il lui plairoit, et remit le pot de chambre à sa place. Ils se don-
nèrent le bonsoir tout civilement, et le pauvre marchand eût parié
tout son bien qu'il alloit faire le plus beau somme qu'il eût fait
de sa vie. La Rancune, qui savoit bien ce qu'il en devoit arriver,
le laissa dormir de plus belle, et, sans faire conscience d'éveiller
un homme qui dormoit si bien, il lui alla mettre le coude dans le
creux de l'estomac, l'accablant de tout son corps, avançant l'autre
bras hors du lit, comme on fait quand on veut ramasser quelque

Que vous voulez dormir : de votre appartement
Je vais prendre la clef.

LE DESTIN.

Moi, je vais promptement
Coucher. O Ciel!

chose qui est à terre. Le malheureux marchand, se sentant étouffer et écraser la poitrine, s'éveilla en sursaut, criant horriblement : « Eh! morbleu, Monsieur, vous me tuez. » La Rancune, d'une voix aussi douce et posée que celle du marchand avoit été véhémente, lui répondit : « Je vous demande pardon, je voulois « prendre le pot de chambre. — Ah! vertubleu, s'écria l'autre, « j'aime mieux vous le donner, et ne dormir de toute la nuit; « vous m'avez fait un mal dont je me sentirai toute la vie. » La Rancune ne lui répondit rien, et se mit à pisser si largement et si raide, que le bruit seul du pot de chambre eût pu réveiller le marchand. Il emplit le pot de chambre, bénissant le Seigneur avec une hypocrisie de scélérat. Le pauvre marchand le félicitoit le mieux qu'il pouvoit de sa copieuse éjaculation d'urine, qui lui faisoit espérer un sommeil qui ne seroit plus interrompu, quand le maudit la Rancune, faisant semblant de vouloir remettre le pot de chambre à terre, lui laissa tomber et le pot de chambre et tout ce qui étoit dedans sur le visage, sur la barbe et sur l'estomac, en criant en hypocrite : « Eh! Monsieur, je vous demande « pardon. » Le marchand ne répondit rien à sa civilité; car, aussitôt qu'il se sentit noyer de pissat, il se leva, hurlant comme un homme furieux, et demandant de la chandelle. La Rancune, avec une froideur capable de faire renier un théatin, lui disoit : « Voilà un grand malheur! » Le marchand continua ses cris, l'hôte, l'hôtesse, les servantes et les valets vinrent à lui. Le marchand leur dit qu'on l'avoit fait coucher avec un diable, et pria qu'on lui fît du feu autre part. On lui demanda ce qu'il avoit; il ne répondit rien, tant il étoit en colère, prit ses habits et ses hardes, et fut se sécher dans la cuisine, où il passa le reste de la nuit sur un banc, le long du feu. L'hôte demanda à la Rancune ce qu'il lui avoit fait. Il lui dit, feignant une grande ingénuité : « Je ne sais de quoi il peut se plaindre : il s'est éveillé et m'a « réveillé, criant au meurtre; il faut qu'il ait fait quelque mau-« vais songe, ou qu'il soit fou; et il a pissé au lit. » L'hôtesse y porta la main et dit qu'il étoit vrai, que son matelas étoit tout percé, et jura son grand Dieu qu'il le paieroit. » (*Le Roman comique*, Ire partie, chapitre vi.)

ACTE II, SCÈNE XI.

LA BAGUENAUDIÈRE.

En vain j'ai cru trouver ma belle;
Ce bruit l'a retenue : allons au-devant d'elle.

RAGOTIN.

Eh bien! es-tu content, Sort? suis-je assez berné? 595
Malheureux Ragotin, sous quel astre es-tu né!
Amour, sous ton pouvoir mon cœur est à la laisse;
Mais cette nuit cherchons un lit dans cette caisse[1].

1. Probablement celle où tout à l'heure Destin s'est caché.

FIN DU DEUXIÈME ACTE.

ACTE III.

SCÈNE PREMIÈRE.

LE DESTIN, L'ÉTOILE.

LE DESTIN.

Ma sœur, pour mon dessein ne craignez nullement :
Isabelle est d'accord de cet enlèvement[1].   600
Pour notre hymen prochain ma parole est donnée ;
Son cœur à mes serments soumet sa destinée ;
Et déjà loin d'ici nous nous verrions tous deux
A l'abri des censeurs, au comble de nos vœux,
Si le Sort, dont ma flamme attendoit des miracles,   605
N'avoit depuis fait naître obstacles sur obstacles.
Sa puissance aujourd'hui ne le peut différer :
Tout est bien concerté, je le puis assurer.
Ce qui me reste à faire est d'instruire Isabelle[2] ;
Mais comme, en m'approchant si souvent auprès d'elle,
Mes desseins d'être sus pourroient courir hasard,
Rendez-vous-y pour moi, voyez-la de ma part :
Pour l'obliger à fuir dans cette conjoncture,
Donnez-lui ce billet, dont voici la lecture :

« L'incident qui nous sépara hier que nous étions

---

1. Dans *le Cocu*, vers 43 :
   La jeune dame en étoit bien d'accord.

2. Dans *le Roman comique*, il n'y a point d'Isabelle : l'Étoile passe pour la sœur de Destin, et est en réalité sa maîtresse.

ACTE III, SCÈNE II.

seuls, et tout prêts de profiter de l'occasion, m'oblige de vous prier que nous nous voyions encore aujourd'hui pour prendre d'autres mesures, et mieux assurer les commencements d'un bonheur qui doit durer toute notre vie. Trouvez un prétexte pour ne point être à la répétition de la comédie de M. de la Baguenaudière : quoique je doive y représenter le principal personnage, on ne laissera pas sans moi de repasser. L'Olive, mon père, a appris mon rôle, et m'excusera sur une raison très plausible. Je ne lui ai pourtant pas dit notre aventure ni notre but. Fiez-vous à ma discrétion, et ayez la bonté de m'attendre dans votre chambre.

« Le Destin. »

Parlez-lui, remettez ce billet en sa main,   615
Et....

SCÈNE II.

LE DESTIN, L'ÉTOILE, LA RANCUNE.

LA RANCUNE.

N'avez-vous point vu le petit Ragotin ?
En vain à le chercher mon âme est empressée.
En même lit couchés tous deux la nuit passée,
Étant incommodé, sans doute, il s'est levé ;
Du moins à mon réveil je ne l'ai plus trouvé :   620
Seulement ses habits ont frappé ma visière[1].

---

1. Familièrement, *vue*.

  Que les gens de savoir ont la visière tendre !
    (Regnier, satire x, vers 99.)

Voyez aussi Molière, *l'Étourdi*, acte I, scène II :

  .... Quand vos déportements lui blessent la visière ;

Regnard, *le Bal*, scène v :

  Ce monsieur Bas-Normand me choque la visière ;

Je le cherche, je cours depuis une heure entière ;
Et pour moi, dont l'âme est ronde comme un cerceau,
Le petit homme étant avocat et Manceau[1],
Je conclus, et la chose est assez vraisemblable,   625
Puisqu'il n'est point céans, qu'il faut qu'il soit au diable.
Ne l'avez-vous point vu ?

L'ÉTOILE.

Moi, non.

LA RANCUNE.

Pour m'égayer[2],
Je viens de lui dresser un plat de mon métier[3] :
J'ai tout présentement, pour lui donner la fièvre,
Rétréci ses habits. Le tour est assez mièvre[4].   630

LE DESTIN.

Il est digne de vous. Adieu. Pour nos amours,
Ma sœur, allez trouver Isabelle.

L'ÉTOILE.

J'y cours.

Elle laisse tomber sa lettre en s'en allant.

---

et Voltaire, lettre au marquis de Chauvelin du 21 septembre 1762 :
« Le plaisir rend la visière plus nette. »

1. Pour ces plaisanteries sur les Manceaux, comparez tome VI, p. 41 et note 3.

2. Tome V, p. 192 et note 5.

3. Et je lui vais servir un plat de mon métier.
(RACINE, *les Plaideurs*, acte II, scène III.)

Oui, je vais te servir un plat de ma façon.
(MOLIÈRE, *l'Étourdi*, acte II, scène VIII.)

4. Vif, malin. — « Lorsqu'il étoit petit, il n'a jamais été ce qu'on appelle mièvre et éveillé. » (*Ibidem, le Malade imaginaire,* acte II, scène v.)

SCÈNE III.

LA RANCUNE, ramassant la lettre.

Quel billet sans dessus[1] se présente à ma vue ?
La main qui l'a tracé ne m'est pas inconnue.
C'est de l'ami Destin que cette lettre vient ;   635
Il l'a laissé tomber : qu'est-ce qu'elle contient ?
_{Il lit bas.}
Ces mots expliquent trop qu'elle est pour Isabelle.
Vengeons-nous du Destin, l'occasion est belle ;
Et, pour jeter entre eux de la division,
Voici tout à propos Madame Bouvillon.   640

SCÈNE IV.

MADAME BOUVILLON, LA RANCUNE.

MADAME BOUVILLON.

Va-t-on jouer Monsieur de la Baguenaudière ?
Verrons-nous repasser la pièce toute entière ?

LA RANCUNE.

Madame, pour cela chacun fait ses apprêts,
Et tout ira des mieux, au premier rôle près.

---

1. Sans adresse, sans suscription.

En fermant le paquet j'écrirai le dessus.
(CORNEILLE, *le Menteur*, acte IV, scène IV.)

« Je suis fâchée de la peine que vous avez d'écrire le dessus de vos paquets. » (MME DE SÉVIGNÉ, tome VII, p. 319 ; *ibidem*, tomes VIII, p. 457, IX, p. 317.) « Il mit le dessus à M. de Chaulnes au lieu de M. de Pontchartrain. » (SAINT-SIMON, tome I, p. 379.)

MADAME BOUVILLON.

Est-ce que le Destin a quelque maladie ? 645
LA RANCUNE.
Non : c'est qu'un grand acteur, bien fait, d'un beau
Que de mille talents l'astre a voulu douer[1], [génie,
A souvent en secret plus d'un rôle à jouer.
MADAME BOUVILLON.
Le Destin voudroit-il priver de sa présence
Une pièce admirable, une noble assistance ? 650
LA RANCUNE.
Quand on se met en tête un commerce[2] amoureux....
Mais pourquoi s'en fier au rapport de mes yeux ?
Quoi qu'ils me fassent voir, ils se trompent peut-être :
Le Destin....
MADAME BOUVILLON.
Du Destin, quoi ? qu'ont-ils vu paroître ?
LA RANCUNE.
Ce billet que sa main, me semble, a su tracer, 655
Et qu'ici sous mes pas je viens de ramasser.
MADAME BOUVILLON.
Montrez-moi.
LA RANCUNE.
Quoiqu'il soit plié sans salissure,
Quoiqu'il semble frais fait, à voir son écriture,
Quoiqu'il paroisse neuf, au blanc de ce feuillet,
Il se peut que ce soit, Madame, un vieux billet. 660
MADAME BOUVILLON.
Voyons. Ciel ! que vois-je ? oui, c'est à moi qu'il s'adresse;
Mais n'en témoignons rien, cachons notre allégresse.
A qui donc le Destin peut-il écrire ainsi ?
LA RANCUNE.
Ce n'est pas, que je pense, à personne d'ici ;

1. Ci-dessus, vers 35-36. — 2. Tome IV, p. 252 et note 4.

Car, d'aller soupçonner la charmante Isabelle, 665
Il a trop de respect pour son père et pour elle.
MADAME BOUVILLON.
Plus je lis son billet, plus je pense trouver
A qui.... Tout aujourd'hui je le veux observer[1],
Et c'est pour cause. Adieu. Trouvons, puisqu'il m'en
Un moyen pour ne point être à la comédie,　　[prie,
Et puis allons l'attendre en mon appartement.

SCÈNE V.

LA RANCUNE.

Comme il faut elle a pris la chose assurément,
Et j'ai vu ses soupçons tomber sur Isabelle.
Mais la voici qui vient, et l'Étoile avec elle :
De peur pour ce billet je les vois se troubler ; 675
Pour m'égayer[2] un peu je vais la redoubler.

SCÈNE VI.

ISABELLE, L'ÉTOILE, LA RANCUNE.

ISABELLE.
Il faut le retrouver, ou bien je suis perdue.
L'ÉTOILE.
Il faut qu'il soit ici.
ISABELLE.
　　　　　　Rien ne s'offre à ma vue.

---

1. Ci-dessous, vers 1124 :

   Tout aujourd'hui de près je le veux observer.

2. Ci-dessus, vers 627 et note 2.

LA RANCUNE.
Peut-on vous demander ce que vous cherchez?
L'ÉTOILE.
Rien.
LA RANCUNE.
Pourtant, en vous voyant, si je m'y connois bien,   680
Quelque chose vous trouble.
L'ÉTOILE.
Eh! ce n'est pas grand'
LA RANCUNE.   [chose.
Sans être un grand devin, j'en crois savoir la cause.
ISABELLE.
Plaît-il?
LA RANCUNE.
Certain billet....
L'ÉTOILE.
Hem! l'auriez-vous trouvé?
LA RANCUNE.
L'auriez-vous perdu? Mais....

SCÈNE VII.

ISABELLE, L'ÉTOILE, LA RANCUNE, RAGOTIN.

RAGOTIN, dans la caisse.
M'auroit-on encavé[1]?
Je ne vois goutte. Holà, quelqu'un! de la lumière!   685
LA RANCUNE.
C'est Ragotin.
RAGOTIN.
Que sens-je ici? c'est une bière.

1. Ils sont, sur ma parole,
L'un et l'autre encavés.
(RACINE, *les Plaideurs*, acte II, scène XI.)

ACTE III, SCÈNE VII.

Hélas! sans le savoir, serois-je trépassé[1]?

LA RANCUNE.

Il se croit enterré lorsqu'il n'est qu'encaissé.

L'ÉTOILE, à Isabelle.

Sans doute il l'a trouvé.

ISABELLE.

Voudra-t-il nous le rendre?

L'ÉTOILE.

Je ne sais : pour l'avoir il faut tout entreprendre. 690

RAGOTIN, dans la caisse.

Je suis mal enterré ; Messieurs, sortez d'erreur :
C'est par un quiproquo. Fossoyeur! fossoyeur!
Retirez-moi d'ici, rendez-moi la lumière.

LA RANCUNE.

Quelqu'un : venez m'aider!

RAGOTIN.

Déclouez cette bière.

L'ÉTOILE.

Non, restons en ces lieux : il faut faire un effort 695
Pour le ravoir.

LA RANCUNE.

Levons la caisse.

RAGOTIN.

Suis-je mort?
Mais je vois des objets dont mon âme est ravie.
Aurions-nous de concert fait faux bond à la vie[2]?
Hem! pour voir, patinons[3].

L'ÉTOILE, lui donnant un coup de busc[4] sur les doigts.

Halte[5].

---

1. C'est une réminiscence de la fable de *l'Ivrogne et sa Femme*.
2. Mais s'il faut qu'à l'honneur elle fasse un faux bond....
(MOLIÈRE, *l'École des femmes*, vers 733.)
Voyez aussi Regnier, satire VI, vers 80.
3. *Patiner*, tâter, « peloter » : tome V, p. 74 et note 6.
4. *Le Tableau*, vers 44 et note 2.
5. « .... S'approchant des comédiennes, Ragotin leur prit les

RAGOTIN va à Isabelle, qui lui donne un soufflet.

Elle frappe fort.

ISABELLE.

Insolent!

RAGOTIN.

Je sens bien que je ne suis pas mort! 700

LA RANCUNE.

Non, puisque vous parlez; mais cette couleur fade,
Ce visage plombé nous marque un air malade :
L'êtes-vous?

RAGOTIN.

Attendez; suis-je bien éveillé?
Je ne sais.

LA RANCUNE.

La sueur dont vous êtes mouillé
Vient de réplétion, suivant la médecine. 705
Fi! cela sent mauvais.

RAGOTIN.

Oui, cela sent l'urine.
Ah! maudit urineur[1]! il m'en souvient : c'est toi
Dont la main, cette nuit, a répandu sur moi
L'infernale liqueur d'un profond pot de chambre,
Qui n'étoit point rempli de civette ni d'ambre[2]. 710

LA RANCUNE.

Il faut que, cette nuit, rempli de vin sans eau,

---

mains sans leur consentement, et voulut un peu patiner : galanterie provinciale qui tient plus du satyre que de l'honnête homme. Mlle de l'Étoile se contenta de retirer ses mains blanches d'entre les siennes crasseuses et velues, et sa compagne, Mlle Angélique, lui déchargea un grand coup de busc sur les doigts. » (*Le Roman comique*, Ire partie, chapitre x.)

1. Nous ne trouvons ce mot dans aucun de nos Dictionnaires.

2. Qui n'avoit pas le goust de musc, civette, ou d'ambre.
(REGNIER, satire XI, vers 130.)

Quelque chose vous ait barbouillé le cerveau¹.
Croyez-moi, rappelez votre réminiscence² ;
Et, prenant vos habits, couvrez votre indécence :
Vous vous souviendrez mieux étant rassis³.

RAGOTIN, trouvant son pourpoint trop étroit.

                                   Point, point.
Mais que vois-je ? auroit-on rétréci mon pourpoint ?
Ou mon corps seroit-il plus gros qu'à l'ordinaire ?
La Rancune, est-il point remployé⁴ par derrière ?

LA RANCUNE.

Non.

RAGOTIN.

     Il est d'un bon pied par devant trop étroit :
D'où vient ?

LA RANCUNE.

         J'ai peur d'avoir touché la chose au doigt,
Et que vous ne soyez malade.

RAGOTIN.

                    Moi, malade !

Hélas !

LA RANCUNE.

   Cette grosseur encor le persuade.
Mettez le haut-de-chausse, on verra.

RAGOTIN.

                       C'est bien pis.

LA RANCUNE.

Ne vous trompez-vous point ? sont-ce là vos habits ?

RAGOTIN.

Ce sont eux. Quelle enflure ! ah ! j'ai l'âme saisie, 725

---

1. .... Et de lièvres cornus le cerveau nous barbouillent.
                     (REGNIER, satire IX, vers 146.)

2. « Il travailla en vain sa réminiscence durant le chemin. » (*Le Roman comique*, Ire partie, chapitre xv.)

3. De sens rassis. — 4. *Remployé*, reployé, replié.

La Rancune; et d'où vient cela?

LA RANCUNE.

D'hydropisie[1].

1. Comparez le chapitre ix de la IIe partie du *Roman comique* : « Autre disgrâce de Ragotin. — L'Olive, cependant, travailloit à son habit, et, après y avoir fait tout ce qu'il y avoit à faire, il prit les habits de Ragotin, et, aussi adroitement qu'auroit fait un tailleur, il en étrécit le pourpoint et les chausses, et les remit en leurs places; et, ayant passé la plus grande partie de la nuit à coudre et à découdre, se coucha dans le lit où dormoient Ragotin et la Rancune. On se leva de bonne heure, comme on fait toujours dans les hôtelleries, où le bruit commence avec le jour. La Rancune dit encore à Ragotin qu'il avoit mauvais visage; l'Olive lui dit la même chose : il commença de le croire, et, trouvant en même temps son habit trop étroit de plus de quatre doigts, il ne douta plus qu'il n'eût enflé d'autant dans le peu de temps qu'il avoir dormi, et s'effraya fort d'une enflure si subite. La Rancune et l'Olive lui exagéroient toujours son mauvais visage, et Destin et Léandre, qu'ils avoient avertis de la tromperie, lui dirent aussi qu'il étoit fort changé. Le pauvre Ragotin en avoit la larme à l'œil; Destin ne put s'empêcher d'en sourire, dont il se fâcha bien fort. Il alla dans la cuisine de l'hôtellerie, où tout le monde lui dit ce que lui avoient dit les comédiens, même les gens du carrosse, qui, ayant une grande traite à faire, s'étoient levés de bonne heure. Ils firent déjeuner les comédiens avec eux, et tout le monde but à la santé de Ragotin malade, qui, au lieu de leur en faire civilité, s'en alla, grondant contre eux et fort désolé, chez le chirurgien du bourg, à qui il rendit compte de son enflure. Le chirurgien discourut de la cause et de l'effet de son mal, qu'il connoissoit aussi peu que l'algèbre; il lui parla, un quart d'heure durant, en termes de son art qui n'étoient non plus à propos au sujet que s'il lui eût parlé du Prêtre-Jean. Ragotin s'en impatienta, et lui demanda, jurant Dieu admirablement bien pour un petit homme, s'il n'avoit autre chose à lui dire. Le chirurgien vouloit encore raisonner; Ragotin le voulut battre, et l'eût fait, s'il ne se fût humilié devant ce colère malade, à qui il tira trois palettes de sang, et lui ventousa les épaules, vaille que vaille. » Tallemant des Réaux (tome II, p. 492) raconte aussi cette vieille plaisanterie, souvent répétée depuis : il attribue l'aventure au maréchal de Gramont, alors comte de Guiche, à qui les habitués de l'hôtel de Rambouillet firent croire qu'il avait été empoisonné par des champignons. Il ne fut guéri

ACTE III, SCÈNE VII.

RAGOTIN.

En meurt-on?

LA RANCUNE.

Rarement on en réchappe.

RAGOTIN.

Hélas!
La Rancune au besoin[1] ne m'abandonne pas.

LA RANCUNE.

Non, non; jusqu'au tombeau je vous escorte.

RAGOTIN.

A l'aide!

LA RANCUNE.

Allons, courons, cherchons promptement du remède.

RAGOTIN, sortant.

Qu'on me soutienne!

L'ÉTOILE, arrêtant la Rancune.

Avant que de vous en aller,
De grâce....

LA RANCUNE.

Du billet vous me voulez parler :
Vous le croyez perdu, votre âme est à la gêne[2];

---

que par l'ordonnance suivante : « *Recipe* de bons ciseaux et décous ton pourpoint. »

1. Dans le besoin : ci-dessus, p. 95.

> Dieu ne quittera pas ses enfants au besoin.
> (*Saint Malc*, vers 299 et note 5.)

> Mais au besoin les rois m'ont failli de promesse.
> (RONSARD, tome II, p. 55.)

« Les nappes, les couuertes de lict, il vendoit tout cela; quand sa femme estoit quelque part en commission, son demy ceint, s'il le pouuoit auoir, ses chaperons, sa robe, à un besoin. » (DES PÉRIERS, tome II, p. 53.)

> Tu deuines de loin,
> Quand ce qui est pres s'esgare
> De ton esprit au besoin.
> (BAÏF, tome II, p. 49.)

2. Page 239 et note 1.

Il ne l'est point, cessez de vous en mettre en peine.
Sous ses pas en ce lieu marchant sans y penser,   735
Madame Bouvillon vient de le ramasser :
Il est entre ses mains, vous l'y pouvez reprendre ;
Je vous en donne avis.

SCÈNE VIII.

ISABELLE, L'ÉTOILE.

ISABELLE.
              Ciel ! que viens-je d'apprendre !
Madame Bouvillon par là va tout savoir.
              L'ÉTOILE.
Pour savoir sa pensée, allons, il faut la voir :   740
Je m'en vais de ce pas la chercher, et j'espère
Tirer adroitement d'elle....
              ISABELLE.
              Voici mon père.

SCÈNE IX.

LA BAGUENAUDIÈRE, ISABELLE, L'ÉTOILE.

LA BAGUENAUDIÈRE.
Comment ! en quel état vous rencontré-je ici ?
Vous n'êtes pas encore habillée ? Est-ce ainsi
Qu'à repasser ma pièce entre vous on s'apprête ?   745
              L'ÉTOILE.
On n'a qu'à commencer ; pour moi, rien ne m'arrête :
La répétition n'a pas besoin d'habits.
              LA BAGUENAUDIÈRE.
Pardonnez-moi, j'en veux : quatre de mes amis

Par mon ordre en ces lieux sont venus pour l'entendre;
A ce qu'ils en diront je suis prêt de me rendre, 750
Mais je veux qu'elle soit dans tous ses agréments.
Allez donc vous orner de vos ajustements.
Ne perdez point de temps; volez, Mademoiselle :
Déjà de mes amis je vois briller le zèle.

SCÈNE X.

LA BAGUENAUDIÈRE, M. DE PRÉRAZÉ, M. DES LENTILLES, M. DE BOISCOUPÉ, M. DE MOUSSEVERTE.

DE PRÉRAZÉ.
A vos ordres, Monsieur, soumis et disposé.... 755
LA BAGUENAUDIÈRE.
Je vous suis obligé, Monsieur de Prérazé.
DES LENTILLES.
Je viens bénir le sort qui joint vos deux familles.
LA BAGUENAUDIÈRE.
Très humble serviteur à Monsieur des Lentilles.
DE BOISCOUPÉ.
Pour me rendre à vos lois mon zèle a galopé.
LA BAGUENAUDIÈRE.
Ah! je suis tout à vous, Monsieur de Boiscoupé. 760
DE MOUSSEVERTE.
Lorsque vous commandez, tout le monde est alerte.
LA BAGUENAUDIÈRE.
Que ne vous dois-je point, Monsieur de Mousseverte!
Messieurs, voyez ma pièce; on va la repasser :
On n'attendoit que vous ici pour commencer. [mence
Plaçons-nous tous, Messieurs. De grâce, qu'on com-

SCÈNE XI.

MM. LA BAGUENAUDIÈRE, DE PRÉRAZE, ETC., L'OLIVE.

L'OLIVE.

Quel contretemps!

LA BAGUENAUDIÈRE.

Comment! qui vous tient en balance[1]?
Repasse-t-on ma pièce, ou bien ne le peut-on?
Qu'est-ce?

L'OLIVE.

On ne le peut pas, et l'on le peut, selon.
Mon fils, à qui l'on vient de plier la toilette[2],
Pique après le voleur une vieille mazette[3], 770
Et ne peut être ici de retour d'aujourd'hui.
Si, pour jouer la pièce, on veut que ce soit lui
Qui de défunt Antoine imite la parole,

---

1. Vers 133.
2. De voler les hardes. Même locution chez Scarron, dans *Don Japhet d'Arménie*, acte IV, scène v :

> Vous donnerai-je aussi les habits qui me couvrent...?
> Je m'en vais achever la spoliation,
> Et vous achèverez de plier ma toilette;

et dans *l'Écolier de Salamanque*, acte I, scène III :

> Ces huit bons écoliers, ou plutôt huit bandits,
> Chôment les samedis comme les vendredis,
> Haïssent les leçons comme les patenôtres,
> Et ne font chaque jour que débaucher les autres.
> La nuit venue, ils vont enlever des manteaux,
> Plier quelque toilette, et jouer des couteaux.

3. Une vieille rosse.

— Depuis huit jours entiers, avec vos longues traites,
Nous sommes à piquer de chiennes de mazettes.
            (MOLIÈRE, *Sganarelle*, scène VII.)

On ne le peut pas; mais, comme l'on sait son rôle,
Qu'on peut ainsi que lui le jouer, si l'on veut 775
Que l'on le représente à sa place, on le peut.
LA BAGUENAUDIÈRE.
Quel malheur! Qu'est-ce encor?

SCÈNE XII.
MM. LA BAGUENAUDIÈRE, DE PRÉRAZÉ, etc., L'OLIVE et LE DÉCORATEUR.

LE DÉCORATEUR.
Sauvez-moi du caprice[1].
LA BAGUENAUDIÈRE.
Comment! vous n'avez pas votre habit de nourrice!
Qui vous détourne ainsi?
LE DÉCORATEUR.
C'est Monsieur Ragotin.
Ce petit avocat, aussi fou que mutin, 780
Croyant être attaqué de quelque hydropisie,
S'alloit faire saigner, bouffi de frénésie,
Et des bras et des pieds[2]. Moi, bonnement, j'ai dit
Que pour rire on avoit rétréci son habit;
Car Monsieur la Rancune avoit fait cet ouvrage. 785
Le petit glorieux, sensible à cet outrage,
M'ayant pris à partie, et m'en croyant l'auteur,
S'est acharné sur moi dans sa brusque fureur.
Mais le voici.

1. Du caprice, de la manie, d'un fou.
2. Ci-dessus, p. 340, note 1.

SCÈNE XIII.

MM. LA BAGUENAUDIÈRE, DE PRÉRAZÉ, ETC., L'OLIVE, LE DÉCORATEUR, RAGOTIN.

RAGOTIN, un chenet à la main.

Je veux qu'il meure à coups de barre.
Où donc se cache-t-il! Le voilà! gare, gare! 790

LA BAGUENAUDIÈRE.

Prenez garde.

DE MOUSSEVERTE.

Arrêtez.

DE BOISCOUPÉ.

Sauvons-nous de ce fol.

DE PRÉRAZÉ.

Morbleu! n'allez pas prendre ici Pierre pour Paul.

RAGOTIN, toujours le chenet levé.

Qu'on le livre, ou ma main va, sans que rien l'arrête,
Avecque ce chenet fendre plus d'une tête.

DES LENTILLES.

Attendez.

RAGOTIN.

C'en est fait!

TOUS ENSEMBLE, baissant la tête.

Ah!

SCÈNE XIV.

MM. LA BAGUENAUDIÈRE, DE PRÉRAZÉ, etc., L'OLIVE, LE DÉCORATEUR, RAGOTIN, LA RANCUNE.

LA RANCUNE, *le saisissant par derrière.*

Vous n'en ferez rien. 795

RAGOTIN, *se débattant.*

Chien!

LA BAGUENAUDIÈRE.

Ne le lâchez pas!

DE PRÉRAZÉ.

Monsieur, tenez-le bien.

RAGOTIN.

Ah! j'enrage.

LA RANCUNE.

Il me mord, le méchant petit homme.

LA BAGUENAUDIÈRE.

Il m'égratigne.

LE DÉCORATEUR.

Allons, il faut que je l'assomme.

DE BOISCOUPÉ.

Laissez.

LA BAGUENAUDIÈRE.

Ce coup de poing, assené bien et beau[1],
A jusqu'à son menton enfoncé son chapeau[2]. 800

---

1. Page 294 et note 5.
2. « Les mains de l'autre, qui avoient l'avantage du lieu, tombèrent à plomb cinq ou six fois sur le haut de sa tête, et si pesamment qu'elle entra dans son chapeau jusqu'au menton; dont le pauvre petit homme eut le siège de la raison si ébranlé, qu'il ne savoit plus où il en étoit. Pour dernier accablement, son adver-

RAGOTIN, le visage dans son chapeau.

Oh! oh!

DES LENTILLES, lui voulant ôter de force.

Quels hurlements! empêchons qu'il ne crève.

saire, en le quittant, lui donna un coup de pied au haut de la tête, qui le fit aller choir sur le cul au pied des comédiennes, après une rétrogradation fort précipitée....Son petit corps, tombé sur le cul, marqua si bien la fureur de son âme par les divers mouvements de ses bras et de ses jambes, qu'encore que l'on ne pût voir son visage, à cause que sa tête étoit emboîtée dans son chapeau, tous ceux de la compagnie jugèrent à propos de se joindre ensemble et de faire comme une barrière entre Ragotin et celui qui l'avoit offensé, que l'on fit sauver, tandis que les charitables comédiennes relevèrent le petit homme, qui hurloit cependant comme un taureau dans son chapeau, parce qu'il lui bouchoit les yeux et la bouche, et lui empêchoit la respiration. La difficulté fut de le lui ôter. Il étoit en forme de pot de beurre, et, l'entrée en étant plus étroite que le ventre, Dieu sait si une tête qui y étoit entrée de force et dont le nez étoit très grand, en pouvoit sortir comme elle y étoit entrée. Ce malheur fut cause d'un grand bien, car, vraisemblablement, il en étoit au plus haut point de sa colère, qui eût sans doute produit un effet digne d'elle si son chapeau, qui le suffoquoit, ne l'eût fait songer à sa conservation plutôt qu'à la destruction d'un autre. Il ne pria point qu'on le secourût, car il ne pouvoit parler, mais, quand on vit qu'il portoit vainement ses mains tremblantes à sa tête pour se la mettre en liberté, et qu'il frappoit des pieds contre le plancher, de rage qu'il avoit de se rompre inutilement les ongles, on ne songea plus qu'à le secourir. Les premiers efforts que l'on fit pour le décoiffer furent si violents qu'il crut qu'on lui vouloit arracher la tête. Enfin, n'en pouvant plus, il fit signe avec les doigts qu'on lui coupât son habillement de tête avec des ciseaux. Mlle de la Caverne détacha ceux de sa ceinture; et la Rancune, qui fut l'opérateur de cette belle cure, après avoir fait semblant de faire l'incision vis-à-vis du visage (ce qui ne lui fit pas une petite peur), fendit le feutre par derrière depuis le bas jusqu'en haut. Aussitôt que l'on eut donné de l'air à son visage, toute la compagnie éclata de rire de le voir aussi bouffi que s'il eût été prêt à crever, pour la quantité d'esprit qui lui étoit montée au visage; et de plus, de ce qu'il avoit le nez écorché. La chose en fût pourtant demeurée là, si un méchant railleur ne lui eût dit

RAGOTIN.

Oh! oh!

DE MOUSSEVERTE.

C'est pis.

LE DÉCORATEUR.

Voici de quoi lui donner trêve :
Avecque ces ciseaux il faut couper.

RAGOTIN.

Donnez.

LA BAGUENAUDIÈRE.

Par devant! vous allez lui taillader le nez.

RAGOTIN.

Oh!

LA RANCUNE.

Coupons par ici.

DE PRÉRAZÉ.

Dépêchez, il étouffe.   805

LA RANCUNE.

Soyez sage au moins.

RAGOTIN.

Oui.

LA RANCUNE, coupant le chapeau par derrière.

Voyez la lumière.

RAGOTIN.

Ouffe.

LA RANCUNE.

Rappelez vos esprits, reprenez tous vos sens ;
Courage.

qu'il falloit faire rentrer son chapeau. Cet avis hors de saison ralluma si bien sa colère, qui n'étoit pas tout à fait éteinte, qu'il saisit un des chenets de la cheminée, et, faisant semblant de le jeter au travers de toute la troupe, causa une telle frayeur aux plus hardis, que chacun tâcha de gagner la porte pour éviter le coup de chenet. » (*Le Roman comique*, Ire partie, chapitre x.)

SCÈNE XV.

MM. LA BAGUENAUDIÈRE, DE PRÉRAZÉ, etc.,
L'OLIVE, LA RANCUNE, RAGOTIN, LE DÉCO-
RATEUR, BLAISE BOUVILLON.

B. BOUVILLON.

Or, écoutez, Messieurs, petits et grands,
L'Étoile, en ce moment, cette charmante fille,
S'est de son propre pied disloqué la cheville.   810

LA BAGUENAUDIÈRE.

Quoi! l'Étoile est blessée? ô malheur inouï!

RAGOTIN.

L'ai-je bien entendu? l'Étoile est blessée?

B. BOUVILLON.

Oui.

RAGOTIN.

Messieurs, soutenez-moi. Par un récit funeste,
Funeste messager, instruisez-moi du reste :
Après je veux mourir.

B. BOUVILLON.

Pour venir babiller   815
Son rôle dans la pièce, elle alloit s'habiller;
Mais un vilain caillou s'est trouvé devant elle,
Qui par terre a fait choir la pauvre demoiselle.
Ma mère dans sa chambre est à la secourir :
Voilà le récit fait, et vous pouvez mourir.   820

RAGOTIN.

Vous êtes donc blessée, objet que j'idolâtre!

LA BAGUENAUDIÈRE.

Et que va devenir ma pièce de théâtre?
S'est-il vu sous le ciel auteur plus malheureux?
Où trouver une actrice? ô Sort trop rigoureux!

ACTE III, SCÈNE XV.

RAGOTIN.

Je serois votre fait, Monsieur, si j'étois femme : 825
Le rôle de l'Étoile est gravé dans mon âme,
Pour l'avoir fait au Mans repasser plusieurs fois.

LA BAGUENAUDIÈRE.

Vous savez Cléopâtre ?

RAGOTIN.

Oui ; j'ai sa même voix,
J'ai tout son même ton, comme elle je déclame;
J'ai même geste enfin ; mais je ne suis pas femme. 830

L'OLIVE.

Bon : la nécessité prend le dessus des lois[1];
La comédie étoit sans femmes autrefois;
Même encore un garçon fait la fille au collège :
Nous pouvons au besoin user du privilège.
Il reste encore un page.

LA BAGUENAUDIÈRE.

O Sort ingrat pour moi ! 835

L'OLIVE.

Monsieur de Bouvillon peut prendre cet emploi :
Il est bien facié[2], sa voix est agréable,
Et pour un page il est d'une taille admirable.

B. BOUVILLON.

Ferois-je bien cela tout de bon ?

L'OLIVE.

Oui, vraiment.

B. BOUVILLON.

Est-ce un grand rôle ?

L'OLIVE.

Il est de deux vers seulement.

---

1. « Force n'a point de loi » (*la Fiancée*, vers 385).
2. Ou facé : il a une belle face, une belle mine, un beau *facies*, comme on dit encore.

B. BOUVILLON

Sont-ils en prose?

L'OLIVE.

Non; je vais vous les apprendre
En un moment.

B. BOUVILLON.

Irai-je, ô beau-père?

LA BAGUENAUDIÈRE.

Ah! mon gendre,
Tout ceci me fatigue.

B. BOUVILLON.

Allons donc, menez-m'y.

LA BAGUENAUDIÈRE.

Que ne vous dois-je point, ô Blaise, mon ami!
Pour nous déterminer, suivons-les tous, de grâce ; 845
Et, si l'on peut jouer, nous viendrons prendre place.

FIN DU TROISIÈME ACTE.

ACTE IV.

SCÈNE PREMIÈRE.

MM. DE LA BAGUENAUDIÈRE, DE BOISCOUPÉ,
DE PRÉRAZÉ, DE MOUSSEVERTE, DES LEN-
TILLES.

LA BAGUENAUDIÈRE.

Vous qu'on nomme à bon droit les doctes du pays,
Qui, frappés en naissant au coin des beaux esprits,
Savez parfaitement faire un heureux triage
Du beau, du laid, du bon, du mauvais d'un ouvrage,
A l'aspect de celui que l'on va déclamer,
Contre tous ses défauts n'allez pas vous armer :
Tempérez la censure, ayez de l'indulgence
Pour la fragilité d'un auteur qui commence,
D'un novice rampant dans le sacré vallon[1], 855
Qui, quoique vieux, est jeune au métier d'Apollon.

DES LENTILLES.

Autant qu'Argus eut d'yeux[2] je voudrois des oreilles,
Pour de ce grand ouvrage entendre les merveilles.

DE BOISCOUPÉ.

Je voudrois le louer avec autant de voix
Que le grand Briarée[3] eut de bras autrefois. 860

---

1. Ci-dessus, p. 177 et note 1. — 2. Page 40 et note 1.
3. Un des géants qui tentèrent d'escalader le ciel.

— Mon docteur de menestre (de soupe, *minestra*), en sa mine [altérée,
   Avoit deux fois autant de mains que Briarée.
            (REGNIER, satire x, vers 291-292.)

DE PRÉRAZÉ.
De savourer vos vers mon esprit est avide.
DE MOUSSEVERTE.
Je les crois d'un savoir où le bon sens préside.
LA BAGUENAUDIÈRE.
Ah! Messieurs, vous parlez en amis de l'auteur.
Revêtus d'un esprit facile admirateur,
Vous chantez son triomphe, enflez sa renommée, 865
Avant qu'on ait encor la chandelle allumée[1].
DES LENTILLES.
Au fleurer, à l'odeur, on connoît le poisson.
DE BOISCOUPÉ.
Le bon terroir produit l'excellente moisson.
DE PRÉRAZÉ.
La beauté du ruisseau se juge par sa source.
DE MOUSSEVERTE.
La bonté du cheval se connoît à la course. 870
LA BAGUENAUDIÈRE.
Trève d'encens; Messieurs, cessez de me louer:
Un auteur n'est que trop facile à s'engouer[2].
La pièce que j'expose à vos doctes génies
Est un beau composé de ces rares saillies,
De ce bon goût nouveau, digne ouvrage du temps, 875
Où l'esprit prend partout le dessus du bon sens.
Fi! fi de ces auteurs enchaînés par les règles,
Qui, venant sur nos mœurs fondre comme des aigles,
Pensent, en beau discours nous peignant la vertu,
Nous donner de l'horreur pour le vice abattu. 880
Il est vrai que jadis, respectant leurs ouvrages,

1. Les chandelles qui éclairaient la scène. — « Les comédiens n'emploient à ces personnages muets que leurs moucheurs de chandelles et leurs valets. » (CORNEILLE, Examen du Cid, tome III, p. 100.) « J'avois résolu de ne les faire voir (mes Précieuses ridicules) qu'à la chandelle. » (MOLIÈRE, tome II, p. 47; ibidem, p. 91 et note 4.)
2. A prendre les louanges pour argent comptant.

ACTE IV, SCÈNE I.

Le cœur étoit touché de leurs doctes images ;
Les vives passions s'y faisoient admirer :
On étoit assez sot pour y venir pleurer.
Mais les temps ont changé. La triste tragédie,   885
Pour plaire maintenant, en farce travestie,
Des jolis quolibets et des propos bouffons
Préfère l'agrément à ses graves leçons :
Elle va ramasser dans les ruisseaux des halles[1]
Les bons mots des courtauds[2], les pointes triviales,   890
Dont, au bout du Pont Neuf, au son du tambourin,
Monté sur deux tréteaux, l'illustre Tabarin[3]
Amusoit autrefois et la nymphe[4] et le gonze[5]
De la Cour de Miracle[6] et du cheval de bronze[7].

1. *Les* proverbes traînés dans les ruisseaux des halles.
        (Molière, *les Femmes savantes*, vers 520.)

2. Des courtauds de boutique.
     .... Et s'il n'est courtaud de boutique
     Qui chez vous ne prenne du vin.
        (Régnier, *Louanges de Macette*, vers 59-60.)

3. Tome II, p. 270 et note 6.

4. Femme de mauvaise vie, coureuse, ribaude : ci-dessus, p. 57 et note 3. On donnait même autrefois aux filles de joie le nom de ponts-neufs, aussi bien qu'aux chansons triviales qu'on chantait et vendait sur ce pont, tant ces filles s'y rencontraient en foule.

5. Non pas le bourgeois, le naïf badaud, le « pante », mais rôdeur, le vagabond, le ruffien : le féminin « gonzesse » est encore très employé. Nous n'ignorons pas que l'italien *gonzo* signifie « niais, rustre, homme quelconque » ; mais dans notre langue le mot *gonze*, mot d'argot, a l'acception que nous indiquons.

6. La fameuse Cour de Miracle, ou des Miracles, rendez-vous des gueux, des mendiants, des malandrins, des larronnesses. Les mœurs bizarres de ces truands déguenillés, ce lieu mystérieux, fantastique, où le vol, la prostitution, le meurtre, tenaient toutes les nuits leur sabbat, semblèrent si extraordinaires et « si ridicules à la cour, dit Sauval, qu'ils servirent de passe-temps au Roi et d'entrée au ballet royal de *la Nuit* (1653), divisé en quatre parties, et dansé sur le théâtre du Petit-Bourbon. »

7. La statue équestre de Henri IV, érigée en 1614 sur le Pont

Voilà le véritable aimant des beaux esprits ; 895
Voilà, Messieurs, aussi le chemin que j'ai pris.
Antoine et Cléopâtre à vos yeux vont paroître,
Non pas tels qu'ils étoient, ni comme ils devroient être,
Mais tels qu'il faut qu'ils soient pour captiver les cœurs,
Par la main des fripiers vêtus en bateleurs ; [s'avance.
Vous savez bien, Messieurs.... Mais j'entends qu'on
Messieurs, un petit air avant que l'on commence.

<small>Les violons jouent ; et, les violons jouant, les Messieurs prennent place.</small>

SCÈNE II[1].

CLÉOPATRE, CHARMION.

<small>CLÉOPATRE, représentée par Ragotin.</small>

Non, non, je veux mourir ; ne m'en empêche pas.
Ha! ha!

<small>Neuf, à la hauteur de la place Dauphine. — Rapprochez *la Ville de Paris en vers burlesques*, par le sieur Berthod (Paris, 1652, in-4°), « les Filouteries du Pont Neuf » :</small>

<small>
Rendez-vous de charlatans,
De filous, de passe-volants,
Pont Neuf, ordinaire théâtre
De vendeurs d'onguent et d'emplâtre,
Séjour des arracheurs de dents...,
Des chanteurs de chansons nouvelles,
D'entremetteurs de damoiselles,
De coupe-bourses, d'argotiers,
De maîtres de sales métiers, etc. ;
</small>

<small>et *l'Art poétique* de Boileau, chants I, vers 81-86, III, vers 424-428 :</small>

<small>
.... Pour un faux plaisant à grossière équivoque,
Qui, pour me divertir, n'a que la saleté,
Qu'il s'en aille, s'il veut, sur deux tréteaux monté,
Amusant le Pont Neuf de ses sornettes fades,
Aux laquais assemblés jouer ses mascarades.
</small>

<small>1. Cette scène et les suivantes, jusqu'à la scène x inclusivement, sont une parodie de la tragédie de *Cléopâtre*, de la Cha-</small>

ACTE IV, SCÈNE II.

CHARMION, représentée par le Décorateur.
Le vilain ton! prenez-le un peu plus bas.
Ce n'est point là pleurer, c'est miauler, princesse. 905
CLÉOPATRE.
Je veux miauler, moi.
CHARMION.
D'où vient cette tristesse?
Quelle raison vous fait négliger vos appas?
En quel état ici paroissez-vous? hélas!
Une reine d'Égypte en habit d'Espagnole!
On va vous prendre ainsi pour Jeanneton la folle. 910
Allez couvrir ce corps d'un autre accoutrement :
Dans votre garde-robe entrons vite un moment;
Venez vermillonner ce visage de plâtre.
CLÉOPATRE.
Nourrice, au nom des dieux, laisse là Cléopâtre;
Elle ne pense plus qu'à mourir.
CHARMION.
A mourir? 915
CLÉOPATRE.
De noirs pressentiments viennent m'en avertir.
J'ai songé cette nuit un songe[1] épouvantable[2] :

---

pelle (Paris, 1682, in-12), représentée pour la première fois le 12 décembre 1681, et qui eut un grand succès, « et tel que depuis plusieurs années aucune autre n'en avoit eu de pareil » (les frères Parfaict, tome XII, p. 286), c'est-à-dire qu'elle eut 21 représentations, la dernière le 1ᵉʳ février 1682, grand succès en effet pour l'époque.

1. Chez Montaigne, tome III, p. 265 : « .... Le roy Midas..., troublé et fasché de quelque malplaisant songe qu'il auoit songé. »
2. Ce songe de Cléopâtre est la parodie du récit d'Agrippa dans la scène III de l'acte V de la *Cléopâtre* de la Chapelle :

.... Vers ces fameux tombeaux où j'ai porté mes pas,
Excité par les cris que poussoient nos soldats,
J'ai vu dans un état trop digne de vos larmes

En tombant, mon miroir s'est cassé sur ma table;
Mon lacet s'est rompu, mon collier défilé[1];
Antoine, étant venu chez moi, s'en est allé;   920
Je me suis mise au bain, l'eau paroissoit bourbeuse;
Le ciel brilloit d'éclairs, la mer étoit grondeuse;
De funestes oiseaux frappoient l'air de leurs cris;
J'ai vu des loups-garous, des hiboux, des esprits :
Octave s'est rendu maître d'Alexandrie.   925
Moi, pour me dérober à sa juste furie,
J'ai couru me cacher dans ces fameux tombeaux

> Ce chef si renommé pour la gloire des armes....
> Je l'ai vu dépouillé des marques de son rang,
> Pâle, défiguré, tout couvert de son sang....
> Cependant avec soin Cléopâtre enfermée,
> Et de tant de soldats justement alarmée,
> N'ose ouvrir le tombeau, regarde Antoine en pleurs,
> Dont sa présence encore augmente les douleurs,
> Lorsque de Charmion l'adresse favorable
> Surmonte par ses soins tout ce qui les accable.
> Dans ce besoin pressant, elle ajuste en liens
> Les voiles précieux de la Reine et les siens....
> Déjà par Charmion les tissus préparés
> Étoient de mille nœuds autour de lui serrés:
> Déjà la Reine même attachée au cordage
> Prêtoit ses belles mains à ce pénible ouvrage.
> Un maître, un empereur du monde et des Romains,
> Élevé lentement par de si foibles mains,
> Paroissoit comme en butte avec ignominie
> Aux insolents regards d'une armée ennemie.
> Chacun l'encourageoit, et lui-même, animé
> Par les tendres regards d'un objet trop aimé,
> Tâchoit de ramasser ses forces languissantes
> Et vers la Reine encor tendoit ses mains sanglantes.
> Que vous dirai-je enfin? un secours si nouveau
> Le conduit à nos yeux jusque dans le tombeau.
> La Reine entre ses bras le reçoit éperdue,
> Leur amoureux transport éclate à notre vue,
> Tout le monde est touché de joie et de douleur,
> Et d'un si tendre amour déplore le malheur.

1. Et les gouttes des fleurs sur leurs seins découlées
Y roulaient comme autant de perles défilées.
(LAMARTINE, *Jocelyn*, 1re époque.)

ACTE IV, SCÈNE II.

Où de feu mes aïeux sont les tristes lambeaux.
Tu me suivois partout, lorsque, las de combattre,
Antoine m'a crié : « Je me meurs, Cléopâtre! 930
Et vite à moi, je suis vilainement blessé[1] :
D'un grand coup de canon[2] j'ai l'intestin percé ;
A séparer nos cœurs le Sort têtu s'acharne. »
J'ai mis, à ces grands cris, la tête à la lucarne :
Charmion, qu'ai-je vu? j'ai vu ce conquérant, 935
Ce héros, invalide, affreux, pâle, et mourant,
Ranimer à mes yeux ses forces languissantes,
Sangloter, et vers moi tendre ses mains sanglantes.
Que te dirai-je enfin? tes soins officieux
Ont réduit en cordons nos voiles précieux ; 940
On l'en a garrotté : les chemises trempées,
A le tirer à nous nous étions occupées ;
Courbant sous ce fardeau, les ampoules aux mains,
Chacun, en maugréant, accusoit les destins
De voir en l'air pendu ce grand foudre de guerre[3], 945
Quand la corde se rompt : crac, pouf, il tombe à terre.
Voilà mon songe.

CHARMION.

Ah, Ciel! j'en frissonne pour vous ;
Mais rengainez[4] vos pleurs, Antoine vient à nous.

---

1. Tome IV, p. 96 et note 4 ; et ci-dessous, p. 386. — Même locution chez Gabriel Chappuys, tome I, fol. 63 r°, et « vilainement battu », *ibidem*, fol. 320 v°. Comparez « vilain horion » chez Froissart (livre I, chapitre CII).

2. Anachronisme plaisant, comme ci-dessous, vers 1050.

3. Tome I, p. 174 et note 11.

4. Pour l'emploi de ce verbe au figuré, voyez des exemples de Scarron, Molière, Voltaire, etc., chez Littré, 2°.

SCÈNE III.

ANTOINE, CLÉOPATRE, CHARMION.

CLÉOPATRE.

Que présage à mes yeux ce teint brun, cet œil louche ?
Qui vous fait larmoyer ? Antoine, ouvrez la bouche ;
Qu'avez-vous ?

ANTOINE, représenté par l'Olive.

De tintouins[1] mon esprit est rongé :
Par Octave de près je me trouve assiégé.
Ce petit sot me taille ici de la besogne[2],
Et m'en voilà camus[3] comme un chien de Boulogne[4].
Mais Éros vient à nous.

CLÉOPATRE.

Ciel ! qu'il paroît troublé ! 955

---

1. Dans la comédie de *la Coupe enchantée*, scène VIII : « .... J'ai bien d'autres tintouins dans la tête. »

2. Rapprochez *la Chose impossible*, vers 85 et note 4.

3. J'ai le nez cassé. Dans la lettre de notre poète *à l'Abbesse de Mouzon* (tome V *M.-L.*, p. 5) :

> Aussi, quand on vous fit abbesse,
> Et qu'on renferma vos appas,
> Qui fut camus ? c'est le trépas.

4. Chiens d'Artois ou chiens de Boulogne : « Ceux-ci sont, comme les « turquets », des chiens d'appartement; ils forment une variété du « doguin », de même que les « carlins », ainsi nommés dans le dernier siècle parce que leur tête ressemble à la figure d'Arlequin, dont l'acteur Carlin jouait le rôle avec le plus grand succès. Comme ces chiens ont le nez très écrasé, on disait proverbialement de quelqu'un qui est fort interdit de se voir trompé dans son attente : « Il est camus en chien d'Artois, camus « comme un chien de Boulogne. » (*Essai sur la langue de la Fontaine*, par M. Marty-Laveaux, p. 22.) Voyez *Je vous prends sans verd*, vers 360.

SCÈNE IV.

ANTOINE, CLÉOPATRE, ÉROS, CHARMION.

ÉROS.

A ce coup vous voilà comme un baudet sanglé[1],
Sire. Nous nous étions rangés sur les murailles
Pour ouïr un zéro[2], qui nous a dit : « Canailles,
Écoutez-moi. Je viens de la part de César,
Qui vous époustera[3] comme il faut, tôt ou tard,   960
Si vous ne lui livrez cette reine fichue[4],
Pour qui le grand Antoine a si fort la berlue,
Et qui l'a débauché. Sauvez-vous à ce prix. »

CLÉOPATRE.

Il a dit cela ?

ÉROS.

    Bon ! il a dit cent fois pis.
De tous les vilains noms qu'attire sur sa tête,   965
Au milieu de la halle, une bourgeoise en crête[5],
Les nommant, sans tourner tout droit autour du pot[6],

---

1. Tome VI, p. 59 et note 4. — 2. Un héraut.

3. Au figuré : rossera, battra : « Il craint d'estre espousseté à l'accoustumée auec bons coups de bastons. » (MERLIN COCCAIE, livre IV.) « Ayant accoustumé d'espousseter tous les iours ce malostru.... » (*Ibidem*, livre VIII.)

    Si tant de coups se pouvoient rendre,
    Sans qu'aucun de votre côté
    En demeurât époussété....
        (SCARRON, *le Virgile travesti*, livre I.)

Rapprochez le verbe « émoucher » au vers 95 du dernier conte de la Ire partie (tome IV, p. 141 et note 5).

4. Perdue.

5. Acrêtée, dressant la crête : disputant, rouge comme un coq, et la tête renversée. — « Vrayement tu es bien acresté à ce matin ! » (RABELAIS, tome I, p. 98.)

6. Voyez *Nicaise*, vers 24 et note 2.

Il n'en a pas perdu le moindre petit mot.
Dame! à ce compliment, prenant, grattant sa tête,
Chacun a mis de l'eau dans son vin : « La requête 970
Est juste, a-t-on crié. Qu'Antoine au berniquet
Envoyant Cléopâtre[1], abaisse son caquet :
Rompre avec une femme est une bagatelle. »

ANTOINE.

Moi, quitter ses beaux yeux ! que ferois-je sans elle?
M'arracher de son lit! moi, moi, la planter là! 975
On me verra plutôt, j'en jure, avant cela,
Cul-de-jatte, estropiat[2], impotent[3]; c'est tout dire.
Je vous défendrai mieux que je n'ai fait l'empire.

ÉROS.

« Assoté[4] comme il est de ses folles amours,
Antoine est assez fat[5] pour la garder toujours, » 980
A-t-on dit. A ces mots, tous vos Romains gendarmes,
Dégringolant les murs, et boutant bas[6] les armes,
Ont au camp de César couru comme des chiens.
Il ne vous reste plus que vos Égyptiens :
Encore ont-ils bien peur.

1. Envoyant Cléopâtre au berniquet, proprement aux privés, à l'endroit où l'on met le *bran* ou *bren*. Par extension, « envoyer au berniquet », perdre, ruiner :

<blockquote>
Une petite rente,
Qu'un monsieur m'avoit fait,
Mon coulant, ma branlante,
Tout est au berniquet.
</blockquote>

(VADÉ, *Dans les Gardes françoises*, quatrième couplet.)

2. « .... Et ainsy espargnant pour les estropiatz et souffreteux. » (RABELAIS, le tiers livre, chapitre II.)

3. Dans la fable XV du livre I, vers 12-13 et note 6 :

<blockquote>
Qu'on me rende impotent,
Cul-de-jatte, goutteux, manchot, etc.
</blockquote>

4. Page 135 et note 2.
5. Ci-dessus, vers 329. Voyez aussi tome III, p. 131.
6. Vers 300.

ANTOINE.

      Mon nom leur doit suffire :
Ils ne sont point vaincus puisque Antoine respire ;
Tant que dans l'univers il pourra respirer,
Il vivra : de cela courez les assurer;
Et, pour chasser la peur dont leur âme est saisie,
Qu'on leur donne à chacun pour un sou d'eau-de-vie.
Allez[1].

SCÈNE V.

ANTOINE, CHARMION, CLÉOPATRE.

ANTOINE.

  Il n'est plus temps de rien dissimuler :
Pour la dernière fois nous allons nous parler,
M'amour[2]; il faut crever, et ma perte est certaine.

---

1. Cette fin de scène est la parodie de la scène v de l'acte III de *Cléopâtre* :

ALBIN.

    Tous les Romains qui bordoient les remparts
Ont aux pieds d'Agrippa jeté vos étendards.
Irrités que déjà la trêve soit finie,
Ils sont avecque lui sortis d'Alexandrie.
Ceux qui sur les vaisseaux encor maîtres du port
Assuroient un asile à votre mauvais sort
Ont aussitôt suivi cet exemple funeste.
La garde de la Reine est tout ce qui vous reste,
Dont les soldats encore, épouvantés, confus,
Par leur propre frayeur sont à demi vaincus.

ANTOINE.

Rassurez-les, Albin ; mon nom leur doit suffire :
Ils ne sont point vaincus puisque Antoine respire.
Ils n'auront qu'à me suivre, Albin. Un seul combat
De nos lâches Romains punira l'attentat.
Allez, et préparez le peuple à se défendre :
Abandonné, trahi, je vais tout entreprendre.

2. Au tome IV, p. 290 et note 4 : « m'amie ».

CLÉOPATRE.

Quoi! Toinon....

ANTOINE.

Par vos pleurs n'augmentez point ma [peine!
Je n'en veux pourtant pas fermer les réservoirs;
C'est ici que sied bien l'usage des mouchoirs. [haine!
Pleurons, pleurons. Ah, Sort! quelle est pour moi ta
Adieu, ma chère enfant; adieu, ma pauvre reine;
Nous ne nous verrons plus. Avant que de partir,
J'ai cru de votre sort vous devoir avertir. 1000
Le Romain est brutal; il viole.

CLÉOPATRE.

Qu'importe?

ANTOINE.

Vous m'attendrissez trop; il est temps que je sorte
Adieu.

CLÉOPATRE.

Quoi! mon bouchon[1]....

ANTOINE.

Ne suivez point mes pas.
Je vais là-bas, avant que de voir mes soldats,
Boire un coup de vin pur pour rassurer mon âme, 1005
Et noyer dans ce jus le trouble.... Adieu, Madame[2].

---

1. Dans *l'École des maris* de Molière, vers 769 et note 3 : « Pauvre petit bouchon ! » dit Sganarelle à Isabelle.
2. Rapprochez la scène VI de l'acte III de *Cléopâtre* :

ANTOINE.

Madame, il n'est plus temps de rien dissimuler,
Pour la dernière fois nous allons nous parler.
Mon ennemi triomphe, et ma perte est certaine.

CLÉOPATRE.

Quoi, Seigneur?

ANTOINE.

Par vos pleurs n'augmentez point ma peine....
Nous ne nous verrons plus. Avant que de partir

SCÈNE VI.

CLÉOPATRE, CHARMION.

CLÉOPATRE.
Hélas! ah, Ciel! Sort! Dieux!
CHARMION.
       Que de termes divers!
En voilà pour orner au moins quarante vers
Des poètes du temps. Madame, êtes-vous folle?
CLÉOPATRE.
Le ciseau des douleurs me coupe la parole.   1010
CHARMION.
Le Sort, dont votre cœur est si favorisé,
Ne va donner taloche[1] à cet amant usé
Que pour vous en donner un autre jeune et brave,
Octave, en un mot....
CLÉOPATRE.
    Moi, je charmerois Octave!
CHARMION.
Pourquoi non? tout vous flatte, et c'est votre destin
D'avoir toujours en poche un empereur romain.

   J'ai cru de votre sort devoir vous avertir.
   Madame, s'il se peut, assurez votre vie,
   Et des cruels Romains évitez la furie.

Et plus loin, à la fin de la même scène :
ANTOINE.
   Ne suivez point mes pas.
Avant que je paroisse aux yeux de mes soldats,
Souffrez qu'en vous quittant je rassure mon âme,
Et tâche de cacher le trouble.... Adieu, Madame.

1. « Il faut toujours que, de près ou de loin, je reçoive quelque taloche de la Fortune. » (VOLTAIRE, lettre à Thiriot du 1ᵉʳ septembre 1735.)

CLÉOPATRE.

L'amour fait dans mon cœur d'étranges caprioles[1].
Mais ne me fais-tu point de promesses frivoles?
CHARMION.
Non. Pour plaire à César[2] allez vous ajuster;
Poudrez-vous les cheveux, faites-les frisotter[3]. 1020
Votre page paroît : je prends soin de l'ouvrage.
Soyez triste, et sortez tôt.

SCÈNE VII.

CLÉOPATRE, CHARMION, LE PAGE.

CLÉOPATRE.
Soutenez-moi, page.
LE PAGE, ou Bouvillon.
Madame, entrez chez vous, je crains que vous tombiez;
Vous ne me semblez pas trop ferme sur vos jambes.
LA BAGUENAUDIÈRE, se levant.
Pieds, ignorant!
B. BOUVILLON.
Hé bien! pieds ou jambes, qu'importe?

---

1. Voyez *l'Oraison de saint Julien*, vers 357 et note 6.
2. C'est aussi le conseil qu'Agrippa donne à Cléopâtre dans la scène v et dernière de l'acte V :

>Songez à mériter les bontés d'un vainqueur
>Qui connoît vos vertus et plaint votre malheur.

3. D'ung peigne d'yvoire blanc
    Frisottoient leurs tresses blondes.

(RONSARD, édition de 1623, Paris, in-fol., tome I, p. 525.)

>Vostre poil, que le temps ne change,
>Est aussi doré qu'une orange,
>Et plus qu'un chardon frisotté.

(REGNIER, *Louanges de Macette*, vers 19-21.)

L'un vaut l'autre.
LA BAGUENAUDIÈRE.
A-t-on vu rimer de cette sorte[1],
Bourreau?
B. BOUVILLON.
Je m'en bats l'œil[2]. Suis-je un comédien?
Qu'un autre fasse mieux.
LA BAGUENAUDIÈRE.
Poursuivez, ce n'est rien.
CHARMION, riant.
Je n'en puis plus.
B. BOUVILLON.
On rit de moi-même à ma face.
Messieurs les baladins, avant que le jour passe,　　1030
J'étrillerai quelqu'un, et sur un autre ton.
LA BAGUENAUDIÈRE.
Coquin, veux-tu rentrer? Si je prends un bâton....
Poursuivez.

---

1. « Je ne puis songer à ce jour-là que je ne rie de la plaisante façon dont le grand page s'acquitta de son rôle.... Il jouoit le rôle du page du vieux duc Aymond, et n'avoit que deux vers à réciter dans la pièce; c'est alors que ce vieillard s'emporte terriblement contre sa fille Bradamante, de ce qu'elle ne veut point épouser le fils de l'empereur, étant amoureuse de Roger. Le page dit à son maître :

Monsieur, rentrons dedans; je crains que vous tombiez :
Vous n'êtes pas trop bien assuré sur vos pieds.

Ce grand sot de page, quoique son rôle fût aisé à retenir, ne laissa pas de le gâter, et dit de fort mauvaise grâce, et tremblant comme un criminel :

Monsieur, rentrons dedans; je crains que vous tombiez :
Vous n'êtes pas trop bien assuré sur vos jambes.

Cette mauvaise rime surprit tout le monde. Le comédien qui faisoit le personnage d'Aymond en éclata de rire, et ne put plus représenter un vieillard en colère. Toute l'assistance n'en rit pas moins, etc. » (*Le Roman comique*, IIe partie, chapitre III.)

2. Je m'en moque : expression restée dans le langage familier.

SCÈNE VIII.

CHARMION, ÉROS.

CHARMION.

Éros vient, qui cherche Cléopâtre.
Que fait Antoine?

ÉROS.

Antoine est battu comme plâtre.

CHARMION.

Et Cléopâtre est morte, adieu.

ÉROS.

Bonsoir. Quel cas...!

SCÈNE IX.

ANTOINE, ÉROS.

ANTOINE.

Vous m'ôtez mon épée; ah! coquins! scélérats!
Éros, que fait la Reine? où faut-il que ma gloire....

ÉROS.

La reine Cléopâtre a passé l'onde noire[1].

ANTOINE.

Elle est morte?

ÉROS.

A peu près.

ANTOINE.

Est-il vrai, ce malheur?
Ciel!

ÉROS.

Elle-même a dit qu'elle l'étoit, Seigneur.
Je la vis l'autre jour aiguiser une dague :

---

1. *Daphné*, vers 578 et note 2.

Elle a pu dans son sein, en faisant zague, zague¹....
ANTOINE.
Mourons donc, cher Éros. Près d'Antoine assidu,
Il te souvient du jour où l'on t'auroit pendu
Pour avoir déserté. Je te donnai la vie,   1045
Pour me faire mourir quand j'en aurois l'envie.
Frappe donc. Tu pâlis! quelle peur te retient?
Ne te souvient-il plus...?
ÉROS.
Oui-da, il m'en souvient.
Non qu'à votre beau corps je veuille faire brèche;
Mais, tenez, faites-vous un licol de ma mèche²; 1050
Dans un endroit bien haut je vous attacherai,
Puis après par les pieds je vous brandouillerai³,
Et vous deviendrez mort.
ANTOINE.
Non; il faut ton épée.
Frappe, Éros, ne rends pas mon attente trompée.
ÉROS.
Vous donner le trépas, c'est vous faire mourir; 1055
Je vous dois seulement l'exemple de courir⁴ :
Imitez-moi.

1. Alors tout à mon aise, ayant en main ma dague,
Je vous la plongerai dans son sein, zague, zague.
(*Le Florentin*, scène III.)

Dans *le Parisien* de Champmeslé, acte II, scène VIII : « Faire et ziste et zeste avec sa pique. »

2. La mèche de mon arquebuse : comparez ci-dessus, vers 932.

3. Tirerai par les pieds, comme font les valets de bourreaux, agiterai, balancerai, deçà et delà. On dit aussi *brandiller*.

4. Parodie de la XIᵉ scène du IVᵉ acte de la tragédie de la Chapelle :

ANTOINE.
Cléopâtre n'est plus. Ah! dieux, le puis-je croire?
Elle ne vit donc plus qu'en ma triste mémoire?...
Hâtons-nous, cher Éros, d'assurer mon trépas;

ANTOINE.

Demeure, achève ton ouvrage.

ÉROS.

Eh bien! détournez donc cet auguste visage :
Me voilà prêt, Seigneur, selon votre desir,
A vous assassiner pour vous faire plaisir :   1060
N'ayez point peur, je vais vous percer la bedaine.

ANTOINE.

Arrête, il ne faut pas ensanglanter la scène[1];

Tu sais que tu me dois le secours de ton bras,
Lorsque je t'affranchis dans ma gloire passée,
Mes malheurs à venir occupoient ma pensée,
Et j'exigeai de toi qu'attentif à mon sort
Tu fusses toujours prêt à me donner la mort...,
Frappe donc ; c'est de toi que j'attends désormais
Tout ce qui fait l'objet de mes plus doux souhaits.
Frappe ; mais tu pâlis et trompes mon attente.
Qu'attends-tu si longtemps? qu'est-ce qui t'épouvante?
Quelle fausse pitié m'accable et te retient?
Ne te souvient-il plus...?

ÉROS.

Seigneur, il m'en souvient.

Il tire son épée.

Détournez un moment cet auguste visage,
Dont l'aspect révéré glaceroit mon courage.
Vous donner le trépas, ce seroit vous trahir;
Je vous dois seulement l'exemple de mourir.

Il se tue, et donne son épée à Antoine en mourant.

Imitez-moi, Seigneur.

ANTOINE.

Quelle image sanglante!
Quel exemple terrible à mes yeux se présente!
Ciel! un esclave meurt pour m'apprendre à mourir!
Mourons donc; sur ses pas hâtons-nous de courir.

Antoine se frappe.

1. *Ne pueros coram populo Medea trucidet, etc.*
(HORACE, *Art poétique*, vers 185.)

— La mort d'Antoine et d'Éros sur la scène, dans *Cléopâtre*, avait quelque peu choqué le public : « Ce coup de théâtre, disent les frères Parfaict (tome XII, p. 294-295), est neuf et frappant. Il n'a pas cependant été généralement goûté des spectateurs, qui

La règle le défend, il m'en souvient : holà !
ÉROS.
Qu'importe si la règle....

SCÈNE X.

ANTOINE, ÉROS, CLÉOPATRE, MM. DE LA BAGUENAUDIÈRE, etc.

CLÉOPATRE.

Ha, ha, ha, ha, ha, ha !
La pauvre Cléopâtre est bien défigurée ;   1065
Vous voyez comme on l'a dans ces lieux accoutrée[1].

LA BAGUENAUDIÈRE.

Et qui donc ?

CLÉOPATRE.

Un bélier altéré de mon sang.

ne pouvoient voir qu'avec peine la scène ensanglantée. Il est vrai que les exemples en sont rares chez les anciens, et que les modernes ne les ont employés qu'avec précaution ; mais, à la fin, le public s'y est accoutumé : qu'auroit-il dit, du temps de M. la Chapelle, à la première représentation de *Venise sauvée*[a] ? » La Chapelle, dans la préface de sa tragédie (tome II de ses *OEuvres*, Paris, 1700, in-12, p. 166-168), prend lui-même soin de justifier sa hardiesse par les exemples des anciens.

1. Dans *le Cocu*, vers 136 et note 5 :

.... De horions laidement l'accoutra.

Chez des Périers, tome II, p. 11, déjà cité dans cette note du *Cocu* : « Mercy Dieu ! dit elle, tu en veulx donc auoir, magister crotté ? Allons, allons par ordre, gros baudet, et tu verras comment ie t'accoustrerai » ; chez Rabelais, tome II, p. 321 : « Il fut si bien accoustré que le sang luy sortoit par la bouche, par le nez, par les aureilles, par les œilz : au demourant courbatu. espaultré, et froissé, teste, nucque, dos, poictrine, braz, et tout. »

[a] D Otway : 1682. Le dernier acte de cette pièce est en effet rempli de scènes de meurtre, de suicide, de supplice.

Au scandale des lois[1], au mépris de mon rang,
Insensé, du respect ayant franchi les bornes,
Entre les deux yeux juste il m'a planté ses cornes[2] : 1070
J'en demande vengeance.

1. « Au trez grand esclandre, lesion et scandalle de iustice », comme on lit dans les vieilles Ordonnances.

2. Cette aventure arrive à Ragotin dans le chapitre xx et dernier de la II.ᵉ partie du *Roman comique* : « De quelle façon le sommeil de Ragotin fut interrompu. — Il y avoit un bélier dans l'hôtellerie, à qui la canaille qui va et vient d'ordinaire en de semblables maisons, avoit accoutumé de présenter la tête, les mains devant, contre lesquelles le bélier prenoit sa course, et choquoit rudement de sa tête, comme tous les béliers font de leur naturel. Cet animal alloit sur sa bonne foi par toute l'hôtellerie, et entroit même dans les chambres, où on lui donnoit souvent à manger.... Il aperçut Ragotin à qui le chapeau étoit tombé de la tête, et qui.... la haussoit et la baissoit souvent; il crut que c'étoit un champion qui se présentoit à lui pour exercer sa valeur contre la sienne : il recula quatre ou cinq pas en arrière, comme on fait pour mieux sauter, et, partant comme un cheval dans une carrière, alla heurter de sa tête armée de cornes celle de Ragotin, qui étoit chauve par en haut. Il la lui auroit cassée comme un pot de terre, de la force qu'il la choqua ; mais, par bonheur pour Ragotin, il la prit dans le temps qu'il la haussoit, et ainsi ne fit que lui froisser superficiellement le visage. L'action du bélier surprit tellement ceux qui la virent, qu'ils en demeurèrent comme en extase, sans toutefois oublier d'en rire ; si bien que le bélier, que l'on faisoit toujours choquer plus d'une fois, put sans empêchement reprendre autant de champ qu'il lui en falloit pour une seconde course, et vint inconsidérément donner dans les genoux de Ragotin, dans le temps que, tout étourdi du coup du bélier, et le visage écorché et sanglant en plusieurs endroits, il avoit porté ses mains à ses yeux, etc. »

SCÈNE XI.

MM. DE LA BAGUENAUDIÈRE, DE PRÉRAZÉ, ETC.;
RAGOTIN, ISABELLE.

ISABELLE.

Ah! mon père! au jardin,
Monsieur Bouvillon vient d'attaquer le Destin :
Ils sont aux mains.

LA BAGUENAUDIÈRE.

Allons empêcher ce carnage.

RAGOTIN.

Oh! juste Ciel! j'ai fait un bel apprentissage.

FIN DU QUATRIÈME ACTE.

ACTE V.

SCÈNE PREMIÈRE.

RAGOTIN, LA RANCUNE.

RAGOTIN.

Le Destin s'est, dit-on, battu comme un lion ;
Et, ma foi ! c'étoit fait de Blaise Bouvillon,
Si d'une prompte fuite il n'avoit pris la voie.

LA RANCUNE.

S'il eût été tué, que j'aurois eu de joie !

RAGOTIN.

Est-ce que Bouvillon te choque ou t'a rendu....

LA RANCUNE.

Non ; c'est que le Destin auroit été pendu.
Depuis que d'un soufflet il m'a donné la touche[1],
Pour quelque démenti prononcé par ma bouche,
Quoiqu'à nous embrasser on ait vu ma ferveur,
Ce soufflet m'est toujours demeuré sur le cœur ;
Et sans cesse en secret sensible à cette offense....

RAGOTIN.

Ah ! pour un temps, ami, suspends cette vengeance,
Jusqu'à ce que tes soins, propices à mon cœur,
A m'être favorable accoutument sa sœur.
Je l'aime, et, si tu n'as pitié de ma souffrance,

---

1. Voici pour votre adresse une assez rude touche.
(CORNEILLE, *le Menteur*, vers 1558.)

ACTE V, SCÈNE I.

Dans deux jours il n'est plus de Ragotin en France.
LA RANCUNE.
Pour vous servir je veux oublier mon courroux ;
Et, pour vous témoigner combien je suis à vous,
Je vais vous en donner la marque la plus tendre
Que d'un cœur généreux un ami puisse attendre.
RAGOTIN.
De trop d'honnêteté c'est me favoriser.   1095
LA RANCUNE.
Je n'en userois pas comme j'en vais user,
Si je ne vous aimois autant que je vous aime,
Et ne vous regardois comme un autre moi-même.
RAGOTIN.
Je te suis obligé.
LA RANCUNE.
      Ce que vous allez voir
Vous montrera sur moi quel est votre pouvoir.   1100
RAGOTIN.
Parle, achève, mon cher, de me combler de joie.
LA RANCUNE.
N'auriez-vous point sur vous dix écus de monnoie ?
Prêtez-les-moi. Parbleu ! je suis garçon de cœur :
Je ne les prendrois pas d'un autre.
RAGOTIN.
                Trop d'honneur.
LA RANCUNE.
Si je n'avois pour vous une ardeur singulière,   1105
Je ne vous ferois pas une telle prière.
RAGOTIN, tirant d'un bourson[1].
Je le crois. Tiens, voilà déjà demi-louis.
LA RANCUNE.
Les amis, au besoin[2], sont toujours les amis :

---

1. Pochette, gousset, de son haut-de-chausses, de sa culotte.
2. Vers 728 et note 1.

Je n'emprunterois pas d'aucun autre une obole.
RAGOTIN, *tirant d'une bourse de sa poche.*
Oh! ce demi-louis avec cette pistole, 1110
Et puis ces trente sous, cela fait six écus.
LA RANCUNE.
Est-elle de poids?
RAGOTIN.
Oui.
LA RANCUNE.
Dans deux jours tout au plus,
Employant tous mes soins près de votre maîtresse,
Vous entendrez parler pour vous de mon adresse[1].
RAGOTIN, *tirant de l'autre poche.*
Voilà trois écus blancs, qui font neuf justement. 1115
LA RANCUNE.
Ma foi! vous m'avez plu tantôt infiniment
Dans le rôle....

SCÈNE II.

RAGOTIN, LA RANCUNE, UN LAQUAIS.

LE LAQUAIS.
Monsieur de la Baguenaudière

---

1. « Ragotin avoua à la Rancune que, s'il différoit plus long-temps à le mettre bien dans l'esprit de la l'Étoile, la France alloit être sans Ragotin. La Rancune lui donna de bonnes espérances ; et, pour lui témoigner l'estime particulière qu'il faisoit de lui, le pria de lui prêter pour vingt-cinq ou trente francs de monnoie. Ragotin pâlit à cette prière incivile, se repentit de ce qu'il venoit de lui dire, et renonça quasi à son amour; mais enfin, en enrageant tout vif, il fit la somme en toute sorte d'espèces qu'il tira de différents boursons, et la donna fort tristement à la Rancune, qui lui promit que, dès le jour d'après, il entendroit parler de lui. » (*Le Roman comique*, IIe partie, chapitre xvii.)

De le venir trouver vous fait une prière.
RAGOTIN.
J'y cours. Ah! que n'ai-je eu plus tôt cet ordre-ci!

SCÈNE III.

LA RANCUNE, à Ragotin qui s'en va.

Au moins vous me devez un écu, songez-y. 1120
Je vois venir l'Étoile, et son frère avec elle :
De bien près, ce me semble, il obsède Isabelle.
Seroit-il assez fou pour oser l'enlever?
Tout aujourd'hui de près je le veux observer.

SCÈNE IV.

L'ÉTOILE, LE DESTIN.

L'ÉTOILE.

Oui, je n'ai feint tantôt que je m'étois blessée, 1125
Qu'afin qu'en se rangeant dans ma chambre, empressée,
Madame Bouvillon m'expliquât en effet
Tout ce qu'elle pensoit de vous et du billet.
Heureusement, vous dis-je, elle l'a pris pour elle;
Elle vous cherche.

LE DESTIN.

Allons, entrons chez Isabelle. 1130
Tantôt, sans Bouvillon, j'eusse été loin de vous.
Ses coups, que j'imputois à son dépit jaloux
De voir entre mes mains l'objet qui sait lui plaire,
M'ont fait....

L'ÉTOILE.

Songez à vous, je vois venir sa mère.

SCÈNE V.

MADAME BOUVILLON, L'ÉTOILE, LE DESTIN.

MADAME BOUVILLON.

Pour savoir le détail de ce qui s'est passé,   1135
Je vous cherche. Eh, mon Dieu! n'êtes-vous point blessé?
Contre ce fils ingrat juste est votre colère;
Mais ne la faites point passer jusqu'à sa mère.

LE DESTIN.

Je pouvois aisément lui donner le trépas;
Mais mon respect pour vous a retenu mon bras.   1140

MADAME BOUVILLON.

Hélas! dans ce moment je m'amusois à lire
Certain billet galant que vous veniez d'écrire.
Vous rougissez! Non, non, bien loin d'être perdu,
Au gré de vos souhaits le hasard l'a rendu:
Il est entre des mains qui vous sont favorables.   1145
Vous devez quelque grâce à mes soins charitables;
Venez, pour dissiper le trouble où je vous voi,
Parler de ce billet au jardin avec moi.

LE DESTIN.

J'ai de vous obéir une ardeur singulière;
Mais je crains....

MADAME BOUVILLON.

Quoi?

LE DESTIN.

Monsieur de la Baguenaudière.
Vous savez quels travers il s'est mis dans l'esprit;
J'en suis la seule cause, et vous me l'avez dit.

MADAME BOUVILLON.

Ne craignez rien. Monsieur de la Baguenaudière,
Sur qui mon bien me donne une puissance entière,

ACTE V, SCÈNE VI.

Dans un moment ou deux, va, par mon ordre, au Mans
Inviter un parent de se rendre céans.
J'ai su trouver exprès ce devoir de famille ;
Il va dans un moment partir avec sa fille.

LE DESTIN.

Avec Isabelle ?

MADAME BOUVILLON.

Oui, sans crainte, désormais....

LE DESTIN.

Mais, Madame, céans vous avez des valets....

L'ÉTOILE.

Et bien, pour vous parer[1] tous deux d'une surprise,
En allant au jardin que chacun se déguise.

MADAME BOUVILLON.

Elle a raison.

L'ÉTOILE.

Prenez quelques voiles épais,
Qui vous puissent cacher aux yeux de vos valets ;
Moi, j'aurai soin aussi de déguiser mon frère. 1165

MADAME BOUVILLON.

Aux yeux des surveillants[2] peut-on mieux se soustraire ?
J'y cours.

SCÈNE VI.

LE DESTIN, L'ÉTOILE.

LE DESTIN.

Ah, Ciel ! à quoi m'engagez-vous, ma sœur ?

L'ÉTOILE.

Pour servir votre amour je flatte son erreur :
De ce déguisement j'ai trouvé le mystère,
Afin de l'obliger à nous laisser, mon frère. 1170

1. Garantir, mettre à couvert. — 2. *Le Petit Chien*, vers 179.

SCÈNE VII.

ISABELLE, LE DESTIN, L'ÉTOILE.

ISABELLE.

Je vous cherchois : mon père, en mon appartement,
D'aller au Mans sans lui m'a fait commandement.
D'où vient qu'à ce voyage ainsi seule il m'expose?
Est-ce pour m'éprouver?...

L'ÉTOILE.

              Non; en voici la cause :
Il m'est venu prier d'une collation[1],   1175
Qu'il vouloit me donner au petit pavillon.

LE DESTIN.

Quel bonheur! ce voyage enfin nous favorise;
Il me va donner lieu d'achever l'entreprise,
Puisque vous allez seule.

ISABELLE.

            Ah! ne vous trompez pas :
Une vieille parente accompagne mes pas,   1180
Et Monsieur Ragotin pareillement. Mon père
L'a prié de cela; je ne puis m'en défaire[2] :
Il m'attend au carrosse, et va venir ici
Si je tarde un moment encore, et.... le voici.

LE DESTIN.

A l'arrêter ici mettez tout en usage,   1185
Ma sœur; n'épargnez rien....

L'ÉTOILE.

            A cela je m'engage :

---

1. Tome IV, p. 274 et note 1 : « prier d'une danse ».
2. Rapprochez *le Cocu*, vers 70 :
    Je ne me puis dépêtrer de cet homme.

Sortez, allez attendre Isabelle ici près,
Courez; et vous, songez à le suivre de près.
ISABELLE.
Juste Ciel! la frayeur s'empare de mon âme.

SCÈNE VIII.
ISABELLE, L'ÉTOILE, RAGOTIN.

RAGOTIN.
Le carrosse attelé de trois chevaux, Madame, 1190
Et la tante après vous attendent pour partir.
Elle m'envoie exprès pour vous en avertir.
L'ÉTOILE.
Elle fait signe à Isabelle de s'en aller, et arrête Ragotin.
Vous allez donc au Mans?
RAGOTIN.
    Oui, beauté printanière.
De la part de Monsieur de la Baguenaudière,
Je....
L'ÉTOILE.
  Monsieur Ragotin part, et ne me vient pas 1195
Demander, lui qu'on voit charmé de mes appas,
Si je n'ai point besoin au Mans de quelque emplette.
Quel galant!
RAGOTIN.
   En cela si ma bouche est muette,
C'est que chaque pays pour tout ne sont pas bons.
Du Mans il ne vient rien d'exquis que des chapons:
Ce n'est pas votre fait[1].
L'ÉTOILE.
    J'ai besoin de dentelles;

---

1. Ci-dessus, p. 129, 351, etc.

J'en vis chez un marchand l'autre jour de fort belles :
Faites-les acheter.

RAGOTIN.

Isabelle est là-bas,
Elle m'attend, j'y cours : sans tout cet embarras,
Votre commission occuperoit mon âme.
Une autre fois au Mans exprès pour vous, Madame,
Je me rendrai.

L'ÉTOILE.

Comment! j'en ai besoin ce soir;
Je m'en vais vous donner de l'argent pour l'avoir.
Tirez-moi ma cassette, elle est dans cette caisse.

RAGOTIN.

Volontiers; mais en vain je la cherche et me baisse :
La cassette à mes yeux ne s'offre point ici.

L'ÉTOILE, le voyant à demi-corps dans la caisse.

Cherchez bien. Du dessus du coffre que voici,
Faisons un trébuchet[1] au pauvre petit homme;
Qu'il s'en retire après.

RAGOTIN.

Ce couvercle m'assomme,
Mademoiselle, et tôt levez-le; il pèse fort[2]. 1215

1. Piège, cage ou coffre, dont la partie supérieure fait bascule, trébuche, pour peu qu'on y touche. Comparez la comédie du *Florentin*, vers 525.

2. « On ouït dans la chambre haute des hurlements fort peu différents de ceux que fait un pourceau qu'on égorge, et celui qui les faisoit n'étoit autre que le petit Ragotin. Le curé, les comédiens, et plusieurs autres coururent à lui, et le trouvèrent tout le corps, à la réserve de la tête, enfoncé dans un grand coffre de bois qui servoit à serrer le linge de l'hôtellerie; et ce qu'il y avoit de plus fâcheux pour le pauvre encoffré, le dessus du coffre, fort pesant et massif, étoit tombé sur ses jambes, et les pressoit d'une manière fort douloureuse à voir. Une puissante servante, qui n'étoit pas loin du coffre quand ils entrèrent, et qui leur paroissoit fort émue, fut soupçonnée d'avoir si mal placé

SCÈNE IX.

LA BAGUENAUDIÈRE, RAGOTIN.

LA BAGUENAUDIÈRE, enveloppé d'un manteau.

Pour me servir, Amour, fais de grâce un effort.
Madame Bouvillon me croit loin du village ;
De ce vaste manteau couvrons-nous le visage ;
Allons prendre l'Étoile.

RAGOTIN, dans la caisse.

Aye ! ouf ! je vais mourir.

LA BAGUENAUDIÈRE.

Qu'entends-je ?

RAGOTIN.

Et vite à moi ! tôt.

LA BAGUENAUDIÈRE.

Sans nous découvrir,
Allons débarrasser ce pauvre petit homme.

RAGOTIN, sortant de la caisse.

Si.... Que vois-je ? l'Étoile est changée en fantôme !
Ne seroit-ce point lui qui vient de me coffrer[1] ?
Que n'ai-je un instrument propre pour balafrer !
Mais vengeons-nous des poings. Ah ! le traître m'accable[2] !
Sauvons-nous ; ce n'est pas un homme, c'est un diable.

Ragotin. La chose étoit vraie, et elle en étoit toute fière....
Cependant le demi-homme fut tiré de sa chausse-trappe. » (*Le
Roman comique*, IIe partie, chapitre VII.)

1. Au sens propre du mot.
2. En effet la Baguenaudière riposte avec avantage..., et avec
un bâton (vers 1228 et 1251-1252).

SCÈNE X.

LA BAGUENAUDIÈRE.

Avant qu'aller au Mans, ce fat s'est enivré.
Parbleu! si ce bâton ne m'en eût délivré,
De mon déguisement il eût percé le voile ;
Mais pour notre repas allons chercher l'Étoile. 1230

SCÈNE XI.

MADAME BOUVILLON, LA BAGUENAUDIÈRE.

MADAME BOUVILLON, avec un voile.
Le Destin au berceau[1] n'a point frappé mes yeux,
Et son retardement[2] me ramène en ces lieux.
LA BAGUENAUDIÈRE.
Que j'aurai de plaisir!... Mais la voici; c'est elle.
MADAME BOUVILLON.
Le voilà; j'avois tort de soupçonner son zèle[3].
LA BAGUENAUDIÈRE.
Est-ce vous?
MADAME BOUVILLON.   [vous?
Oui, c'est moi. Mais vous-même, est-ce
LA BAGUENAUDIÈRE.
C'est moi-même, ravi d'avoir ce rendez-vous!
Souffrez que mon amour à vos yeux se déploie.
MADAME BOUVILLON.
Souffrez que vos regards soient témoins de ma joie.

1. Au berceau de verdure, au jardin.
2. Tome VI, p. 134 et note 4. — 3. Page 158 et note 3.

ACTE V, SCÈNE XII.

LA BAGUENAUDIÈRE, *ôtant son manteau.*

Sincère est mon ardeur.

MADAME BOUVILLON, *ôtant son voile.*

Pure est ma passion.

LA BAGUENAUDIÈRE.

Ah!

MADAME BOUVILLON.

Ah!

LA BAGUENAUDIÈRE.

Ah! c'est donc vous, Madame Bouvillon?

MADAME BOUVILLON.

Ah! c'est donc vous, Monsieur de la Baguenaudière?
Vous croyiez voir ici l'Étoile poussinière[1].
Sachant bien que pour elle on me manquoit de foi,
J'ai feint exprès ainsi pour en juger par moi.

SCÈNE XII.

LA BAGUENAUDIÈRE, MADAME BOUVILLON, RAGOTIN.

RAGOTIN, *le pied dans un pot de chambre.*

Ne trouverai-je ici qu'outrage sur outrage?   1245
Maudit château! maudit amour! maudit voyage!

LA BAGUENAUDIÈRE.

Qui vous oblige donc d'avoir ce pié d'estal[2]?

---

1. Jeu de mot : les Pléiades, nommées par le peuple la Poussinière, la couvée de poussins.

> Que font tous ces vaillans de leur valeur guerrière,
> Qui touchent du penser l'Estoile poussinière.
> (REGNIER, satire VI, vers 217-218.)

Voyez aussi Rabelais, tomes I, p. 192, II, p. 419.

2. Telle est bien l'orthographe de l'édition originale.

RAGOTIN.
Ah!

MADAME BOUVILLON.
Qui vous fait marcher sur ce pied de métal?
Et pourquoi fuir Monsieur de la Baguenaudière?

RAGOTIN.
C'est qu'un diable tantôt, fait de même manière, 1250
Mais mille fois plus grand, a chargé sur mon dos
Cent millions de coups d'un bâton court et gros;
J'ai fui, croyant l'avoir incessamment en queue,
Faisant à chaque pas un demi-quart de lieue,
Tout hérissé de peur, lorsque j'ai rencontré 1255
Un maudit pot de chambre où mon pied est entré.
Aux cris que j'ai poussés, gémissant de foiblesse,
Un chien est survenu qui m'a mordu la fesse;
Mais je n'ai point songé qu'à ce pied empoté
Que si vilainement[1] la fortune a botté[2]. 1260

1. Ci-dessus, p. 359 et note 1.
2. « Le hasardeux Ragotin se précipita courageusement du lit en bas; mais un coup si hardi n'eut pas le succès qu'il méritoit : son pied entra dans le pot de chambre que l'on avoit laissé dans la ruelle du lit, pour son grand malheur, et y entra si avant que, ne l'en pouvant retirer à l'aide de son autre pied, il n'osa sortir de la ruelle du lit où il étoit, de peur de divertir davantage la compagnie et d'en attirer sur soi la raillerie, qu'il entendoit moins que personne du monde. Chacun s'étonnoit fort de le voir si tranquille après avoir été si ému : la Rancune se douta que ce n'étoit pas sans cause. Il le fit sortir de la ruelle du lit, moitié bon gré, moitié par force; et lors tout le monde vit où étoit l'enclouure, et personne ne put s'empêcher de rire voyant le pied de métal que s'étoit fait le petit homme. Nous le laisserons foulant l'étain d'un pied superbe.... Si Ragotin eût pu de son chef, et sans l'aide de ses amis, se dépoter le pied, je veux dire le tirer hors du méchant pot de chambre où il étoit si malheureusement entré, sa colère eût pour le moins duré le reste du jour; mais il fut contraint de rabattre quelque chose de son orgueil naturel, et de filer doux, priant humblement Destin et la Rancune de travailler à la liberté de son pied, droit ou gauche, car je

ACTE V, SCÈNE XII.

Je mettois vainement ce pied à la torture
Pour chercher les moyens d'ôter cette chaussure[1],
Quand un homme est venu de la part du Destin,
Et d'Isabelle aussi, pour me remettre en main
Le billet que voilà. Surpris à sa lecture,   1265
Oubliant tous les maux de ma triste aventure,
J'ai fait de vous chercher mes plus fortes raisons[2]
Pour vous en faire part. Tenez, lisez.

LA BAGUENAUDIÈRE.

Lisons.

« Monsieur Ragotin, ne vous donnez point la peine de me chercher pour vous charger de ma conduite. Si mon père vous demande compte de la commission qu'il vous en a donnée, apprenez-lui que je suis entre les mains de M. le Destin, à qui j'ai donné ma foi, comme au seul homme qui s'est offert pour me délivrer du joug où m'alloit jeter le mariage de Blaise Bouvillon pour qui j'ai une aversion insurmontable.

« Je suis, etc. »

n'ai pas su lequel. Il ne s'adressa pas à l'Olive, à cause de ce qui s'étoit passé entre eux; mais l'Olive vint à son secours sans se faire prier, et ses deux camarades et lui firent ce qu'ils purent pour le soulager. Les efforts que le petit homme avoit faits pour tirer son pied hors du pot l'avoient enflé, et ceux que faisoient Destin et l'Olive l'enfloient encore davantage. La Rancune y avoit d'abord mis la main; mais si maladroitement, ou plutôt si malicieusement, que Ragotin crut qu'il vouloit l'estropier à perpétuité; il l'avoit prié instamment de ne s'en mêler plus; il pria les autres de la même chose, et se coucha sur un lit, en attendant qu'on lui eût fait venir un serrurier pour lui limer le pot de chambre sur le pied. » (*Le Roman comique*, II⁰ partie, chapitres VII-VIII.)

1. Ces pots étaient d'étain, et avaient la forme de sabots, comme les anciennes baignoires.
2. Ma première affaire, mon but principal. — Dans la comédie du *Florentin*, vers 4 :

Il fait de vous tuer sa principale affaire.

Je crois que ce perfide est de l'intelligence[1].
Ton zèle a ménagé cette furtive absence[2] : 1270
De ma fille tantôt tu m'avois répondu;
Tu m'as trahi, Judas; mais tu seras pendu.

RAGOTIN.

Pendu? moi?

MADAME BOUVILLON.

Toi, pendu : diffamer[3] ma famille,
M'enlever une bru, faire un rapt de sa fille;
Pendu, pendu, pendu!

RAGOTIN.

Je suis tout éperdu. 1275

LA BAGUENAUDIÈRE.

Il faut l'épouvanter : pendu, pendu, pendu!

RAGOTIN.

Quelle grêle de maux! Ciel! pour les autres, passe;
Mais me voici tombé de fièvre en chaud mal[4]; grâce!

LA BAGUENAUDIÈRE.

Abus[5]!

RAGOTIN.

Ayez pitié d'un avocat.

MADAME BOUVILLON.

Chansons!

LA BAGUENAUDIÈRE.

Apprends-moi leur retraite à l'instant, dépêchons, 1280
Ou....

1. *Le roi Candaule*, vers 88 et note 3. — 2. Ci-dessus, vers 369.
3. Tome IV, p. 77 et note 5.

— Trouves-tu beau, dis-moi, de diffamer ma fille? etc.
(MOLIÈRE, *Dépit amoureux*, acte III, scène VIII.)

4. D'un état fâcheux dans un pire.

— Et de fièvre en chaud mal me voici, Monseigneur,
Enfin tombé....
(Lettre à Foucquet, tome III *M.-L.*, p. 293.)

5. *Abus!* ici, non pas au sens d' « erreur », comme au tome V, p. 216, mais au sens de « plaisanterie », « mauvaise plaisanterie ».

RAGOTIN.
Moi, je n'en sais rien.
LA BAGUENAUDIÈRE.
Pour changer de langage,
Holà! quelqu'un! Allez, qu'on le pende.
RAGOTIN.
A mon âge!
Avant que de me pendre, ayez de moi pitié :
Tirez-moi, s'il vous plaît, cette épine du pied;
Je cours risque autrement, foi d'homme qui vous prie,
D'en être estropié le reste de ma vie.
LA BAGUENAUDIÈRE.
Puisqu'il ne parle pas, pendez-moi ce coquin.

SCÈNE XIII.

LA BAGUENAUDIÈRE, MADAME BOUVILLON, RAGOTIN, LA RANCUNE.

LA RANCUNE.
Hélas! où traîne-t-on notre ami Ragotin?
Qu'a-t-il dit? qu'a-t-il fait? ne sauroit-on l'apprendre?
Où va-t-on vous mener, mon cher?
RAGOTIN.
On me va pendre,
Et je ne sais comment me tirer de là.
LA RANCUNE.
Quoi?
J'ai deux mots importants à dire; écoutez-moi :
Suspendez jusque-là la sentence mortelle.
LA BAGUENAUDIÈRE.
Pourquoi?
LA RANCUNE.
Nous nous aimons d'une amour fraternelle,

Et je voudrois bien voir la grâce qu'il aura 1295
Au bois patibulaire¹ alors qu'on le pendra².
LA BAGUENAUDIÈRE.
Ce coquin, au mépris de toute ma famille,
A servi le Destin pour enlever ma fille.
LA RANCUNE.
Si ce n'est que cela qui peut l'avoir perdu,
De l'entendre au supplice³, et de le voir pendu, 1300
Nous n'aurons pas la joie.
LA BAGUENAUDIÈRE.
Et d'où vient?
LA RANCUNE.
Apprenez-le⁴ :
Sachant que le Destin poursuivoit Isabelle,
Et que de l'enlever le drôle avoit l'orgueil,
Sur eux, autour d'ici, j'ai fait la guerre à l'œil⁵;

1. Au gibet : tome VI, p. 85 et note 5.
2. Quelqu'un des courtisans lui dit qu'à la potence
Il vouloit l'aller voir, et que, pour un pendu,
Il auroit bonne grâce et beaucoup de prestance.
(Livre VI, fable XIX, vers 27-29 et note 18.)
3. Comparez *Belphégor*, vers 281-282 et note 2 :
On vous le happe et mène à la potence.
Comme il alloit haranguer l'assistance, etc.
4. La rime n'est pas riche.
5. En observant tout avec soin, afin de profiter des conjonctures. Rapprochez Brantôme, tomes II, p. 72 : « Comme l'on dit communement, quand l'on voit les choses à l'œil, et mesme de la guerre, l'on y remedie plus aisement..., aussi dit on qu'il faut faire la guerre à l'œil », III, p. 336-337 : « Nostre Nestor françois donnoit les siens (ses avis) de guerre, le cul sur la selle ou à pied, armé de toutes pieces, auec l'espée au poing, menant les mains, et preuoyoit aux hasards de la guerre à l'œil, et non à l'ouyr dire »; Retz, tome VII, p. 253 : « Son sentiment est que nous fassions la guerre à l'œil, et que nous avancions plus ou moins selon le plus ou moins d'ouverture que nous y trouverons », p. 325 : « Je ferai la guerre à l'œil : je ne partirai qu'au

Suivi de paysans, au bout de cette plaine, 1305
Comme ils alloient gagner la campagne prochaine,
Je les ai fait saisir et ramener ici,
Où vous allez bientôt les voir, et.... les voici.

SCÈNE XIV.

LA BAGUENAUDIÈRE, MADAME BOUVILLON, LE DESTIN, ISABELLE, RAGOTIN, LA RANCUNE.

LA BAGUENAUDIÈRE.

Approche, scélérat; approche, ingrate fille,
Indigne rejeton d'une illustre famille; 1310
Suivre un homme inconnu ! toi, séduire un enfant !
Un échafaud t'est sûr[1]; une guimpe t'attend[2].

MADAME BOUVILLON.

C'est trop peu qu'un couvent pour sa peine afflictive :
Il faut dans un cachot l'enterrer toute vive.

LE DESTIN.

Si notre amour mérite un supplice éternel, 1315

---

moment, etc. »; Scarron, *l'Héritier ridicule*, acte III, scène III et *le Virgile travesti*, livre IV :

> .... Puis le jour elle fait la guerre,
> S'entend à l'œil, sur une tour;

Regnard, *le Bal*, scène I :

> Je veux en tapinois faire la guerre à l'œil.

1. Assuré : ne peut t'échapper, te manquer.

— M'aimez-vous? — Oui, Seigneur, et ma main vous est sûre.
(CORNEILLE, *Suréna*, acte II, scène II, vers 461.)

Rendez-vous ses égaux, ma gloire vous est sûre.
(*Ibidem*, *l'Imitation de Jésus-Christ*, livre III, chapitre LVIII, vers 6428.)

2. L'échafaud pour l'homme; la guimpe, c'est-à-dire le couvent (tome V, p. 587 et note 7), pour la fille.

C'est moi qu'il faut punir, je suis seul criminel.
LA BAGUENAUDIÈRE.
C'est de toi seul aussi que je prendrai vengeance.
ISABELLE.
Ah! mon père, songez que j'ai part à l'offense.
MADAME BOUVILLON.
Il faut, sans balancer, qu'ils soient tous deux punis;
Mais qui vient nous troubler?

SCÈNE XV.

M. DE LA BAGUENAUDIÈRE, MADAME BOUVILLON, LE DESTIN, ISABELLE, LA RANCUNE, RAGOTIN, LE DÉCORATEUR.

LE DÉCORATEUR.
                Madame, votre fils, 1320
Avecque son fusil, d'une audace assassine,
Au malheureux l'Olive a percé la poitrine.
LE DESTIN.
A mon père?
MADAME BOUVILLON.
       D'ennui ceci me va combler.
LE DÉCORATEUR.
Il se fait apporter ici pour vous parler,
Ayant à vous parler d'une affaire importante.   1325
Mais le voici.

SCÈNE DERNIÈRE.

M. DE LA BAGUENAUDIÈRE, etc., L'OLIVE.

L'OLIVE.

Madame, en un mot comme en trente[1],
De grâce, écoutez-moi; si proche du trépas,
Ayant à vous parler, ne m'interrompez pas.
A défunt votre époux il prit un jour envie
Dans la maison des champs[2] d'avoir la comédie; 1330
Le mal d'enfant vous prit, et Monsieur votre époux
Fut père d'un garçon, ou crut l'être. Chez vous
Accoucha le jour même une comédienne;
Cette femme accouchée aussi c'étoit la mienne :
Elle fit un garçon, et je le crus de moi; 1335
Car la défunte étoit laide; et de bonne foi,
Quoiqu'elle vît en moi sans cesse un beau modèle,
Le fils qu'elle me fit étoit aussi laid qu'elle.
Je pestois de bon cœur contre cette souillon,
Quand je vis remuer le petit Bouvillon, 1340
Qui parut à mes yeux d'aussi belle structure
Que mon magot[3] étoit de laide regardure[4].

1. Page 283 et note 1. — 2. Tome VI, p. 34, et ci-dessus, p. 66.
3. Tome V, p. 560 et note 2.
4. De vilain aspect. — Dans la *Chanson de Raoul de Soissons*, édition de Laborde, p. 218 :

> Fet mon vis taindre et palir
> Sa simple regardeure;

dans le *Roman de Rou* (Rollon), cité par du Cange :

> Oilz droiz et apers out et doulce regardeure;

dans le *Roman de la Rose*, vers transcrits par le Dictionnaire de Trévoux :

> Lors vis qu'Enuie en la peinture
> Auoit trop laide regardure;

Il me prit de troquer une tentation.
Votre avare[1] nourrice, en cette occasion,
A l'or de mes louis sensible plus qu'une autre, 1345
Se chargea de mon fils, et me donna le vôtre ;
Moi, dès le même instant, de peur qu'on en vît rien,
J'emportai votre fils, et vous laissai le mien :
Si bien que cet ingrat, dont la fureur impie
Par un coup détestable a fusillé ma vie, 1350
Est mon fils ; et le vôtre, élevé de ma main,
A qui j'ai façonné l'esprit, c'est le Destin.

MADAME BOUVILLON.

Le Destin est mon fils ! mon cœur en pâme d'aise ;
Il faut que tout mon soûl je le baise et rebaise.

LA BAGUENAUDIÈRE.

Mais qui sait si cet homme a dit la vérité ! 1355

L'OLIVE.

La nourrice, avec qui j'avois tout concerté,
Est encore en ces lieux ; elle peut vous le dire.

MADAME BOUVILLON.

J'en crois ce que pour lui la nature m'inspire.

LE DESTIN.

Mais il faut vous panser ; où vous a-t-on blessé ?

L'OLIVE.

Mon ami, j'ai le cœur d'outre en outre percé. 1360

LA RANCUNE.

Je ne vois point de sang en nul endroit.

---

chez Coquillart, tome I, p. 97 :

Ung œil de fiere regardure.

M. Delboulle (*Matériaux pour servir à l'Historique du français*, p. 259) donne de ce vieux mot un exemple d'une version française de Guillaume de Tyr : « Regardeure auoit gentil et bele. » Ajoutons-en un de Palaprat : « de belle ou laide regardure », que nous lisons dans le *Dictionnaire comique* de le Roux de Lincy.

1. Avide : tome VI, p. 249 et note 4.

ACTE V, SCÈNE DERNIÈRE.

L'OLIVE.

N'importe.

LA RANCUNE.

Il n'est point blessé.

LE DESTIN.

Non[1] !

LA RANCUNE.

Non, le diable m'emporte !

L'OLIVE.

Est-il vrai ?

LA RANCUNE.

Chose sûre.

L'OLIVE.

Il faut donc que la peur
M'ait fait tourner la tête en me frappant au cœur.

LA RANCUNE.

Juste.

ISABELLE.

Cette aventure est rare et surprenante. 1365

MADAME BOUVILLON.

Vous n'avez pas sujet d'en être mécontente.

LE DESTIN.

Isabelle !

LA BAGUENAUDIÈRE.

En discours ne perdons point de temps :
Allons nous éclaircir sur tous ces incidents ;
Que chacun fasse voir son ardeur à me suivre.
Allons.

LA RANCUNE, à Ragotin.

D'être pendu mon secours vous délivre. 1370

RAGOTIN.

Il est vrai, cher ami, sans toi ces happe-chair[2]

---

1. Cette blessure simulée rappelle celle de Scapin chez Molière (*les Fourberies*, acte III, scène dernière).
2. Chez Rabelais, tome I, p. 98 : « happe-lopins ». Dans *Belphégor*, vers 281, cité plus haut : « On vous le happe, etc. »

— On fait courir de nous un bruit sourd de galère.
Grâce à Dieu, je ne suis ni traître ni faussaire ;

M'alloient faire danser un entrechat en l'air¹ ;
Mais mon pied, emboîté dans ce pas détestable²,
Implore à l'en tirer ta pitié charitable.
O Ciel! à quel malheur m'avez-vous attaché ?   1375
Heureux de n'avoir pas pourtant été branché³ !

>   Si l'on veut que je rame, eh bien je ramerai :
>   J'y suis maître passé. Mais je me vengerai,
>   Et certains happe-chair en auront dans leurs panses.
> (Scarron, *l'Écolier de Salamanque*, acte IV, scène III.)

1. Tome IV, p. 274 :
   .... On les vient prier d'une autre danse.
2. Dans le pot de chambre.
3. Attaché aux branches d'un arbre ou d'un gibet : tome IV, p. 271 et note 5. — « Le preuost de l'hostel les fit bien tost brancher aux premiers chesnes de la forest. » (Carloix, *Mémoires de la vie de F. de Scépeaux*, Paris, 1757, in-12, tome III, p. 20.)

>   S'il doit être branché, je l'irai voir défaire,
>   Et prierai de bon cœur le bourreau mon compère
>   De secouer pour lui dextrement le jarret,
>   M'en dût-il coûter pinte après au cabaret.
> (Boisrobert, *le Pyrandre ou l'heureuse tromperie*, acte III, scène v.)

FIN DE RAGOTIN.

LE FLORENTIN

COMÉDIE

(1685)

NOTICE.

Cette comédie fut jouée pour la première fois au Théâtre-Français, après la tragédie de *Cinna*, le lundi 23 juillet 1685.

Selon le duc de la Vallière, *Bibliothèque du théâtre françois* (Dresde [Paris], 1768, in-12, tome III, p. 42), elle aurait été d'abord divisée en deux actes, puis réduite en un. Le chevalier de Mouhy dit, dans son *Abrégé de l'histoire du théâtre françois* (Paris, 1780, in-8°, tome I, p. 201-202) : « comédie en cinq actes », et ajoute que, dans la première édition, cette pièce était en trois actes et « fort différente de ce qu'elle est aujourd'hui » ; au tome II, p. 156, il ne lui donne plus que deux actes.

La vérité, sans doute, est que notre poète réduisit en un acte une comédie de Champmeslé qui était primitivement en deux, trois, ou cinq.

Sur le *Registre* de la Grange, qui ne mentionne que Champmeslé comme auteur de cette petite pièce, on voit qu'elle eut treize représentations dans sa nouveauté, et fut jouée dès le 4 août à Marly devant le Roi. On la reprit en janvier 1686, et elle resta au répertoire.

Elle fut imprimée dans le même recueil que *Ragotin* (ci-dessus, p. 275), puis réimprimée la même année 1702 à la Haye [Paris], et pour la première fois avec une pagination particulière (32 pages in-12 chiffrées).

Nous avons tiré les variantes des *Œuvres diverses* de 1729 (tome III, p. 381-420), où elle est précédée d'un faux titre qui porte : « Comédie attribuée à M. de la Fontaine. » ; des *Pièces dramatiques choisies et restituées* par Monsieur *** [J.-B. Rousseau], Amsterdam, 1734, in-12, contenant *le Cid* de Corneille, *Don Japhet d'Arménie* de Scarron, *Marianne* de Tristan, et *le Florentin* ; et aussi d'un manuscrit de 32 pages in-18 de l'écriture du temps (il est daté du 20 août 1698), qui appartient à M. Ch. Livet, et qu'il a bien voulu nous communiquer.

Nous renvoyons, pour cette pièce, au tome VIII des frères Parfaict, p. 65 ; et à notre tome I, p. CXLIV.

J.-B. Rousseau, dans l'Avertissement de son recueil anonyme, la loue avec exagération, et en fait honneur au seul Champmeslé : « La petite comédie du *Florentin* a toujours passé pour un chef-d'œuvre ; et, à dire vrai, nous n'en avons aucune qui puisse lui être préférée, ni pour l'invention, ni pour l'agrément du style. La scène des confidences surtout est peut-être ce que nous avons de plus ingénieux et de plus comique sur notre théâtre. Cependant, malgré tout le mérite qu'elle s'y est acquis, il ne s'en voit point qui ait été jusqu'ici aussi maltraitée sur le papier par les altérations, les fautes de langue, les omissions, et les barbarismes que l'ignorance des éditeurs y a laissé glisser presque d'un bout à l'autre. Il est de l'intérêt du public qu'un ouvrage pour lequel il a témoigné tant d'estime paroisse enfin sous ses véritables traits ; et celui de la vérité demande aussi qu'on restitue au même ouvrage son véritable père, qui n'a jamais été autre que le mari de cette célèbre actrice dont le fameux Despréaux fait une mention si honorable dans son épître à M. Racine, et que l'inimitable la Fontaine n'a pas moins illustrée dans les beaux vers qu'il lui adresse au commencement de sa nouvelle de *Belphégor*. »

Voltaire n'est pas moins élogieux ; il place *le Florentin* « au-dessus de la plupart des petites pièces de Molière », et vante la finesse des caractères, l'esprit et la bonne plaisanterie dont elle est assaisonnée (*Conseils à un journaliste*, tome XXIX des Œuvres, p. 270).

« Le génie d'observation de la Fontaine était, dit Petitot, peu propre à la comédie, et son caractère l'éloignait de tout ce qui peut blesser directement l'amour-propre des hommes ; aussi ne s'est-il jamais livré sérieusement à ce genre. Les deux pièces (*le Florentin* et *la Coupe enchantée*) que nous donnons tiennent plutôt à la manière qu'il employa dans ses contes, qu'au talent que, dans ses fables, il déploya comme moraliste. » (*Répertoire du théâtre français.... avec des notices sur chaque auteur...*, tome XVI, Paris, 1804, in-8°, p. 155.)

Comparez l' « Examen » du *Florentin* par le même, *ibidem*, p. 192 : « .... Le rôle d'Hortense est charmant ; elle a trop souffert pour qu'on n'approuve pas la franchise et la malice avec lesquelles elle ouvre son cœur à Harpajème. Dans la conversation qu'ils ont ensemble on retrouve cet art de conter qui n'appartient qu'à la Fontaine. Quelle grâce dans les détails! quelle gaieté dans le fond de chaque événement rappelé au jaloux! Toujours humilié de ce qu'il entend, et toujours curieux d'en apprendre davantage, Hortense ne l'épargne pas; et, lorsqu'il croit l'intimider en se découvrant, il reçoit pour l'avenir une menace aussi forte que la leçon qu'il vient de recevoir pour sa conduite passée. Cette scène est un modèle de finesse, de naturel et de diction; elle est préparée avec tant d'art, tout ce qui précède concourt à la rendre si piquante, que, quoiqu'il soit certain que la pièce a été faite pour lui servir de cadre, on ne sent rien qui annonce ce dessein. Après cette conversation entre les deux principaux personnages, toute union entre eux étant impossible, on applaudit au dénouement qui les sépare, dénouement qui ne laisse rien à désirer, puisqu'il naît des précautions mêmes que prend le jaloux. Nous ne croyons pas être séduit par le nom de la Fontaine en regardant cette petite comédie comme un chef-d'œuvre: depuis plus d'un siècle qu'elle est au théâtre, on n'a point cessé de la jouer, et elle n'a rien perdu de sa fraîcheur. »

Le critique Geoffroy est beaucoup moins enthousiaste: « C'est une des petites pièces, écrit-il dans le *Journal de l'Empire* du 24 avril 1811, qu'on joue le plus souvent, et ce n'est pas assurément à son mérite qu'elle est redevable de cet honneur. Il y a une foule de comédies en un acte beaucoup plus agréables, et qu'on ne joue jamais. Une scène très ingénieuse entre le jaloux et sa pupille, quelques traits dans le rôle de la mère, c'est à cela que se réduit tout le mérite du *Florentin*. Le rôle du jaloux est odieux et atroce: il n'y en a plus de ce genre-là, ni à Florence ni dans toute l'Italie. Ce qui a fait la fortune de la pièce, qui n'eut que treize représentations dans la nouveauté, c'est le caprice de quelques actrices à la mode, qui se sont piquées de briller dans la scène d'Harpajème avec sa pupille; dans le nombre il faut placer une illustre tragédienne, Mlle le Couvreur, qu'on n'aurait pas soupçonnée d'ambitionner la gloire d'une petite amoureuse de comédie. »

Ce fut du reste son dernier rôle, comme nous l'apprend Mlle Aïssé dans une lettre du mois de mars 1730: « Le dernier jour qu'elle a joué (le 15 mars), elle faisoit Jocaste dans l'*OEdipe* de Voltaire. Le rôle est assez fort. Avant de commencer, il lui prit une dyssenterie si forte que, pendant la pièce, elle fut vingt fois à la garde-robe et rendoit le sang pur. Elle faisoit pitié de l'abattement et de la foiblesse dont elle étoit; et, quoique j'ignorasse son incommodité, je dis deux ou trois fois à Mme de Parabère qu'elle me faisoit grand'pitié. Entre les deux pièces on nous dit son mal. Ce qui nous surprit, c'est qu'elle reparut à la petite pièce et joua, dans *le Florentin*, un rôle très long et très difficile, et dont elle s'acquitta à merveille, et où elle paroissoit se divertir elle-même. On lui sut un gré infini d'avoir continué pour que l'on ne dît pas, comme on l'avoit fait autrefois, qu'elle avoit été empoisonnée. La pauvre créature s'en alla chez elle, et, quatre jours après, à une heure après-midi, elle mourut, lorsqu'on la croyoit hors d'affaire. » (*Lettres de Mlle Aïssé à Mme Calandrini*, Paris, 1846, in-8°, p. 235-236.)

Outre Mlle le Couvreur, qui se distingua dans ce rôle d'Hortense, qui l'adopta, pour ainsi dire, et le mit à la mode, citons aussi Mlle Raisin, comédienne fort belle et non moins célèbre, qui le joua d'original, et Mlle Grandval (les frères Parfaict, tomes XII, p. 484-485, XIV, p. 536-538).

ACTEURS.

HARPAJÊME, Florentin.
HORTENSE, pupille d'Harpajême.
TIMANTE, amant d'Hortense.
AGATHE, mère d'Harpajême.
MARINETTE, servante d'Harpajême[1].
UN SERRURIER.
UN EXEMPT.
DES RECORS[2].

La scène est à Florence.

---

1. Suivante d'Hortense. (1734.)
2. L'Exempt et ses archers. (*Ibidem.*)

LE FLORENTIN.

SCÈNE PREMIÈRE.
TIMANTE, MARINETTE.

MARINETTE.
Que vois-je? êtes-vous fou, Timante? Ignorez-vous
A quel point est féroce un Florentin jaloux?
Vous êtes son rival. Transporté de colère,
Il fait de vous tuer sa principale affaire[1];
Et, loin d'envisager ces périls évidents, 5
Vous venez dans sa chambre! Où donc est le bon sens[2]?
TIMANTE.
Oui, je sais tout cela, Marinette; mais j'aime.
Voyant sortir d'ici le brutal Harpajême,
J'ai voulu profiter....
MARINETTE.
Vous ne savez donc pas
Qu'à peine il est sorti, qu'il revient sur ses pas? 10

---

1. Rapprochez, pour cette locution, la fable II du livre XI, vers 4-6 :

> L'enfance n'aime rien : celle du jeune dieu
>   Faisoit sa principale affaire
>   Des doux soins d'aimer et de plaire;

et *Ragotin*, vers 1267 :

> J'ai fait de vous chercher mes plus fortes raisons.

2. Comme on dit, familièrement : « Y a-t-il du bon sens? »

Occupé seulement de l'âpre jalousie,
Rien ne peut l'assurer[1]; de tout il se défie.
S'il faut, en revenant, qu'il vous trouve en ces lieux....

TIMANTE.

Va, va, j'ai mes raisons pour paroître à ses yeux.
Mais, de grâce, instruis-moi de ce que fait Hortense,
De tout ce qu'elle dit, de tout ce qu'elle pense.
Harpajême toujours poursuit-il ses projets?
La tient-il enfermée encor?

MARINETTE.

     Plus que jamais.
Pour la soustraire aux yeux de Votre Seigneurie,
Il met tout en usage, artifice, industrie.   20
Une chambre, où le jour n'entre que rarement,
Est de la pauvre enfant l'unique appartement[2].
Autour règne une épaisse et terrible muraille,
De briques composée, et de pierre de taille[3].
Un labyrinthe obscur, pénible à traverser,   25
Offre, avant que d'entrer, sept portes à passer;
Chaque porte, outre un nombre infini de ferrures,
Sous différents ressorts a quatre ou cinq serrures,
Huit ou dix cadenas, et quinze ou vingt verrous :
Voilà le plan du fort où ce bourru jaloux   30
Enferme avec grand soin la malheureuse Hortense.
Encor ne la croit-il pas trop en assurance[4] :
Pour mettre sa personne à l'abri du danger,
Seul il la voit, l'habille, et lui sert à manger;

---

1. Rassurer : ci-dessus, p. 72.

2. Toujours dans une chambre à ne point voir le monde....
    (MOLIÈRE, *l'École des maris*, vers 76.)

3. Ci-dessous, vers 124 et suivants :
  Faites faire une tour d'une épaisse structure, etc.

4. En sûreté. Comparez tome IV, p. 434 et note 5, *l'Eunuque*, vers 1449, et ci-dessus, le vers 12.

SCÈNE I.

Seul il passe en tout temps la journée avec elle¹, 35
A la voir tricoter, ou blanchir sa dentelle².
Parfois, pour lui fournir des passe-temps plus doux,
Il lui lit les devoirs de l'épouse à l'époux³;
Ou bien, pour l'égayer, prenant une guitare,
Il lui racle⁴ à l'oreille un air vieil⁵ et bizarre. 40
La nuit, pour empêcher qu'on ne le trompe en rien,
Une cloison⁶ sépare et son lit et le sien.
Le bruit d'une araignée alors qu'elle tricote,
Une mouche qui vole, une souris qui trotte,
Sont éléphants pour lui, qui l'alarment soudain⁷ : 45
Du haut jusques en bas, un pistolet en main,
Ayant par ses clameurs éveillé⁸ tout le monde,
Il court, il cherche, il rôde, il fait partout la ronde⁹.

1. Dans le manuscrit : « auprès d'elle ».
2. .... Qu'enfermée au logis, en personne bien sage,
   Elle s'applique toute aux choses du ménage,
   A recoudre mon linge aux heures de loisir,
   Ou bien à tricoter quelque bas par plaisir.
   (MOLIÈRE, *l'École des maris*, vers 119-122.)
3. Comme Arnolphe à Agnès dans *l'École des femmes* de Molière (acte III, scène II). Rapprochez le conte XII de la II° partie, vers 11-13 et note 5.
4. Joue mal, et de façon à percer le tympan. — Chez Scarron, *le Roman comique*, Ire partie, chapitre xv : « On entendit deux méchantes voix, dont l'une chantoit le dessus, et l'autre racloit une basse »; chez Voltaire, *Poésies mêlées*, LX :
   Ma muse épique....
   Sur un vieux luth qu'il faut monter toujours
   S'en va raclant quelque air mélancolique.
5. *Vieux*, dans le manuscrit.
6. Une cloison seulement, une simple cloison.
7. Dans *la Coupe enchantée*, vers 12-15 :
   Le moindre bruit éveille un mari soupçonneux;
   Qu'alentour de sa femme une mouche bourdonne,
   C'est Cocuage qu'en personne
   Il a vu de ses propres yeux.
8. *Réveillé*, dans le manuscrit.
9. Tome IV, p. 322 : « fait le guet et la ronde ».

Non, le diable, ennemi de tous les gens de bien,
Le diable, bien nommé diable, et qui ne vaut rien[1], 50
Est moins jaloux, moins fol[2], moins méchant, moins
                                     [bizarre,
Moins envieux, moins loup, moins vilain, moins avare,
Moins scélérat, moins chien, moins traître, moins lutin,
Que n'est, pour nos péchés, ce maudit Florentin.

TIMANTE.

Le malheureux! on sait comment il traite Hortense :
Par mes soins la justice en a pris connoissance,
Je puis par un arrêt tromper sa passion;
Mais je crains de le mettre en exécution.

MARINETTE.

S'il falloit qu'il en eût la moindre connoissance,
Le poignard aussitôt vous priveroit d'Hortense. 60
Parlant sur ce chapitre, il nous a dit cent fois
Qu'avant que se soumettre à la rigueur des lois,
Il choisiroit plutôt le parti de la pendre,
Et qu'il aimeroit mieux l'étouffer que la rendre.

TIMANTE.

Cette lettre pourra traverser ses desseins. 65
Je feindrai de la mettre à ses yeux[3] en tes mains,
Te priant de la rendre entre celles d'Hortense.
Toi, pour ne point marquer[4] aucune intelligence,
Tu la refuseras avec emportement.

MARINETTE.

J'entends. Mais gardez-vous de lui en[5] ce moment;

1. Ce vers manque dans les éditions de 1702 et de 1729. — Dans le manuscrit :
    Le diable, qu'on connoît diable, et qui ne vaut rien.
2. *Fou*, dans le manuscrit.
3. De manière à ce qu'il ne puisse pas ne point la voir.
4. Pour ne témoigner. (1734.)
5. Tel est bien le texte de nos anciennes éditions. Le manuscrit a *dans*, qui corrige l'hiatus.

Il fait faire, dit-on, un ressort qu'il nous cache :
A l'achever dans peu son serrurier s'attache;
Déjà....

TIMANTE.

Le serrurier s'en est ouvert à moi.
C'est un homme d'honneur : il m'a donné sa foi,
Moyennant[1] quelque argent que j'ai su lui promettre;
De concert avec lui j'ai dicté cette lettre.
Pour punir d'un[2] jaloux les desirs déréglés,
Je viens exprès.... Il entre....

SCÈNE II.

HARPAJÈME, AGATHE, TIMANTE, MARINETTE.

MARINETTE[3].

Allez au diable, allez!
Pour qui me prenez-vous, et quelle est votre attente?
Merci diantre! ai-je l'air d'une fille intrigante?

HARPAJÈME.

Que vois-je?

TIMANTE.

Hé! Marinette, un mot, écoute-moi!

MARINETTE.

Ne m'approchez pas!

HARPAJÈME.

Bon!

TIMANTE.

Cent louis sont pour toi;
Les voilà.

MARINETTE.

Je n'ai point une âme intéressée.

---

1. Tome VI, p. 110 et note 1. — 2. *Du*, dans le manuscrit.
3. Dans le manuscrit : « Marinette à Timante. »

TIMANTE.

Quoi !...

MARINETTE.

Ces poings puniront votre infâme pensée,
Si vous restez.

TIMANTE.

Hortense est commise à tes soins ; 85
Pour m'obliger, rends-lui ce billet sans témoins.

HARPAJÈME se jette[1] sur la lettre.

Ah! ah! perturbateur du repos du ménage,
Tu veux donc la séduire et me faire un outrage !

TIMANTE, l'épée à la main.

Redonne-moi la lettre, ou ce fer que tu vois....

HARPAJÈME.

Barthélemy, Christophle, Ignace, Ambroise, à moi[2] ! 90

SCÈNE III.

HARPAJÈME, AGATHE, MARINETTE.

MARINETTE.

Comme il fuit !

HARPAJÈME.

Il fait bien ; car cette mienne épée
Dans son infâme sang alloit être trempée ;
Mais de le voir ici me voilà tout outré.
Comment est-il venu ? comment est-il entré ?

MARINETTE.

J'étois là-bas au frais[3] quand je l'ai vu paroître : 95

---

1. *Se jetant*, dans le manuscrit.
2. Il appelle ses gens. Comparez Molière, fin de la scène IV du *Sicilien* (tome VI, p. 244) : « Holà! Francisque, Dominique, Simon, Martin, Pierre, Thomas, Georges, Charles, Barthélemy! »; et le Ier intermède du *Malade imaginaire* (tome IX, p. 331).
3. J'étois sur le balcon à travailler au frais.
(Molière, *l'École des femmes*, vers 485.)

SCÈNE III.

Je suis soudain rentrée; il m'a suivie en traître,
Me disant qu'il vouloit m'enrichir pour toujours;
Que je prisse le soin de servir ses amours;
Et, faisant succéder les effets aux paroles¹,
Il m'a voulu couler dans la main cent pistoles². 100
Mais j'aurois moins souffert s'il avoit mis dedans,
Ou des cailloux glacés, ou des charbons ardents.
Je crève³ quand je pense⁴ aux offres insolentes....

HARPAJÈME.

Ah! ma mère, voilà la perle des servantes!
Embrasse-moi, ma fille.... Auriez-vous cru cela? 105
Hé bien! avec ses soins, ma mère, et ces clefs-là,
La garde d'une femme est-elle si terrible⁵,
Et croyez-vous encor cette chose impossible⁶?

AGATHE.

Mon fils, bouleverser l'ordre des éléments,
Sur les flots irrités voguer contre les vents, 110
Fixer selon ses vœux la volage fortune⁷,
Arrêter le soleil, aller prendre la lune,
Tout cela se feroit beaucoup plus aisément⁸
Que soustraire une femme aux yeux de son amant,
Dussiez-vous la garder avec un soin extrême, 115

1. Il dit, et ce fut tout : l'effet suit la parole.
(*Adonis*, vers 439.)
2. Mais lorsqu'en me coulant en main quelques pistoles....
(SCARRON, *Jodelet ou le Maître valet*, acte II, scène 1.)
3. Ci-dessous, vers 383.
4. *Je songe*, dans le manuscrit.
5. Rapprochez les vers 6-7 du conte x de la IIᵉ partie (tome IV, p. 369 et note 3).
6. *Possible*, dans les éditions de 1702 et de 1729 : faute évidente.
7. « Fixer sa roue » (tome III, p. 212 et note 6).
8. Prendre la lune aux dents seroit moins difficile.
— Ha! ha! la lune aux dents...!
(*Le roi Candaule*, vers 161-162.)

Quand elle ne veut pas se garder elle-même¹.

HARPAJÈME.

Il n'est pas question d'aller contre les vents,
Ni de bouleverser l'ordre des éléments,
Mais de garder Hortense; et j'ai, pour y suffire,
De bons murs, des verrous, et des yeux² : c'est tout dire.

AGATHE.

Abus³ ! Lorsque l'amour s'empare de deux cœurs,
Pour rompre leur commerce⁴ et vaincre leurs ardeurs,
Employez les secrets de l'art⁵ et la nature⁶,
Faites faire une tour d'une épaisse structure⁷,
Rendez les⁸ fondements voisins des sombres lieux⁹,
Élevez son sommet jusqu'aux voûtes des cieux¹⁰,
Enfermez l'un des deux dans le plus haut étage,
Qu'à l'autre le plus bas devienne le partage¹¹,

1. Rapprochez *l'École des maris*, déjà citée, de Molière, vers 153-156 :

> .... Toutes ces gardes-là sont visions de fous :
> Le plus sûr est, ma foi, de se fier en nous;
> Qui nous gêne se met en un péril extrême,
> Et toujours notre honneur veut se garder lui-même.

Voyez aussi *ibidem*, vers 315 et suivants, imités du chapitre xxxiv du tiers livre de Rabelais.

2. Dans le manuscrit : « deux yeux ». — Des yeux d'Argus : ci-dessous, vers 130.
3. Erreur : tome V, p. 216 et note 3.
4. Ci-dessus, p. 334 et note 2.
5. Tome VI, p. 345 et note 4.
6. De l'art, de la nature. (Manuscrit, et 1734.)
7. Comparez *la Coupe enchantée*, vers 380 :

> Il enferme sa femme en une tour carrée ;

et ci-dessus, les vers 21 et suivants.

8. *Ses*, dans le manuscrit. — 9. *Adonis*, vers 571 et note 5.
10. .... Celui de qui la tête au ciel étoit voisine,
    Et dont les pieds touchoient à l'empire des morts.
    (*Le Chêne et le Roseau*, vers 31-32 et notes 8-9.)

11. Dans le manuscrit :

> Que l'autre du plus bas devienne le partage.

SCÈNE III.   411

Dans l'espace entre deux, par[1] différents détours,
Disposez plus d'Argus[2] qu'un siècle n'a de jours,   130
Empruntez des ressorts les plus cachés obstacles;
Plus grands sont les revers, plus grands sont les mira-
L'un pour descendre en bas osera tout tenter,   [cles :
L'autre aiguillonnera ses esprits pour monter.
Sans s'être concertés pour[3] une fin semblable,   135
Tous deux travailleront d'un concert admirable.
A leurs chants séducteurs[4] Argus s'endormira;
Des verrous[5], par leurs soins, le ressort se rompra;
De moment en moment enjambant l'intervalle,
Enfin ils feront tant, au milieu du dédale,   140
Qu'imperceptiblement[6] ensemble ils se rendront,
Et malgré vos efforts, mon fils, ils se joindront[7] :
C'est un coup sûr[8]. Mon âge et mon expérience
Doivent dans votre esprit inspirer[9] ma science[10].

1. *En*, dans le manuscrit.
2. Ci-dessus, p. 353 et note 2. — 3. Par. (1729.)
4. Dans le manuscrit : « A leur chant séducteur ».
5. L'auteur, ou plutôt l'imprimeur, semble dans cette pièce se soucier peu de l'orthographe de ce mot : ici, *verrouls;* au vers 29, *verroux;* au vers 209, *verrous*.

6.   Qu'au milieu du dédale
    Imperceptiblement, etc.
                        (Manuscrit, et 1734.)

7. Dans le manuscrit :
    Et malgré tous vos soins, mon fils, ils s'y joindront.

8. Ils jouent à coup sûr.
9. *Imprimer*, dans le manuscrit.

—   Je leur viens d'inspirer exprès le jeu du verd.
            (*Je vous prends sans verd*, vers 196.)
                    Vos bontés à leur tour
    Dans les cœurs les plus durs inspireront l'amour.
                    (Racine, *Alexandre*, vers 871-872.)

10. Vous peuvent sur ce point garantir ma science.
                                    (1734.)

412 LE FLORENTIN.

Je sais ce qu'en vaut l'aune, et j'ai passé par là :   145
Votre père vouloit me contraindre à cela;
Mais, s'il n'eût mis un frein à cette ardeur trop prompte,
Il se seroit trompé sûrement dans son compte,
Mon fils....

HARPAJÊME.

Oh! mieux que lui j'ai calculé le mien ;
Je ne suis pas¹ si tôt².... Suffit, je ne dis rien.   150
Mais ouvrons le poulet du damoiseau Timante ;
Apprenons ses desseins, et voyons ce qu'il³ chante.

Il lit.

« Pour punir votre⁴ jaloux, je me suis rendu maître de la maison qui est voisine de la vôtre, où j'ai trouvé le moyen de me faire un passage sous terre, qui me conduira jusqu'à votre chambre. J'espère que la nuit⁵ ne se passera pas sans que vous m'y voyez⁶. Je vous en avertis, afin que votre surprise ne vous fasse rien faire qui soit entendu de votre bourru. Le même passage vous servira⁷ pour vous faire sortir d'esclavage, et vous mettre au pouvoir de la personne qui vous aime le plus. »

Il verra, s'il y vient, un plat de mon métier⁸ ;
Et je sors pour cela de chez le serrurier.
Ma foi, Monsieur Timante, on vous la garde bonne⁹ !

1. *Et ne suis pas*, dans le manuscrit.
2. Au lieu de « si tôt », qui, avec les points de suspension, est fort admissible, le manuscrit et l'édition de 1734 portent : « si sot ».
3. *Qui*, dans le manuscrit. — 4. *Notre*. (*Ibidem.*)
5. *La nuit prochaine.* (*Ibidem.*)
6. *Voyiez*, dans le manuscrit.
7. *Le même passage servira.* (*Ibidem.*)
8. Ci-dessus, p. 332 et note 3.
9. On vous ménage une bonne surprise. — Tome I, p. 37 : « Ce ne fut pas sans la garder bonne à Esope. » Comparez Bran-

SCÈNE III.

Oui, pour joindre en repos Hortense à ma personne,
J'ai besoin de sa mort. A tout examiner,
Le moyen le plus sûr est de l'assassiner[1].
J'ai donc pour cela fait[2] construire une machine :
Je la ferai poser dans la chambre voisine.   160
Pressé par son amour, Timante s'y[3] rendra[4] ;
Mais, au lieu d'y[5] trouver Hortense, il s'y prendra.
Alors tout à mon aise, ayant en main ma dague,
Je vous la plongerai dans son sein, zague, zague[6],
Et le tuerai, ma mère, avec plaisir, Dieu sait !   165
Ensuite on le mettra en[7] ma cave : *Hic jacet.*

AGATHE.

Quoi ! de tuer un homme auriez-vous conscience[8] ?
Loin que votre dessein vous fasse aimer d'Hortense,
Ce coup augmentera sa haine, il est certain[9].

---

tôme, tomes VI, p. 473, V, p. 357 : « Cependant ie la luy garde bonne. »

1. « Assassiner, c'est le plus court chemin. » (MOLIÈRE, *le Sicilien*, scène XII.)

2. J'ai donc fait pour cela. (Manuscrit.) — Pour cela j'ai donc fait. (1729 et 1734.)

3. *Se*, dans le manuscrit.

4. Notre amoureux transi cette nuit s'y rendra.   (1734.)

5. *De*, dans le manuscrit.

6. Je la vis l'autre jour aiguiser une dague :
   Elle a pu dans son sein, en faisant zague, zague....
      (*Ragotin*, vers 1041-1042 et note 1.)

7. Le manuscrit et l'édition de 1734 ont *dans*, qui corrige l'hiatus.

8. Ne feriez-vous pas conscience, auriez-vous le cœur ? — Chez Regnier, satire III, vers 186 :

.... De m'oster mon bien que l'on ait conscience ;

chez Molière, *l'École des femmes*, vers 539-540 :

Et pouvois-je, après tout, avoir la conscience
De le laisser mourir faute d'une assistance ?

9. *Ragotin*, vers 104.

HARPAJÈME.

Bon! bon! morte est la bête, et mort est le venin. 170
Depuis que dans ces lieux Hortense est enfermée,
Qu'à ne plus voir Timante elle est accoutumée,
Elle est déjà soumise à vouloir m'épouser.
Pour l'y fortifier, j'ai su la disposer
A voir un sien cousin, magistrat, homme sage, 175
Qu'elle connoît de nom, et non pas de visage :
Elle sait seulement qu'il est en grand crédit.
Étant de ses parents, et de[1] sublime esprit,
Elle ne craindra point d'ouvrir à sa prudence
Les secrets de son cœur, et tout ce qu'elle pense; 180
Et, comme ce grand homme est de mes bons amis[2],
Afin de m'obliger, ma mère, il m'a promis
Que selon mes desirs il tournera son âme.

AGATHE.

Ce cousin entreprend de changer une femme!
Il est donc assez sot[3] pour présumer de soi[4].... 185
Et quel est donc ce sot entrepreneur[5] ?

HARPAJÈME.

C'est moi.

AGATHE.

Vous?

HARPAJÈME.

Moi.... De ce cousin j'avois la fantaisie[6] :

---

1. *D'un*, dans le manuscrit. — 2. De mes grands amis. (*Ibidem*.)
3. *Fou* (1734), pour éviter la répétition de *sot*.
4. Dans le manuscrit :

Il peut être assez vain pour présumer de soi.

Rapprochez le vers 39 de *Ragotin*.
5. Comparez une lettre de d'Alembert à Voltaire du 9 juillet 1761 : « Cette entreprise fera beaucoup d'honneur à l'entrepreneur, à l'Académie, et à la nation. »
6. C'est-à-dire : il m'était passé par l'esprit de recourir à ce cousin pour qu'il plaidât ma cause auprès d'Hortense.

SCÈNE III.

Depuis, prenant conseil d'un peu de jalousie,
Qui m'apprend que de tout il faut se¹ défier,
J'ai cru plus à propos de me la confier². 190
Ce soir, l'obscurité devenant favorable,
Ayant la barbe et l'air d'un homme vénérable³,
En habit⁴, et des pieds en tête revêtu
Du⁵ fastueux dehors d'une intègre vertu⁶,
Je prétends, selon moi, pétrir le cœur d'Hortense, 195
Et, par même moyen, savoir ce qu'elle pense.

AGATHE.

Gardez-vous d'accomplir ce dessein dangereux.
Afin qu'en son ménage un homme soit⁷ heureux,
Bannissant de chez lui⁸ toute la défiance,
Loin de vouloir savoir ce que sa femme pense, 200
Il⁹ doit fuir avec soin, comme on fuit un forfait,
L'occasion d'apprendre ou voir ce qu'elle fait¹⁰.

HARPAJÊME.

Chansons¹¹! Rien ne me peut détourner de la chose.
Afin d'exécuter ce que je me propose,
Faisons venir Hortense en cet appartement. 205

On ouvre plusieurs portes

---

1. Dans le manuscrit : « on se doit ».
2. Qui m'apprend qu'on ne doit s'assurer que sur soi,
   J'ai cru plus à propos de prendre tout sur moi. (1734.)
3. .... Avec l'air d'homme sage
   Et cette large barbe au milieu du visage.
   (MOLIÈRE, *le Tartuffe*, vers 473-474.)
4. En habit de docteur : voyez la scène VII.
5. *D'un*, dans le manuscrit.
6. En habit, et de pied en cap tout revêtu
   Du grave extérieur d'une intègre vertu. (1734.)
7. *Vive*, dans le manuscrit.
8. Soi. (*Ibidem.*) — 9. On. (*Ibidem.*)
10. Comparez tomes IV, p. 27 et note 3, V, p. 94 et note 3, etc.
11. *Ragotin*, vers 1279.

AGATHE.

Le Ciel le punira de cet entêtement[1]....
Que de portes! quel bruit de clefs! quel tintamarre!

MARINETTE.

De faire voir sa femme un jaloux est avare.

AGATHE.

Oui; mais qui la confie à la foi des verrous
Est trompé tôt ou tard.

SCÈNE IV.

HARPAJÊME, HORTENSE, AGATHE, MARINETTE.

HARPAJÊME.

     Hortense, approchez-vous; 210
Monsieur votre cousin en ces lieux[2] va se rendre.
Avec un cœur ouvert ayez soin de l'entendre[3] :
Il est ici tout proche, et je cours l'avertir.

SCÈNE V.

AGATHE, HORTENSE, MARINETTE.

AGATHE.

Autant qu'à vos débats on m'a vu compatir,
Autant ma joie éclate à votre intelligence,   215
Ma bru. Je vais agir de toute ma puissance
Pour porter de mon fils l'esprit à la douceur :
Vous, à le caresser contraignez votre cœur.

---

1. « De ces entêtements », dans le manuscrit.
2. En ce lieu. (*Ibidem.*)
3. De l'attendre. (*Ibidem.*)

Nos petites façons[1] amollissent[2] les âmes,
Et les hommes ne font[3] que ce qui plaît[4] aux femmes.

SCÈNE VI.

HORTENSE, MARINETTE.

MARINETTE.

Harpajême, ce soir, sera donc votre époux?

HORTENSE.

Un jaloux furieux, les astres en courroux,
L'horreur d'une prison longue, obscure, ennuyante,
Le repos de mes jours, tout l'ordonne.

MARINETTE.

Et Timante?
Voulez-vous pour jamais renoncer à le voir ? 225
D'être un jour votre époux il conserve l'espoir :
Même il a, m'a-t-il dit, en tête un stratagème
Qui vous délivrera des rigueurs d'Harpajême.

HORTENSE.

Hé! que pourra-t-il faire? Hélas! plus que le mien,
Son intérêt me porte à ce triste lien : 230
Il m'aime, et m'aimera tant qu'il verra mon âme
Libre, et dans un état de[5] répondre[6] à sa flamme.
Harpajême le hait, sa vie est en danger;
Peut-être, quand l'hymen aura su m'engager,

---

1. « On est.... un peu fâché de lui voir faire quelquefois à cette Madame-ci les mêmes petites mines et les mêmes petites façons qu'elle faisoit à l'autre. » (MME DE SÉVIGNÉ, tome III, p. 247.)
2. Tome V, p. 175 et note 2.
3. Ne sont. (Manuscrit, et 1734.)
4. Que ce qu'il plaît. (1734.) — 5. *A*, dans le manuscrit.
6. Comparez le conte de *l'Ermite*, vers 124-125 : « en un état.... de tirer, etc. »

J. DE LA FONTAINE. VII

Qu'étouffant un amour que l'espoir a fait naître, 235
Il n'y songera plus; je l'oublierai peut-être :
J'y ferai mes efforts, du moins. Pour commencer
D'ôter de mon esprit Timante, et le chasser,
Au cousin que j'attends je vais[1] ouvrir mon âme,
Implorer ses conseils pour éteindre ma flamme; 240
Et, si je ne profite enfin de sa leçon,
Je parlerai du moins de ce pauvre garçon.

MARINETTE.

D'accord; mais ce cousin n'est autre qu'Harpajème,
Je vous en avertis.

HORTENSE.

Que dis-tu? Lui?

MARINETTE.

Lui-même.
Poussé par un esprit curieux et jaloux, 245
Sachant que ce cousin n'est point[2] connu de vous[3],
Sous un déguisement et de voix et de mine,
Vous donnant des conseils de cousin à cousine,
Il prétend vous tirer de vos égarements,
Et, par même moyen, savoir vos sentiments[4]. 250
Pour punir ce bourru, c'est à vous de vous taire,
Et de dissimuler le commerce[5]....

HORTENSE.

Au contraire :
Pour punir dignement sa curiosité,
Je lui vais de bon cœur dire la vérité.
Puisqu'il ose en venir à cette extravagance, 255
Je vais lui découvrir, sans nulle répugnance,

---

1. *Vais* corrige *veux* dans le manuscrit.
2. *Pas.* (*Ibidem.*) — 3. Vers 175-176.
4. Vers 196 :
   Et, par même moyen, savoir ce qu'elle pense.
5. Ci-dessus, vers 122 et note 4.

SCÈNE VII.

Tout ce que sent mon cœur, et réduire le sien
A fuir de mon hymen le dangereux lien.
Bien mieux qu'il ne souhaite il s'en va me connoître :
Je m'en ferai haïr par cet aveu, peut-être ;   260
Ou, sachant de quel air[1] je l'estime aujourd'hui,
S'il veut bien m'épouser encor, tant pis pour lui.

MARINETTE.

Il entre.... Ah ! que sa barbe est rébarbarative[2] !

HORTENSE.

Il se repentira de cette tentative.

SCÈNE VII.

HARPAJÊME, HORTENSE, MARINETTE.

HARPAJÊME, en docteur.
A part. A Marinette.

Feignons, pour l'abuser.... En ces lieux envoyé   265
Pour mettre au bon sentier votre esprit dévoyé[3]....

MARINETTE.

Ce n'est pas moi.

HARPAJÊME.

Qui de vous deux est ma parente[4]
Hortense ?

MARINETTE.

Je ne suis, Monsieur, que la[5] servante[6].

---

1. De quelle façon. — Chez Molière, *Don Juan*, acte I, scène III : « Voyons de quel air vous saurez vous justifier. »

2. Plaisant barbarisme, pour *rébarbative*. C'est comme si elle l'appelait le docteur Barbaro.

3. *Ragotin*, vers 531.

4.   Qui donc de vous est ma parente, etc.
                    (Manuscrit, et 1734.)

5. *Que sa*, dans le manuscrit.

6. Suivante. (1734.)

HARPAJÈME, à Hortense.

Est-ce vous ?

HORTENSE.

Oui, Monsieur.

HARPAJÈME.

A Marinette.　　A Hortense.
Des sièges.... Seyez-vous.

A Marinette.

Regardez-moi.... Fermez ce faux jour[1].... Laissez-nous.

SCÈNE VIII.

HARPAJÈME, HORTENSE.

HARPAJÈME.

Ma cousine, en ces lieux, de la part d'Harpajème,
Je viens pour vous porter à l'hymen. Il vous aime.
Dès vos plus jeunes ans on vous marqua ce choix :
Votre père, en mourant, vous imposa ces lois[2].
Mais vous, d'une amour folle étant préoccupée[3],　　275
Vous rendez du défunt la volonté trompée[4] ;
Et le pauvre Harpajème, au lieu d'affection,
N'a vu que haine en vous, et que rébellion.

HORTENSE.

Il est vrai, son humeur a rebuté la mienne ;
Mais, Monsieur, ce n'est pas ma faute : c'est la sienne.

---

1. *Faux jour*, fenêtre percée dans une cloison ou dans une porte, pour éclairer un passage de dégagement, une chambre, une antichambre, un escalier, une garde-robe, etc., qui ne tirent point de jour, ou assez de jour, d'ailleurs.
2. Vous en dicta les lois. (1734.)
3. Dans le manuscrit :
    Mais vous, d'une autre amour folle et préoccupée.
4. Tome VI, p. 234.

SCÈNE VIII.

HARPAJÊME.

Comment ?

HORTENSE.

Nous demeurions[1] à huit milles d'ici.
Je n'avois jamais vu que lui seul d'homme : ainsi,
Je me comptois toujours compagne de sa couche,
Quoiqu'il me parût froid, noir, bizarre, et farouche[2];
Sans amour, il est vrai, toutefois sans ennui,   285
Présumant que tout homme étoit fait comme lui.
Mais, loin de me tenir dans cette erreur extrême,
A me désabuser il travailla lui-même;
Et j'appris par ses soins, avec quelque pitié,
Qu'il étoit des mortels le plus disgracié.   290

HARPAJÊME.

Quoi! lui-même? Comment?

HORTENSE.

Vous le savez, mon père
De son pouvoir sur moi le fit dépositaire,
Et mourut. Peu de temps après la mort du sien,
Harpajême, héritier et maître d'un grand bien,
D'avoir place au sénat conçut quelque espérance :   295
Il voulut faire voir son triomphe à Florence,
M'y traînant avec lui, malgré moi. Dans ces lieux,
Mille gens bien tournés s'offrirent à mes yeux,
Qui de me plaire tous prirent un soin extrême.
Faisant réflexion sur eux, sur Harpajême,   300
Qu'y vis-je[3]? Ah! mon cousin, quelle comparaison!
L'erreur en[4] mon esprit fit place à la raison :
Mon jaloux me parut d'un dégoût manifeste[5],

1. Dans le manuscrit : « Nous demeurâmes ».
2. Ces deux vers sont intervertis dans le manuscrit et dans l'édition de 1734.
3. Que vis-je? (Manuscrit.) — 4. Dans. (*Ibidem*.)
5. Manifestement dégoûtant; d'un dégoût, comme on dit : d'un ragoût.

LE FLORENTIN.

Et je pris sa personne en haine.

HARPAJÊME, bas.

Je déteste[1]....

HORTENSE.

Quoi donc? ce franc aveu vous déplaît-il? Comment!
Est-ce que je m'explique à vous trop hardiment[2]?

HARPAJÊME.

Non pas, non pas.

HORTENSE.

Je vais[3] me contraindre[4].

HARPAJÊME.

Au contraire:
De ce que vous penséz il ne faut rien me[5] taire.
Si vous voulez, pesant l'une et l'autre raison,
Que je fonde une paix stable en votre maison, 310
Vous devez me montrer votre âme toute nue,
Ma cousine.

HORTENSE.

Oh! vraiment j'y suis bien[6] résolue.
Avant que d'épouser Harpajême aujourd'hui,
Afin que vous jugiez[7] si je dois être à lui,

1. Je peste, je maudis ciel et terre : ci-dessous, vers 378, et tome V, p. 166 et note 3. Rapprochez le mot « détestable », traître, infâme, maudit :

S'il faut qu'entre mes mains ce détestable tombe,
Le moindre de ses maux est celui de la tombe.
(SCARRON, *Jodelet ou le Maître valet*, acte II, scène XIV.)

2. Dans le manuscrit : « trop librement ». — Agnès dit de même dans *l'École des femmes* de Molière, vers 549-550 :

Qu'avez-vous? Vous grondez, ce me semble, un petit?
Est-ce que c'est mal fait ce que je vous ai dit?

3. *Veux*, comme plus haut (vers 239), a été corrigé en *vais* dans le manuscrit.
4. Comparez *l'École des femmes*, vers 1532.
5. Il ne me faut rien. (Manuscrit.)
6. *Bien* corrige tou[te] dans le manuscrit.
7. Afin que jugiez. (*Ibidem.*)

SCÈNE VIII.

De tout ce que j'ai fait, de tout ce qu'il m'inspire, 315
Je ne vous tairai rien[1]; mais n'allez pas lui dire.

HARPAJÈME.

Oh! non, non. Revenons à la réflexion[2].
Vous fîtes dès ce temps le choix d'un galant?

HORTENSE.

Non :
Jamais d'en choisir un je n'eusse eu la pensée[3];
Mais Harpajème, épris d'une rage insensée, 320
Poussé par un esprit ridicule, importun,
A son dam[4], malgré moi, m'en fit découvrir[5] un.

HARPAJÈME.

Vous verrez que cet homme aura tout fait.

HORTENSE.

Sans doute;
Car, me voulant contraindre à prendre une autre route,
Pour m'ôter du grand monde, il me fit enfermer. 325
J'étois à ma fenêtre à prendre souvent l'air[6];
D'un logis près[7], un homme en faisoit tout de même :
Je ne le voyois pas d'abord; mais....

HARPAJÈME.

Harpajème
Vous le fit découvrir[8], n'est-ce pas ?

HORTENSE.

Justement.
Il me dit, tourmenté par son tempérament, 330

---

1. *Rien* corrige *point* dans le manuscrit. — 2. Vers 300.
3. *La pensée* corrige *le pouvoir* dans le manuscrit. — Je n'eusse la pensée. (1729.)
4. Tome V, p. 566 et note 1.
5. *Distinguer*, dans le manuscrit.
6. Comparez ce que dit Isabelle dans *l'École des maris* de Molière, vers 462 et suivants :

    Ayant, pour prendre l'air, la tête à ma fenêtre, etc.

7. D'un logis proche. (Manuscrit.) — 8. Remarquer. (*Ibidem.*)

Que sans doute cet homme étoit là pour me plaire,
Et m'ordonna surtout, fulminant de colère,
De ne me plus montrer lorsque je l'y verrois.
Instruite à ce discours de ce que j'ignorois,
A me montrer encor je me plus davantage ;   335
Et je vis qu'Harpajême avoit dit vrai.

HARPAJÊME.

     J'enrage !

HORTENSE.

Cet homme enfin, Monsieur, dont Timante est le nom,
Me fit voir en[1] ses yeux qu'il m'aimoit tout de bon.
Il est jeune, bien fait ; sa personne rassemble
Dans sa perfection tous les bons airs ensemble ;   340
Magnifique en habits[2], noble en ses actions,
Charmant....

HARPAJÊME.

  Passez, passez sur ses[3] perfections :
Il n'est pas question de vanter son mérite.

HORTENSE.

Pardonnez-moi, Monsieur. Dans l'ardeur qui m'agite,
Il me semble à propos de vous bien faire voir   345
Que celui pour qui seul j'ai trahi mon devoir,
Possédant dignement tout ce qu'il faut pour plaire,
A de quoi m'excuser de[4] ce que j'ai pu faire.
Timante est en vertus[5], et j'en suis caution,
Tout ce qu'est Harpajême en imperfection.   350

HARPAJÊME.

Que nature pâtit[6] ! Mais poursuivons.... Peut-être

---

1. Dans. (Manuscrit.) — 2. En habit. (1729.) — 3. Ces. (1729.)
4. Dans. (Manuscrit.) — 5. En vertu. (1729.)
6.   Ciel ! que mon cœur pâtit !
 (MOLIÈRE, *l'École des femmes*, vers 406 ; *ibidem*, vers 987.)

— O fâcheux examen d'un mystère fatal
 Où l'examinateur souffre seul tout le mal !
     (*Ibidem*, vers 565-566.)

SCÈNE VIII.

Cet amant vous revit encore à la fenêtre?

HORTENSE.

Non, je ne le[1] vis plus : mon bourru, mécontent,
Fit, de dépit, fermer[2] ma fenêtre à l'instant.

HARPAJÈME.

Eh! le bourru! Mais....

HORTENSE.

     Mais, pour punir sa rudesse,
Timante en un billet m'exprima sa tendresse,
Et me le fit tenir, nonobstant[3] mon jaloux.

HARPAJÈME.

Comment?

HORTENSE.

    Prenant le frais[4] tous deux devant chez nous,
Deux petits libertins[5], qui mangeoient des cerises,
Vinrent contre Harpajême, à diverses reprises, 360
Riant, chantant, faisant semblant de badiner[6].
Ils jetoient leurs noyaux l'un après l'autre en l'air;
Un noyau vint frapper Harpajême au visage :
Il leur dit de n'y plus[7] retourner[8] davantage.
Eux, sans daigner l'ouïr, en jetant à l'envi, 365
Cet agaçant[9] noyau de plusieurs fut suivi;
Harpajême à chacun redoubla ses menaces.

---

 1. *L'y*, dans le manuscrit.
 2. Boucher. (*Ibidem.*)
 3. Non obstant. (*Ibidem.*)
 4. Vers 95 et note 3.
 5. Deux petits gamins, deux petits mauvais sujets, comme on dirait aujourd'hui. — Comparez « un fripon d'enfant » (livre IX, fable II, vers 54 et note 19).
 6. De jouer : tome V, p. 290 et note 3.
 7. De ne pas. (Manuscrit.)
 8. Tome IV, p. 501 et note 5.
 9 *Agassant* dans nos anciennes éditions et dans le manuscrit : l'étymologie probable du verbe est *agace* ou *agasse*, pie. Voyez tome III, p. 243 et note 4.

Riant de lui sous cape¹, et faisant des grimaces,
Malicieusement ces petits obstinés
Ne visoient plus qu'à lui², prenant pour but son nez. 370
Transporté de colère et perdant patience,
Harpajême après eux courut à toute outrance³,
Quand d'un logis voisin Timante étant sorti,
De cet heureux succès aussitôt averti,
Il me donna sa lettre, et rentra dans sa cage. 375
Harpajême revint, essoufflé, tout en nage⁴,
Sans avoir joint ces deux espiègles : enroué,
Fatigué, détestant⁵ de s'être vu joué,
Il en pensa crever de rage et de tristesse.
Comme je ne veux rien vous cacher, je confesse 380
Que je livrai mon âme à de secrets plaisirs
De voir que mon⁶ jaloux fût, malgré ses desirs,
La fable d'un rival, et la dupe....

HARPAJÊME.

Ah! je crève⁷!...
De répondre au billet vous n'eûtes pas⁸ de trêve?

HORTENSE.

D'accord; mais il falloit trouver l'invention 385
De le pouvoir donner.

HARPAJÊME.

Vous la trouvâtes?

HORTENSE.

Bon!
Harpajême y pourvut. Pressé par sa foiblesse,

1. Tome V, p. 9 et note 2.
2. Ne visèrent qu'à lui. (Manuscrit.)
3. Tome V, p. 375 et note 2.
4. Dans le manuscrit : « tout en rage ».
5. Vers 304 et note 1. — 6. *Ce*, dans le manuscrit.
7. Vers 103 et 379. — Même exclamation d'Arnolphe : « Ah! je crève! » dans *l'École des femmes*, vers 327.
8. Point. (Manuscrit.)

SCÈNE VIII.

Il voulut consulter une devineresse
Pour voir s'il seroit seul maître de mes appas ;
Il m'y fit, un matin, accompagner ses pas :   390
A peine sortions-nous, que j'aperçois Timante.
Harpajême, à sa vue, aussitôt s'épouvante,
Nous observe de près, me tenant une main ;
Dans l'autre étoit ma lettre. Inquiète en chemin
Comment de la donner je pourrois faire en sorte,   395
Un homme qui fendoit du bois devant sa porte
A faire un joli tour me fit soudain penser.
Dans les bûches[1], exprès, je fus m'embarrasser :
Je tombe, et, par l'effet d'une malice extrême,
J'entraîne avecque moi rudement Harpajême.   400
Timante, à cette chute, accourt à mon secours :
Moi, qui mettois mon soin[2] à l'observer toujours,
Comme il m'offroit sa main pour soutenir la mienne,
Je coulai promptement mon billet dans la sienne[3] ;
Puis je fus du jaloux relever le chapeau,   405
Qui dans ce temps cherchoit ses gants et son manteau,
M'injuriant, pestant contre la destinée :
Mais, comme heureusement ma lettre étoit donnée,
Il ne put me fâcher. Crotté, gonflé d'ennui[4],
Il revint sur ses pas ; j'y revins avec lui,   410
Non sans rire en secret, songeant à cette chute,
De mon invention et de sa culebute[5].

HARPAJÊME.
Ouf!... Et qu'arriva-t-il de l'un et l'autre tour ?

---

1. Dans ces bûches. (Manuscrit.) — 2. Mes soins. (*Ibidem.*)
3. Vers 100.
— Dans la main, en passant, coulons-lui ce papier.
(ROTROU, *Bélisaire*, acte IV, scène II.)
4. Adieu : je sens mon cœur qui se gonfle d'ennui.
(MOLIÈRE, *l'Étourdi*, vers 567.)
5. Page 297 et note 1.

HORTENSE.

Timante, instruit par moi[1], pressé par son amour[2],
Pour me pouvoir parler usa d'un stratagème[3]:   415
Il[4] fit secrètement avertir Harpajême
Par un homme aposté qu'il vouloit m'enlever;
Qu'un soir à ma fenêtre il devoit me trouver,
Et que nous ménagions le moment favorable
Pour m'arracher des mains d'un jaloux[5] détestable. 420
Cet avis fit l'effet que nous avions pensé :
Par cette fausse alarme Harpajême offensé,
Voulant assassiner l'auteur de cet outrage,
Étant accompagné de spadassins à gage[6],
Fit quinze nuits le guet[7] sous mon appartement[8];   425
Et je vis quinze nuits de suite mon amant
Dans celui du jardin[9], au bas de ma fenêtre. [naître,
Par des transports charmants que nos cœurs laissoient
Sans crainte du jaloux exprimant nos amours,
Nous cherchions les moyens de le fuir toujours[10],   430
Et ne nous arrachions de ce lieu de délices
Qu'au moment que du jour on voyoit[11] les prémices[12].

1. Timante, instruit de moi. (Manuscrit.)
2. Pressé de son amour. (Manuscrit, et 1729.)
3. De stratagème. (Ibidem.) — 4. Et. (1729.)
5. D'un bourreau. (Manuscrit.)
6. Ci-dessus, p. 38 et note 6 : « notre flatteur à gage ».
7. Vers 48 et note 9.
8. Ce stratagème a quelque rapport avec le troisième tour de la Gageure des trois commères (vers 264 et suivants) :
   Dans ce penser il s'arme jusqu'aux dents, etc.
9. Dans l'appartement du jardin, dans un de ces cabinets, de ces pavillons, si propices aux rendez-vous, aux ébats, des amoureux. Comparez ci-dessus, p. 380, et p. 280 et note 2.
10. De le fuir pour toujours. (Manuscrit, et 1734.) *Fuir* est d'une seule syllabe dans cette variante, conformément à la mesure habituelle.
11. Nous voyions. (Manuscrit.)
12. L'aube, les lueurs argentées, prémices de l'aurore.

SCÈNE VIII.

Je me mettois au lit, où, feignant de dormir,
J'entendois mon bourru tousser, cracher, frémir[1] ;
Tantôt, venant mouillé jusques à sa chemise, 435
Tantôt, soufflant ses doigts, transi du vent de bise[2],
Toujours incommodé, toujours tremblant[3] d'effroi :
C'étoit, je vous l'assure[4], un grand plaisir pour moi.

HARPAJÊME.

Quelle pilule[5] !

HORTENSE.

Hélas ! ce temps ne dura guère,
Et ce ne fut pour nous qu'une fleur passagère : 440
De perdre ainsi ses pas notre bizarre outré,
Voyant l'an du trépas de mon père expiré,
De son autorité pressa notre hyménée.
A refuser son choix me voyant obstinée[6],
Il fit faire un cachot où j'ai passé six mois[7], 445
Et j'en sors aujourd'hui pour la première fois.
Avec ces sentiments, et cette haine extrême,
Jugez-vous que je doive épouser Harpajême ?

HARPAJÊME.

C'est mon avis. Timante est d'aimable entretien[8] :
Il est vrai ; beau, bien fait : d'accord ; mais il n'a rien.

---

1. Car elle n'était séparée de lui que par une cloison (vers 41-42).
2. Voyez tome IV, p. 186, note 2, à laquelle nous pouvons joindre ce titre d'un ancien recueil facétieux : *Thresor des recreations contenant.... propos plaisans et pleins de gaillardise..., tant pour consoler les personnes qui du vent de bize ont été frapez au nez que pour recreer ceux qui sont en la miserable servitude du tyran d'Argencourt, le tout tiré de divers auteurs trop fameux* ; Douai, 1605, in-12.
3. Mourant. (Manuscrit.)
4. Je vous l'avoue. (*Ibidem.*)
5.   La fâcheuse pilule !
          (MOLIÈRE, *l'École des femmes*, vers 332.)
6. Destinée. (Manuscrit ; faute évidente.)
7. Vers 21-31.
8. Comparez tomes III, p. 188 et note 28, V, p. 450.

Harpajême est jaloux : j'y consens ; il est chiche[1]
De ces tons doucereux : oui ; mais il est très riche.
Pour en ménage avoir du bon temps, de beaux jours[2],
Croyez-moi, la richesse est d'un puissant secours[3].
Le cœur qui penche ailleurs en sent quelque amertume ;
Mais parmi l'abondance à tout on s'accoutume[4].
Vaincre une passion funeste à son devoir,
C'est une bagatelle : on n'a qu'à le vouloir.
Par exemple, étouffez cette flamme imprudente ;
N'envisagez jamais qu'avec horreur Timante ;   460
Oubliez tout de lui, même jusqu'à son nom :
Çà, ma cousine, allons, promettez-le-moi ?

HORTENSE.

Non.

HARPAJÊME.

Comment ! non ? Et pourquoi ?

HORTENSE.

Je connois ma foiblesse :
Je ne pourrois jamais vous tenir ma promesse.

HARPAJÊME.

Harpajême fait donc des efforts superflus ?   465

HORTENSE.

Il sera mon époux ; et que veut-il de plus ?

HARPAJÊME.

Mais vous devez au moins[5] lui montrer quelque estime.

HORTENSE.

Épouser un mari sans qu'on l'aime[6], est-ce un crime ?

1. Tome V, p. 212 et note 4.
2. Pour avoir un ménage, un bon temps, de beaux jours.
(Manuscrit.)
3. Croyez-moi, de grands biens sont un puissant secours.
(1734.)
4. Chez Corneille, *Mélite*, vers 115-116 :

.... L'abondance des biens
Pour l'amour conjugal a de puissants liens.

5. « Du moins », dans le manuscrit. — 6. Sans l'aimer. (*Ibidem.*)

SCÈNE VIII.

HARPAJÈME.

Il vous déplait donc ?

HORTENSE.

Plus qu'on ne peut exprimer.

HARPAJÈME.

Peut-être, avec le temps, vous le pourrez aimer. 470

HORTENSE.

Le temps n'éteindra pas[1] l'ardeur qui me domine :
Je n'aimerai jamais que Timante.

HARPAJÈME.

Ah! coquine!
Je n'y puis soutenir[2]. Connoissez votre erreur,
Et craignez les effets de ma juste fureur[3].

HORTENSE.

Ah! ah! c'est vous, Monsieur? quelle métamorphose! 475

---

1. Point. (Manuscrit.)
2. Durer, patienter, *sustinere*. Pascal a dit (*Pensées*, p. 397) : « Jésus cherche quelque consolation au moins dans ses trois plus chers amis, et ils dorment. Il les prie de soutenir un peu avec lui, et ils le laissent » ; et Tallemant des Réaux, tomes II, p. 332 : « Montausier est un peu amoureux de Pelloquin (une fille suivante de Mme de Montausier), mais Mme de Montausier la fait bien soutenir, la traite bien, mais lui rabat fort son caquet quand il le faut » ; III, p. 81 : « Voiture s'étoit mis à en conter à Mlle de Rambouillet dès qu'elle étoit sortie de religion ; Chavaroche ou en tenoit aussi un peu, ou étoit bien aise de nuire à Voiture : la demoiselle ne les faisoit pas soutenir comme sa sœur, et il y a grande apparence qu'elle avoit de la bonne volonté pour Voiture. » Nous ne croyons pas que dans ces exemples de Tallemant cette locution soit un terme de manège : « soutenir la main, tenir la bride haute » ; selon nous, elle signifie, comme chez la Fontaine et Pascal : faire « souffrir », faire « prendre patience ». On connaît l'expression italienne : *patito*, amant de simple galanterie, cavalier servant, sigisbée. — Je n'y puis plus tenir. (Manuscrit, et 1734.)
3. Ce vers manque dans les éditions de 1702 et de 1729. — Dans le manuscrit :

Voyez, friponne, à qui vous ouvrez votre cœur.

Pourquoi? Si vous étiez en doute de la chose,
Vous êtes redevable à ma sincérité
De ne vous avoir point fardé la vérité[1].
Voilà quelle je suis par votre humeur jalouse,
Et quelle je serai si je suis votre épouse. 480
HARPAJÊME.
Votre malice en vain s'applique à l'éviter :
Je serai votre époux pour vous persécuter,
Pour vous rendre odieux et Timante et la vie;
A vous faire enrager je mettrai mon génie....
Marinette !

SCÈNE IX.

HARPAJÊME, HORTENSE, MARINETTE.

MARINETTE.
Harpajême[2] !
HARPAJÊME.
Hé bien! le serrurier 485
Travaille-t-il?
MARINETTE, le voyant en robe.
Ah! ah!...
HARPAJÊME.
Cesse de t'effrayer.
Je viens, sous cet habit, d'apprendre[3] son histoire;
J'ai découvert par là ce qu'on ne pourra croire :
Malgré ma défiance exacte, en tapinois[4],
L'aurois-tu cru, ma fille? ils m'ont trompé cent fois. 490

---

1. Ci-dessous, p. 602, note 1.
2. Monsieur! (Manuscrit, et 1734.)
3. *Apprendre*, à tort, et non *d'apprendre*, dans le manuscrit, et dans les textes de 1702 et de 1729.
4. Tome V, p. 199 et note 5.

SCÈNE X.

MARINETTE.

Ah! les méchantes gens!

HARPAJÊME.

Mais j'en[1] tiens la vengeance.
Timante doit venir pour enlever Hortense;
Le piège ici l'attend.... Oui, traîtresse, à vos yeux
Vous verrez poignarder ce qui[2] vous[3] plaît le mieux :
Nous allons bientôt voir l'essai de cet ouvrage.   495

SCENE X.

HARPAJÊME, HORTENSE, MARINETTE, LE SERRURIER.

HARPAJÊME.

Est-ce fait?

LE SERRURIER.

Oui, Monsieur; et pour en voir l'usage
Je vais, tout de ce pas[4], à vos yeux l'essayer.

HARPAJÊME.

Non, non; ce n'est qu'à moi que je veux m'en[5] fier :
J'en veux faire l'essai moi-même.

LE SERRURIER.

Et que m'importe?
Sortez[6] donc par ici; passez[7] par cette porte :   500
Marchez, venez à moi sans appréhender rien.
Eh bien! n'êtes-vous pas pris comme un sot?

---

1. *J'en* corrige *je* dans le manuscrit.
2. *Ce qu'il.* (*Ibidem.*)
3. *Vous* corrige *te.* (*Ibidem.*)
4. Tome IV, p. 313 et note 1.
5. « Que je m'en veux », dans le manuscrit.
6. *Sortez* corrige *Rentrez.* (*Ibidem.*)
7. Rentrez. (*Ibidem.*)

HARPAJÊME *est dans une machine comme une cage*[1].

Fort bien :
On ne peut l'être mieux. La peste ! quelle étreinte !
Otez-moi promptement ; la posture est contrainte.

LE SERRURIER.

Vous délivrer n'est plus en mon pouvoir.

HARPAJÊME.

Pourquoi ? 505

LE SERRURIER.

Je n'en suis plus le maître.

HARPAJÊME.

Et qui l'est donc[2] ?

SCÈNE XI.

HARPAJÊME, HORTENSE, MARINETTE, TIMANTE.

TIMANTE.

C'est moi.

HARPAJÊME.

Comment ! on me trahit !

TIMANTE.

Non, on te fait justice.
Par cette invention tu forgeois mon supplice ;
Et j'en ai fait[3] le tien pour tirer d'embarras
La belle Hortense.

---

1. *Il est dans une machine comme un trébuchet.* (Manuscrit.)
2. Dans le manuscrit :
   Vous délivrer n'est plus en mon pouvoir, ma foi ;
   Je n'en suis plus le maître.
   HARPAJÊME.
   Et qui l'est donc ?
3. Et de cette invention j'ai fait, etc.

SCÈNE XI. 435

HARPAJÊME.

Hortense[1]! Ah! ne le croyez pas : 510
Songez qu'à m'épouser votre foi vous engage,
Ou bien que du démon vous serez le partage[2].

HORTENSE.

Je l'étois sans ressource en vous donnant la main[3];
Mais je crois qu'avec lui l'oracle est moins certain.

HARPAJÊME.

Ah[4]! Marinette, à moi! délivre-moi, dépêche! 515

MARINETTE.

Je n'oserois, Monsieur; Timante m'en empêche!

TIMANTE.

Vos parents et les miens vont combler notre espoir;
Allons, Hortense.... Adieu, Seigneur, jusqu'au[5] revoir.

HARPAJÊME.

Arrête....

HORTENSE.

Adieu, Monsieur; votre servante.

HARPAJÊME.

Hortense!

Songez!...

MARINETTE.

Adieu; *pigliate*[6] un peu de patience. 520

HARPAJÊME.

Arrête! arrête! arrête! Holà! quelqu'un, holà!
A moi, tôt!

---

1. Hortense! c'est vers elle qu'il se tourne, autant que le lui permet sa posture contrainte, c'est à elle qu'il s'adresse.
2. Dans *Je vous prends sans verd*, scène XI :
    Une aimable Tourterelle
    Fut le partage d'un Hibou.
3. Tome VI, p. 22 et note 6.
4. *Ho!* dans le manuscrit. — 5. Jusqu'à. (*Ibidem.*)
6. *Pigliate*, prenez. On se souvient du chant des médecins joufflus et des apothicaires grotesques de *Monsieur de Pourceau-*

SCÈNE XII.

AGATHE, HARPAJÈME.

AGATHE.

Hé! bon Dieu! qui vous a huché[1] là,
Mon fils?

HARPAJÈME.

Moi-même.

AGATHE.

Vous?

HARPAJÈME.

Ah! ma mère! on m'ou-[trage.
Dans mes propres panneaux j'ai donné[2] : j'en enrage!
Soulagez-moi; brisez ce trébuchet[3] maudit.   525

AGATHE.

Hé bien! mon fils, hé bien! je vous l'avois bien dit :
De vos malins vouloirs[4] voilà la digne issue;
Vous ne[5] seriez pas là si j'en eusse été crue.

gnac (tome VII du Molière de notre Collection, p. 280-284), où ce verbe revient plusieurs fois :

Piglia-lo sù,
Signor Monsu,
Piglia-lo, piglia-lo, piglia-lo sù.

— Le manuscrit et les textes de 1702 et de 1729 portent cette faute grossière : « Adieu, Pilate. »

1. *Huché*, proprement, fourré dans cette huche, mot qui n'est, en ce sens, dans aucun de nos dictionnaires; plus haut, dans *Ragotin*, vers 684, 687, 1223, 1259 : *encavé, encaissé, coffré, empoté.* — *Juché*, dans le manuscrit.

2.   Panneau n'étoit, tant étrange semblât,
   Où le pauvre homme à la fin ne donnât.
                     (*La Mandragore*, vers 52-53.)

3. *Ragotin*, vers 1213 et note 1. — 4. Tome IV, p. 348 et note 3.
5. *Ne* corrige *n'en* dans le manuscrit.

HARPAJÊME.

Cette moralité sied bien à ma douleur[1]!...
Au meurtre, mes voisins! au secours! au voleur! 530

SCÈNE XIII.

HARPAJÊME, AGATHE, UN EXEMPT, DES RECORS.

L'EXEMPT.

Quel bruit ai-je entendu?

HARPAJÊME.

Monsieur l'Exempt, de grâce!
Commandez de ces nœuds que l'on me débarrasse.

L'EXEMPT.

Enfants, prenez ce soin[2].

AGATHE.

C'en est fait.

HARPAJÊME.

Grand merci!
Courons après les gens[3] qui causent mon souci.

L'EXEMPT.

Mon ordre est de venir m'assurer de vous-même. 535
Le sénat, qui connoît votre rigueur extrême,
Vous ordonne à l'instant que, sans égard à rien,
Vous lui rendiez raison d'Hortense[4] et de son bien.

---

1. Hé! mon ami, tire-moi de danger,
   Tu feras après ta harangue.
   (Livre I, fable XIX, vers 26-27 et note 9.)
Voyez aussi livre IX, fable v.
2. « Prenez-en soin », dans le manuscrit.
3. Des gens. (*Ibidem.*)
4. Ci-dessus, vers 55-57 :
   Le malheureux! on sait comment il traite Hortense:
   Par mes soins la justice en a pris connoissance,
   Je puis par un arrêt tromper sa passion.

HARPAJÊME.

Le sénat le prend mal.

L'EXEMPT.

La résistance est vaine :
Allons[1].

HARPAJÊME.

Je n'irai pas.

L'EXEMPT.

Hé bien donc, qu'on l'y traîne ! 540

1. Cette scène rappelle celle qui termine *le Tartuffe* de Molière, vers 1898 et suivants, où Tartuffe dit à l'Exempt :

....Daignez accomplir votre ordre, je vous prie ;

et où celui-ci lui répond :

    Oui, c'est trop demeurer sans doute à l'accomplir
    Votre bouche à propos m'invite à le remplir;
    Et, pour l'exécuter, suivez-moi tout à l'heure
    Dans la prison qu'on doit vous donner pour demeure.
    — Qui ? moi, Monsieur ? — Oui, vous. — Pourquoi donc la
    — Ce n'est pas vous à qui j'en veux rendre raison. [prison?

FIN DU FLORENTIN.

LA
COUPE ENCHANTÉE
COMÉDIE

(1688)

NOTICE.

Quoi qu'en dise Maupoint, dans sa *Bibliothèque des théâtres* (Paris, 1733, in-8°, p. 85), ce n'est pas « l'éducation que M. G***, architecte, voulut donner à sa fille en la tenant enfermée et privée de la connoissance des hommes », qui « a fourni le sujet de cette petite pièce » : elle est tirée de deux contes de la Fontaine, *les Oies de frère Philippe* et *la Coupe enchantée*[1], et fut jouée pour la première fois à la Comédie-Française le vendredi 16 juillet 1688, à la suite de la *Cléopâtre* de la Chapelle[2]. Comme nous l'apprennent les frères Parfaict (tomes VIII, p. 65, XIII, p. 85), et les registres conservés aux archives de la Comédie-Française, elle eut vingt-trois représentations jusqu'au 1er septembre de la même année, fut reprise le 23 octobre, et resta au répertoire.

Elle fut publiée en 1710, sous le nom de M. Chammelay (Champmeslé[3]), à Paris; c'est un in-12 de 45 pages chiffrées et 2 non numérotées pour le Privilège. En voici le titre :

LA

COUPE ENCHANTÉE
COMEDIE

PAR

M. CHAMMELAY.

A PARIS

MDCC X

Avec Privilege

1. Voyez notre tome V, p. 3-21, et p. 88-150.
2. La tragédie parodiée à l'acte IV de *Ragotin*.
3. Comparez tome VI, p. 89, note 2.

Elle fut insérée en 1735 dans les *OEuvres de Monsieur de Champmeslé* (Paris, 2 volumes in-12), tome II, p. 573-620. Nous suivons le texte de 1710 et donnons les variantes de l'édition de 1735, et de celles de 1803, 1812, et suivantes, sauf les différences d'orthographe du patois rustique, différences qui ne peuvent être attribuées qu'à la fantaisie des éditeurs.

On ne saura jamais la part que la Fontaine a prise à la composition de cette petite comédie, mais on reconnaîtra qu'il devait bien quelque assistance à Champmeslé, au mari de la charmante actrice à laquelle il avait dédié *Belphégor*. Quoiqu'il n'ait joui, à ce qu'il prétend du moins[1], que de sa voix touchante et de ses accents enchanteurs, que de ses beaux yeux, de son tendre sourire, et de sa grâce incomparable, sa reconnaissance a bien pu se traduire par cette collaboration, malheureusement insuffisante, et où l'on regrette qu'il n'ait pas mis un peu plus d'ardeur.

Cependant cet ouvrage n'est pas aussi mauvais qu'on l'a prétendu. Contrairement à l'avis de la plupart des critiques, Petitot le juge assez favorablement, et d'une manière fort sensée, dans son *Répertoire du théâtre français*, etc. (tome XVI, p. 250-251) : « Les pièces, dit-il, dont le comique est fondé ou sur la féerie, ou sur le merveilleux de la fable, ne peuvent être tout au plus que d'agréables badinages. De toutes celles qui ont paru au théâtre français depuis *Amphitryon*, *la Coupe enchantée* peut être considérée comme la meilleure. Tirée de deux contes un peu libres, elle ne passe point les bornes de la décence convenue au théâtre ; les plaisanteries sont vives et piquantes ; et leur légèreté effleure agréablement ce que le sujet peut avoir de scabreux pour des oreilles délicates. Dans cet ouvrage, fait avec rapidité et sans aucune prétention, on retrouve quelquefois la naïveté charmante du fabuliste et l'innocente malice du conteur : elles ne suffiroient pas pour remplir la vaste conception d'une pièce de caractère, mais elles donnent à une petite comédie une originalité qui la rend très agréable.

« .... Le personnage de Lélie est tel qu'il doit être.... Un poète moderne l'aurait présenté comme un enthousiaste ; il aurait peint avec un style « brûlant » l'ardeur de ses désirs.... La Fon-

1. Voyez tome I, p. cxv-cxvi.

taine, au contraire, n'a donné à Lélie qu'un empressement très naturel dans un jeune homme ; il s'exprime avec candeur et simplicité, et ne prend point au tragique une rencontre qui ne peut être que très agréable pour lui.

« *L'Oracle* et *les Grâces*, de Saint-Foix[1], sont de faibles imitations de *la Coupe enchantée*[2]. On trouve dans ces pièces du bel esprit, une sensibilité minutieuse, et une fausse délicatesse. Les autres comédies de féerie ou de magie ne sont pas meilleures. C'est ce qui nous a décidé à ne placer dans notre recueil que la pièce de la Fontaine, qui, sans être un chef-d'œuvre, peut être regardée comme un modèle dans ce genre. »

Elle a été reprise il n'y a pas longtemps, le 7 mai 1886, à la Comédie-Française ; elle avait été donnée le 27 avril précédent au Trocadéro, dans la grande représentation organisée par le comité formé pour l'érection d'une statue à la Fontaine. Voici quelle était la distribution des rôles :

ANSELME.	MM.	Clerh.
THIBAUT.		Coquelin cadet.
JOSSELIN.		Leloir.
BERTRAND		Laugier.
GRIFFON		Villain.
TOBIE		Joliet.
LÉLIE	Mmes	Durand.
LUCINDE		Muller.
PERRETTE.		Kalb.

1. *L'Oracle*, comédie en un acte, en prose, jouée au Théâtre-Français le 22 mars 1740. — *Les Grâces*, comédie en un acte, en prose, représentée au même théâtre le 23 juillet 1744.

2. *L'Oracle*, oui (voyez notre tome V, p. 8), mais non *les Grâces*. Saint-Foix lui-même, dans sa préface des *Grâces*, soutient que, pour l'invention de cette comédie, il n'a imité personne, et que même ses deux pièces n'ont entre elles aucun rapport.

ACTEURS.

ANSELME.
LÉLIE, fils d'Anselme.
JOSSELIN, gouverneur de Lélie.
BERTRAND, fermier d'Anselme.
M. GRIFFON, } beaux-frères.
M. TOBIE,
LUCINDE, fille de M. Tobie.
THIBAUT, fermier de M. Tobie.
PERRETTE, femme de Thibaut.

La scène est dans la cour du château d'Anselme.

LA COUPE ENCHANTÉE.

SCÈNE PREMIÈRE.
BERTRAND, LUCINDE, PERRETTE.

BERTRAND.
Non, mordienne ! vous dis-je, je ne me laisserai pas enjôler[1] davantage.

LUCINDE.
Hé ! mon pauvre garçon !

BERTRAND.
Je n'en ferai rien.

PERRETTE.
Auras-tu bien le cœur si dur[2], que... ?

BERTRAND.
Je l'aurai dur comme un caillou.

LUCINDE.
Laisse-nous[3] ici seulement jusqu'à ce soir.

---

1. « Toutes les caresses qu'il vous fait ne sont que pour vous enjôler. » (Molière, *le Bourgeois gentilhomme*, acte III, scène III.)
2. Auras-tu le cœur si dur. (1803-1827.)
3. « Laissez-nous » (*ibidem*, et 1735), quoique dans tout le reste de la pièce Lucinde tutoie Bertrand.

BERTRAND.

Je ne vous y laisserai pas un iota[1] davantage, ventreguoyne[2]! Si quelqu'un vous alloit trouver enfarmées[3] dans ma logette, et que diroit-on?

PERRETTE.

Ardé[4]! ce qu'on en diroit seroit-il tant à ten désavantage?

BERTRAND.

Testigué! si notre maître, qui hait les femmes, venoit à vous trouver, où en serois-je?

LUCINDE.

Quand il saura que je suis une jeune fille persécutée par une belle-mère, abandonnée à la sollicitation[5] et à l'inimitié de mon propre père, et qui fuit la maison

---

1. Tome V, p. 30 et note 1.
2. Comme on dit : ventrebleu, ventrebieu, ventregué, ventreguieu, ventreguienne, ventreguoy, ventredié : comparez ci-dessus, p. 293, 298, etc. Les exemples de jurons villageois abondent du reste dans cette pièce.
3. Remarquons que le patois très capricieux de *la Coupe* rappelle beaucoup les patois dont s'est servi Molière, notamment dans *Don Juan* et dans *le Médecin malgré lui*.
4. Pour *Ardez!* « Regardez! voyez-vous cela? » Chez Regnier, satire XI, vers 92 : « Ardez, voire. » Dans le *Dépit amoureux* de Molière, acte IV, scène IV : « Ardez le beau museau. » Rapprochez aussi *Don Juan*, acte II, scène 1; et le *Lexique de Corneille*.
5. A la garde, à la surveillance inquiète. — « On dit tous les jours à Paris parmi le peuple qu' « il faut donner une garde à « un malade pour le solliciter, » c'est-à-dire « pour en avoir soin, « et pour le servir. » (VAUGELAS, *Remarques sur la langue françoise* p. 473.) Rapprochez les *Ordonnances des rois de France* (Paris, 1723, in-fol., tome II, p. 385) : « Defend la dicte chambre à tous medecins, chirurgiens, barbiers, apothicaires, gardes de malades et aultres, qui auront visité, gardé, pansé, serui ou sollicité au mal des dicts pestiferez, de communiquer auec aultres »; et Ambroise Paré (livre XIII, chapitre xxv) : « Au second appareil et aultres suiuans, ie fus sollicité de mes compagnons et amis, chirurgiens iurés de Paris. »

paternelle de crainte d'épouser un magot[1] qu'elle me veut donner parce qu'il est son neveu, mes larmes le toucheront; il aura pitié de moi, sans doute.

BERTRAND.

Morgué! je vous dis qu'il n'est point pitoyable[2] : je le connois mieux que vous.

PERRETTE.

Et moi, je gage que ses larmes le débaucheront comme elles m'ont débauchée : je ne les vis pas plus tôt couler, que je me résolus d'abandonner mon ménage pour aller courir les champs avec elle, quoiqu'il n'y ait qu'onze mois que je sois mariée à Thibaut, le fermier de son père, qui est le meilleur homme du monde, et de la meilleure humeur. Est-ce que ton maître sera plus rébarbatif que moi?

BERTRAND.

Ventredié! vous me feriez enrager. Est-ce que je ne savons pas bien ce que je savons[3]?

LUCINDE.

Fais-moi parler à ce jeune homme que tu dis qui est son fils; je le toucherai, je m'assure[4], et je ne doute point qu'il ne fasse quelque chose auprès de son père en notre faveur.

BERTRAND.

Hé bien! hé bien! ne voilà-t-il pas? Palsanguoy[5]! n'an dit bian vrai, qu'il n'y a rian de si dur que la tête d'une femme. Ne vous ai-je pas dit, cervelle ignorante, que ce fils est le *Tu autem*[6] du sujet pourquoi on reçoit ici

1. Page 393 et note 3.
2. Accessible à la pitié : tome V, p. 531 et note 3.
3. Sur cette locution populaire, voyez Molière, tome VI, p. 61 et note 4.
4. J'eu suis certaine : ci-dessus, p. 58 et note 1.
5. Page 446 et note 2 : « ventreguoyne! »
6. Nœud de l'affaire, cause principale, raison dominante :

les femmes comme un chien dans un jeu de quilles[1]? que le père ne veut point que le fils en voie aucune? que le fils n'en connoît non plus que s'il n'y en avoit point au monde, et qu'il ne sait pas seulement comme on les appelle? que le père, sottement, lui apprend tout cela; que le fils croit tout cela sottement; et que.... que.... Que diable! ne vous ai-je pas dit tout cela?

PERRETTE.

Hé bien! oui. Mais d'où vient qu'il ne veut pas que son fils connoisse des femmes? Est-ce une si mauvaise connoissance?

BERTRAND.

D'où vient.... d'où vient.... Eh! l'esprit bouché[2], ne vous souvient-il pas que, de fil en aiguille[3], je vous ai conté que le père avoit épousé une femme qui en savoit

locution empruntée aux leçons du bréviaire, et aux lectures faites dans les réfectoires des séminaires et des couvents, qui se terminent par ces mots : *Tu autem, Domine, miserere mei;* peut-être aussi aux disputes scolastiques, quand un des adversaires, passant à l'argument « ad hominem », à l'argument important, pressant, capital, jetait à l'autre : *Tu autem...?* Voyez Rabelais, tome I, p. 52 : « ....Ie y estois, et bien tost en sçaurez le *Tu autem* »; p. 273 : « Ie ay dict tout le *Tu autem*, et n'en ay en rien varié, sur mon honneur »; Brantôme, tome V, p. 11 : « .... Aulcunes, qui en sçauoient le *Tu autem* et desmesurée proportion, disoient, ou par timidité ou par hypocrisie : « Ah! Dieu nous en gard'! »; Scarron, *le Virgile travesti*, livre VI :

Je t'apprendrai, Messire Énée,
De ton étrange destinée,
En peu de mots, le *Tu autem;*

Mme de Sévigné, tomes VII, p. 380 : « Nous ne pensons pas qu'Adonis fût plus beau; du moins il n'étoit pas de si bonne mine que vous, et c'est là le *Tu autem* des Messieurs », IX, p. 85 : « Il tiendra une table enragée : c'est le *Tu autem* »; etc.

1. « Il fallut donc y aller...; il fut reçu comme un chien dans un jeu de quilles : ce fut son expression. » (SAINT-SIMON, tome XIII, p. 140.)

2. Eh! esprit bouché. (1803-1827.)

3. Tome VI, p. 54 et note 9.

bien long? et que pour empêcher qu'il[1] n'ait comme li le même malencombre[2] qu'il a li, comme bien d'autres, il a juré son grand juron que jamais femme ne seroit de rien à ce fils[3]? Et voilà ce qui fait justement que.... Mais, ventreguienne! que de babil! est-ce que vous ne voulez donc pas vous taire, et me tourner les talons?

LUCINDE, lui donnant de l'argent.

Mon ami! mon pauvre ami!

BERTRAND.

Mon ami! mon pauvre ami!... Jarnigué! ne vlà-t-il pas encore la chanson du ricochet[4], avec vos pièces d'or?

PERRETTE.

Eh! va, va, prends toujours.

BERTRAND.

Ventregué! que veux-tu que j'en fasse?

LUCINDE, lui en donnant encore.

Mon pauvre garçon!

BERTRAND.

Tastigué! n'avez-vous point de honte de me tenter comme ça?

1. Que son fils. (1803-1827.)
2.   .... Malencombre
   Puisse arriver à qui me répond toujours oui.
   (SCARRON, *Don Japhet d'Arménie*, acte II, scène I.)
3. « La fille du seigneur Géronte ne me sera jamais de rien. » (MOLIÈRE, *les Fourberies de Scapin*, acte III, scène x.)
4. C'est toujours le même discours, la même répétition, la même chanson, comme le ramage du petit oiseau appelé « le ricochet » dans nos campagnes; ou bien cette idée de répétition est empruntée aux bonds, aux ricochets, que fait une pierre plate jetée obliquement à la surface de l'eau; ou peut-être encore au chant monotone d'un liquide qui bout, et dont la voix toujours égale bourdonne (recochée ou recochet, ricochet, ricochon, de *recoquere,* recuisson). — « Vostre conseil, dit Panurge, soubs correction, semble à la chanson de ricochet : ce ne sont que.... redictes. » (RABELAIS, le tiers livre, chapitre x.) Voyez aussi le rondeau de Raminagrobis, au chapitre XXI du même livre, qui a bien l'air d'une chanson de ricochet.

PERRETTE.

Prends, te dis-je.

BERTRAND.

Morgué! c'est être bien Satan.

LUCINDE.

Bertrand....

BERTRAND.

Jarni! cela est cause que je vous ai déjà fait passer la nuit dans ma cahute.

PERRETTE.

Le grand malheur!

BERTRAND.

Morgué! cela va encore être cause que je vous y ferai passer le jour.

LUCINDE.

Mon cher Bertrand!

BERTRAND.

Mort de ma vie[1]! que vous ai-je fait?

PERRETTE.

Eh! prends, prends.

BERTRAND.

Prends, prends. Morguoy! prends toi-même.

PERRETTE.

Eh bien! donne-le-moi, je le prendrai.

BERTRAND.

Tu as bien envie de me voir frotter[2].

---

1. Ci-dessous, p. 470.
2.   Si quelque voisin vous afflige,
  Et pense vous inquiéter,
  Vous aurez de quoi le frotter.
    (Scarron, *le Virgile travesti*, livre IV.)

« Je veux faire le brave, et, s'il est assez sot pour me craindre, le frotter quelque peu. » (Molière, *l'Avare*, acte III, scène II.) « Nous avons été joliment téméraires : nous n'étions que sept mille hommes, nous en avons attaqué vingt-six; aussi faut voir comme nous avons été frottés. » (Mme de Sévigné, tome IV, p. 72-73.) « Junon frotte (frappe légèrement) Diane. » (Racine,

PERRETTE.

Là, là, prends courage ; il ne t'est point arrivé de mal cette nuit, il ne t'en arrivera pas cette journée. Ramène-nous dans la logette[1].

BERTRAND.

Oui ; mais, morgué ! notre petit maître est un charcheur de midi à quatorze heures ; il a toujours le nez fourré partout. S'il vient à vous trouver ! hem ?

LUCINDE.

Peut-être sera-t-il bien aise de nous voir et de nous parler.

BERTRAND.

Testigué ! ne vous y fiez pas ; c'est un petit babillard qui ne manqueroit pas de l'aller dire à son père. Il vaut mieux que je vous boute[2] dans queuque endroit où il n'aille pas vous charcher. Attendez, je vais voir si personne ne nous en empêche[3].

SCÈNE II.

LUCINDE, PERRETTE.

LUCINDE.

Enfin, Perrette, nous resterons ici jusqu'à ce soir.

PERRETTE.

Oui, mais je ne sommes guère loin du châtiau de votre père : j'ai peur que je ne soyons pas longtemps ici sans qu'on vienne nous y charcher.

LUCINDE.

Nous y serons bien cachées. Mais en conscience,

---

tome VI, p. 209.) Rapprochez le verbe *épousseter*, au sens de « rosser », ci-dessus, p. 361 et note 3.

1. Remène-nous dans ta logette. (1803-1827.)
2. Page 302 et note 1. — 3. Ne nous empêche. (1803-1827.)

Perrette, voudrois-tu partir d'ici sans avoir la charité de tirer ce pauvre petit jeune homme de l'erreur où l'on le fait vivre?

PERRETTE.

Ouais! vous vous intéressez bien pour lui! Si j'osois, je croirois quelque chose.

LUCINDE.

Et que croirois-tu?

PERRETTE.

Je croirois que vous ne seriez pas fâchée de l'avoir pour mari.

LUCINDE.

Tu ne sais ce que tu dis.

PERRETTE.

Oh! par ma foi, j'ai mis le nez dessus.

LUCINDE.

Que veux-tu dire?

PERRETTE.

Mon gueu[1]! je ne sis pas si sotte que j'en ai la mine. Quand je vous le vis regarder hier avec tant d'attention par le trou de la sarrure, je me dis[2] à part moi : « Vlà notre maîtresse Lucinde qui se prend ; et, si ce grand dadais[3] que n'an lui veloit bailler pour époux avoit eu aussi bonne mine que ce petit étourniau-ci, je ne serions pas sorties de la maison. »

LUCINDE.

Tu vois plus clair que moi, Perrette. Je t'avoue que je formai dès hier la résolution de faire tout mon possible pour détromper ce pauvre petit homme, et que c'est à quoi j'ai pensé toute la nuit. Mais jusques à pré-

1. Mon Dieu!
2. Je dis. (1803-1827.)
3. « Nous avons le fils du gentilhomme de notre village, qui est le plus grand malitorne et le plus sot dadais que j'aie jamais vu. » (MOLIÈRE, le Bourgeois gentilhomme, acte III, scène XII.)

SCÈNE III. 453

sent je ne m'aperçois pas que mon cœur agisse par un autre mouvement que par celui de la compassion.

PERRETTE.

Eh! oui, oui, vous autres grosses dames[1] vous n'allez point tout d'abord à la franquette[2] : vous faites toujours semblant de vous déguiser les choses. Pour moi, je n'y entends point tant de façons; et, quand Thibaut me prit la main pour la première fois pour danser, qu'il me la serrit de toute sa force, je devinai tout du premier coup c'en que chela vouloit dire.... Mais qu'entends-je[3] ?

SCÈNE III.

THIBAUT, LUCINDE, PERRETTE.

THIBAUT, derrière le théâtre.

Haye, haye, haye!

LUCINDE.

Quelle voix a frappé mon oreille?

THIBAUT.

Ho, ho, ho!

PERRETTE.

Ah! Madame, c'est la voix de notre mari Thibaut : nous vlà perdues.

LUCINDE.

Courons promptement nous cacher.

1. Comparez « gros messieurs », « gros bourgeois », « les plus gros de la ville », tomes III, p. 295, IV, p. 111, p. 332.
2. A la bonne franquette. — Chez Molière (le Médecin malgré lui, acte I, scène v) : « Confessez à la franquette que, etc. » Chez Regnard, Attendez-moi sous l'orme, scène III : « Des mesures avec Colin? Bon! C'est un jeune amant à la franquette qui n'est capable que de se trémousser à contretemps. »
3. Je devinai du premier coup ce que ça vouloit dire..., Eh mais! qu'entends-je? (1803-1827.)

SCÈNE IV.

LUCINDE, PERRETTE, BERTRAND, THIBAUT.

BERTRAND.
Où courez-vous? Fuyez, fuyez de ce côté.
LUCINDE.
Thibaut, le mari de Perrette, vient par ici.
BERTRAND.
Josselin, le gouverneur de notre petit maître, vient par ilà.
THIBAUT.
Holà, quelqu'un, holà!
PERRETTE.
Entends-tu? c'est fait de nous, s'il nous trouve.

SCÈNE V.

LUCINDE, PERRETTE, JOSSELIN, BERTRAND, THIBAUT.

JOSSELIN, dans le château.
Bertrand! hé! Bertrand!
BERTRAND.
Oyez-vous? nous sommes flambés, s'il nous voit.
LUCINDE.
Où nous cacher?
BERTRAND.
Rentrez dans ma logette, et n'en ouvrez point la porte[1] à personne.

1. N'en ouvrez la porte. (1803-1827.)

SCÈNE VI.
JOSSELIN, BERTRAND, THIBAUT.

JOSSELIN.
Qui est-ce donc qui crie de la sorte ?

BERTRAND.
Il faut que ce soit quelque passant qui s'est égaré.... Mais le vlà.

THIBAUT.
Hé ! parlez donc, vous autres ; êtes-vous muets ?

JOSSELIN.
Non.

THIBAUT.
Vous êtes donc sourds ?

JOSSELIN.
Encore moins.

THIBAUT.
Et pourquoi donc ne répondez-vous pas ?

JOSSELIN.
Parce qu'il ne nous plaît pas.

THIBAUT.
Palsangué ! vous êtes trop drôles ! Puisque vous n'êtes ni sourds ni muets, il faut que je vous embrasse ; oui, morgué ! je sis votre serviteur.

JOSSELIN.
Est-ce que nous nous connoissons ?

THIBAUT.
Je ne sais pas ; mais je crois que nous ne nous sommes jamais vus.

JOSSELIN.
C'est ce qui me semble.

THIBAUT.
Palsangué ! vous vlà bian étonnai !

JOSSELIN.

Et qui ne le seroit pas? nous ne nous connoissons point, et vous m'embrassez comme si nous nous étions vus toute notre vie.

THIBAUT.

Tastigué! vous avez biau dire, je vois à votre mine que vous êtes un bon vivant, et que vous m'enseignerez ce que je charche.

JOSSELIN.

Et que cherchez-vous?

THIBAUT.

Je charche ma femme; ne l'avez-vous point vue?

JOSSELIN.

Ah! vraiment oui, c'est bien ici qu'il faut chercher des femmes!

THIBAUT.

Elle a nom Parrette. Elle s'en est enfuie de cheux nous, palsangué! chela est bian drôle, pour courir les champs avec la fille de M. Tobie, notre maître, que l'on vouloit marier maugré elle au fils de M. Griffon, neveu de notre maîtresse. Je ne sais, morgué! comme ces[1] masques[2] ont fagoté[3] tout chela; mais la nuit Parrette se couchi auprès de moi, et pis je ne l'y trouvis plus le lendemain : avez-vous jamais rien vu de plus plaisant que chela?

JOSSELIN.

Cela est fort plaisant.

1. Les. (1803-1827.)

2. Ces effrontées. Dans *le Malade imaginaire* de Molière, acte II, scène VIII (tome IX, p. 380) : « Ah, ah! petite masque. » Dans *le Mari retrouvé* de Dancourt, scène VII : « J'aime toujours cette masque-là. »

3. « Sied il pas bien à deux consuls romains.... d'employer leur loisir à ordonner et fagoter gentiment une belle missive? » (MONTAIGNE, tome I, p. 353.) Comparez *fagoteur* chez Rabelais (tome I, p. 195), au même sens figuré; et le *Lexique de Mme de Sevigné*, aux mots *fagotage* et *fagoter*.

SCÈNE VI.

THIBAUT.

Oh! ce qu'il y a de plus récréatif, c'est qu'elles sont toutes fines seules[1]; et, comme elles sont, morguoy! bian jolies, si elles alloient rencontrer queuque gaillard qui voulît en faire comme des choux de son jardin[2], elles seroient bien attrapées! Tout franc, quand je songe à chela, je n'en ris, morgué! que du bout des dents.

JOSSELIN.

Que craignez-vous?

THIBAUT.

Je crains.... et que sais-je, moi? je crains.... Est-ce que vous ne savez pas ce qu'on craint quand on ne sait où diable est sa femme?

JOSSELIN.

Si vous aviez envie de savoir ce qui en est, on pourroit vous donner satisfaction.

THIBAUT.

Bon! est-ce qu'on sait jamais ça? Pour s'en douter, passe; mais pour en être sûr, nifle[3]. J'aurois, morgué! biau le demander à Parrette, elle ne l'avoueroit jamais : elle est trop dessalée[4].

1. Tome V, p. 331 et note 2 : « toute fine seulette ».
2. En disposer, les traiter à son gré.

— Qu'il en fasse des choux, des raves,
 Disoient quelques-uns des plus braves.
 (SCARRON, *le Virgile travesti*, livre v.)

3. Nèfle! Des nèfles! Très vieille locution ironique, que nous trouvons chez Antoine Oudin, chez Furetière, dans le Dictionnaire de Trévoux, etc., et qu'explique suffisamment le proverbe : « Cela me coûte gros; je ne l'ai pas eu pour des nèfles. »

4. Déniaisée, fine, rusée : par allusion, sans doute, à la morue, au saumon, au jambon, etc., à certaines choses, qui, après avoir été longtemps trempées, ou passées à plusieurs eaux, sont arrivées à un dernier état de préparation. « Ce nouveau venu estoit dessalé comme le commis d'un banquier. » (*Le Moyen de parvenir*, chapitre XXVII.) « Vous faites la sournoise; mais je vous connois il y a longtemps, et vous êtes une dessalée. » (MOLIÈRE, *George*

JOSSELIN.

Nous avons ici un moyen sûr pour en savoir la vérité.

THIBAUT.

Et qu'est-ce encore?

JOSSELIN.

C'est une coupe qui est entre les mains du seigneur de ce château : quand elle est pleine de vin, si la femme de celui qui y boit lui est fidèle, il n'en perd pas une goutte; mais, si elle est infidèle, tout le vin répand à terre.

THIBAUT.

Cela est bouffon! Et où diable a-t-il pêché cela?

JOSSELIN.

Il l'a achetée d'un Arabe qui, soit par composition[1] ou par enchantement[2], y avoit attaché cette vertu.

THIBAUT.

Et pourquoi ce Monsieur acheta-t-il ce joyau-là?

JOSSELIN.

Par curiosité.

THIBAUT.

Est-ce qu'il étoit marié?

JOSSELIN.

Oui.

THIBAUT.

J'entends, j'entends; il vouloit voir si sa femme.... n'est-ce pas?

JOSSELIN.

Justement.

THIBAUT.

D'abord qu'il eut la coupe, il y but, je gage?

Dandin, acte I, scène VI.) « Ce Monsignor me paraît bien dessalé; je me forme beaucoup avec lui, et je me sens déjà tout autre. » (VOLTAIRE, *Lettres d'Amabed*, XIV.)

1. Composition savante, mais naturelle, par apposition à *enchantement*.

2. Recours aux puissances occultes.

JOSSELIN.

Vous l'avez dit.

THIBAUT.

Elle répandit?

JOSSELIN.

Non[1].

THIBAUT.

Morgué! c'est être bien plus heureux que sage! Il s'en tint là?

JOSSELIN.

Non.

THIBAUT.

Il y rebut?

JOSSELIN.

Oui.

THIBAUT.

Tastigué! vlà un sot homme.

JOSSELIN.

Plus encore que vous ne le dites[2].

THIBAUT.

Et comment donc? contez-moi cela pour rire.

JOSSELIN.

Il voulut éprouver sa femme.

THIBAUT.

Le benêt!

JOSSELIN.

Il lui écrivit sous un nom supposé.

THIBAUT.

Le jocrisse!

JOSSELIN.

Il lui envoya des présents.

1. Elle répandit? — Non. — Non? — Non. (1803-1827.)
2. Voyez, pour cette plaisanterie sur le mot *sot*, notre tome IV, p. 106 et note 3; et *passim*.

THIBAUT.

L'impertinent!

JOSSELIN.

Il lui donna un rendez-vous.

THIBAUT.

Elle y vint?

JOSSELIN.

Est-ce qu'on résiste[1] aux présents?

THIBAUT.

Et comment cela se passa-t-il?

JOSSELIN.

En excuses du côté de la dame ; en soufflets de la part du mari.

THIBAUT.

Elle les souffrit patiemment?

JOSSELIN.

Oui; mais quelques jours après....

THIBAUT.

Il but encore dans la coupe?

JOSSELIN.

Oui.

THIBAUT.

Et que fit la coupe?

JOSSELIN.

Elle répandit.

THIBAUT.

Quand on n'a que ce qu'on mérite, on ne s'en doit prendre qu'à soi.

JOSSELIN.

Il s'en prit à tout le monde, et vint de dépit se loger dans ce château écarté, pour ne plus entendre parler de femme de sa vie.

1. Est-ce qu'on peut résister? (1803-1827

THIBAUT.

Avec la coupe?

JOSSELIN.

Avec la coupe.

THIBAUT.

Et de quoi lui sert-elle[1]?

JOSSELIN.

Elle lui sert à voir qu'il a beaucoup de confrères[2], et cela le console[3].

THIBAUT.

Et comment le voit-il?

JOSSELIN.

Il engage tous les passants que le hasard conduit ici d'en faire l'épreuve.

THIBAUT.

Et depuis quand fait-il ce métier-là?

JOSSELIN.

Depuis quatorze ou quinze ans[4].

THIBAUT.

En a-t-il bien vu depuis ce temps-là?

JOSSELIN.

Oh! en quantité[5].

THIBAUT.

Par ma fique[6]! vlà tout fin droit[7] ce qu'il faut pour bouter[8] notte maître et son biau-frère à la raison. L'un

---

1. Et de quoi lui sert-elle, puisqu'il n'a plus de femme? (1803-1827.)
2. Tome VI, p. 137 et note 4.
3. *Joconde*, vers 191.
4. A quinze ans. (1803-1827.)
5. On lit ici (*ibidem*) : THIBAUT. S'en est-il trouvé biaucoup qui aient bu dans la coupe sans qu'elle ait répandu? — JOSSELIN. Cela est si rare que je ne m'en souviens quasi pas.
6. Par ma foi : comparez Molière, tome V, p. 106 et note 7.
7. *Ibidem*, p. 103; et ci-dessus, p. 457 et note 1.
8. Page 451 et note 2.

est un bon Normand, qui a épousé une Languedocienne, sœur de l'autre; et l'autre est un Gascon, qui a épousé une Parisienne : comme ils sont logés vison-visu[1], ils se tarabustent[2] toujours sur le chapitre de leurs femmes : je vais leur dire que la coupe les mettra d'accord. Ils rôdent autour de cette montagne, pour apprendre des nouvelles de leur fille.... Mais quel est ce vilain Monsieur-là?

JOSSELIN.

C'est le maître de la coupe, et le seigneur de ce château.

SCÈNE VII.

ANSELME, JOSSELIN, THIBAUT.

ANSELME.

Ah! Monsieur Josselin! mon pauvre Monsieur Josselin!

JOSSELIN.

Qu'y a-t-il de nouveau, Monsieur?

---

1. Vis-à-vis, face à face. — « On disoit que M. de la Trousse en vouloit à la maison vison-visu. » (MME DE SÉVIGNÉ, tome IV, p. 308 et note 22.)

2. *Tarabuster*, *tabuster*, de *tabust*, bruit, trouble, querelle.
> Que ie donne au diable la beste!
> Il me faict rompre icy la teste...,
> Et si ne vault pas le tabust.
> (MAROT, tome I, p. 247.)

« De ces tabus ie me passerois bien pour ceste année. » (RABELAIS, tome II, p. 51); « .... Ne m'en tabustez plus l'entendement » (tome I, p. 28); « Paix par Dieu, coquins : si vous me tabustez icy, ie vous couperay la teste à trestous » (*ibidem*, p. 311). « Pourquoi me viens-tu aussi tarabuster l'esprit? » (MOLIÈRE, *Don Juan*, acte II, scène 1.)

ANSELME.

Je suis dans le plus grand de tous les embarras. Mon.... Qui est cet homme-là ?

JOSSELIN.

C'est un honnête paysan qui est en quête de sa femme[1] : elle s'est échappée de chez lui avec une jeune fille; et, pour les retrouver, il est avec une paire de Messieurs qu'il va chercher pour faire l'essai[2] de votre coupe.

THIBAUT.

Je vais vous amener de la pratique; laissez faire[3].

SCÈNE VIII.

ANSELME, JOSSELIN, BERTRAND.

ANSELME.

Ah! vraiment, de la coupe! j'ai bien d'autres tintouins[4] dans la tête.

JOSSELIN.

Qu'avez-vous donc?

ANSELME.

J'ai vu.... Ouf!

BERTRAND.

Auroit-il vu ces masques[5] de femmes? Écoutons.

ANSELME.

Je viens de voir.... *Lui donnant un soufflet.* Que fais-tu là?

---

1. Elle résolut de se mettre en quête de son mari dès le lendemain. » (*Psyché*, livre II, tome III *M.-L.*, p. 117.)
2. Pour venir faire l'essai. (1803-1827.)
3. Laissez-moi faire. (*Ibidem.*)
4.   De tintouins mon esprit est rongé.
                              (*Ragotin*, vers 951.)
5. Ci-dessus, p. 456 et note 2.

BERTRAND.

Rien.

ANSELME.

Va à ta besogne, et ne reviens point qu'on ne t'appelle.

SCÈNE IX.

ANSELME, JOSSELIN.

ANSELME.

Je viens de voir mon fils. Le petit pendard m'a fait des questions qui m'ont pensé mettre l'esprit sens dessus dessous. Il lui prend des curiosités toutes contraires au chemin que je veux qu'il tienne.

JOSSELIN.

Ma foi! Monsieur, si vous voulez que je vous parle franchement, il vous sera bien difficile de l'élever toujours dans l'ignorance où vous voulez qu'il soit; je crains bien que toutes ces[1] précautions ne deviennent inutiles, et que cette démangeaison qui vous tient de lui vouloir cacher qu'il y a des femmes au monde ne porte davantage son petit génie aux connoissances du beau sexe.

ANSELME.

Et qui l'instruira qu'il y a des femmes?

JOSSELIN.

Tout, Monsieur; le bon sens premièrement : oui, ce certain bon sens qui vient avec l'âge, à cet âge qui nous retire insensiblement des bras de l'enfance pour nous conduire à la puberté. L'esprit se porte à la conception de bien des choses : la raison vient, et, parmi

1. Vos. (1803-1827.)

SCÈNE X.

plusieurs curiosités, nous fait apercevoir que l'homme ne vient point sur la terre[1] comme un champignon[2]; que c'est une petite machine où il y a bien des ressorts. Ces ressorts viennent à se mouvoir par le moyen du cœur; ce mouvement du cœur échauffe le cerveau[3]; cette cervelle échauffée se forme des idées qu'elle ne connoît[4] pas bien d'abord; l'amour se met quelquefois de la partie[5], il explique toutes ces idées, il prend le soin de les rendre intelligibles; et voilà comme la connoissance vient aux jeunes gens, ordinairement malgré qu'on en ait.

ANSELME.

Tous ces raisonnements sont les plus beaux du monde; mais je m'en moque, et j'empêcherai bien que mon fils.... Le voici. Je ne suis pas en état de lui parler : mon désordre paroîtroit à sa vue. Fortifiez-le dans mes pensées pendant que je vais me remettre.

SCÈNE X.

LÉLIE, JOSSELIN.

LÉLIE.

D'où vient que mon père me fuit[6]?

---

1. Sur terre. (1803-1827.)
2. « On ne devient pas comédien comme un champignon. » (SCARRON, *le Roman comique*, Ire partie, chapitre v.) Voyez aussi Regnier satire II, vers 218; et Saint-Simon, tome VII, p. 56 : « ces champignons de fortune ».

> D'où cet enfant est-il plu? comme a-t-on,
> Disoient les sœurs en riant, je vous prie,
> Trouvé céans ce petit champignon?
>   (*Les Lunettes*, vers 34-36.)

3. La cervelle. (1803-1827.) — 4. Conçoit. (*Ibidem.*)
5. Ci-dessus, p. 220 et note 1. Rapprochez *le roi Candaule*, vers 88.
6. Que mon père fuit. (1803-1827.)

JOSSELIN.

Il a des affaires en tête. Lui voulez-vous quelque chose?

LÉLIE.

Je ne sais.

JOSSELIN.

Vous ne savez?

LÉLIE.

Non, je ne sais ce que je lui veux; je ne sais ce que je me veux à moi-même. Je sens que je m'ennuie; et je ne sais pourquoi je m'ennuie.

JOSSELIN.

C'est que vous êtes un petit indolent, qui n'avez pas l'esprit de jouir des beautés qui se présentent à vous.

LÉLIE.

Et quelles sont ces beautés?

JOSSELIN.

Le ciel, la terre, le feu, l'eau, l'air, le jour, la nuit, le soleil, la lune, les étoiles, les arbres[1], les prés, les fleurs, les fruits.

LÉLIE.

Oui, tout cela est fort divertissant! Ah! mon cher Monsieur Josselin, je voudrois bien....

JOSSELIN.

Quoi?

LÉLIE.

Vous ne le voudrez[2] pas, vous?

JOSSELIN.

Qu'est-ce encore?

LÉLIE.

Promettez-moi que vous le voudrez.

JOSSELIN.

Selon.

1. Les herbes. (1803-1827.)
2. Voudriez. (*Ibidem.*)

SCÈNE X.

LÉLIE.

Je voudrois bien aller me promener autre part qu'ici.

JOSSELIN.

Plaît-il?

LÉLIE.

Ah! je savois bien que vous ne le voudriez pas.

JOSSELIN.

Avez-vous oublié que votre père vous l'a défendu?

LÉLIE.

Et c'est parce qu'il me l'a défendu que je meurs d'envie de le faire. Car, enfin, je m'imagine qu'il y a dans le monde des choses qu'il ne veut pas que je sache; et ce sont ces choses-là que[1] je m'imagine, que je brûle de savoir.

JOSSELIN.

Le petit fripon!

LÉLIE.

Oh! çà, Monsieur Josselin, en bonne vérité, dites-moi ce que c'est que ces choses-là.

JOSSELIN.

Qu'est-ce à dire, ces choses-là?

LÉLIE.

Oui; qu'est-ce qu'il y a dans le monde qui n'est point ici?

JOSSELIN.

Rien.

LÉLIE.

Vous mentez, Monsieur Josselin.

JOSSELIN.

Point du tout.

LÉLIE.

On me cache bien des choses, Monsieur Josselin;

---

1. Ces choses que. (1803-1827.)

vous lisez dans des livres, et mon père y sait lire aussi. Pourquoi ne m'a-t-on pas appris à y lire?

JOSSELIN.

On vous l'apprendra; donnez-vous patience.

LÉLIE.

Je ne puis plus vivre comme cela, et c'est une honte d'être si ignorant que je le suis à mon âge.

JOSSELIN.

Voilà un petit drôle qu'il n'y aura plus moyen de retenir.

LÉLIE.

Et si mon père venoit à mourir, Monsieur Josselin, car je sais bien qu'on meurt, que deviendrai-je?

JOSSELIN.

Vous deviendrez[1] mon fils, et je serois votre père pour lors.

LÉLIE.

Vous vous moquez de moi, Monsieur Josselin. Ce n'est pas comme cela que cela se fait; et ce seroit à mon tour d'être père de quelqu'un.

JOSSELIN.

Eh bien! vous seriez le mien, si vous vouliez, et je serois votre fils, moi.

LÉLIE.

Oh! ce n'est pas comme cela que cela se fait, assurément. Vous ne voulez pas me le dire; mais je le saurai : vous avez beau faire.

JOSSELIN.

Oh! vous saurez, vous saurez que vous êtes un petit sot, et que vos discours me fatiguent.

LÉLIE.

Monsieur Josselin, si vous ne me menez promener, j'irai me promener tout seul : je vous en avertis.

1. Que deviendrois-je? — Vous deviendriez. (1803-1827.)

SCÈNE XI.

JOSSELIN.

Oui! et je vais, moi, tout de ce pas, avertir votre père de vos extravagances, et vous verrez après où je vous mènerai promener. Oh! oh! voyez-vous le petit impudent, avec ses promenades!

LÉLIE.

Il a beau dire, je sortirai d'ici, quand je devrois mourir sur les pas[1] de la porte.

SCÈNE XI.

LUCINDE, LÉLIE, PERRETTE.

PERRETTE.

Madame, le voilà tout seul.

LUCINDE.

Approchons-nous pour voir ce qu'il dira en nous voyant.

LÉLIE.

Mon père n'est pourtant pas un bon père de ne me pas montrer tout ce qu'il sait; et c'est ce qui fait que je n'ai pas de peine à me résoudre à le quitter.

PERRETTE.

Il ne faut pas[2] lui dire d'abord qui nous sommes; mais je gage bien qu'il le devinera.

LÉLIE.

Je m'imagine que tout ce qu'on ne veut pas que je sache est cent fois[3] plus beau que ce que je sais. Je pense je ne sais combien de choses, toutes plus jolies les unes que les autres[4], et je meurs d'impatience de

---

1. Le pas. (1803-1827.) — 2. Point. (*Ibidem.*)
3. Cent mille fois. (*Ibidem.*)
4. C'est la pensée que développe et que précise Chérubin dans *le Mariage de Figaro* de Beaumarchais, acte I, scène VII : « Le be-

savoir si je pense juste.... Mais que vois-je? Voilà deux jeunes garçons joliment habillés. Je n'en ai point encore vu comme ceux-là : je voudrois bien les aborder; mais je suis tout hors de moi-même, et je n'ai pas presque[1] la force de parler. Ils se baissent, et puis se[2] haussent[3] : qu'est-ce que cela signifie?

LUCINDE.

Nous hésitons à vous aborder.

LÉLIE.

Ils parlent comme moi; que de questions je vais leur faire!

LUCINDE.

Vous paroissez étonné de nous voir?

LÉLIE.

Oui, je n'ai jamais rien vu de si beau que vous, ni qui m'ait tant fait de plaisir à voir.

PERRETTE.

Oh! mort de ma vie[4]! que la nature est une belle chose!

LÉLIE.

D'où venez-vous? qui vous a conduits ici? Est-ce mon père ou moi que vous y cherchez[5]? De grâce, ne parlez point à mon père, et demeurez avec moi.

LUCINDE.

A ce que je puis juger, vous n'êtes point fâché de nous voir?

LÉLIE.

Je n'ai jamais eu tant de joie.

soin de dire à quelqu'un « Je vous aime », est devenu pour moi si pressant que je le dis tout seul, en courant dans le parc, à ta maîtresse, à toi, aux arbres, aux nuages, au vent qui les emporte avec mes paroles perdues. »

1. Presque pas. (1803-1827.) — 2. Et puis ils se. (*Ibidem.*)
3. C'est-à-dire : ils font la révérence; ou plutôt : se cachent derrière le feuillage, puis se font voir, tour à tour.
4. Ci-dessus, p. 450. — 5. Que vous cherchez. (1803-1827.)

SCÈNE XI.

PERRETTE.

Cela est admirable! Et que croyez-vous de nous, s'il vous plaît[1]?

LÉLIE.

Les deux plus belles créatures du monde. Je n'ai jamais rien vu; mais je ne connois rien de plus parfait que vous, et je n'ai plus de curiosité pour tout le reste. Demeurez toujours avec moi, je vous en conjure! je demeurerai toujours ici, et mon père et Monsieur Josselin en seront ravis.

LUCINDE.

Vous en jugeriez autrement, si vous saviez ce que nous sommes.

LÉLIE.

Et n'êtes-vous pas des hommes comme nous?

PERRETTE.

Oh! vraiment non : il y a bien à dire[2].

LÉLIE.

Hors les habits et la beauté, je n'y vois point de différence.

PERRETTE.

Oui-da! c'est bien tout un; mais ce n'est pas de même.

LÉLIE.

Il est vrai que je sens, en vous voyant, ce que je n'ai jamais senti[3]. Ah! si vous n'êtes pas des hommes, dites-moi ce que vous êtes, je vous en conjure.

---

1. On lit ici ce qui suit dans les textes de 1803-1827 : LÉLIE. Ce que j'en crois? — LUCINDE. Oui, qui nous sommes.
2. Il s'en faut de beaucoup.
3. Dans *l'Oracle* cité de Saint-Foix, où, comme nous l'avons dit (tome V, p. 8), la situation est inverse, où Lucinde joue le personnage candide, ingénu, que représente ici Lélie, voici comment Lucinde s'exprime (scène v) à la vue du jeune homme qu'elle appelle Charmant : « Charmant, oui, vous êtes charmant : je vous ai bien nommé; vous me charmez, vous m'enchantez.... Hélas!

LA COUPE ENCHANTÉE.

LUCINDE.

Votre cœur ne peut-il pas vous l'expliquer tout à fait?

LÉLIE.

Non; mais ce n'est pas la faute de mon cœur, c'est la faute de mon esprit.

PERRETTE.

Eh bien! tenez, mon pauvre enfant, bien loin d'être des hommes, nous en sommes tout le contraire.

LÉLIE.

Je ne vous entends point.

PERRETTE.

Vous nous entendrez avec le temps. Mais, qui aimez-vous mieux de nous deux? Là, parlez franchement, n'est-ce pas[1] moi?

LÉLIE.

Je vous aime beaucoup; mais je l'aime infiniment davantage.

LUCINDE.

Tout de bon?

LÉLIE.

Tout de bon.

PERRETTE.

C'est à cause que vous êtes la plus brave[2].

LÉLIE.

Non, non, je ne regarde point aux habits; je ne saurois vous dire[3] ce qui fait que je l'aime plus que vous.

le plaisir que j'ai à le voir séduit ma raison.... Je ne sais presque où je suis; je soupire; un trouble, un désordre agréable, s'empare de mes sens, et répand dans mon cœur une joie secrète, une agitation, une douceur qui jusqu'à présent m'a été inconnue.... Donnez la main, Charmant.... En vérité, le cœur lui bat comme a moi. »

1. Point. (1803-1827.)
2. Ci-dessus, p. 34 et note 3.
3. Mais je ne saurois vous dire. (1803-1827.)

SCÈNE XII.

LUCINDE.

Vous m'aimez donc?

LÉLIE.

Plus que toutes les choses du monde.

PERRETTE.

Mais que pensez-vous en l'aimant?

LÉLIE.

Mille choses que je n'ai jamais pensées.

LUCINDE.

N'en avez-vous point à me dire[1]?

PERRETTE.

Et que seriez-vous prêt à faire pour lui prouver que vous l'aimez?

LÉLIE.

Tout.

LUCINDE.

Voudriez-vous quitter ces lieux pour me suivre?

LÉLIE.

De tout mon cœur, pourvu que je vous suive toujours.

SCÈNE XII.

JOSSELIN, LUCINDE, PERRETTE, LÉLIE.

LÉLIE.

Ah! mon cher Monsieur Josselin, vous allez être ravi.

LUCINDE.

Ah Ciel!

JOSSELIN.

Que vois-je? tout est perdu. Ah! vraiment, voici bien pis que la promenade.

---

1. Dans les textes de 1803-1827, on lit ici ce qui suit : LÉLIE. Oh! quantité; mais je ne sais comment m'exprimer.

LÉLIE.

Je n'en avois jamais vu; et je le savois bien, moi, qu'il y avoit dans le monde quelque chose qu'on ne me disoit pas.

JOSSELIN.

Paix!

PERRETTE.

Qu'il a la mine rébarbative[1]!

JOSSELIN.

Eh! d'où diantre ces deux carognes[2] sont-elles venues?

LÉLIE.

Monsieur Josselin....

JOSSELIN.

Taisez-vous.

PERRETTE.

Comme il nous regarde!

LUCINDE.

Le vilain homme que voilà!

JOSSELIN.

Qui vous a conduites ici, impudentes que vous êtes? Qu'y venez-vous faire?

PERRETTE.

C'est pis qu'un loup-garou.

LÉLIE.

Monsieur Josselin, ne les effarouchez pas.

---

1. Page 447.
2. Ces deux carognes-là. (1803-1827.)

— Il n'est, par le vray Dieu, jour ouvrier ny feste,
Que ces carognes-là ne me rompent la teste.
(REGNIER, satire XI, vers 205-206.)

Chez Molière, dans *Sganarelle*, scène VI :

Tu ne m'entends que trop, Madame la carogne;

scène XXII :

L'on ne demandoit pas, carogne, ta venue;

et dans *George Dandin*, acte III, scène V : « Voilà nos carognes de femmes. »

SCÈNE XII.

JOSSELIN.

Comment, petit fripon! vous osez.... Qu'elles sont belles[1]!

LUCINDE.

Si c'est un crime pour nous de nous trouver ici, il n'est pas difficile de le réparer, et notre dessein n'est pas d'y faire un long séjour.

JOSSELIN.

Le beau visage qu'a celle-là[2]!

PERRETTE.

Je n'y serions pas venues, si j'ussions cru qu'on nous eût si mal reçues.

JOSSELIN.

Le drôle de petit air qu'a celle-ci[3]!

LÉLIE.

N'est-il pas vrai, Monsieur Josselin, qu'il n'y a rien au monde de plus beau?

JOSSELIN.

Non, cela n'est pas vrai. Vous ne savez ce que vous dites. Les deux jolis bouchons[4] que voilà!

PERRETTE.

Il est enragé. Comme il rouille les yeux[5]!

LÉLIE.

Monsieur Josselin, menons-les à mon père.

JOSSELIN.

Comment! petit effronté, à votre père! Tournez-moi les talons, et ne regardez pas derrière vous.

1. Jolies. (1803-1827.)
2. Celle-ci. (*Ibidem.*)
3. Celle-là. (*Ibidem.*)
4. Les deux jolis petits bouchons. (*Ibidem.*) — Voyez *Ragotin*, vers 1003 et note 1.
5. Les roule, les fait aller çà et là. Pour ce verbe *rouiller* (*reoillier*, regarder autour de soi), aujourd'hui inusité, nous renvoyons aux exemples que cite Littré.

LÉLIE.

Je veux demeurer ici, moi.

JOSSELIN.

Tournez-moi les talons, vous dis-je.... Et vous, détalez au plus vite.

LÉLIE.

Je ne veux pas qu'ils s'en aillent.

JOSSELIN.

Et je le veux, moi. Allez vite.... Allez vous cacher dans ma chambre, au bout de cette allée. Voilà la clef.

PERRETTE.

Comme il se radoucit[1]! Ferons-je bien d'y aller?

JOSSELIN.

Si vous ne dépêchez[2].... Entrez dans le petit cabinet[3], à main gauche.... Allez vite, allez.

LÉLIE.

Demeurez ici, je vous en conjure!

JOSSELIN.

Je vous l'ordonne, partez promptement.

LÉLIE.

Pour la dernière fois, Monsieur Josselin.... (Aux deux femmes.) Attendez-moi, je vous prie : je cours trouver mon père; j'obtiendrai de lui que je vous aie[4] ici, et Monsieur Josselin se repentira de vous avoir grondés. Je reviendrai dans un moment[5].

1. C'est le mot de Dorine dans *le Tartuffe* de Molière, acte III, scène II, vers 875.
— Çà radoucissez-vous sans faire le railleur.
    (SCARRON, *Jodelet ou le Maître valet*, acte III, scène IX.)

2. Si vous ne vous dépêchez. (1803-1827.)

3. Page 428 et note 9. — 4. Que vous demeuriez. (1803-1827.)

5. Attendez-moi, au moins, je reviendrai dans un moment. (*Ibidem.*)

SCÈNE XIII.
LUCINDE, PERRETTE, JOSSELIN.

JOSSELIN.

Ah! malheureuses petites femelles! savez-vous bien où vous êtes, et le malheur qui vous talonne[1]?

LUCINDE.

Nous savons tout ce que vous pouvez nous dire; mais nous espérons tout de votre bonté.

JOSSELIN.

Que vous êtes heureuses d'être belles! Sans cela.... Écoutez, n'allez pas vous entêter de ce petit vilain-là[2] : ce seroit gâter toutes vos affaires.

PERRETTE.

Oh! je ne nous boutons rian dans la tête que de la bonne sorte[3].

JOSSELIN.

Son père veut enterrer toute sa famille[4] avec lui, et ne consentira jamais....

---

1. Comparez *le Faucon*, vers 103 et note 4; et, outre les exemples déjà cités dans cette note, du Bellay, tome II, p. 38, 83, 87; Remy Belleau, tome II, p. 53, 194, 293, 295; Scarron, *le Virgile travesti*, livre II:

> Autres, de peur de nos couteaux,
> Se remirent dans la machine...,
> Tant la frayeur les talonnoit.

2. Vous le mettre en tête.
— Plein de Machiavel, entêté de Boccace.
(Epître à Huet, vers 78.)

« Je suis entêtée du P. Bourdaloue. » (MME DE SÉVIGNÉ, tome VII, p. 221; *ibidem*, tomes III, p. 289, VI, p. 320, VIII, p. 197, IX, p. 232, 399.)

3. Tome III, p. 78 et note 23.
4. Toute sa race. (1803-1827.)

LUCINDE.

Mettez-nous en lieu où nous puissions vous apprendre notre infortune, et savoir de vous le conseil que nous devons suivre.

JOSSELIN.

Ma chambre est l'endroit où vous puissiez être le mieux cachées dans ce château, et j'en veux bien courir les risques pour l'amour de vous; à condition que, pour l'amour de moi....

PERRETTE.

Allez, mon bon Monsieur, vous voyez deux pauvres orphelines, qui ne sont nullement entichées[1] du vice d'ingratitude.

JOSSELIN.

Venez, suivez-moi.

SCÈNE XIV.

LUCINDE, PERRETTE, JOSSELIN, BERTRAND.

BERTRAND.

Oh! palsangué! je vous prends sur le fait; je n'en suis plus que de moitié[2].

JOSSELIN.

Voilà un maroufle qui vient bien mal à propos[3].

---

1. Ou entachées, comme des fruits gâtés, corrompus.

— Mon frère, ce discours sent le libertinage :
Vous en êtes un peu dans votre âme entiché.
(Molière, le Tartuffe, vers 314-315.)

2. Je ne suis plus que de moitié dans la faute que j'ai commise envers mon maître, et dans la colère où il se mettra en l'apprenant.

3. « Peste soit du maroufle! » (Molière, Don Juan, acte II, scène III.)

SCÈNE XIV.

BERTRAND.

Testiguenne! puisque vous voulez les fourrer dans votre chambre, je ne serai pas pendu tout seul pour les avoir boutées dans ma cahute : vous le serez avec moi; je ne m'en soucie guère!

JOSSELIN.

Veux-tu te taire?

BERTRAND.

Morgué! je ne me tairai point, à moins que je ne retire mon épingle du jeu[1].

JOSSELIN.

Qu'entends-tu par là?

BERTRAND.

J'entends que vous soyez pendu tout seul.

JOSSELIN.

Que veut dire cet animal-là?

BERTRAND.

Je veux dire qu'à moins que vous ne disiez que c'est vous qui les avez cachées[2], je vais tout apprendre à notre maître.

JOSSELIN.

Eh bien! oui, je dirai que c'est moi.

BERTRAND.

Mais, morgué! point de tricherie au moins[3].

PERRETTE.

J'entends quelqu'un.

BERTRAND.

Rentrez dans ma logette, et ne vous montrez plus, sur les yeux de votre tête[4].

1. Vous tirez sagement votre épingle du jeu.
(MOLIÈRE, *Dépit amoureux*, acte I, scène IV.)

2. Cachées, par la sanguoy! (1803-1827.)

3. Eh bien! je ne lui dirai donc rien; mais, morgué! point de tricherie. (*Ibidem.*)

4. Et ne vous montrez plus, au moins. (*Ibidem.*)

JOSSELIN.

Chut! ou je te rendrai complice.

BERTRAND.

Motus[1]! ou je découvrirai le pot au rose[2].

SCÈNE XV.

ANSELME, LÉLIE, JOSSELIN, BERTRAND.

LÉLIE.

Oui, mon père, il est impossible que vous me refusiez quand vous les aurez vus. Venez seulement.... Où sont-ils? Qu'en avez-vous fait, Monsieur Josselin?

JOSSELIN.

Que veut-il-dire?

ANSELME.

Je ne sais ce qu'il me vient conter.

LÉLIE.

Que sont-ils devenus, Bertrand?

BERTRAND.

A qui en veut-il donc?

LÉLIE.

Répondez-moi, Monsieur Josselin, ou, malgré la présence de mon père....

---

1. Ci-dessus, p. 304 et note 1. — Scheler, cité par Littré, est disposé à voir dans *motus* une altération de *mutus*, muet. Nous croyons plutôt que *motus* est *mot*, affublé d'une terminaison latine. Comparez cependant dans les *Œuvres* de Retz (tome VIII de notre Collection, p. 144), cette phrase : « Si l'on vous interroge sur M. de Montmorency, *mutus*..... », phrase qui semblerait donner raison à Scheler si le double emploi de ces mots *motus* ou *mutus*, au même sens : « pas un mot, taisez-vous », n'était en réalité très admissible.

2. Le secret, la malice : « le pot au rose » ou « aux roses », proprement le pot où les dames mettent leur fard, les roses de leur teint.

SCÈNE XV.

JOSSELIN.

Doucement, petit drôle[1]!

LÉLIE.

Éclaircis-moi de ce que je veux savoir, coquin!

BERTRAND.

Haye! ahy! vous m'étranglez.... Est-il devenu fou?

LÉLIE.

Ah, mon père! commandez qu'on me les fasse retrouver, ou j'en mourrai de désespoir.

ANSELME.

Quoi? qu'y a-t-il? que veux-tu qu'on te rende? Te voilà bien échauffé!

LÉLIE.

Cherchons partout. Si je ne les retrouve, je sais bien à qui je m'en prendrai.

BERTRAND.

Eh! attendez, attendez. Ce ne sont pas des moigniaux que vous charchez?

LÉLIE.

Non, traître! ce ne sont pas des moineaux[2].

BERTRAND.

Hé bien! morgué, quoi que ce puisse être, allons les charcher nous deux. M'est avis que j'ai entendu queuque chose grouiller[3] de ce côté-là.

LÉLIE.

Courons-y. Mon pauvre Bertrand, ne me quitte point.... Monsieur Josselin, malheur à vous si je ne les retrouve!

---

1. Les éditions de 1803-1827 ajoutent ici ce qui suit : « Sur quelle herbe a-t-il marché? »

2. Il s'agit d'autre chose ici que de moineaux.
(MOLIÈRE, *Mélicerte*, acte I, scène v.)

3. Sur ce mot, qui est supprimé dans les éditions de 1803-1827, voyez le Molière de notre Collection, tome V, p. 483 et note 2.

SCÈNE XVI.

ANSELME, JOSSELIN.

JOSSELIN.

Des menaces! Vous voyez comme il perd le respect.

ANSELME.

Qu'on l'arrête.

JOSSELIN.

Non, non : il vaut mieux qu'en courant il aille dissiper ces vapeurs qui lui troublent l'imagination.

ANSELME.

Mais je crois qu'en effet il est devenu fou : quel galimatias m'a-t-il fait[1]?

JOSSELIN.

C'est justement une suite de ce que je disois tantôt[2]. Ce sont des idées qui lui passent par la cervelle, et je ne jurerois pas trop que ce ne fussent[3] des idées de femmes.

ANSELME.

Des idées de femmes! Vous vous moquez, Monsieur Josselin! Peut-on avoir des idées de ce qu'on n'a jamais vu?

JOSSELIN.

Belles merveilles! Et ne vous est-il jamais arrivé de faire des songes?

ANSELME.

Oui.

JOSSELIN.

Et de voir en dormant des choses que vous n'aviez

1. « Qui songe à votre argent dont vous me faites un galimatias? » (MOLIÈRE, *l'Avare*, acte V, scène V.)
2. Pages 464-465.
3. Et je jurerois que ce sont. (1803-1827.)

SCÈNE XVI.

jamais vues, et que vous ne vous seriez jamais imaginées si vous n'aviez dormi?

ANSELME.

D'accord; mais ce petit garçon-là ne dort pas[1].

JOSSELIN.

Non, vraiment; au contraire, je ne l'ai jamais vu si éveillé.

ANSELME.

Hé bien?

JOSSELIN.

Hé bien! il rêve tout éveillé; et c'est justement ce qui fait[2] qu'il fait des contes à dormir debout.

ANSELME.

Mais pourquoi lui vient-il des idées de femmes plutôt que d'autres?

JOSSELIN.

C'est que ces animaux-là[3] se fourrent partout, malgré qu'on en ait[4].

ANSELME.

Cela seroit bien horrible que toutes mes précautions fussent inutiles.

JOSSELIN.

Elles le seront à coup sûr; et dès à présent je vous en donne ma parole.

ANSELME.

Il n'importe; et, si je ne puis lui cacher absolument qu'il y ait des femmes, il ne les connoîtra du moins que pour les haïr[5].

JOSSELIN.

Il ne les haïra point.

1. Point. (1803-1827.)
2. Ce qui est cause. (*Ibidem.*)
3. *Le Faucon*, vers 267 et note 2.
4. Même locution à la page 465.
5. Il ne les connoîtra que pour les haïr mortellement. (1808-1827.)

484 LA COUPE ENCHANTÉE.

ANSELME.

Il les détestera, en apprenant ce qu'elles savent faire[1].... Mais qu'est-ce ci?

JOSSELIN.

Eh! c'est ce bon paysan qui vous amène ces deux personnes pour faire essai[2] de votre coupe.

SCÈNE XVII.

ANSELME, JOSSELIN, LUCINDE, PERRETTE, MM. TOBIE ET GRIFFON, THIBAUT.

PERRETTE, à la fenêtre avec Lucinde.

Le petit homme n'y est pas, vous dis-je.

LUCINDE.

Il n'importe. Voyons d'ici ce qui se passe, puisque nous pouvons voir sans être vues.

GRIFFON.

Oui, cadédis! je bous le dis, et bous[3] le soutiens : bous êtes un von sot, veau-frère.

THIBAUT.

Ah! ah! Monsieur, au mari[4] de Madame votre sœur[5]!

PERRETTE.

Madame, c'est Thibaut.

THIBAUT.

Sot! Et qu'est-ce[6]? Queue terminaison est chela?

LUCINDE.

Mon père et mon oncle sont ici.

1. Ci-dessus, p. 448-449.
2. L'essai. (1803-1827.) — 3. Et je bous. (*Ibidem.*)
4. Vous dites cela au mari.
5. Ci-dessous, p. 485 : « Eh! eh! Monsieur, etc. »
6. Page 459 et note 2.

SCÈNE XVII.

TOBIE.

Nous sommes gens de bien de notre race! je[1] serois marri qu'elle fût entichée[2] des reproches qu'on fait à la vôtre.

THIBAUT.

Eh! eh! Monsieur, le frère de Madame votre femme! vous n'y songez pas.

GRIFFON.

Tu fais vien de m'appartenir[3].

TOBIE.

C'est le plus vilain endroit de ma vie.

THIBAUT.

Messieurs, Messieurs, venez m'aider, s'il vous plaît, à mettre le holà entre deux beaux-frères qui se vont couper la gorge.

ANSELME.

Qu'est-ce que c'est donc? Qu'avez-vous, Messieurs, qui vous oblige à en venir aux invectives?

GRIFFON[4].

Eh! Messieurs[5], serbiteur; je vous fais juges de ceci. Boici le fait. J'ai fait l'honneur à ce Monsieur de donner mon fils, qui est novle Monsieur[6] comme moi, mordi! en mariage à sa fille, qui n'est qu'une simple roturière; et, parce que la beille des noces la sotte s'éclipse de la case paternelle, il a l'insolence de dire que c'est ma faute, et qu'elle a eu peur d'entrer dans mon alliance, à cause que je suis sébère dans ma famille, et

---

1. Et je. (1803-1827.) — 2. Page 478 et note 1.
3. D'être de ma famille : comparez Molière, tome VI, p. 524, et p. 528.
4. De la prononciation gasconne de Griffon, rapprochez celle de Scapin dans *les Fourberies* de Molière, acte III, scène II (tome VIII, p. 494-495).
5. Ah! Messieurs. (1803-1827.)
6. Ce mot n'est pas dans ces textes.

que je ne beux pas souffrir qu'aucun godeluriau[1] approche mon domaine de la vanlieue[2].

TOBIE.

Qu'est-ce? je donne ma fille, qui aura dix mille livres de rente, au fils de ce Monsieur, qui est gueux comme un rat[3]; et, parce qu'elle s'en est enfuie de chez moi pour éviter ce mariage, il me dira, en me traitant comme un je ne sais qui, que c'est parce que je suis trop bon dans mon domestique[4], à cause que ma femme est toujours autour de moi à m'étouffer de caresses, et que je souffre qu'elle m'appelle son petit papa, son petit fanfan[5], son petit camuset[6] : ce qui fait que ma maison est ouverte à tous les honnêtes gens.

1. Damoiseau, freluquet, pomponné, frisé, paré.

Et je ne puis souffrir que cent godelureaux
A ma femme chez moi débitent mots nouveaux.

(HAUTEROCHE, *les Apparences trompeuses*, acte I, scène X.)

« Ce sont de beaux morveux, de beaux godelureaux, pour donner envie de leur peau. » (MOLIÈRE, *l'Avare*, acte II, scène V.)

2. « La banlieue [circonscription banale] est estimée à deux mille pas, chacun valant cinq pieds. » (LOYSEL, *Institutes coustumières*, CCLXI.)

3. « .... La plupart sont gueux comme des rats. » (MOLIÈRE, *l'Avare*, acte III, scène IV.) « Montchevreuil étoit.... gueux comme un rat d'église. » (SAINT-SIMON, tome I, p. 34.)

4. Dans ma famille : tome VI, p. 282 et note 4.

5. Oui, ma pauvre fanfan, pouponne de mon âme.

(MOLIÈRE, *l'École des maris*, acte II, scène IX.)

« Elle venoit d'être coupée, mais coupée en vrai fanfan; elle étoit poudrée, bouclée. » (MME DE SÉVIGNÉ, tome II, p. 179.) Ce mot n'est ni dans le Dictionnaire de l'Académie (1694) ni dans celui de Furetière (1690). Richelet (1680) le donne comme bas et burlesque.

6. Ou « son petit nez ». Dans les *Poésies diverses* de notre auteur (tome V *M.-L.*, p. 66) :

Je te promets à ce printemps
Une petite camusette
Friponne, drue, et joliette.

SCÈNE XVII.

JOSSELIN.

Voilà un différend qu'il est assez facile d'accommoder. Ces Messieurs se disent les choses de si bonne foi, qu'on ne peut s'empêcher de les croire; mais, pour savoir lequel des deux s'est le plus fait aimer de sa femme par ses manières, votre coupe enchantée sera d'un secours merveilleux, et je suis sûr qu'elle les mettra d'accord : je vais l'apporter[1].

ANSELME.

Allez, Monsieur Josselin, cela finira la dispute.

GRIFFON.

Cet homme nous a fait récit de cette coupe, et je serai rabi de connoître par elle lequel est le fat[2] de nous deux : je suis sûr que ce n'est pas moi.

TOBIE.

Nous en allons voir tout à l'heure un bien penaud! je sais bien qui ce ne sera pas.

ANSELME.

Voici la coupe.

TOBIE.

Donnez, donnez. Je serois[3] bien fâché[4] de n'en pas faire essai le premier, pour vous montrer combien je suis sûr de mon fait. (Le vin se répand[5].)

JOSSELIN.

Ah! ah!

TOBIE.

Que vois-je! le vin est répandu, je pense?

JOSSELIN.

Oh! par ma foi! le petit papa, le petit fanfan, le petit camuset en tient.

1. Je vais vous l'apporter. (1803-1827.)
2. Le sot : ci-dessus, p. 484 et note 6.
3. Je serai. (1735.) — 4. Je serois fâché. (1803-1827.)
5. *Se répand*, ici, et non *répand*, comme ci-dessus, p. 458, 459, 460, ci-dessous, p. 488, 490.

GRIFFON.

Hé[1], qui de nous dus est le fat? hem? Cadédis, mon veau-frère, bous me ferez raison de la conduite de ma sœur.

TOBIE.

Voilà une méchante créature[2]! je ne l'aurois jamais cru.

JOSSELIN.

Quand elle viendra vous étouffer de caresses, je vous conseille de l'étrangler par bonne amitié.

TOBIE.

C'est chez vous qu'elle a sucé ce mauvais lait-là.

GRIFFON.

Oui, oui, cadédis! l'absinthe n'est pas plus amère que le lait que je leur fais sucer.... Bersez, bersez, veau Ganymède.... Bous allez boir, veau-frère.... A la santé de la compagnie. (La coupe répand.)

JOSSELIN.

Ahy, ahy, ahy.

GRIFFON.

Bouais! c'est que je ne la tiens pas droite. (La coupe répand.)

JOSSELIN.

Prenez donc garde.

ANSELME.

Voyez, voyez.

GRIFFON.

La main me tremble. (Tout répand.)

JOSSELIN.

Ah! l'on a approché de votre domaine plus près[3] que de la banlieue[4].

1. Eh! donc. (1803-1827.)
2. « Voilà une méchante carogne! » (MOLIÈRE, *George Dandin*, acte III, scène VII.)
3. Oh! l'on approche votre domaine de plus près. (1803-1827.)
4. Dans les mêmes éditions on a ajouté ici ce qui suit : TOBIE. Je savois que ce n'étoit pas ma faute. Je n'ai garde de

SCÈNE XVIII.

GRIFFON.

Ma foi! je n'y comprends plus rien. Monsieur est von; on le trahit. Je suis sébère[1]; et l'on me trompe. Sandis! comment faut-il donc faire avec ces diantres d'animaux-là[2]? Allons, on s'en mordra les doigts[3]. Sans adieu.

SCÈNE XVIII.

ANSELME, TOBIE, THIBAUT, JOSSELIN; LUCINDE et PERRETTE.

ANSELME.

Jusques au revoir.

JOSSELIN.

Vous plaît-il boire encore un coup? Oh çà! à vous le dé[4], pays!

THIBAUT.

A moi?

LUCINDE.

Perrette, ton mari va boire.

PERRETTE.

A quoi s'amuse-t-il? Ce n'est pas que je craigne rien; mais le cœur me tape[5].

---

donner ma fille à votre fils : il n'en feroit qu'une vraie rien qui vaille. — PERRETTE. Madame, à quelque chose le malheur est bon.

1. Rigide. (1803-1827.) — 2. Ci-dessus, p. 483 et note 3.
3. Comment faut-il donc faire avec ces diantres d'animaux-là? — THIBAUT. Morgué! ça est embarrassant. — GRIFFON. On s'en mordra les doigts. (1803-1827.)

      Des quatre parts les trois
  En ont regret et se mordent les doigts.
                   (*Mazet*, vers 26-27.)

4.   A vous le dé, Monsieur.
    (MOLIÈRE, *le Misanthrope*, acte V, scène dernière.)
5. Me bat.

JOSSELIN.

A cause que vous êtes un bon frère[1], en voilà rasade : buvez.

THIBAUT.

Palsangué! je n'ai pas soif.

JOSSELIN.

Il ne s'agit pas d'avoir soif, et c'est seulement par curiosité, et pour savoir si vous êtes aimé de votre femme : buvez.

THIBAUT.

Non[2], morgué! je ne boirai point. Et si le vin alloit répandre[3] par hasard? Testigué, voyez-vous, je suis maladroit de ma nature. Quand je saurois ça, en serois-je plus gras[4]? en aurois-je la jambe plus droite[5]? en dormirois-je plus que des deux yeux? en mangerois-je autrement que par la bouche? Non, pargué! C'est pourquoi, frère, je suis votre sarviteur, je ne boirai point[6].

JOSSELIN.

Voilà un rustre d'assez bon sens.

ANSELME.

C'est ce qui me semble, et je suis quasi fâché de n'avoir pas été de son humeur[7].

1. Voyez *Nicaise*, vers 8 et note 3.
2. Rapprochez de ce couplet de Thibaut les vers 459-471 du conte de *la Coupe enchantée* (tome V, p. 143-144).
3. Se répandre. (1803-1827.)
4. Dites-moi, mon honneur, en serez-vous plus gras?
(MOLIÈRE, *Sganarelle*, scène XVII, vers 432.)
5. La jambe en devient-elle
Plus tortue, après tout?
(*Ibidem*, vers 436-437.)
6. Les éditions de 1803-1827 ajoutent ici : LUCINDE, *à Perrette*, Je ne croyois pas que votre homme fût si avisé.
7. Damon dit : « Celui-ci, Messieurs, est bien plus sage
Que nous n'avons été. »
(*La Coupe enchantée*, vers 473-474.)

SCÈNE XVIII.

TOBIE.

Oh! pardi, mon fermier, vous avez plus d'esprit que votre maître[1].

THIBAUT.

Jarni! je ne sais pas si je fais bien; mais je sais bien que je serois fâché de faire autrement. J'aime Parrette : elle est ma femme; quand elle seroit la femme d'un autre, elle ne me plairoit pas davantage. Je ne sais si je lui plais finfirmement[2], elle en fait le semblant, du moins : je ne rentre de fois chez moi, que je ne la retrouve tin telle[3] que je l'ai laissée; il n'y a pas un iota[4] à dire[5]. Elle aime à batifoler; je suis d'humeur batifolante; je batifolons[6] sans cesse; et, si je m'allois mettre dans la çarvelle tous vos engeingreigniaux[7], adieu le batifolage. Non, palsanguoy! je n'en ferai rien.

JOSSELIN.

Voilà comme je veux être, et, si je me marie[8]..., mais je ne me marierai pas.

PERRETTE.

Madame, je suis si niaise que je ne saurois plus m'en tenir : il faut que j'aille embrasser notre homme.

1. Que votre maître. Je vous le cède. (1803-1827.)
2. Bien fermement : comparez « tout fin droit », « tout fin seul », ci-dessus, p. 461 et note 7.
3. Toute telle.
4. Page 446 et note 1.
5. Il la retrouveroit, au retour, toute telle
   Qu'il la laissoit en s'en allant,
   Sans nul vestige de galant.
                     (*Le Petit Chien*, vers 82-84.)
6. Voyez Molière, *Don Juan*, acte II, scène 1 (tome V, p. 104) : « Je nous amusions à batifoler..., car, comme tu sais bian, le gros Lucas aime à batifoler, et moi par fouas je batifole itou. En batifolant donc, pisque batifoler y a, etc. »
7. *Ibidem*, p. 107 et note 4.
8. Voilà comme je veux être si je me marie. (1803-1827.)

LUCINDE.

Attends, Perrette; que vas-tu faire?

JOSSELIN.

Voilà la perle des maris[1]. Ami, touche là.

THIBAUT.

Votre valet.

TOBIE.

Voilà l'exemple des honnêtes gens. Embrasse-moi.

THIBAUT.

Votre serviteur.

ANSELME.

Voilà le miroir de la vie paisible.

THIBAUT.

Votre très humble.

PERRETTE.

Voilà un vrai homme à femme. Oh! que je te baiserai tantôt!

THIBAUT.

Hé! testigué! c'est Perrette.

ANSELME.

Que vois-je! des femmes!

THIBAUT.

Je n'ai, morgué! pas voulu boire dans la coupe : elle eût peut-être dit quelque chose qui m'auroit chagriné.

PERRETTE.

Elle n'eût rien dit; mais tu as bien fait : je t'en aime davantage.

TOBIE.

Perrette, qu'as-tu fait de ma fille?

LUCINDE.

La voilà, mon père, qui se jette à vos genoux pour vous demander pardon.

TOBIE.

Va, ma fille, je te pardonne.

1. Comparez la comédie du *Florentin*, vers 104.

ANSELME.
Par quel moyen ces femmes sont-elles entrées chez moi?

JOSSELIN.
Je ne sais. Ce sont peut-être elles qui ont fait naître à Monsieur votre fils les idées....

SCÈNE DERNIÈRE.

ANSELME, TOBIE, LÉLIE, LUCINDE, PERRETTE, JOSSELIN, THIBAUT, BERTRAND.

BERTRAND.
Ce n'est pas par là, vous dis-je.

LÉLIE.
Non, non, laisse-moi.... Mais que vois-je? Ah! c'est ce que je cherche.... Oui, mon père, les voilà. Souffrez que je les amène[1] à ma chambre[2], je vous promets de n'en sortir jamais.

ANSELME.
Où suis-je? que vois-je? qu'entends-je?

LÉLIE.
Ah! mon père, n'allez pas gronder, de peur de les effaroucher[3] encore.

ANSELME.
C'en est fait : la destinée et la nature sont plus fortes que mes raisonnements. Votre seule présence lui en a plus appris en un moment que je ne lui en avois caché pendant seize années.

---

1. Emmène. (1803-1827.)
2. Mon père, je vous prie et mille et mille fois,
    Menons-en une en notre bois....
    (*Les Oies*, vers 161-162.)
3. Page 474.

JOSSELIN.

Cela est admirable.

ANSELME.

Je commence moi-même à me rendre à la raison, et je vais changer de manière.

TOBIE.

Qu'est-ce que tout ceci?

ANSELME.

Vous le saurez, Monsieur. En attendant qu'on vous l'apprenne, je vous dirai seulement que mon fils a beaucoup de noblesse et plus de bien, et qu'il ne tiendra qu'à vous d'unir sa destinée à celle de Mademoiselle votre fille.

TOBIE.

Volontiers. J'en serai ravi; et cela fera enrager ma femme.

LÉLIE.

Je ne comprends rien à tous ces discours. Que veulent-ils dire, Monsieur Josselin?

JOSSELIN.

Cette belle vous l'apprendra.

ANSELME.

Oui, mon fils, je vous la donne en mariage.

LÉLIE.

En mariage? cela signifie-t-il qu'elle demeurera toujours avec moi, mon père?

ANSELME.

Oui, mon fils.

LÉLIE.

Quelle joie! Ah, mon père! que je vous ai d obligation!

JOSSELIN.

Jamais le petit fripon n'a embrassé[1] si fort.

---

1. Ne l'a embrassé. (1803-1827.)

SCÈNE DERNIÈRE.

THIBAUT.

Pargué! Perrette, tout ça est drôle.

PERRETTE.

Oui, tout cela est bel et bon; mais cette chienne de coupe, que deviendra-t-elle? Qu'il n'en soit plus parlé; car, quoique je ne craignons rien, je ne dormirions point en repos, voyez-vous.

ANSELME.

Qu'elle ne vous inquiète point : je la briserai en votre présence.

JOSSELIN.

Quelqu'un veut-il faire essai de la coupe? qu'il se dépêche. Mais, franchement, je ne conseille à personne d'y boire; et l'exemple du paysan est, sur ma foi, le meilleur à suivre.

FIN DE LA COUPE ENCHANTÉE.

LE VEAU PERDU

COMÉDIE

(1689)

NOTICE.

Cette pièce, attribuée par les Registres de la Comédie-Française à Champmeslé, par Maupoint, Beauchamps et Léris à la Fontaine, semble n'avoir jamais été imprimée, et l'on n'a pu en retrouver le manuscrit.

Elle fut représentée pour la première fois le lundi 22 août 1689, à la suite de *Venceslas* de Rotrou, et elle eut six représentations jusqu'au 1ᵉʳ septembre où elle fut jouée après *Iphigénie* de Racine.

« Elle en aurait eu davantage, remarque Walckenaer, sans l'accident qui arriva [après la sixième représentation] à la Thorillière, chargé du rôle du jeune paysan : il se blessa à une jambe, et fut obligé de garder quelque temps la chambre. On reprit *le Veau perdu* le 8 avril de l'année suivante, et il eut encore sept représentations; la dernière le 20 avril suivant, après *Andromaque* de Racine. La mort de la dauphine causa une nouvelle interruption. On reprit ensuite cette pièce le 6 mai suivant, et on la donna, pour la dernière fois avec part d'auteur, le 8 du même mois, après *Pénélope* de l'abbé Genest. Elle resta ensuite quelque temps au courant du répertoire, et fut jouée pour la dernière fois le samedi 20 avril 1697.

« Le gentillâtre, ajoute-t-il, était joué par le Comte, acteur médiocre, mais estimé de sa troupe, dont il fut le trésorier, qui avait débuté au Théâtre-Français en 1680, et qui, après avoir obtenu sa retraite en 1704, mourut le 8 janvier 1707. La femme du gentillâtre était représentée par Mlle Durieu, actrice bien faite et assez jolie : elle se nommait Anne Pitel[1] et était la sœur aînée de Mlle Raisin. Elle fut reçue en 1685 : elle mourut en janvier 1737, après avoir poussé sa carrière jusqu'à l'âge de

---

1. Et non *Petit*, comme écrit Walckenaer.

quatre-vingt-six ans. La servante fut jouée par Mlle Beauval, une des plus célèbres actrices de la troupe de Molière, et qui jouait si admirablement bien le rôle de Nicole dans *le Bourgeois gentilhomme*. Son nom était Jeanne Olivier-Bourguignon. Elle avait été abandonnée aussitôt après sa naissance : une blanchisseuse la trouva et l'éleva par charité. Mlle Beauval savait à peine lire : elle était assez grande, bien faite, mais point jolie ; sa voix était un peu aigre, et, sur la fin de sa carrière théâtrale, elle devint enrouée ; mais elle avait de l'esprit et de la vivacité, et elle a joué pendant trente-quatre ans avec succès. Elle avait un caractère difficile, et c'est elle que Regnard a voulu peindre dans le prologue des *Folies amoureuses*[1]. Ricato, le fermier du gentillâtre, était joué par Desmares, et le jeune paysan innocent, comme nous l'avons dit, par la Thorillière, fils et père d'acteur, qui débuta en 1684, et mourut le 18 septembre 1731. »

PERSONNAGES.

LE GENTILLATRE.	Le sieur LE COMTE.
SA FEMME.	Mademoiselle DURIEU.
SA SERVANTE.	Mademoiselle BEAUVAL.
RICATO, fermier du gentillâtre.	Le sieur DESMARES.
LE FILS DU FERMIER, jeune paysan innocent.	Le sieur LA THORILLIÈRE.

1. Il l'a mise elle-même en scène, sous son nom de Beauval.

LE
VEAU PERDU

COMÉDIE EN UN ACTE ET EN PROSE,

DE M. DE LA FONTAINE,

NON IMPRIMÉE,

Représentée pour la première fois le lundi 22⁰ août 1689, précédée de la tragédie de VENCESLAS[1].

Ce fut M. Champmeslé qui présenta cette comédie : elle est inscrite sous son nom dans les Registres : cependant le public l'attribue à M. de la Fontaine, et nous nous sommes conformés à l'opinion la plus vulgaire. Quel qu'en soit l'auteur, il est certain qu'il n'a fait que mettre en action les deux contes de M. de la Fontaine : *la Gageure des trois commères*, dont le tour de la première se trouve employé ici[2], et *le Villageois qui cherche son veau*[3].

Voici de quelle façon ces deux contes étoient liés et formoient l'intrigue de cette petite comédie, qui étoit jouée par cinq acteurs[4].

---

1. Nous transcrivons ici textuellement l'analyse que les frères Parfaict donnent de cette pièce dans leur *Histoire du Théâtre françois* (tome XIII, p. 143-145).

2. C'est une erreur : le conte imité ici n'est point emprunté à *la Gageure des trois commères*, mais à *la Servante justifiée* (VI⁰ de la II⁰ partie, tome IV, p. 276).

3. XI⁰ de la II⁰ partie (*ibidem*, p. 373).

4. Cet argument nous a été donné par M. Grandval père, (Note des frères Parfaict.)

Après deux ou trois scènes nécessaires pour l'exposition du sujet, paroît Ricato ; ce villageois, qui a cherché inutilement un veau qu'il a perdu, monte sur un arbre pour découvrir de plus loin. Le gentillâtre arrive, et, se croyant seul avec sa servante, lui conte des douceurs, veut l'embrasser et lui porter la main sur le sein ; à chaque mouvement, il s'écrie : *Ah Ciel! que d'appas! que vois-je, que ne vois-je pas?* Ricato, impatienté d'entendre répéter la même chose, crie du haut de son arbre : *Notre bon seigneur, qui voyez tant de choses, ne voyez-vous point mon veau?* — *Je suis perdu*, dit alors le gentilhomme tout bas, *ce rustre ne va pas manquer de raconter à ma femme tout ce qui vient de se passer. Cours vite*, ajoute-t-il à sa servante, *et va dire à Madame qu'elle vienne en diligence me trouver ici.* Le gentillâtre demeure seul sur le théâtre. Dans le moment la dame arrive. Le mari fait l'empressé auprès d'elle, et recommence le même jeu qu'avec sa servante. Ricato rapporte à la dame ce qu'il a vu du mari avec sa servante, et la dame répond toujours : *C'étoit moi*, jusqu'à ce que Ricato, perdant patience : *Jarni*, dit-il, *vous me feriez enrager; un mari n'est point si sot à l'entour de sa femme*[1]. — *Comment donc, insolent!* reprend la dame fort en colère ; *vous manquez ainsi de respect à Monsieur le Comte*[2]*?*

Dans une autre scène, la servante, songeant à un établissement solide, et voulant épouser le fils du fer-

1.   Que mon mari fait l'assoté!
       Il ne m'appelle que son âme;
       Si j'étois homme, en vérité,
       Je n'aimerois pas tant ma femme.
       (*Les Rieurs du Beau-Richard*, vers 128-131.)

2. Pour bien entendre cette plaisanterie, il faut se ressouvenir que c'étoit le sieur le Comte qui représentoit le gentillâtre. (Note des frères Parfaict.)

mier, parce qu'il est jeune et riche, trouve le moyen de lui parler. Après quelques discours, elle fait en sorte qu'il lui touche dans la main. *Oh! dame,* dit-elle alors, *tu ne saurois plus t'en dédire, nous voilà mari et femme. Je t'ai donné ma foi, tu m'as touché dans la main, le mariage est en bonne forme.* — *Oui, mais,* répond le jeune homme, *dans tout cela je n'ai vu ni curé, ni notaire.*

La femme du gentillâtre, à qui les discours de Ricato n'ont pas laissé de faire concevoir quelques soupçons, pour se mettre l'esprit en repos, oblige son mari à marier sa servante avec le jeune paysan, et c'est par ce mariage que finit la pièce.

ASTRÉE

TRAGÉDIE

(1691)

NOTICE.

Astrée, tragédie lyrique en trois actes et un prologue, tirée du célèbre roman d'Honoré d'Urfé, fut jouée le 28 novembre 1691 à l'Opéra[1], et n'eut que six représentations. La musique était de Colasse, élève et gendre de Lulli, et eut aussi peu de succès que les paroles[2].

Elle fut imprimée la même année à Paris (Christophe Ballard, in-4°), sous ce titre :

ASTRÉE

TRAGEDIE LYRIQUE

par

M. DE LA FONTAINE

A PARIS

CHEZ CHRISTOPHE BALLARD

M DC XCI.

Elle fut réimprimée en Hollande, Amsterdam, 1692, in-12;

1. Il y avait eu la veille une sorte de répétition générale ou de représentation de gala : « *Mardi* 27. — Monseigneur alla à Paris à l'Opéra avec Madame la princesse de Conti, et vit le nouvel opéra d'*Astrée*. » (*Journal de Dangeau*, tome III, p. 435.)

2. Linières, un des chansonniers du temps, écrivit :

> Reprends Boccace et d'Ouville,
> La Fontaine, c'est ton fait :
> Crois-tu qu'il te soit facile
> D'être modeste et discret?
> Si ta Muse ne badine,
> On verra la libertine
> Plus sotte qu'une catin
> Qui fait la femme de bien;

un autre de ses couplets se terminait ainsi :

> .... L'on a choisi Colasse
> Pour y composer des airs
> Aussi méchants que les vers.

— Rapprochez une lettre de notre poète à Mmes d'Hervart, de Virville et de Gouvernet, de l'année 1691.

dans le *Recueil des opéras, des ballets, et des plus belles pièces en musique qui ont été représentées depuis dix ou douze ans jusques à présent devant Sa Majesté très chrétienne*, Amsterdam 1693, in-12, tome IV, dans le *Recueil général des opéras représentés par l'Académie royale de musique depuis son établissement*, Paris, 1703, in-12, tome IV, recueils sans pagination continue; dans les *OEuvres diverses* de 1729, tome III, p. 327-380.

La musique ne fut ni imprimée ni gravée. La Bibliothèque nationale en possède un manuscrit, précédé d'un titre imprimé qui porte l'adresse de Ballard : il publiait de la sorte les partitions qui n'avaient point réussi; cette musique de Colasse, accompagnée des paroles, est aussi à la Bibliothèque de l'Arsenal, sous ce titre : *Astrée et Céladon :* c'est également un manuscrit, mais qui est passé au département des Imprimés, BL 3412.

Nous suivons le texte de Paris 1691, mais y rétablissons deux passages, supprimés au moyen d'un carton dans cette édition, dans le manuscrit de l'Arsenal, et dans les recueils de 1703 et de 1729, et qui se retrouvent dans les impressions hollandaises de 1692 et de 1693.

Avant la Fontaine, un sieur de Rayssiguier, Languedocien, avait composé une pièce sur le même sujet : *Tragi-comédie-pastorale, où les Amours d'Astrée et de Céladon sont mêlées à celles de Diane, de Silvandre, avec les inconstances d'Hylas*, en cinq actes, en vers, Paris, 1630 et 1632, in-8°.

Nous renvoyons, pour les anecdotes plus ou moins vraisemblables, plus ou moins ridicules, racontées sur la représentation de cet opéra, pour les épigrammes nombreuses, sinon piquantes, qu'il attira à notre auteur, etc., à l'*Histoire de la Fontaine*, par Walckenaer, tome II, p. 243-250, et à notre tome I, p. cxl-cxlii.

ACTEURS DU PROLOGUE.

APOLLON.
ACANTHE, suivant d'Apollon.
La Nymphe de la Seine.
Chœur des Muses. — Chœur de Bergers.
Nymphes, suivantes de la Seine.
ZÉPHYRS.
FLORE et sa suite.

PROLOGUE.

Le théâtre représente la vue de Marly dans l'éloignement,
et les bords de la Seine sur le devant.

APOLLON descend.

LA NYMPHE.

Dieu du Parnasse et du sacré vallon[1],
Quelle aventure en ces lieux vous attire?

APOLLON.

Mars, de tout temps[2] ennemi d'Apollon,
Me force à quitter mon empire.

LA NYMPHE.

Notre monarque vous promet 5
Un repos qu'on n'a plus sur le double sommet[3].

APOLLON.

Jupiter lui-même auroit peine
A calmer aujourd'hui tant de peuples divers :
Rien n'impose à présent silence à l'univers ;
Et cependant je vois les nymphes de la Seine 10
S'occuper à l'envi de musique et de vers.

LA NYMPHE.

Nous tenons ces faveurs d'un roi plein de sagesse[4] :

---

1. Ci-dessus, p. 353 et note 1.
2. De tous temps. (Manuscrit de l'Arsenal, et 1729.)
3. Page 174 et note 2.
4. ....Deus nobis hæc otia fecit.
(VIRGILE, églogue 1, vers 6.)

La Terreur et l'Effroi respectent ces beaux lieux[1].
　　Des chants les plus délicieux
　　Nos bois retentissent sans cesse.

　　La Paix règne dans nos ombrages.
Le murmure des eaux, les plaintes des amants,
　　Les rossignols par leurs tendres ramages,
Occupent seuls Écho[2] dans ces lieux si charmants.

　　　　　　APOLLON.

Joignons tous nos accords : approchez-vous, Acanthe[3].
Fille de l'harmonie, ô Paix douce et charmante[4] !
Comme j'unis les voix, reviens unir les cœurs.
　　Par son retour, la saison la plus belle
Annonce en mille endroits la guerre et ses fureurs ;
　　Fais qu'en ces lieux l'amour se renouvelle.

　　　　APOLLON, LA NYMPHE, et ACANTHE.

　　O Paix ! reviens unir les cœurs.
　　Par son retour, la saison la plus belle
Annonce en mille endroits la guerre et ses fureurs ;
　　Fais qu'en ces lieux l'amour se renouvelle.

　　　　　　LE CHOEUR.

Fais qu'en ces lieux l'amour se renouvelle.

1. Rapprochez le vers 30 du *Fleuve Scamandre* et la note : « ces champs où couroient la Fureur et l'Audace ».
2. Tome VI, p. 225 et note 4.
3. Ci-dessus, p. 146 et note 1.
4. Dans une lettre de la Fontaine au prince de Conti du mois de novembre 1689 :
　　　　O Paix..., fille du Ciel !
dans l'ode *pour la Paix*, vers 17 (tome V M.-L., p. 35) :
　　　　O Paix, infante des cieux !
Comparez l'idylle *sur la Paix* de Racine (tome IV, p. 85) :
　　Charmante Paix, délices de la terre,
　　Fille du Ciel, et mère des plaisirs,
　　Tu reviens combler nos desirs.

APOLLON.

Et vous, compagnons du printemps,
Zéphyrs, par qui les fleurs renaissent tous les ans,
Embellissez ces bords de leurs grâces naïves;
  Ramenez ici les beaux jours¹;
Doux Zéphyrs, invitez à danser sur ces rives   35
  Flore et la mère des Amours.

LA NYMPHE.

  Dans ces lieux les dons de Flore
  Font accourir les Zéphyrs²,
  Et les larmes de l'Aurore
  Se joignent à leurs soupirs.   40

  Les fleurs n'en sont que plus belles³,
  Jouissez de leurs attraits :
  Flore à leurs grâces nouvelles
  Donne ici de nouveaux traits.

Toutes saisons n'ont pas ces richesses légères   45
Dont l'émail⁴ peint nos champs de diverses couleurs :
  Bergers, venez cueillir les fleurs,
  N'y venez point sans vos bergères;
  Jouissez des dons du printemps :
  Tout finit, profitez du temps⁵.   50

1.   Comme au printemps naissent les roses,
  En la paix naissent les plaisirs.
    (MALHERBE, *Poésies*, LIII.)

2.   Les Zéphyrs sont de retour :
  Flore avec eux se promène, etc.
    (*Daphné*, vers 863-864.)

3.   Et vous, charmantes fleurs,
  Douces filles des pleurs
  De la naissante Aurore, etc.
    (*Galatée*, vers 13-15 et note 1.)

4. *Adonis*, vers 159 et note 4.
5. *Carpe diem :* voyez p. 169 et note 3.

CHOEUR.

Jouissons des dons du printemps :
Tout finit, profitons du temps[1].

ACANTHE.

On se plaint ici des cruelles[2] :
C'est un beau sujet pour nos chants.
Rendons-les tendres et touchants : 55
Ils pourront inspirer l'amour aux cœurs rebelles.

LA NYMPHE.

Ce n'est point par de doux sons[3],
Par des vers et des chansons,
Qu'on rend un cœur moins sévère.
Il faut plaire ; 60
Qui n'est pas fait pour charmer
Ne doit point aimer.

ACANTHE.

Souvent dans le fond des bois
Les bergers joignent leurs voix,
En dansant sur la fougère ; 65
Et souvent par leurs doux sons
Le cœur de quelque bergère
Est le prix de leurs chansons[4].

LES CHOEURS.

Est-il quelques rivages
Qui ne connoissent point l'Amour ? 70

LA NYMPHE et ACANTHE.

Si les bergers lui font leur cour,
Les rois lui rendent leurs hommages.

1. Les seize vers qui suivent ont été supprimés par un carton dans l'édition originale : ci-dessus, p. 508.
2. Vous n'êtes pas de mine à faire des cruelles.
(*Ragotin*, vers 394.)
3. Page 200 et note 2.
4. Vers 20-22 : « Joignons tous nos accords....
Comme j'unis les voix, reviens unir les cœurs. »

PROLOGUE.

LES CHOEURS.
Est-il quelques rivages
Qui ne connoissent point l'Amour?
LA NYMPHE et ACANTHE.
Il n'est point de lieux si sauvages, 75
De cœurs si fiers, d'esprits si sages[1],
Que ce dieu ne dompte à leur tour.
LES CHOEURS.
Est-il quelques rivages
Qui ne connoissent point l'Amour?
APOLLON.
Vos chants sont pour l'amour, ma lyre est pour la gloire.
Du nom de deux héros je veux remplir les cieux,
De deux héros que la Victoire
Doit reconnoître pour ses dieux[2].
Le Rhin sait leur vaillance[3];
Le Danube en pourra ressentir les effets. 85
Qui peut mieux qu'Apollon en avoir connoissance[4]?
Mais je veux taire ces secrets :
Louis m'apprend par sa prudence
A cacher ses projets[5].

1. Amour, tu sais dompter les cœurs et les esprits.
(*Daphné*, vers 256.)

2. Le Roi et Monseigneur qui assiégeaient Mons (mars-avril 1691). Les maréchaux de Luxembourg et de la Feuillade commandaient sous le Roi.

3. Allusion aux campagnes du Roi (1672) et de Monseigneur (1690) sur le Rhin.

4. *Daphné*, vers 75 et note 1.

5. Rapprochez une lettre de notre poète au chevalier de Sillery du 28 août 1692 :

Ah! si le Ciel vouloit que nous eussions le tout[a],
Quel pays! vous voyez ses défenseurs à bout.
Je n'en dirai pas plus : notre roi n'aime guère
Qu'on raisonne sur ces matières.

— Ces six derniers vers ont été retranchés par un carton dans

[a] Toute la Flandre.

Muses, profitez d'un asile 90
Où tout est paisible et tranquille.
Représentez, dans ce séjour,
Un spectacle où règne l'Amour.
Ce dieu récompensa quelques moments de peine
Qu'eurent Astrée et Céladon[1]; 95
Faites voir aux bords de la Seine
Les aventures du Lignon[2].

l'édition de 1691 : ci-dessus, p. 508. — « Il faut croire, remarque Walckenaer, que cette singulière manière de cacher un secret déplut à Louis XIV, et qu'il ne se souciait pas qu'on le représentât comme ayant le projet de pousser ses conquêtes jusqu'au Danube, car on mit un carton dans l'édition qu'on avait faite, en 1691, de cet opéra, afin de supprimer ces vers. » Peut-être aussi le poète a-t-il pensé que ce couplet belliqueux n'était pas à sa place dans une pastorale.

1.   O doux souvenir de nos peines!
   O nœuds par qui l'Amour recommence à former
     L'espoir le plus cher de nos chaînes,
Redoublez les plaisirs qui viennent nous charmer!
   O doux souvenir de nos peines!
            (*Astrée*, vers 683-687.)

2. Tome V, p. 70 et note 1. — « Auprès de l'ancienne ville de Lyon, du côté du soleil couchant, il y a un pays nommé Forez, qui en sa petitesse contient ce qui est de plus rare au reste des Gaules. Car, étant divisé en plaines et en montagnes, les unes et les autres sont si fertiles et situées en un air si tempéré, que la terre y est capable de tout ce que peut desirer le laboureur. Au cœur du pays est le plus beau de la plaine, ceinte, comme d'une forte muraille, des monts assez voisins, et arrousée du fleuve de Loire, qui, prenant sa source assez près de là, passe presque par le milieu, non point encore trop enflé ni orgueilleux, mais doux et paisible. Plusieurs autres ruisseaux, en divers lieux, la vont baignant de leurs claires ondes; mais l'un des plus beaux est Lignon, qui, vagabond en son cours, aussi bien que douteux en sa source, va serpentant par cette plaine depuis les hautes montagnes de Cervières et de Chalmazel, jusques à Feurs, où Loire, le recevant et lui faisant perdre son nom propre, l'emporte pour tribut à l'Océan. » (*L'Astrée* d'Honoré d'Urfé, tome I, p. 1-2.) — Au lieu de bergers amoureux passant leurs

PROLOGUE.

LES CHOEURS.

Que nos chants expriment nos flammes;
Répandons dans tout ce séjour
Le charme le plus doux des âmes,   100
Les chansons, les vers, et l'amour.

plus belles années dans les plaisirs et les douces aventures, cueillant et offrant des fleurs, chantant l'amour, et donnant des sérénades à leurs bergères, on ne rencontre guère sur les bords du Lignon que des maréchaux, des forgerons, des taillandiers. Ces beaux prés, ces jolis bocages, sont depuis longtemps un pays de forges, comme l'a déjà remarqué, non sans chagrin, Jean-Jacques Rousseau.

FIN DU PROLOGUE.

ACTEURS DE LA TRAGÉDIE.

ASTRÉE, bergère.
CÉLADON, amant d'Astrée.
SÉMIRE, amant d'Astrée.
PHILIS, confidente d'Astrée.
HYLAS, berger.
TIRCIS, berger.
GALATÉE, princesse du Forez.
LÉONIDE, confidente de Galatée.
ISMÈNE, fée.
TROUPE DE DRUIDES.
TROUPE DE BERGERS ET DE BERGÈRES.
ESPRITS AÉRIENS.
NYMPHES.
GÉNIES.
PEUPLES DU FOREZ.
TROUPE de la suite d'Ismène.
LIZETTA.
GALIOFFO.
GAMBARINI.

La scène est dans le Forez.

ASTRÉE.

ACTE PREMIER.

Le théâtre représente le pays du Forez, arrosé de la rivière du Lignon sur les bords de laquelle sont plusieurs hameaux et bocages.

SCÈNE PREMIÈRE.

SÉMIRE.

Perfide que je suis! infortuné Sémire!
Les bruits qu'en ces hameaux je répands tous les jours
     Soulageront-ils mon martyre?
Que me sert de troubler d'innocentes amours? 105
J'aime Astrée, et je tente un dessein téméraire :
Je détruis son amant[1]; mais que fais-je pour moi?
Ce qui le rend suspect de violer sa foi
     Me rend-il capable de plaire?

Au sein d'Astrée en vain j'ai versé cent poisons. 110
L'implacable dépit, les injustes soupçons,
     L'aveugle et la sourde colère,

---

1. Tome III, p. 96; et ci-dessous, vers 124. — Je le traverse, je le perds, dans ses amours.

La jalousie, au repos si contraire¹,
  Enfants de l'art dont je me sers,
M'ont en vain procuré le secours des enfers. 115

Quel fruit aura ton crime, infortuné Sémire?
Les mensonges divers à quoi² tu donnes cours
  Soulageront-ils ton martyre?
Que te sert de troubler d'innocentes amours?

Je me venge, il suffit; je fais des misérables³. 120
  N'est-ce pas un bien assez doux?
  Achevons; puis retirons-nous
  En des déserts inhabitables.

Amants, heureux amants⁴, dont je détruis⁵ la foi,
Puissiez-vous devenir plus malheureux que moi! 125

  Je vois déjà cette bergère en larmes :
Ce doit être l'effet des dernières alarmes
Par qui mon imposture a séduit sa raison;
Laissons sur son esprit agir notre poison.

SCÈNE II.

ASTRÉE, PHILIS.

ASTRÉE, *donnant à Philis une lettre ouverte.*
Avois-je tort, Philis? Tu vois ces témoignages : 130
  De sa main propre ils sont tracés;
  Considère de quels outrages

---

1. Tome VI, p. 194 et note 4. — 2. Tome IV, p. 431 et note 3.
3. Racine, *la Thébaïde*, vers 612; *Britannicus*, vers 760.
4. Tome VI, p. 200 et note 6. — 5. Vers 107.

ACTE 1, SCÈNE II.

Mes feux y sont récompensés ;
Ne me parle jamais du traître[1] :
Céladon, Céladon, il est un dieu vengeur. 135
PHILIS.
Ne le soupçonnez pas, ma sœur.
ASTRÉE.
Voici pourtant ses traits[2], peux-tu les méconnoître ?
PHILIS.
Je connois encor mieux son cœur ;
Tout m'est suspect, tout vous doit l'être :
Quelque ennemi secret vient d'imiter sa main[3]. 140
ASTRÉE.
Dédiras-tu nos yeux, qui l'ont vu ce matin
Embrasser les genoux d'Aminte ?
PHILIS.
C'est un reste de feinte[4] ;
Vous-même avez pu voir avec quelle contrainte
Il feignoit des transports qu'il ne pouvoit sentir[5]. 145

---

1. Ci-dessous, vers 180.
2. Son écriture, les mots tracés par sa main (vers 131). Rapprochez *le Misanthrope* de Molière, vers 1324 :

> Jetez ici les yeux, et connoissez vos traits ;

et vers 1687-1689 :

> Messieurs, ces traits pour vous n'ont point d'obscurité,
> Et je ne doute pas que sa civilité
> A connoître sa main n'ait trop su vous instruire.

3. Ci-dessus, fin de la note précédente. Voyez aussi les *Lexiques de Corneille* et *de Racine*.
4. Dans le roman, c'est la haine mutuelle de leurs familles, comme l'auteur l'explique, qui force Astrée et Céladon à la dissimulation, à la feinte (tome I, p. 2-3).
5. Je pourrai bien dessus moi-même,
    Quoique mon amour soit extrême,
    Obtenir encore ce point
    De dire que je n'aime point ;
    Mais feindre d'en aimer une autre
    Et d'en adorer l'œil vainqueur

Qu'un véritable amant a de peine à mentir!
####### ASTRÉE.
Eh! qu'il ne mente plus.
####### PHILIS.
Sait-il votre pensée?
Il voit, depuis quelques jours,
Que sa flamme est traversée,
Et qu'on trouble vos amours :
Il veut vous ménager, en exposant Aminte.
####### ASTRÉE.
Que ne me l'a-t-il dit?
####### PHILIS.
Sans doute il ne l'a pu.
####### ASTRÉE.
Mon cœur à Céladon n'étoit que trop connu;
N'auroit-il pas prévu ma crainte,
Si l'ingrat, d'autres soins occupé, prévenu....
####### PHILIS.
Ma sœur, bannissez ces alarmes :
Quel objet vous peut-on préférer sous les cieux?
####### ASTRÉE.
Aminte est engageante, et prévient[1] par ses charmes,
Ton amitié me rend trop parfaite à tes yeux.
Hélas! qui feint d'aimer est toujours téméraire :
De la feinte à l'effet on n'a qu'un pas à faire;
C'est un écueil fatal pour la fidélité :
Une première ardeur n'est bientôt plus qu'un songe;
La vérité devient mensonge,
Et le mensonge, vérité.
####### PHILIS.
Les coquettes les plus belles

Comme en effet je fais le vôtre,
Je n'en saurois avoir le cœur.
(*L'Astrée*, tome I, p. 21.)

1. Prévient favorablement.

Ne touchent¹ que foiblement.
On peut, par amusement,
Feindre de brûler pour elles;
Et le plus crédule amant   170
Les regarde seulement
Comme on fait les fleurs nouvelles,
Avec quelque plaisir, mais sans attachement.

ASTRÉE.

Quand il plaît à l'Amour, tout objet est à craindre.
Ce dieu met bien souvent sa gloire à nous atteindre
Du trait le plus commun et le moins redouté;
Une première ardeur n'est bientôt plus qu'un songe :
La vérité devient mensonge,
Et le mensonge, vérité.

Il le prévoyoit bien, le traître, l'infidèle :   180
J'eus peine à l'obliger à feindre ces amours;
Il résista longtemps, je persistai toujours :
Trouvoit-il Aminte si belle?
Je lisois dans ses yeux une secrète peur :
L'ingrat avoit raison de craindre pour son cœur.   185

PHILIS.

C'étoit à vous d'avoir de la prudence,
En l'éloignant du danger
De changer.

ASTRÉE.

C'étoit à lui d'avoir de la constance,
En résistant au danger   190
De changer.

PHILIS.

A vos soupçons je ne saurois me rendre;
Mais voici mon dessein, ma sœur :

---

1. Tome IV, p. 147 et note 3.

D'Hylas depuis deux jours je ménage le cœur ;
Je veux que pour Aminte il feigne de l'ardeur ; 195
C'est le moyen de tout apprendre :
Elle lui dira son secret.
Je l'attends ; vous savez combien il est discret.
Le voici.

SCÈNE III.

ASTRÉE, HYLAS, PHILIS.

PHILIS.

J'ai besoin, Hylas, de votre adresse.
Puis-je compter sur vos serments ? 200
Vous me rendez des soins ; mais ces empressements
Sont-ils des effets de tendresse ?
Ou ne sont-ce qu'amusements ?
Sans cesse vous allez de bergère en bergère,
Jurant de sincères amours : 205
Zéphyre n'eut jamais d'ardeur si passagère ;
Eh ! comment s'assurer qu'une âme si légère
Puisse ne l'être pas toujours ?

HYLAS.

Quoi ! vous doutez si je vous aime ?
Eh ! qui pourroit, Philis, vous voir sans vous aimer ?
Vous avez plus d'appas que n'en a l'Amour même,
Des traits à tout ravir, des yeux à tout charmer,
Et vous doutez si je vous aime !

PHILIS.

Déclarer si bien son ardeur,
Ce n'est pas ce qui nous engage : 215
Les vrais interprètes du cœur
Ne sont pas les traits du langage.

ASTRÉE.

Ma sœur, j'ose aujourd'hui te garantir sa foi ;
L'Amour ne réservoit ce miracle qu'à toi.

HYLAS.

Si je n'aime Philis, que ce dieu me haïsse ! 220
Qu'il me livre à des cœurs ennemis de ses traits !
Qu'à la fin mon bonheur dépende du caprice
    D'une bergère sans attraits !

PHILIS.

J'en croirai vos serments, si votre amour s'applique
A m'instruire des feux d'Aminte et d'un berger. 225

HYLAS.

N'est-ce pas Céladon ? La chose est si publique
Qu'à de trop grands efforts ce n'est pas m'engager.

PHILIS.

Il vient, partez.

HYLAS.

    Je vole où votre ordre m'appelle.

ASTRÉE et PHILIS.

Voyons comment le traître, l'infidèle,
    Soutiendra son manque de foi. 230

PHILIS.

Adieu ; vous pourrez mieux vous éclaircir sans moi.

SCÈNE IV.

CÉLADON, ASTRÉE.

CÉLADON.

Hé quoi ! seule en ces lieux, sans songer à la fête
    Dont vous serez tout l'ornement !
    C'est un triomphe qui s'apprête
Pour les dieux et pour vous, aux yeux de votre amant.

On n'entend en tous lieux que des chants d'allégresse ;
    Bergères, bergers, tout s'empresse
    De célébrer ce jour charmant.
Cependant vous rêvez : d'où vient cette tristesse ?
ASTRÉE.
Berger, vous paroissez aujourd'hui bien paré :   240
De cet ajustement quels yeux vous sauront gré ?
CÉLADON.
    Les vôtres, ma déesse.
    Il n'est rien en ces lieux
    Qui ne s'efforce de vous plaire ;
Et c'est pour attirer vos regards précieux,   245
Que ces prés, que ces bois, et cette onde si claire,
Étalent ce qu'ils ont de plus délicieux :
    L'astre même qui nous éclaire
Ne se montre si beau que pour plaire à vos yeux[1].
ASTRÉE.
Céladon, bannissez ces discours d'entre nous ;   250
Je sais qu'en votre cœur une autre est préférée,
Et vos vœux ne sont pas pour l'innocente Astrée.
CÉLADON.
    Ciel! mes vœux ne sont pas pour vous !
    Dieux puissants qu'ici l'on révère,
Dieux vengeurs des forfaits, je vous atteste tous :   255
Si quelque autre qu'Astrée à mes desirs est chère,
Faites tomber sur moi vos plus terribles coups !
ASTRÉE.
Sois traître seulement, et ne sois pas impie.
CÉLADON.
Juste Ciel, vous doutez encore de ma foi !
Mais quel est cet objet dont mon âme est ravie ?   260

1. Ci-dessous, p. 533 :

    A charmer vos ennuis en ces lieux tout conspire.

ACTE I, SCÈNE V.

ASTRÉE.

Va, perfide, va, garde-toi
D'oser jamais paroître devant moi.

CÉLADON.

Ah! du moins....

ASTRÉE.

Non.

CÉLADON.

Quoi! sans l'entendre,
Condamner un amant si fidèle et si tendre!

ASTRÉE.

Non, perfide, non, garde-toi 265
D'oser jamais paroître devant moi[1].

CÉLADON.

Mon sort est dans vos mains, il faut vous satisfaire;
Et, puisque votre arrêt me livre au désespoir,
J'y cours; et respectant votre injuste colère,
Je me fais du trépas un funeste devoir. 270
Vous me regretterez, j'en suis sûr, et votre âme,
Au vain ressouvenir[2] d'une constante flamme
Se laissant trop tard émouvoir,
Me donnera des pleurs que je ne pourrai voir.

SCÈNE V.

ASTRÉE.

Seroit-il innocent? me serois-je trompée? 275
Soupçons dont j'ai l'âme occupée,

---

1. « Que si le ressouvenir de ce qui s'est passé entre nous (que je desire toutefois être effacé) m'a encore laissé quelque pouvoir, va-t-en, déloyal, et garde-toi bien de te jamais laisser voir à moi que je ne te le commande. » (*L'Astrée*, tome I, p. 8.)
2. *Adonis*, vers 233.

Dois-je donc vous bannir? L'ai-je à tort condamné?
En quel trouble me met cette fuite soudaine!
  Qu'as-tu fait, bergère inhumaine?
  Où s'en va cet infortuné?   280
Ne le pas écouter! se rendre inexorable!
Ses pas précipités, ses regards pleins d'effroi,
Me font craindre pour lui; que ne dis-tu pour toi,
  Bergère misérable!
Tu ne l'as pu haïr, quand tu l'as cru coupable; 285
Que sera-ce, s'il meurt en te prouvant sa foi?

Cours, malheureuse, cours, va retarder sa fuite.
Céladon! Céladon!... Hélas! il précipite
  Ses pas et son cruel dessein :
Il est sourd à mes cris et je l'appelle en vain; 290
Je n'en puis plus; la force et la voix, tout me quitte.

SCÈNE VI.

Un druide conduisant la cérémonie de la fête du gui de l'an neuf, à la place d'Adamas[1].

TROUPES DE DRUIDES, DE PATRES, SYLVAINS, FAUNES, BERGERS ET BERGÈRES.

UN DRUIDE.

Maîtres de l'univers, dieux puissants, nos hameaux
Vous présentent le don que viennent de nous faire

---

1. Personnage cité dans *le Cas de conscience*, vers 29 et note 1.
— Les druides allaient, au mois de décembre, cueillir le gui du chêne, et, au premier jour de l'an, on le distribuait au peuple, en criant : « Au gui l'an neuf », pour annoncer l'année nouvelle. Il n'y a pas bien longtemps encore, en Picardie, en Bourgogne, en Touraine, en Bretagne, et dans d'autres provinces, les pauvres, et surtout les enfants, demandaient leurs étrennes au cri de : *Au* (ou *A*) *gui l'an neuf.* D'où la vieille chanson : « Donnez-moi mes

Ces antiques palais qu'habitent les oiseaux :
Conservez dans nos bois leur ombre tutélaire. 295

Nous ne vous demandons, en faveur de ce don,
  Ni des grandeurs, ni du renom,
  Ni des richesses excessives ;
Que les sources de l'or soient pour d'autres que nous :
  Nos destins seront assez doux 300
  Si les bergères de ces rives
 Ne font régner que de chastes désirs,
  Et d'innocents plaisirs.

LE DRUIDE et LE CHOEUR.

Conservez nos troupeaux, arrosez nos prairies ;
Faites régner la paix sur ces rives fleuries : 305
Que Mars n'y trouble point les jeux et les chansons[1] ;
  Gardez nos fruits et nos moissons.

UN BERGER et LE CHOEUR.

  Accourez, bergers fidèles ;
  Célébrez tous, en ce jour,
  Vos bergères et l'Amour : 310
  Chantez vos feux et vos belles.

CHOEUR.

Venez, Amours, volez de cent climats divers
  En ce séjour tranquille.
Ces feuillages épais, ces gazons toujours verts,
  Vous offrent un charmant asile. 315
Venez, Amours, volez de cent climats divers,
Pour enflammer nos cœurs, seuls dignes de vos fers.
Laissez dans un repos languissant, inutile,
  Tout le reste de l'univers.

---

aguinettes, etc. » Sur l'antiquité de cette fête, et sur les cérémonies dont elle était accompagnée, voyez Borel, Ménage, du Cange, le Dictionnaire de Trévoux, etc.

1. Ci-dessus, vers 3.

SCÈNE VII.

LES PRÉCÉDENTS, UN BERGER.

LE BERGER.

Pour pleurer Céladon cessez vos doux accords ; 320
Du Lignon l'onde impitoyable
Vient de l'ensevelir.

CHOEUR.

O perte irréparable !

LE BERGER.

Nous n'avons pu le trouver sur ces bords.

LE DRUIDE.

Portons ce sacré don sur un autel du temple, 325
Et que chacun, à mon exemple,
A chercher ce berger fasse tous ses efforts.

SCÈNE VIII.

PHILIS, ASTRÉE.

PHILIS.

Céladon dans les flots a terminé sa vie ;
Comment le dirai-je à ma sœur ?

ASTRÉE.

Je le sais, Philis ; ce malheur 330
Est l'effet de ma jalousie.
Déteste-moi ; c'est peu de me haïr :
Céladon ne périt que pour mieux m'obéir.
Il s'est perdu ! Je me perdrai moi-même :
Que me sert la clarté du jour ? 335
Je ne verrai plus ce que j'aime !

ACTE I, SCÈNE VIII.

Cher amant, as-tu pu me quitter sans retour ?
    Notre bonheur étoit suprême ;
Les dieux nous envioient[1] du haut de leur séjour.
    Tu t'es perdu ! Je me perdrai moi-même :   340
    Que me sert la clarté du jour ?

  1. Ci-dessous, vers 667 :
      Divinités de mon sort envieuses.

FIN DU PREMIER ACTE.

… ASTRÉE.

ACTE II.

Le théâtre représente les jardins de Galatée, et, dans l'éloignement, le palais d'Isoure.

SCÈNE PREMIÈRE.

GALATÉE.

Je ne me connois plus; quelle nouvelle ardeur
    Se rend maîtresse de mon cœur?
    Un berger cause ces alarmes.
Doux et tranquilles vœux, qu'êtes-vous devenus ? 345
Le Sort offre à mes yeux un berger plein de charmes[1],
Et depuis ce moment je ne me connois plus[2].

SCÈNE II.

LÉONIDE, GALATÉE.

LÉONIDE.

Princesse, cherchez-vous ici la solitude?

GALATÉE.

Je me laisse conduire à[3] mon inquiétude.
Mais que fait Céladon? Dis-moi, qu'en penses-tu? 350

---

1. Comparez *Adonis*, vers 530 et note 5; *Daphné*, vers 317 et 365; et ci-dessous, le vers 356.
2. Même vers dans l'opéra de *Daphné*, acte II, scène II.
3. Par; tournure latine : *permitto me sollicitudini deducendam.*

Je vois qu'en secret tu me blâmes
D'avoir pu concevoir de si honteuses flammes ;
Mais, hélas ! qui n'auroit vainement combattu
　　Contre les traits dont il a su m'atteindre ?
Il alloit expirer ; l'onde venoit d'éteindre　　355
　　　Le vif éclat de ses attraits¹ :
　　　La pitié lui prêta ses traits.
L'oracle², les destins, tout lui fut favorable ;
Rien ne vint s'opposer à ma naissante ardeur.

　　　　　　LÉONIDE.

Que de raisons ont fait entrer dans votre cœur　　360
　　　Un ennemi si redoutable !

　　　　　　GALATÉE.

Mes yeux me trompent-ils ? C'est à toi d'en juger.

　　　　　　LÉONIDE.

Princesse, il est charmant ; mais ce n'est qu'un berger³.

　　　　　　GALATÉE.

Par les nœuds de l'hymen le sceptre et la houlette
　　　Se sont unis plus d'une fois⁴.　　365
L'amour n'est plus amour, dès qu'il cherche en ce choix
　　　Une égalité si parfaite.

Mon cœur est excusable, et Galatée enfin
Seroit-elle, sans toi, dans cette peine extrême ?
　　　Léonide, ce fut toi-même　　370

---

　1. Vers 346 et note 1.
　2. Vers 371.
　3. Ci-dessus, p. 263 et note 2 :
　　Un berger qui me plaît peut passer pour un dieu.
　4. « On a vu des rois épouser des bergères », comme dit le vieux proverbe.
—　　Et le Sort prend plaisir, d'une chaîne secrète,
　　　D'allier quelquefois le sceptre et la houlette.
　　　　　　(REGNARD, *Démocrite*, acte III, scène I.)

Qui me fis, malgré moi, consulter ce devin.
« Princesse, me dit-il, voici votre destin :
Une étoile ennemie, autant que favorable,
Peut vous rendre en hymen heureuse ou misérable.
   Dans ce miroir regardez bien ces lieux : 375
Vers le déclin du jour il faudra vous y rendre;
Celui qui s'offrira le premier à vos yeux
Est l'époux que le Ciel vous ordonne de prendre. »

J'aperçus ce berger : résisterai-je aux dieux?
    LÉONIDE.
Princesse, son Astrée a pour lui trop de charmes. 380
    GALATÉE.
  Eh! n'ai-je pas les mêmes armes?
N'est-ce rien que mon rang auprès de Céladon¹?
    LÉONIDE.
Vous ne connoissez pas les bergers du Lignon.
Leurs amours sont leurs dieux² : l'offense la plus noire
  Pour eux est l'infidélité. 385
  Aimer fait leur félicité;
  Aimer constamment³ fait leur gloire.
    GALATÉE.
  Toutes les conquêtes d'éclat
  Flattent la vanité des hommes. [sommes,
Quelque constants qu'ils soient, dans les lieux où nous
La beauté dans mon rang ne fit jamais d'ingrat.
Je tremble : je le vois. Quoi! même en ma présence
Il soupire! Il se plaint aux échos d'alentour!
    LÉONIDE.
  Il n'est plein que de son amour :
  Par ses chagrins, jugez de sa constance. 395

1. « Il faut compter la qualité » (*les Quiproquo*, vers 156).
2. Page 240 : « Mes amours sont mes dieux. »
3. *Galatée*, vers 151 et note 3.

SCÈNE III.
GALATÉE, CÉLADON, LÉONIDE.

GALATÉE.

Céladon, contemplez nos jardins et nos bois ;
Qui ne croiroit que Flore y tienne son empire ?
  De ces oiseaux qu'Amour inspire
  Écoutez les charmantes voix.
A charmer vos ennuis en ces lieux tout conspire :   400
Cependant c'est en vain que tout vous fait la cour[1].
  Nos soins, nos vœux, ce beau séjour,
  N'ont point d'agrément qui vous flatte.
Galatée a sujet de se plaindre de vous :
Faut-il que sans effet sa présence combatte   405
  Cette tristesse ingrate
  Que vous osez conserver parmi nous ?

CÉLADON.

Princesse, ma douleur n'est pas en ma puissance[2] :
Je sors, vous le savez, du plus affreux danger ;
  Puis-je m'empêcher d'y songer ?   410

GALATÉE.

  Songez plutôt à ma présence ;
  C'est la seule reconnoissance
  A quoi[3] je veux vous engager.

Vous soupirez, vous vous plaignez sans cesse :
  Si c'est d'une ingrate maîtresse,   415

---

1. Tout s'empresse en ces lieux pour vous faire la cour.
    (*Je vous prends sans verd*, vers 95.)
2. Je ne puis rien contre elle.
3. Page 518 et note 2.

Changez : vous pouvez faire un choix rempli d'appas.
A souffrir tant de maux quel cœur peut vous contraindre ?
  Hélas ! le mien ne comprend pas
  Que vous deviez jamais vous plaindre.

Mais quelle est cette Astrée ? et depuis quand ses coups
  Tiennent-ils votre âme asservie ?
  Votre esclavage étoit-il doux ?

CÉLADON.

  Belle princesse, comme à vous,
Hélas! je suis bien loin de lui devoir la vie.

GALATÉE.

Du Lignon en fureur dans ce fatal moment[1]   425
  Contez-moi l'accident funeste.

CÉLADON.

  J'y tombai, vous savez le reste ;
Je ne veux vous parler que de vous seulement.

GALATÉE.

  Vous pâlissez ! vous changez de visage !

CÉLADON.

Nymphe, c'est malgré moi que sous un doux ombrage
  L'aspect de ce fatal rivage
A rappelé les maux que je viens d'endurer.

GALATÉE.

  De vos chagrins, de cette triste image
  Puisse le Ciel vous délivrer !

  Divertis ses soins[2], Léonide ;   435
Fais-lui voir de ces lieux toutes les raretés ;
Parle-lui de cet antre, où des flots enchantés
Faisoient connoître un cœur ou constant ou perfide.

---

1. Dans le fatal moment où vous vous y êtes jeté.
2. Ses soucis : tome VI, p. 336 et note 10.

SCÈNE IV.
CÉLADON, LÉONIDE.

LÉONIDE.

Dans le fond de ce bois est un antre[1] sacré ;
 Là, jadis chacun à son gré   440
Pouvoit, en regardant dans une onde fidèle
 Qui coule en ce lieu révéré,
Connoître si l'objet en son cœur adoré
 Ne brûloit point de quelque ardeur nouvelle.
Cette fontaine a nom la Vérité d'amour[2] :   445
On n'en approche plus ; deux monstres à l'entour
Interdisent l'abord d'une source si belle.

CÉLADON.

Léonide, je sais que cet enchantement
 Nuit ou sert à plus d'un amant.
 Voyez combien il m'est contraire :   450
 Sans ces monstres pleins de fureur[3],
Astrée auroit pu lire en cette onde sincère[4]
 Mon innocence et son erreur ;
 Elle m'auroit trouvé fidèle.

LÉONIDE.

Vous aimez trop une beauté cruelle :   455

---

1. Or au fond de ce bois un certain antre étoit, etc.
(*La Fiancée*, vers 100.)

2. « L'amant qui s'y regardoit voyoit celle qu'il aimoit ; que s'il étoit aimé, il s'y voyoit auprès ; que si de fortune elle en aimoit un autre, l'autre y étoit représenté et non pas lui. » (*L'Astrée*, tome I, p. 49.) — Comparez la source dont il est question dans la notice du conte de *la Coupe enchantée* (tome V, p. 89).

3. Ci-dessous, p. 543, 544, 545.

4. Ci-dessus, vers 441 : « une onde fidèle ».

Oubliez-la : cédez à des transports plus doux,
Et songez qu'en ces lieux il est une princesse
    Dont les appas et la tendresse
Sont dignes d'un amant aussi parfait que vous.

    Laissez la constance 460
      Aux heureux amants.
Vous souffrez mille tourments ;
Vous aimez sans espérance.
    Laissez la constance
      Aux heureux amants. 465
Des plaisirs les plus charmants
Amour ici récompense
De si justes changements.
    Laissez la constance
      Aux heureux amants. 470

CÉLADON.

Vous voulez m'engager sous un nouvel empire ;
Et dans mes premiers feux je veux persévérer.
Ce n'est point par conseil[1] que notre cœur soupire[2],
    Ou qu'il cesse de soupirer.

CÉLADON et LÉONIDE, ensemble.

Ce n'est point par conseil que notre cœur soupire, 475
    Ou qu'il cesse de soupirer.

CÉLADON.

    Votre princesse est jeune et belle :
Elle mériteroit le cœur d'un souverain[3] ;
Mais celui d'un berger ! quelle gloire pour elle !

---

1. C'est-à-dire par les conseils qu'on nous donne : voyez les vers qui précèdent.

2.   Est-ce par raison que l'on aime ?
                  (*Daphné*, vers 693.)

3.   .... Friande assez pour la bouche d'un roi.
                  (*Les Rémois*, vers 8.)

Nymphe, vous combattez en vain 480
  La foi que j'ai jurée :
Combattez-la quand vous verrez Astrée[1].
        LÉONIDE.
Sa beauté ne sauroit excuser sa rigueur.
Céladon, il est vrai, votre bergère est belle ;
  Mais elle est fière, elle est cruelle, 485
  Elle abuse de votre cœur.
        CÉLADON.
  Ah ! si j'étois dans nos bocages !
  Si leurs frais et sacrés ombrages
Pouvoient servir de temple à l'objet de mes feux !
Si mon cœur y pouvoit sacrifier sans cesse 490
  Au souvenir de sa déesse,
  Que je me trouverois heureux !

SCÈNE V.

ISMÈNE, FÉE ; LÉONIDE, CÉLADON.

        ISMÈNE.
  Le Ciel exaucera vos vœux[2] ;
Il me l'a fait savoir. Je suis la fée Ismène :
Ma puissance et mon art vont vous tirer de peine. 495
        LÉONIDE.
Qui vous rend à ces lieux, Ismène, dites-moi?
        ISMÈNE.
L'ordre secret des dieux : j'exécute leur loi.
        LÉONIDE.
Quels biens votre pouvoir ne va-t-il pas répandre
  Dans cet heureux séjour !

---

1. Vous-même, si vous voyez Astrée, vous renoncerez à combattre la foi que je lui ai jurée.
2. Mes vœux. (1729.)

ISMÈNE.

Mon oracle doit vous l'apprendre 500
Avant la fin du jour.

Céladon, mettez fin à vos tristes alarmes.
 Votre bergère par ses larmes
 Veut elle-même vous venger :
 Elle croit que de son berger 505
L'âme encor dans les airs, faute de sépulture,
Autour de ces hameaux errante à l'aventure,
Attend qu'un vain tombeau la vienne soulager[1].

CÉLADON.

Confidente des dieux, un amant trop fidèle
 Attend tout de votre savoir; 510
 Faites, par son divin pouvoir,
Que, libre et dans nos bois, j'adore ma cruelle.

ISMÈNE.

Je ferai plus encore et pour vous et pour elle.
 Dans ce moment mon art vous fera voir
 Ses regrets et son désespoir. 515

ISMÈNE, aux ministres de sa puissance[2].

Princes de l'air, Nymphes, Héros, Génies,
Calmez de ce berger les peines infinies ;
Faites-lui voir Astrée, et[3] cachez-le à ses yeux.
Rendez à cet objet l'honneur qu'on rend aux dieux·
Et le temple, et l'autel, et les cérémonies, 520
Vous ont été déjà par mon ordre prescrits :
Faites votre devoir, purs et légers esprits,
 Princes de l'air, Nymphes, Héros, Génies.

Les esprits aériens descendent sur un tourbillon de nuages, et construisent un temple dédié à Astrée : le jardin se change entièrement en forêt.

1. *Cernit ibi mæstos, et mortis honore carentes, etc.*
(VIRGILE, *Énéide*, livre VI, vers 333.)
2. Page 237 et note 1. Voyez aussi tome V, p. 116-117.
3. *Et* manque dans le manuscrit de l'Arsenal et dans 1729.

SCÈNE VI.

ASTRÉE, PHILIS.

PHILIS.
Nous parcourons en vain tous les bords du Lignon :
Reposons-nous, ma sœur; entrons dans ce bocage. 525
ASTRÉE.
O dieux! j'y vois un temple.
PHILIS.
            Il porte votre nom.
   Je viens de voir, au fond de cet ombrage,
      Ces mots écrits par Céladon :

      « C'est dans cette demeure
Qu'un amant exilé cherche en vain quelque paix. 530
Que, pour le prix des pleurs qu'il y verse à toute heure,
Puisse Astrée être heureuse, et n'en verser jamais! »
ASTRÉE.
Quoi! de son ennemie il en fait sa déesse!
Au moment que[1] je viens de causer son trépas
Il me consacre un temple, et demeure ici-bas 535
      Afin de m'adorer sans cesse!
Dans ce sombre réduit[2] retirons-nous, ma sœur.
      Pourrois-je, après de tels outrages,
Sans honte et sans remords jouir d'un tel honneur? [ges.
Un tombeau m'est mieux dû qu'un temple et des homma-

   1. Où : tomes IV, p. 37 et note 1, V, p. 255, etc
   2. Tome V, p. 385 et note 5.

SCÈNE VII.

ASTRÉE, PHILIS, HYLAS, TIRCIS;
CHOEUR DE DEMI-DIEUX, DE NYMPHES, ET DES MINISTRES
D'ISMÈNE.

UN GÉNIE.
N'approchez point, profanes cœurs!
C'est ici le temple d'Astrée :
Qu'aucun mortel en ce lieu n'ait entrée,
S'il ne sent de pures ardeurs.
CHOEUR.
C'est ici le temple d'Astrée :   545
N'approchez point, profanes cœurs!
LE GÉNIE.
Soyez sensible, Astrée, au sort de votre amant.
Pour lui nos voix à tout moment
Font résonner ici mille plaintes nouvelles[1].
Il ne pense qu'à vous : il n'a pour tous desirs   550
Que de se consoler, en ses[2] peines cruelles,
Par de[3] vains et tristes plaisirs.
HYLAS.
Voilà l'effet que produit la constance.
Vantez, bergers, votre persévérance!

1. Voyez-les, ces amants fidèles :
Ils sont toujours pleins de douleurs;
Les soupirs, les regrets, les pleurs,
Sont leurs contenances plus belles,
Et semble que, pour être amant,
Il faille plaindre seulement.
(*L'Astrée*, tome I, p. 34.)
2. Ces. (1729.)
3. Des. (*Ibidem*.)

ACTE II, SCÈNE VII.

TIRCIS.

C'est un devoir de persister toujours 555
Dans les mêmes amours.

HYLAS.

C'est une erreur de persister toujours
Dans les mêmes amours.

TIRCIS et HYLAS, ensemble.

C'est un devoir }
C'est une erreur } de persister toujours
Dans les mêmes amours. 560

TIRCIS.

Hylas, y songes-tu ? Profaner un tel temple !

LE GÉNIE.

N'imitez pas son exemple.

Régnez, divin objet, et triomphez des cœurs ;
Daignez recevoir les honneurs
Que le Ciel fait rendre à vos charmes[1] ; 565
Ne les profanez point, ne versez plus de larmes.
Régnez, divin objet, et triomphez des cœurs.

CHŒUR.

Régnez, divin objet, et triomphez des cœurs, etc.

Que sous les pas d'Astrée ici tout s'embellisse[2] !
Que de son nom tout retentisse ! 570
Faisons-le répéter aux échos d'alentour[3] :

---

1. Vers 519.
2.   Que d'appas, de beautés et de grâces !
  Diroit-on pas que l'air s'embellit à ses traces ?
            (*Daphné*, vers 102-103.)
3. Les échos de ces lieux n'ont plus d'autres emplois
   Que celui d'enseigner le nom d'Aure à nos bois ;
   Dans tous les environs le nom d'Aure résonne.
            (*Les Filles de Minée*, vers 231-233.)

SCÈNE VIII.

ASTREE, PHILIS.

PHILIS.

Retirons-nous aussi, quittons cette demeure ; 575
 La peur m'y saisit à toute heure.
Il est tard, et chacun s'en retourne aux hameaux ;
L'ombre croît en tombant de nos prochains coteaux[1] ;
Rejoignons ces bergers : déjà la nuit s'avance,
 Dans ces lieux règne le silence. 580
Bergers, attendez-nous.... Ils ne m'écoutent pas....

ASTRÉE.

C'est de moi seulement qu'ils détournent leurs pas :
 Eût-on dit qu'un jour cette Astrée
 Seroit l'horreur de la contrée ?
Tout le monde me fuit ! on a raison, Philis ; 585
Qui ne détesteroit[2] mes fureurs excessives ?
O lieux que mon berger a longtemps embellis,
Redemandez-moi tous l'ornement de vos rives[3].

---

1. Comparez le vers 94 de *Philémon et Baucis* et la note.
2. Vers 332.
3. Enfin de ces forêts l'ornement et la gloire,
    Le plus beau des mortels, l'amour de tous les yeux....
                (*Adonis*, vers 512-513.)

FIN DU DEUXIÈME ACTE.

ACTE III[1].

Le théâtre représente la fontaine de la Vérité d'amour[2], dans une forêt agréable.

SCÈNE PREMIÈRE.

ASTRÉE.

Enfin, me voilà seule, et j'ai trompé Philis.
Venez, monstres cruels[3] : ce n'est pas que j'espère 590
    Que ma beauté foible et légère
Donne atteinte à[4] des sorts[5] par l'enfer établis ;
Je ne veux que mourir.

              Céladon! tu m'appelles :
    Si parmi les choses mortelles
Quelqu'une peut encor t'attacher ici-bas, 595
    Plains la bergère qui t'adore ;
    Ce n'est plus pour moi que l'aurore
    Reparoîtra dans nos climats.

Chère ombre, je te suis[6]. Adieu, rives cruelles ;

---

1. Ce dernier acte de l'opéra est imité de très près de la fin du roman de *l'Astrée*, achevé, comme l'on sait, par Baro, le secrétaire d'Honoré d'Urfé.
2. Vers 445 et note 2.
3. Vers 451 et note 3. — 4. Tome V, p. 479 et note 6.
5. Sortilèges : *ibidem*, p. 397.
6. Ci-dessus, p. 267, et ci-après, p. 584.

Adieu, soleil ; adieu, mes compagnes fidèles : 600
N'aimez point, ou tâchez de bannir de l'amour
Les soupçons, les dépits, les injustes querelles[1] :
Celui que je regrette en a perdu le jour.
      Je ne vous fuis que pour le suivre ;
    A ce devoir il me faut recourir : 605
      Si je vous ai promis de vivre,
Aux mânes d'un amant j'ai promis de mourir.

    C'est trop tarder, ombre chérie :
    Viens voir mon crime s'expier ;
    Aide mon cœur à défier 610
    Ces animaux pleins de furie[2].

Mais d'où vient que je perds l'usage de mes sens ?
    La mort sur mes yeux languissants
    Étend un voile plein de charmes.
Avec quelle douceur je termine mes jours ! 615
Quel plaisir de céder à de telles alarmes,
    Pour se rejoindre à ses amours !

SCÈNE II.

CÉLADON.

Sous ces ombrages verts je viens de voir Astrée.
Bois, dont elle parcourt les détours ténébreux,
Ne me la cachez pas sous votre ombre sacrée. 620

O dieux ! je l'aperçois aux pieds d'un monstre affreux !
Des puissances d'enfer ministre[3] malheureux,

1. Vers 111 : « l'implacable dépit, les injustes soupçons ».
2. Vers 590 et note 3. — 3. Ci-dessus, p. 538 et note 2.

ACTE III, SCÈNE III.

Par quel droit nous l'as-tu ravie?
Inhumain, devois-tu seulement l'approcher?
  Ce dard punira ta furie!
Tous mes efforts sont vains, et je frappe un rocher.

 Meurs, Céladon : qui me retient la main?
  Fiers animaux, je vous réclame en vain;
Tout est marbre pour moi, tout est sourd à ma peine.
Léonide, est-ce là cette faveur d'Ismène?
  Je meurs enfin; et plût aux dieux
Que j'eusse pour témoins de ma mort ces beaux yeux!

SCÈNE III.

TIRCIS, HYLAS.

TIRCIS.

C'est ici que se doit accomplir le miracle
Que la fée a prédit aux rives du Lignon.

HYLAS.

 Raconte-moi donc son oracle.
Que vois-je, juste Ciel! Astrée et Céladon
De ces monstres cruels ont éprouvé la rage!

TIRCIS.

Le sort est accompli, ne nous alarmons pas;
Le Ciel en ces amants achève son ouvrage.
Pour finir tes frayeurs, entends l'oracle, Hylas :
 « Le plus constant et la plus belle,
Pour rendre à l'univers cette glace fidèle[1],
 Détruiront un enchantement[2] :

1. Vers 441.
2. Vers 446-447 :
 On n'en approche plus; deux monstres à l'entour
 Interdisent l'abord d'une source si belle.

On les verra mourir; mais d'une mort nouvelle;
Ils revivront en un moment. » 645

HYLAS.

De ces monstres horribles
L'aspect n'est plus à redouter.

TIRCIS.

Ne troublons point du Sort les mystères terribles;
Sortons : à nos hameaux allons tout raconter.

SCÈNE IV.

ASTRÉE, CÉLADON.

ASTRÉE.

Qui me ramène au jour? et d'où vient que je voi 650
L'ombre de Céladon se présenter à moi?
Mes yeux me trompent-ils? Son ombre! C'est lui-même.
Quoi! je reverrois ce que j'aime!
Hélas! il a perdu le jour.
Vains et trompeurs démons, rendez-le à mon amour[1].
Il ouvre enfin les yeux! il reprend tous ses charmes[2]!
L'ai-je ranimé par mes larmes?

CÉLADON.

Où suis-je? Le soleil éclaire-t-il les morts?

---

1. Dans un exemplaire de l'édition originale d'*Astrée*, provenant de la bibliothèque du savant Huet, évêque d'Avranches, qui est actuellement à la Bibliothèque nationale[a], ces deux vers ont été écrits par la Fontaine sur une bande de papier pour remplacer les suivants :

Hélas! il est sans mouvement.
Vains et trompeurs démons, rendez-moi mon amant.

C'est le texte de 1729.
2. Même hémistiche au vers 191 de *Joconde*.

a Varia variorum de Huet, tome XII, pièce XLIII.

ACTE III, SCÈNE IV.

Quoi! je revois les mêmes bords
Où ma divinité m'interdit sa présence!
C'est elle-même que je vois.

ASTRÉE.

Ah! ne rappelez point une injuste défense[1] :
Mes pleurs ont lavé cette offense;
Deviez-vous suivre cette loi?

CÉLADON.

Quoi! vous m'avez pleuré! Ces larmes précieuses
Auroient arrosé mon tombeau!
Divinités, de mon sort envieuses,
Avez-vous un destin si beau[2]?

Les yeux de la divine Astrée
M'ont vengé de votre courroux;
Vous ignorez les plaisirs les plus doux :
Descendez en une contrée
Où de semblables yeux puissent pleurer pour vous.

ASTRÉE.

N'irritez point les dieux, et craignez leur puissance;
Vos transports les pourroient contre nous animer.
J'ai de vos feux assez de connoissance:
Vous m'aimez trop....

CÉLADON.

Peut-on vous trop aimer?

ASTRÉE.

Que je vous ai causé d'alarmes!
Ai-je trop pu les payer par mes larmes?
Ah! que nous bénirons nos fers
Si l'Amour mesure ses charmes
Sur les tourments qu'on a soufferts!

1. Vers 261-262.
2. Citoyens de l'Olympe, avez-vous des amantes?
(*Galatée*, vers 235.)

ASTRÉE.

ASTRÉE, CÉLADON.
O doux souvenir de nos peines!
O nœuds par qui l'Amour recommence à former
    L'espoir le plus cher de nos chaînes,   685
Redoublez les plaisirs qui viennent nous charmer!
    O doux souvenir de nos peines!

SCÈNE V.

ISMÈNE, GALATÉE, CÉLADON, ASTRÉE.

CÉLADON, à Astrée.
La nymphe vient à nous.
                A Galatée.
                Princesse, notre sort
Vous doit faire excuser ces marques de transport.
GALATÉE.
    J'ai déjà tout appris d'Ismène;   690
Tendres amants, vos vœux sont exaucés:
Venez voir en cette eau la fin de votre peine.
ASTRÉE et CÉLADON.
Nous la voyons dans nos cœurs, c'est assez.
ISMÈNE.
Rien ne peut plus troubler une si douce chaîne;
Achevons de remplir les ordres du Destin.   695
    Tout obéit à mon pouvoir divin;
Rien ne peut plus troubler une si douce chaîne;
    Unissons ces tendres amants:
Ils n'ont que trop souffert; finissons leurs tourments.
GALATÉE, ISMÈNE, ASTRÉE, CÉLADON.
    Unissons ces } tendres amants.   700
    Unissez de }
Ils n'ont que trop souffert; { finissons } leurs tourments.
                              { finissez }

ACTE III, SCÈNE VI.

ISMÈNE.
Du haut de leur gloire éternelle
Les dieux ont daigné voir ces amants en ce jour,
Et veulent rendre leur amour
Heureux autant qu'il fut fidèle. 705

GALATÉE, ISMÈNE, ASTRÉE, CÉLADON.

Unissons ces } tendres amants.
Unissez de

Ils n'ont que trop souffert ; { finissons } leurs tourments.
{ finissez }

GALATÉE.
Le printemps, avec toutes ses grâces,
Ne nous paroîtroit pas entouré de plaisirs,
Si l'hiver, environné de glaces, 710
N'avoit interrompu le règne des Zéphyrs.

ISMÈNE.
Plus on a de tourments soufferts,
Plus douce est la fin du martyre ;
Plus Borée a troublé les airs,
Et plus le retour de Zéphyre 715
Cause de joie à l'univers.

SCÈNE VI.

GALATÉE, ISMÈNE, HYLAS ; CHOEUR DE BERGERS
ET DE BERGÈRES.

GALATÉE.
Que tout ce que ma cour a de magnificence
Accompagne aujourd'hui l'hymen de ces amants ;
Inventez tous des divertissements
Dignes de ma présence. 720

ISMÈNE et GALATÉE.

Amants, votre persévérance
Du Sort surmonte les rigueurs;
Que l'Hymen et l'Amour, toujours d'intelligence,
Vous comblent à jamais de toutes leurs douceurs[1].

LE CHOEUR.

Que l'Hymen et l'Amour, toujours d'intelligence, 725
Vous comblent à jamais de toutes leurs douceurs.

HYLAS, aux amants qui veulent aller à la fontaine
de la Vérité d'amour.

Ces indiscrètes eaux vont vous accuser tous;
Vous feriez beaucoup mieux de croire que vos belles
Sont fidèles.
A quoi sert d'être jaloux? 730
C'est le moyen de déplaire,
Et de faire
Qu'à l'objet de vos vœux d'autres plaisent que vous[2].

ISMÈNE.

Esprits soumis à ma puissance,
Venez, et, sous divers déguisements, 735
Faites connoître à ces heureux amants
Les surprenants effets de votre obéissance.

---

1. Soyez amants aussi longtemps qu'époux.
(*A Mme de Fontanges*, tome V M.-L. p. 127.)

Voyez aussi *ibidem*, p. 179 et 181.

2. Rapprochez la fin de la scène XVIII de la comédie de *la Coupe enchantée*, et le conte du même nom, vers 365-377.

SCÈNE VII.

Troupe de la suite d'Ismène; LIZETTA, GALIOFFO, GAMBARINI.

LIZETTA[1].

Chi per mogl' mi vuol pigliar?
  Son Lizetta,
    Fanciulletta,   740
    Vezzozetta,
    Leggiadretta,
  Son d'amore la saetta
Fatta per tutto infiammar.
Chi per mogl' mi vuol pigliar?   745
Ogni fior, se non è colto,
Cade, e da gli venti è tolto.

  1. Lisette. Qui me veut prendre pour femme? Je suis Lisette, toute jeunette, toute mignonne, toute gentille, je suis le brandon d'amour fait pour tout enflammer. Qui me veut prendre pour femme? Toute fleur, si elle n'est pas cueillie, tombe, et elle est emportée par les vents. Ah, combien je crains qu'au premier souffle certaine fleur que j'ai trop gardée me quitte! Qui me veut prendre pour femme? Galioffo, *amant de Lisette.* De vous je suis amoureux. Pour vous le petit dieu aveugle m'a percé le cœur d'une flèche empoisonnée. Répondez à tant d'ardeur et faites entrer, en ce jour fortuné, ma nacelle, jouet des ondes, dans le doux port d'amour. Gambarini, *rival de Galioffo.* Tu es fou d'aimer cette belle. En espères-tu donc quelque chose? Cet amour te convient comme la selle à l'âne. Lisette est faite pour moi, comme je suis fait pour elle. Je suis jeune, elle est jeune; je suis fidèle, elle est pleine de foi. Comme je suis fait pour elle, Lisette est faite pour moi. Lisette. O quelles fadaises, absurdes et surannées Quelle brute! Quel idiot! Je ne veux point d'une telle servitude, je ne veux plus me marier. Galioffo. Vous me méprisez! Gambarini. Vous me raillez! Lisette, Galioffo, Gambarini. Je ne veux point d'une telle servitude, je ne veux plus me marier.

Ahi, che tem' ch' al primo fiato
Certo fior troppo guardato
Meco piu non possa star! 750
Chi per mogl' mi vuol pigliar?
  GALIOFFO, amante di Lizetta.
Di voi sono inamorato.
Il fantolin dio bendato
Con un stral avelenato
M'ha per voi ferito il cor. 755
Rispondete a tanto ardor,
E fate entrar, en sto di fortunato,
Il mio vascel' tormentato
Nel dolce porto d'amor.
  GAMBARINI, rivale di Galioffo.
Tu sei matt' d'amar sta bella. 760
Speri tu qualche merce?
Quest' amor convien' a te,
Com' all' asino la sella.

Lizetta è fatta per me,
Com' io son fatto per ella. 765
Son gioven', le è giovanella;
Son fedel, le è pien' di fe.
Com' io son fatto per ella,
Lizetta è fatta per me.
  LIZETTA.
O quanti becchi, 770
Balordi e vecchi!
Qual bruttalaccio!
Qual nasonaccio!
Non voglio tal servitu,
Ne mi maritaro piu. 775
  GALIOFFO.
Voi mi sprezatte!

ACTE III, SCÈNE VII.

GAMBARINI.

Voi mi beffate!

LIZETTA, GALIOFFO, GAMBARINI.

Non voglio tal servitu,
Ne mi maritaro piu.

CHOEUR DE LA SUITE DE GALATÉE.

Versons dans tous les cœurs une joie éclatante ; 780
    Qu'en ces lieux tout rie et tout chante.
    Fuyez, éloignez-vous d'ici,
    Ennui, chagrin, triste souci.

TROUPE DE LA SUITE D'ISMÈNE.

Cantiamo,
Balliamo, 785
Ridiamo,
Sempre viviamo cosi[1].

TROUPE DE LA SUITE DE GALATÉE.

Chantons, portons nos voix jusqu'au céleste empire.
Que les plus graves dieux, en nous entendant rire,
    Y soient forcés de rire aussi[2]. 790

SUITE D'ISMÈNE.

Su pigliam' tutte le gioie,
E mandiam' tutte le noie
All' inferno in questo di[3].

TOUS ENSEMBLE.

Versons dans tous les cœurs une joie éclatante ;
    Qu'en ces lieux tout rie et tout chante. 795
    Fuyez, éloignez-vous d'ici,
    Ennui, chagrin, triste souci.

1. Chantons, dansons, rions, toujours vivons ainsi.
2.   Malgré son noir sourci,
 Jupiter et le peuple immortel rit aussi.
      (Livre XII, fable XII, vers 111-112.)

3. Prenons toutes les joies, et envoyons tous les soucis au diable en ce jour.

FIN D'ASTRÉE.

JE VOUS PRENDS SANS VERD

COMÉDIE

(1693)

NOTICE.

Cette comédie, en un acte, en vers, ornée de chants et de danses, et dont la musique est de Grandval le père, fut représentée, pour la première fois, après la comédie du *Misanthrope*, à la Comédie-Française, le vendredi 1er mai 1693.

Comme nous l'apprennent les Registres de ce théâtre et l'Histoire des frères Parfaict, elle eut quatorze représentations dans sa nouveauté, la dernière le 25 du même mois de mai, à la suite de la tragédie de *Pyrame et Thisbé* de Pradon, et resta au courant du répertoire jusqu'au dimanche 9 mai 1728.

Elle a été publiée, sans nom d'auteur, chez Pierre Ribou, en 1699 (Paris, in-12), sous ce titre :

JE VOUS PRENS
SANS VERD,
COMEDIE.

A PARIS,
Chez Pierre Ribou, sur le Quay des
Augustins, à la descente du Pont-neuf,
à l'Image S. Loüis.
M. DC. XCIX.

Elle fut réimprimée dans les *Pièces de théâtre de Monsieur de la Fontaine* (voyez ci-dessus, p. 275), dans les *OEuvres diverses* de 1729 (tome II, p. 359-393), où elle est précédée d'un faux titre qui porte : « Comédie attribuée à M. de la Fontaine », et insérée, comme *la Coupe enchantée*, dans les *OEuvres de Monsieur de Champmeslé* (tome II, p. 309-344).

Voici ce qu'en disent les frères Parfaict (tome VIII, p. 65) :
« On donne cette dernière comédie à M. de la Fontaine, et à la

vérité on y trouve son style en partie; mais, si ce fait est vrai, il faut en supposer un autre qui est que cette pièce étoit entre les mains des comédiens et qu'ils la représentèrent sans la participation de l'auteur, car, à la fin de l'année 1692, dit le P. Niceron, « M. de la Fontaine étant tombé malade et se disposant à « faire une confession générale de toute sa vie, jeta au feu une « pièce de théâtre qu'il se disposoit à faire représenter. » Et en effet, étant revenu de cette maladie, il ne travailla plus que sur des sujets pieux. » Et ailleurs (tome XIII, p. 284-285) ils ajoutent : « Cette petite comédie n'est qu'un peu au-dessus du médiocre; cependant elle a des scènes bien rendues : celle du mari qui surprend sa femme dans un tendre entretien avec un jeune cavalier, à qui il dit : *Je vous prends sans verd*, est très jolie. L'auteur a enchâssé dans cette pièce le conte du *Contrat*, de la Fontaine[1], qui en fait le dénouement, suivi d'un divertissement, qui roule sur les plaisirs du mois de mai. »

Voyez la *Notice biographique* qui est en tête de notre tome I, p. CXLV.

ACTEURS.

SAINT-AMANT, mari de Julie.
JULIE, sa femme.
DORAME, père de Julie.
MONTREUIL, neveu de Saint-Amant.
CÉLIANE, cousine de Julie.
TOINON, suivante de Julie.
LUBIN, fermier de Saint-Amant.
TROUPE DE PAYSANS.
TROUPE DE PAYSANNES.
BERGERS ET BERGÈRES.
DEUX NYMPHES DES FLEURS.
DEUX ZÉPHYRS.

La scène est dans un jardin qui regarde le château de Saint-Amant.

1. Ce conte n'est pas de la Fontaine, mais de Saint-Gilles.

JE VOUS PRENDS
SANS VERD[1].

SCÈNE PREMIÈRE.
SAINT-AMANT, LUBIN.

SAINT-AMANT, *lui donnant de l'argent.*
Je ne suis nullement en doute de ta foi[2];

---

1. .... Gardez qu'en nos terres
Le chemin ne leur soit ouvert :
Ils nous pourroient prendre sans verd.
(Lettre de la Fontaine au duc de Vendôme du mois de septembre 1689.)

« On dit qu'un homme *a été pris sans verd*, pour dire à l'impourvu, par allusion du jeu qu'on joue au mois de mai, dont la condition est qu'il faut toujours avoir du vert sur soi. » (Dictionnaire de Furetière.) Sinon les hommes s'exposaient à recevoir un seau d'eau sur la tête, ou à quelque autre avanie, ou à payer quelque amende, les femmes à être embrassées, pour le moins. Voyez ci-dessus, *Ragotin*, acte II, scènes I et IX, p. 304, 305, 322 ; Rabelais, tome II, p. 59 : « Auez vous icy dez en bourse ? — Pleine gibbessiere, respondit Panurge. C'est le verd du diable, comme expose Merlinus Coccaius, libro secundo, *de Patria diabolorum*. Le diable me prendroit sans verd, s'il me rencontroit sans dez » ; *l'Étourdi* de Molière, vers 1109 (tome I, p. 178 et note 5) ; et le Dictionnaire comique de le Roux de Lincy, tome II, p. 577-578.

2. *Le Florentin*, vers 476.

Tu ne meurs pas de honte
Qu'il faille que de lui je fasse plus de compte,

560 JE VOUS PRENDS SANS VERD.

Mais prends, Lubin.
     LUBIN.
    Monsieur....
    SAINT-AMANT.
         Prends, dis-je, oblige-
De ce qu'on fait ici donne-moi connoissance. [moi.
     LUBIN.
Monsieur le colonel, parlez en conscience.
    SAINT-AMANT.
Quoi?
     LUBIN.
   N'êtes-vous point mort?
    SAINT-AMANT.
        Tu le vois.
     LUBIN.
         Tout de bon,
Ne revenez-vous point de l'autre monde?
    SAINT-AMANT.
          Non,
Je te l'ai déjà dit, c'est pour tromper ma femme;
C'est pour mettre en plein jour tout ce qu'elle a dans
Que j'ai fait publier le faux bruit de ma mort. [l'âme[1],
     LUBIN.
Que vous l'allez, Monsieur, surprendre à votre abord! 10
Elle ne s'attend pas à ce retour funeste,
Et son cœur bonnement vous croit mort et le reste[2].
    SAINT-AMANT.
Non, je n'ai pas dessein sitôt de l'affliger;

   Et que ton père même, en doute de ta foi,
   Donne plus de croyance à ton valet qu'à toi.
    (CORNEILLE, le Menteur, vers 1581-1584.)

1. Son front vous dit assez ce qu'elle a dedans l'âme.
     (L'Eunuque, vers 1830 et note 1.)
2. Mort et enterré.

SCÈNE I.

Je veux dans les plaisirs la laisser engager,
Et faire voir à tous, par ses réjouissances,
Un bon certificat de ses extravagances.

LUBIN.

Je suis ravi de voir que vous avez du cœur.

SAINT-AMANT.

Jusqu'ici je n'ai pu de sa mauvaise humeur[1]
Aux yeux de ses parents dévoiler la malice :
Elle a su me confondre avec tant d'artifice[2]
Qu'elle m'a fait partout passer pour un bourru[3] ;
Mais, grâce à sa folie, enfin je serai cru.

LUBIN.

Tant mieux, la joie en moi fait ce que fit sur elle
De votre feinte mort la première nouvelle.

SAINT-AMANT.

D'où le sais-tu ?

LUBIN.

J'étois dans un grand cabinet,
Quand votre courrier vint de Flandre. A lansquenet[4]
Elle avoit tout perdu : qu'elle étoit désolée !
Mais par votre trépas elle fut consolée.

SAINT-AMANT.

Quelle âme ! chez son père elle fut toute en pleurs
Signaler son devoir[5] par de fausses[6] clameurs,

---

1. De son humeur vicieuse.
2. Comme Angélique confond George Dandin dans la comédie de Molière.
3. Ci-dessous, vers 168 :

    D'un mari, d'un bourru, je reprendrois la loi ?

Comparez les vers 251, 353, 355, 434, du *Florentin*.
4. Tel est le texte de nos anciennes éditions : 1699-1735. Plus bas, vers 112, 183 : « au lansquenet ».
5.   La belle fit son devoir de pleurer....
                            (*Le Calendrier*, vers 122.)
6. Hypocrites : tome V, p. 264 et note 5.

Voulant quitter le monde, et cherchant la retraite,
Pour de mon souvenir n'être jamais distraite :
Le bonhomme ébloui donna dans le panneau¹,
A ses pieux desirs accorda ce château,
Lui donnant seulement Toinon pour compagnie.   35

LUBIN.

Depuis qu'elles y sont, Monsieur, Dieu sait la vie²!
Elle appela d'abord, pour se donner beau jeu,
La jeune Céliane avec votre neveu.

SAINT-AMANT.

Montreuil?

LUBIN.

Oui, ce beau fils³, ce tourneur de prunelle⁴,
Qui la lorgnoit⁵, dit-on, et qu'elle lorgnoit, elle.   40

SAINT-AMANT.

Que font-ils en ces lieux, Lubin?

LUBIN.

Je ne sais pas,
Et je sais seulement que de votre trépas
Elle ne leur a fait aucune confidence ;
On ne parle que joie et que réjouissance.
Tous les jours ce ne sont que plaisirs bout à bout,   45
Promenades ici, ménétriers partout,
Petits jeux, cotte verte⁶, allégresse, ripailles,

---

1. Page 436 et note 2. — 2. Tome VI, p. 10 et note 5.

3. Le voilà, le beau fils, le mignon de couchette.
(Molière, *Sganarelle*, scène vi.)

4. Qui joue de la prunelle, tourne les yeux amoureusement et languissamment. « .... Encore qu'il fasse sa prunelle toute blanche en la tournant. » (*Satire Ménippée*, tome I, p. 186.) — Dans *le roi Candaule*, vers 203 : « Notre homme

A chaque objet qui passe adoucit ses prunelles. »

5. Tome VI, p. 8 et note 2.

6. Tome IV, p. 374 et note 4. — Jeter une fille sur l'herbe, c'était lui bailler une « cotte verte », une « rouge » si elle

SCÈNE I.

Sérénades, concerts, charivaris[1], crevailles[2],

était pucelle : « Iacques, au lieu de bailler la cotte verte à s'amie
luy bailla la cotte rouge.. » (*L'Heptaméron*, p. 324.)

> Il m'est aduis que ie voi Perrichon
> Ayant au cueur une grant marrison
> Que plus n'allons à la petite porte,
> Luy et moy, à minuict querir la verte cotte.
> (*Chansons du* xve *siècle*, p. 82.)

> M'amie Penote, Marotte ma sotte,
> Vous n'arez point de verte cotte
> Si vous ne sçauez dire yo!
> (*Ibidem*, p. 136.)

> Si nous estions sur l'herbe verte,
> Propre à donner la cotte verte,
> Ie verrois dessoubz quelque branche
> Si la chemise seroit blanche.
> (*Ieu de l'aduenture et deuis facetieux des hommes et
> femmes, etc.*, Paris, 1544, in-32, fol. 16.)

« Aultres faisoient l'amour, se baisoient, s'entredonnoient la
cotte verte. » (RÉMY BELLEAU, tome II, p. 39.)

> L'autre jour, dans un bocage,
> Un garçon du voisinage
> Sur l'herbe vous estendit,
> Et, vous ayant descouverte,
> Vous donna la cotte verte :
> Mon petit doigt me l'a dit.
> (*Chansons* de Gautier Garguille, p. 24.)

1. Voyez *le Berceau*, vers 105 et note 2.
2. Chez Rabelais, livre V, chapitre xvi : « Ilz estoient inuitez
aux creuailles de l'hoste. N'entendans ce gergon, et estimans
qu'en iceluy pays le festin on nommast creuailles, comme deça
nous appellons enfiansailles, espousailles, velenailles, tondailles,
mestiuales, fusmes aduertis que l'hoste en son temps auoit esté
bon raillard, grand grignoteur, beau mangeur de souppes Lion-
noises, notable compteur de horloge, eternellement disnant,
comme l'hoste de Rouillac, et, ayant ia par dix ans pedé graisse
en abondance, estoit venu en ses creuailles; et, selon l'usage du
pays, finoit ses iours en creuant, plus ne pouvant le perytoine
et peau par tant d'années deschiquetée clore et retenir ses
trippes, qu'elles ne effondrassent par dehors, comme d'ung ton-
neau deffoncé. « Et quoy, dit Panurge, bonnes gens, ne lui
« sçauriez vous bien appoinct auecques bonnes grosses sangles,
« ou bons gros cercles de cormier, voire de fer, si besoin est, le

Vous voyant¹ tout de bon gisé dans le cercueil ;
Et c'est de la façon² qu'elle en porte le deuil.   50

SAINT-AMANT.

A se perdre elle-même elle s'est engagée³ ;
Son père qui la croit fortement affligée,
Et que je détrompai cinq ou six jours après,
Avec moi dans ces lieux est venu tout exprès :
Témoin de son désordre, il n'aura pas la force   55
Entre sa fille et moi d'empêcher le divorce.

LUBIN.

Vous ne pouviez venir plus à propos tous deux.
Du premier jour de mai renouvelant les jeux⁴,
On ne va voir ici que fêtes bocagères⁵,
Printemps, Flore, Zéphyrs, et bergers et bergères ;   60
Pour prendre des plaisirs de toutes les façons,
Mêlant à leurs concerts nos rustiques chansons,

« ventre relier? Ainsi lié, ne iecteroit si aisement ses fons hors, « et si tost ne creueroit. » Ceste parolle n'estoit acheuée, quand nous entendismes en l'air ung son hault et strident, comme si quelque gros chesne esclatoit en deux pieces : lors fut dict par les voisins que ses creuailles estoient faictes. »

1. *Vous croyant*, dans le texte de 1729.

2. Et voilà de quelle façon, etc. : tome IV, p. 250, et ci-dessus, p. 82 et note 1.

3. Elle s'est juré, elle a pris comme à tâche, de se perdre elle-même.

4. Les cérémonies, les réjouissances, qui accompagnent la plantation du mai, c'est-à-dire d'un arbre, ou de gros rameaux de verdure, au premier jour de mai. — N'oublions pas que cette comédie fut représentée le 1ᵉʳ mai. — Ci-dessous, p. 575 :

Voici le mai ; rangez-vous, place, place !

5.   De vos flûtes bocagères
    Réveillez les plus beaux sons.
        (MOLIÈRE, *le Malade imaginaire*, Prologue.)

Imitez le Poussin : aux fêtes bocagères
Il nous peint des bergers et de jeunes bergères,
Les bras entrelacés, dansant sous des ormeaux.
        (DELILLE, *les Jardins*, chant IV.)

Nous avons ordre exprès de venir en personne....
Entendez-vous déjà comme l'air en résonne[1]?
SAINT-AMANT.
Pour tout voir, mon beau-père, approchez prompte-
[ment. 65

SCÈNE II.

DORAME, SAINT-AMANT, LUBIN.

DORAME.
J'en sais plus qu'il ne faut, Monsieur de Saint-Amant :
Il suffit.
SAINT-AMANT.
  Non, je veux vous la faire connoître....
Où nous cacheras-tu, Lubin?
LUBIN.
     Cette fenêtre
Pour voir et pour entendre est un endroit certain[2];
Vous n'avez qu'à monter.
SAINT-AMANT.
    J'en sais bien le chemin ; 70
Mais, chut!
LUBIN.
   Allez, je vais chanter en[3] pleine tête[4],
Sans faire aucun semblant, car je suis de la fête.

---

1. Résonne de chansons.
2. A la fois sûr et commode.
3. *A.* (1729.)
4. Dans *l'Ermite*, vers 52 et note 3 : « tout du haut de la tête ».

SCÈNE III.

LUBIN, TROUPE DE PAYSANS.

LUBIN.

Allons, courage, enfants, fredonnons[1] ce beau mois ;
Ménétriers, ronflez[2] ; Lucas, joignons nos voix[3] : [mes !
Chantons le vert printemps, nos plaisirs et nos flam-
Échos, répondez-nous, et réveillez ces dames.

Il chante.

    Vive le printemps !
    Il rend le cœur gai ;
    Le mois des amants
    Est le mois de mai[4].   80
Badinant[5] sur la fougère,
Nos plaisirs retentissent partout ;
Et si l'on entend crier la bergère,
    Ce n'est pas au loup[6].

LUCAS chante.

Allons planter le mai, l'amour nous y convie.   85

---

1. Comme on dirait : « Chantons, célébrons », sur un rythme régulier, sur un fredon uniforme.
   —   Arriere Amour, et les songes antiques....
      Ce n'est plus moy qui vous doy fredonner.
          (Du Bellay, tome II, p. 18.)
      Mes doigtz fredonneront la gloire
      De celuy qui est trois fois Dieu.
          (*Ibidem*, p. 35.)
2. Il faut entendre aussi ronfler les violons,
   Et je veux avec vous danser les cotillons.
    (Regnard, *le Légataire universel*, acte II, scène IV.)
3.   Les bergers joignent leurs voix.
      (*Astrée*, vers 64 et note 5.)
4. *It ver et Venus, etc.* (Lucrèce, livre v, vers 736 et suivants.)
5. Jouant : page 425 et note 6. — 6. Ci-dessus, p. 218 et note 1.

Pour voir de nos bergers l'agréable folie,
　　Bergères, soyez au gai[1] :
　Heureux amants, plus heureuses amantes,
　　O combien vous seriez contentes
S'il étoit tous les jours le premier jour de mai !   90
　　　　　　　LUBIN.
Pour chanter vos plaisirs et les entretenir,
Madame, avec le mai nous allons revenir.

SCÈNE IV.

JULIE, CÉLIANE, MONTREUIL.

JULIE.
Plus agréablement peut-on être éveillée ?
CÉLIANE.
Et plus commodément, Madame, être habillée ?
MONTREUIL.
Tout s'empresse en ces lieux pour vous faire la cour[2] :   95
L'air est serein, le ciel nous promet un beau jour.

SCÈNE V.

JULIE, CÉLIANE, MONTREUIL ; SAINT-AMANT, DORAME, à la fenêtre.

SAINT-AMANT, à Dorame.
Voilà son deuil, par là jugez de sa conduite.

---

1. *Au gai* (comme on dit : le temps est *au beau*) ; soyez tout à la joie et ornées de couleurs printanières. — Rapprochez le Molière de notre Collection, tome V, p. 468, et p. 555-557.

2. Cependant c'est en vain que tout vous fait la cour.
　　　　　　　(*Astrée*, vers 401.)

DORAME.

Peut-être est-il au cœur?

SAINT-AMANT.

Nous verrons dans la suite.

JULIE.

A trouver des plaisirs appliquons nos esprits :
En attendant le mai, j'ai quelques manuscrits   100
Qu'on vient de m'envoyer sur différents chapitres;
Pour nous désennuyer, Montreuil, lisez les titres.

MONTREUIL lit.

La pierre philosophale, ou l'art de se faire aimer de sa femme.
Beau secret!

JULIE.

Il est rare.

CÉLIANE.

Il pourroit avoir cours,
Si l'hymen s'allioit avecque les amours[1].

JULIE.

Abus[2]! l'hymen ternit l'amant le plus aimable,   105
Et, dès qu'il est époux, il devient haïssable.

SAINT-AMANT.

Beau-père....

MONTREUIL lit.

Dialogue de deux fiancées sur les mystères du lit nuptial, par un jeune abbé; dédié aux vraiment filles[3].

JULIE.

L'entretien devoit être ingénu.

MONTREUIL.

J'aurois voulu l'entendre, et ne pas être vu.

---

1. Page 550 et note 1, et tome VI, p. 186 et note 3.
2. Erreur : ci-dessus, p. 410 et note 3.
3. Voyez *la Fiancée du roi de Garbe*, vers 245 et note 2, et ci-dessous, le vers 170.

CÉLIANE.
Les abbés entrent-ils dans un secret semblable?
JULIE.
Il n'est rien en amour pour eux d'impénétrable :   110
Le siècle a peu d'intrigue où ne perce la leur,
Et, comme au lansquenet, ils y prennent couleur[1].
MONTREUIL lit.
Éloges des dames galantes, conçus et dirigés[2] et mis en lumière chez l'Amy[3].
CÉLIANE.
Malheur à qui verra son nom dans cet ouvrage!
JULIE.
Pour mettre ces portraits dans tout leur étalage,
On n'aura pas, je pense, épargné les couleurs.   115
MONTREUIL.
Chez l'Amy: c'est un lieu fertile en blasonneurs[4].
Il lit.
La pompe funèbre d'un mari, et la manière d'en porter le deuil, par une veuve de fraîche date.

---

1. Au lansquenet, *prendre couleur*, entrer au jeu et couper; ci-dessous, vers 268 :
.... Aucun ne s'est offert pour y prendre couleur.

2. Composés, ordonnés. — « Conçus, dirigés. » (1729 et 1735.)

3. Comme on dirait aujourd'hui *l'Ancien :* cabaretier à la mode, tenant une maison de plaisirs plus ou moins honnêtes et de rendez-vous galants. Mais n'est-ce pas ici plutôt le nom du libraire P. Lamy?

4. En critiques, censeurs, railleurs, médisants, mauvais plaisants. Voyez Marot, tomes I, p. 211, et p. 163 :

Ha! le vil blasonneur!
C'est luy qui fit sur les dames d'honneur
Tous les Adieux;

II, p. 190, et p. 44 :

Aux grands assaults acquiert on les honneurs,
Et tant plus sont aigres ses blasonneurs,
Plus le constant a de los meritoire.

Rapprochez *blasonner*, ibidem, tomes I, p. 211, II, p. 62, 127; chez

CÉLIANE.

On crie, on prend le noir : est-il un autre usage?

JULIE.

Oui, selon comme vit et meurt le personnage;
Il faut battre des mains, on doit chanter son sort,
Quand il perd noblement la vie, et qu'il est mort 120
De l'approbation du monde et de sa femme.

SAINT-AMANT.

Le livre est de son cru : par là jugez de l'âme.

DORAME.

Elle n'écrit jamais.

MONTREUIL lit.

L'heure du berger[1] *brusquée par un petit-maître entre deux vins*[2].

L'ouvrage est singulier.

CÉLIANE.

Et l'ouvrage et l'auteur, j'en crois tout cavalier[3].

MONTREUIL.

Voilà tout.

CÉLIANE.

Vous rêvez?

JULIE.

Il me vient en pensée 125

Villon, p. 201 : « blasonner la suffisance de ce seigneur », p. 205 :

De blasonner ils firent rage :
Leur hoste fut par eux vaincu;
Ils ne laisserent pour tout gage
Qu'ung sac tout plein de torchecu;

et les exemples de *blason* et *blasonnement*, au même sens, que donne M. Godefroy.

1. Voyez *la Coupe enchantée*, vers 268 et note 6.
2. « Il y a un temps infini qu'on ne voit plus de bourgeois ivres dans les rues, ni de petits-maîtres entre deux vins rendre hommage au beau sexe dans les bosquets des Tuileries. » (DANCOURT, *l'Impromptu de Suresnes*, scène VI.)
3. Amour et vers, tout est fort à la cavalière.
(*Clymène*, vers 8.)

De rappeler du mois[1] la coutume passée :
Jouons ensemble au verd[2]?

CÉLIANE.
Je le veux.
MONTREUIL.
J'y consens.
JULIE.
Si le jeu n'est pas noble, il est divertissant;
Le premier qui de nous se laissera surprendre
D'obéir au vainqueur ne pourra se défendre :   130
Je jure, je promets d'en observer la loi.
CÉLIANE.
A ces conditions je me soumets.
MONTREUIL.
Et moi.
JULIE.
Allez, pour commencer ces guerres intestines,
Cueillir du rosier : prenez garde aux épines.
CÉLIANE.
Nous n'irons point au bois qu'avec précaution[3].   135
MONTREUIL.
Et vous ?
JULIE.
J'en ai déjà fait ma provision.

SCÈNE VI.

TOINON, JULIE; SAINT-AMANT, DORAME,
à la fenêtre.

TOINON.
Quel veuvage! pour moi, Madame, je l'admire!

1. « De rappeler ici du mois », dans l'édition de 1699, faute évidente.
2. Ci-dessus, p. 559 et note 1. — 3. Page 566 et note 5.

Quoi! pleurer un époux en s'étouffant de rire!
La mode en est jolie, et pourra faire bruit.
JULIE.
De cette mort, Toinon, cueillons, goûtons le fruit : 140
Jouissons du bonheur que le Ciel nous envoie ;
Je n'ai plus de mari! quel plaisir! quelle joie[1]!
Célébrons à jamais le jour de son trépas.
Quoi qu'on dise, Toinon, la guerre a ses appas,
Ses heures d'agréments, comme ses douloureuses : 145
Que d'héritiers contents, que de veuves heureuses!
SAINT-AMANT.
C'est trop tôt triompher.
TOINON.
Mais on se contrefait[2],
Seulement pour la forme.
JULIE.
Eh! ne l'ai-je pas fait?
Pour dérober ma joie à la commune envie,
Je m'enferme au désert : vois quelle modestie[3]! 150
TOINON.
Mais il faut à Paris retourner une fois.
JULIE.
Laissez-moi divertir tout le reste du mois;
Ennuyée à peu près de ces réjouissances,
J'irai me délasser parmi les bienséances,
Briller au plus profond d'un noir appartement, 155
Me parer de l'éclat d'un lugubre ornement,
Promener en spectacle un deuil en grand volume[4],

---

1. Rapprochez le commencement de la scène XII de l'acte III du *Malade imaginaire* de Molière.

2. *Clymène*, vers 28 et note 5.

3. Tel est le texte de 1702 et de 1729; dans l'édition de 1699 : « Voyez quelle modestie! »; dans celle de 1735 : « Voyez la modestie! »

4. « Je l'ai vu (le cardinal de Retz) fort possédé de l'envie de

SCÈNE VI.

Et donner en public des pleurs à la coutume[1].

TOINON.

Mais, voulant tout le[2] mois déguiser votre deuil,
Pourquoi faire venir Céliane et Montreuil ? 160

JULIE.

Il faut dans le plaisir un peu de compagnie :
On le respire mieux, et sans elle il ennuie ;
Outre un dessein que j'ai, que tu n'as pu prévoir :
Ils s'aiment ; on le dit ; et je veux le savoir,
En être convaincue, et les brouiller ensemble, 165
Toinon.

TOINON.

Dans ce dessein j'entrevois[3], ce me semble :
Vous voulez pour époux vous donner Montreuil ?

JULIE.

Moi !
D'un mari, d'un bourru[4], je reprendrois la loi ?
On peut par des raisons du monde et de famille,
Par de certains desirs, et pour sortir de fille[5], 170
Une fois en sa vie arborer ce lien ;
Mais aller jusqu'à deux, je m'en garderai bien[6].

TOINON.

Ma foi ! vous ferez bien de garder le veuvage ;
Car si, par cas fortuit, dans le cours de votre âge[7],
Vous alliez en pleurer un ou deux seulement, 175
Comme vous avez fait Monsieur de Saint-Amant,
Et rendre vos douleurs encore aussi célèbres[8],
Vous vous ruineriez en dépenses funèbres.

vous témoigner en grand volume son amitié quand il aura payé ses dettes. » (MME DE SÉVIGNÉ, tome III, p. 497.)

1. Ci-dessus, vers 29-30.
2. Tous les (1699 ; faute évidente).
3. Je commence à voir un peu clair. — 4. Page 561.
5. Page 568 et note 3. Comparez l'expression « sortir de page ».
6. Page 81. — 7. De votre vie. — 8. Vers 139.

JULIE.

Fi des maris, Toinon! des amis, des amis!
A vous plaire, à votre ordre, ils sont toujours soumis.
On sait s'approprier leurs divers caractères :
Le conseiller se rend utile à vos affaires,
On compte¹ au lansquenet le riche financier,
Le partisan² commode est un bon dépensier,
Le courtisan grossit la foule aux Tuileries³, 185
L'abbé nous divertit par ses minauderies,
Le bel esprit en vers distingue du commun⁴,
Et, parmi ce ramas, le cœur⁵ en regarde un.

TOINON.

J'entends, je vois, Madame, où l'estime vous mène,
Et Montreuil d'un clin d'œil tout contraire à la haine 190
Sera le regardé, n'est-ce pas?

JULIE.

Nous verrons,
S'il répond à mes vœux, ce que nous en ferons.

SAINT-AMANT, à la fenêtre.

Vous pouvez deviner ce qu'elle en voudra faire.

DORAME.

Eh! c'est un jeu.

SAINT-AMANT.

Quel jeu!

JULIE.

Voilà tout le mystère.

1. On fait cas et on profite de.
2. Tome I, p. 373 et note 5.
3. La foule qui vous entoure lorsque vous vous promenez aux Tuileries.
4. Le commun (1699, 1735; faute évidente). — En vous célébrant dans ses vers, vous distingue, vous tire, du commun.
5. L'esprit. (1699, 1702, 1735.) Nous ne relevons pas la plupart de ces fautes manifestes, qui abondent dans l'édition originale.

Pour voir de ces amants le cœur à découvert, 195
Je leur viens d'inspirer¹ exprès le jeu du verd :
C'est dans ce dessein même, et pour le voir éclore,
Que j'emprunte la voix du Printemps et de Flore ;
Et, sous l'appas brillant des jeux et des plaisirs,
Je vais adroitement pénétrer leurs desirs, 200
Et satisfaire aux miens.

DORAME.

C'est assez vous complaire :
Descendons.

SAINT-AMANT.

Non, il faut en voir la fin, beau-père.

JULIE.

Lubin, pendant les jeux, avec moi de concert,
Feignant de badiner², prendra leur boëte au verd.
Il vient.

SCÈNE VII.

JULIE, LUBIN, TROUPE DE PAYSANS ; DORAME,
SAINT-AMANT, à la fenêtre.

LUBIN.

Voici le mai ; rangez-vous, place, place ! 205
Beau, grand, droit, vert, il vient ombrager cette place.

Des paysans, en dansant, font avancer le mai jusqu'au milieu du théâtre.

---

1. *Le Florentin*, vers 144 et note 9.
2. Ci-dessus, vers 81 et note 4.

SCÈNE VIII.

JULIE, MONTREUIL, CÉLIANE, SAINT-AMANT, DORAME, LUBIN, PAYSANS.

MONTREUIL.
Nous venons près de vous entendre le concert.
CÉLIANE.
Ce mai nous avertit qu'il faut songer au verd.
LUBIN.
Vous y jouez donc?
CÉLIANE.
Oui.
LUBIN.
Gardez[1] d'être attrapée!
JULIE.
Pour moi, si l'on m'y prend, je serai bien trompée. 210
LUBIN chante.
Dans ces verts ébats
Craignez la surprise :
Telle est souvent prise
Qui n'y pense pas.
JULIE.
Je suis en sûreté, quoi qu'on puisse entreprendre. 215
LUBIN.
Souvent brebis fringante[2] au loup[3] se laisse prendre.
CÉLIANE.
Qui se garde de tout ne peut être attrapé.

1. Prenez garde : tomes II, p. 239, III, p. 15, V, p. 146, ci dessus, p. 264, etc.
2. Tome V, p. 574 et note 1.
3. Ci-dessus, p. 566 et note 5.

SCÈNE VIII.

LUBIN.

L'on prend au trébuchet l'oiseau le plus huppé.

Il chante.

  Pour dénicher une fauvette,
  Lucas dit à Catin : « Follette,   220
   J'irai t'appeler demain,
    Du matin.
  Si je te trouve au lit, dormeuse,
  Ma bouche à baiser ton sein
  Ne sera pas paresseuse. »   225

  A ces menaces, Catin
  N'en fut pas plus matineuse[1];
  Lucas trouva l'huis ouvert :
  Catin fut prise sans verd.

JULIE.

Catin se devoit bien[2] tenir encourtinée[3].   230

LUBIN.

Elle aimoit à dormir la grasse matinée[4] :
Pour surprendre les gens il est plus d'un Lucas....
Mais Flore vient ici avec tous ses appas[5].

 1. Ci-dessus, p. 325 et note 2.
 2. « Se devoit du moins » dans l'édition de 1699, faute évidente.
 3. Sous les courtines : locution semblable chez Marot, tome I, p. 41 ; chez Ronsard, tome II, p. 453 :

   .... Quand la nuict brunette a rangé les étoiles,
   Encourtinant le ciel et la terre de voiles... ;

chez du Bellay, tomes I, p. 153, II, p. 19, 144 ; Belleau, tome II, p. 224 ; Jodelle, tome I, p. 194 ; Baïf, tome II, p. 54, 70. Comparez les expressions *encorneté* (tome IV, p. 92 et note 6), et *enchapeté, encapuchonné, encoqueluché, encoqueluchonné, emmasqué, emmantelé, engiponné, endrapelé, ensaboté*, etc.

 4. Ha! que c'est chose belle et fort bien ordonnée
   Dormir dedans un lict la grasse matinée !
     (Régnier, satire VI, vers 177-178.)

 5. Ce vers manque dans les textes de 1699 et de 1729 ; il est

SCÈNE IX.

JULIE, MONTREUIL, CÉLIANE, DORAME, SAINT-AMANT, FLORE, DEUX ZÉPHYRS, DEUX NYMPHES DES FLEURS.

FLORE chante.

Sur la fougère, au pied des hêtres,
Jouissez des plaisirs champêtres ; 235
Le Printemps vient ranimer vos ardeurs,
Flore amène[1] à vos yeux les Zéphyrs et les Fleurs ;
Que les Amours soient toujours de vos fêtes :
Les belles conquêtes
Sont celles des cœurs. 240
Nymphes, jeunes fleurs naissantes,
Parfumez ces beaux lieux de vos odeurs charmantes.
Et vous, Zéphyrs, en ce jour,
De la fraîcheur de vos ailes
Éventez le sein des belles, 245
Et n'en chassez pas l'Amour.

Les Zéphyrs et les Fleurs font une entrée, et prennent en dansant les boëtes de Céliane et de Montreuil, qu'ils emportent.

FLORE chante.

Tout renouvelle[2]

dans ceux de 1702 et de 1735. Les éditions modernes : 1803-1827 portent :

Mais Flore se présente avec tous ses appas.

1. Ramène. (1699 ; faute évidente.)
2. Se renouvelle au printemps, au « renouveau ».

Voulentiers en ce mois icy
La terre mue et renouuelle ;
Maintz amoureux en font ainsy
Subiectz à faire amour nouuelle.
(MAROT, tome II, p. 102.)

SCÈNE IX.   579

>Dans ce beau mois ;
>La plus cruelle
>Respire un choix¹ :   250
>Fière fillette,
>Timide amant,
>A la rangette²
>L'Amour les prend,
>Dans une plaine,   255
>Sous un couvert³,
>L'un sans mitaine⁴,
>L'autre sans verd.

1. Soupire après, souhaite avec ardeur. — « Au bout de trois jours à Vitré, je ne respirois que les rochers. » (Mᵐᵉ ᴅᴇ Sévigné, tome II, p. 537.)

>La fille le veut bien ; son amant le respire (*le mariage*).
>(Racine, *les Plaideurs*, vers 857.)

Voyez aussi les *Lexiques de Corneille* et *la Bruyère*.

2. En rang, l'un après l'autre, à la file l'un de l'autre : comparez Noël du Fail, *Propos rusticques*, p. 15 : « Et, par deux ou trois festes subsecutiues, les ouys iazer et deuizer priuement et à la rangette de leurs affaires rusticques » ; Marot, tome II, p. 220 :

>Ci gist, pour Alix contenter,
>Martin, qui souloit plus que dix
>A la rangette culeter,
>Par campagnes, boys et taillis ;

le Moyen de parvenir, p. 87 : « ....Vous harassant, comme taureaux baniers qui vetellent toutes les vaches d'une paroisse à la rangette » ; et p. 351 : « Ilz se mirent aprez, et la besognerent, en bon françois, allant à la rangette, bons souldards, comme les soldatz qui assiegerent le chasteau d'Angers » ; Saint-Simon, tome II, p. 398 : « A la tribune, la maison royale, c'est-à-dire jusqu'aux petits-fils de France inclusivement, et non plus, se mettoient à la rangette et de suite sur le drap de pied du Roi » ; etc.

3. L'ombrage que donne un massif d'arbres.

4. Ou sans gants (tome IV, p. 411 et note 3) : à l'improviste, au dépourvu.

>Je ferai voir à ces maroufles
>Que l'on ne me prend point sans moufles.
>(Scarron, *le Virgile travesti*, livre ii.)

SCÈNE X.

JULIE, MONTREUIL, CÉLIANE, SAINT-AMANT, DORAME.

SAINT-AMANT.
Beau-père, on ne sauroit mieux pleurer un époux!
JULIE, à Montreuil et à Céliane.
Tout nous dit de songer au verd, en avez-vous? 260
Je vous y prends, montrez.
CÉLIANE.
Oh! qu'à cela ne tienne!
Ma boëte est perdue, ah!
MONTREUIL.
Le diable a pris la mienne.
JULIE.
A nos conventions je vous soumets tous deux.
Céliane, ouvrez-moi votre cœur, je le veux;
Mais sans fard : de l'amour l'avez-vous su défendre?
N'est-il point quelque amant qui s'y soit fait entendre?
CÉLIANE.
Jusqu'à ce jour il est de si peu de valeur
Qu'aucun ne s'est offert pour y prendre couleur[1].
JULIE.
Vous mentez : j'en sais un, vous le savez de même,
Qui montre avoir pour vous une tendresse extrême; 270
Il brûle de vous faire entendre ses amours.
CÉLIANE.
Je vais, pour m'en défendre, appeler du secours.

1. Ci-dessus, vers 112 et note 1.

SCÈNE XI.
JULIE, MONTREUIL, SAINT-AMANT, DORAME.

JULIE.
Vous ne la suivez pas, Montreuil ?
MONTREUIL.
                      Qui ! moi, Madame ?
JULIE.
Il faut, à votre tour, me découvrir votre âme.
Je m'en vais exposer une fable à vos yeux :   275
Si vous n'en devinez le sens mystérieux,
Vous me ferez, Montreuil, une sensible offense ;
Si vous le concevez, redoutez ma vengeance,
Pour peu que vous soyez rebelle à ses clartés.
MONTREUIL.
Il faut savoir.
JULIE.
           Je vais vous la dire : écoutez.   280

    Une aimable Tourterelle[1]
    Fut le partage[2] d'un Hibou ;
    Jamais paix, toujours querelle :
Il n'est pas malaisé de deviner par où[3].
    Hibou mourut : la veuve, en ces alarmes,   285
    N'étala point des clameurs et des larmes[4]

---

1. Cette fable a été insérée, avec une seule variante, sous ce titre : « la Tourterelle veuve du Hibou », dans l'*Almanach littéraire ou Étrennes d'Apollon* (Paris, veuve Duchesne, 1780, in-12), p. 62.
2. *Le Florentin*, vers 512.
3. Comment et pourquoi.
4. Des pleurs et des larmes. (*Almanach littéraire;* faute évidente.)

Le fastueux¹ charivari².
Pleur enlaidit, douleur est folle ;
Et puis, grâces aux mœurs du siècle, on se console
　　D'un amant tendrement chéri :　　　　　　290
　　　Que ne fait-on point d'un mari ?
Tourterelle à l'amour rarement est rebelle :
Sa tendresse envisage un Moineau digne d'elle.
Pour s'expliquer, regards, discours mystérieux,
　　Sont par elle mis en usage :　　　　　　295
Elle craint, elle n'ose en dire davantage ;
　　C'est au Moineau, s'il a des yeux,
　　　A deviner ce langage.

Vous entendez, Montreuil ; le comprenez-vous bien ?
Parlez sincèrement.

　　　　　MONTREUIL.
　　　　A ne déguiser rien,　　　　　　300
Si certain homme étoit dans la nuit éternelle,
Je croirois deviner quelle est la Tourterelle ;
Son joug a fait gémir mon cœur plus d'une fois.
Quant à l'heureux Moineau, seul digne de son choix,
Son bonheur me fait peine à le pouvoir connoître³; 305
Mais ce que je sais bien, c'est que je voudrois l'être.

　　　　　JULIE.
Soyez-le, on y consent : le champ vous est ouvert ;
Croyez tout, espérez, et....

　　　SAINT-AMANT, *descendu de la fenêtre.*
　　　　　　Je vous prends sans verd.

　1. Ci-dessus, p. 573 et note 1.
　2. Vers 48.
　3. Son bonheur me paraît tel que j'ai de la peine à m'avouer qui ce moineau peut être. — Même tour chez Corneille, *Œdipe*, vers 1425 :
　　Ses rides me font peine à le bien reconnoître.

SCÈNE XII.

MONTREUIL, en fuyant.

Mon oncle!

JULIE.

Mon époux!

SCÈNE XII.

SAINT-AMANT, JULIE, DORAME.

SAINT-AMANT.

Approchez, mon beau-père :
Votre fille est d'un prix trop extraordinaire;   310
Je m'en sens désormais indigne, et vous la rends.
Adieu!

DORAME.

Tout doux! il est des accommodements.

SAINT-AMANT.

Vous prétendez, voyant l'humeur[1] qui la possède....

DORAME.

Elle a tort; mais le mal trouvera son remède.

SAINT-AMANT.

Et quel remède, après tout ce que devant vous...? 315

DORAME.

D'accord, son procédé[2] choque; mais, entre nous,
A l'intention près, c'est une bagatelle.

SAINT-AMANT.

Comment! vous....

JULIE.

Eh! quoi donc! suis-je si criminelle?
D'un mari que l'on aime on apprend le trépas :

---

1. Ci-dessus, vers 18.
2. Comparez *la Courtisane amoureuse*, vers 136 et note 4.

Les premiers mouvements[1] sont de suivre ses pas[2].   320
A ce dessein s'oppose un devoir de famille :
Des fruits de cet hymen reste une seule fille;
Il faut vivre pour elle; on restreint ses desirs
A chercher sa santé dans d'innocents plaisirs.

SAINT-AMANT.

Morbleu! l'excuse encore est pire que l'offense.   325

DORAME, à Julie.

Sortez, j'adoucirai son cœur en votre absence.

SAINT-AMANT.

Un cloître punira cette insolence-là.

JULIE, revenant.

Mon père....

DORAME.

Laissez-moi raccommoder cela.

SCÈNE XIII.

SAINT-AMANT, DORAME[3].

SAINT-AMANT.

Non, non.

DORAME.

Écoutez-moi.

---

1. Tomes V, p. 468, VI, p. 73.
2. *Astrée*, vers 599 et note 6.

— Elle entre dans sa tombe, en ferme volonté
D'accompagner cette ombre aux Enfers descendue.
(*La Matrone d'Éphèse*, vers 45-46.)

L'époux d'une jeune beauté
Partoit pour l'autre monde. A ses côtés, sa femme
Lui crioit : « Attends-moi, je te suis; et mon âme,
Aussi bien que la tienne, est prête à s'envoler. »
(*La Jeune Veuve*, vers 16-19.)

3. Ce dénouement, nous l'avons dit, est emprunté au conte du *Contrat* de Saint-Gilles : ci-dessus, p. 558 et note 1.

SCÈNE XIII.

SAINT-AMANT.
           Si jamais je m'oblige
A revoir[1] votre fille....
           DORAME.
                    Écoutez-moi, vous dis-je :   330
Comme vous je pris femme, et fus gendre autrefois ;
Tout ce qui peut réduire un esprit aux abois,
Tout ce qu'un mari craint, se trouva dans ma femme.
Elle....Elle est au tombeau; Dieu veuille avoir son âme[2] !
Je criai, j'y voulus renoncer comme vous. .   335
Mon beau-père, honnête homme, esprit commode et
Me donna, pour calmer ma fureur violente,   [doux,
Un bon contrat valant deux mille écus de rente,
Que jadis son beau-père, en pareilles douleurs,
Lui mit entre les mains : je cessai mes clameurs.   340
Mon gendre, le voilà ; je vous remets ce gage :
Il peut dans la famille être d'un bon usage ;
Vous avez une fille : elle a tout votre soin ;
Si vous la mariez, vous en aurez besoin.
Croyez-moi, comme nous ayez de la prudence.   345
Tout ceci, grâce au Ciel, s'est fait dans le silence :
Il est certains secrets fâcheux à révéler,
Et qui de rien ne sait de rien ne peut parler.
           SAINT-AMANT, regardant le contrat.
Écueil de tout le monde, or, quelle est ta puissance[3] !
           DORAME.
Il faut, mon gendre, il faut tous prendre patience. 350

1. Recevoir. (1699 ; faute évidente.)
2.   Eh ! gai, gai, gai, *de profundis !*
             Ma femme a rendu l'âme.
          Eh ! gai, gai, gai, *de profundis !*
             Qu'elle aille en paradis.
    (BÉRANGER, *De profundis, à l'usage de deux ou trois maris.*)
3. Funeste appas de l'or, moteur de nos desseins,
   Que ne peux-tu sur nous? etc.
                    (*Saint Malc*, vers 27-28.)

Beaucoup d'honnêtes gens sont dans le même cas,
Qu'on ne console point avec de bons contrats;
Reprenez la douceur : c'est la plus belle voie.

SCÈNE XIV.

SAINT-AMANT, DORAME, LUBIN.

LUBIN.

Qu'est-ce donc? voici bien, Monsieur, du rabat-joie :
Est-ce que nos plaisirs s'en iront à vau-l'eau[1]? 355
Nous sommes attroupés tretous[2] dessous l'ourmeau[3],
N'attendant qu'un signal pour faire ici gambade[4];
Et vous venez, dit-on, désaccorder l'aubade?
Madame votre fille est pleurante en un coin;
Monsieur votre neveu grommelle sur du foin, 360
Camus[5] en chien d'Artois[6] d'avoir compté sans hôte.
Quel revers! qui l'auroit pensé? c'est votre faute ;
Tout franc[7], ce procédé[8] crie[9], et vous avez tort,
Après l'avoir mandé, de ne pas être mort.

1. *Belphégor*, vers 209.
2.   Ilz s'assirent trestous à table.
                        (Villon, p. 218.)

« Ie vous couperay la teste à trestous. » (Rabelais, tome I, p. 311.)

        Qu'il ne vous fasse trestous rire.
        (Marot, tome I, p. 187; voyez aussi tome III, p. 11.)

« Je sommes tretous si aises. » (Dancourt, *les Bourgeoises de qualité*, acte II, scène 1.)

3. Tous, pour la voir passer, sous l'orme se vont rendre.
                    (*Le Fleuve Scamandre*, vers 94.)

4. Tome V, p. 537. — 5. Page 360 et note 3. — 6. *Ibidem* et note 4.
7. Tome IV, p. 420 et note 6. — 8. Vers 316 et note 2.
9. « L'abus crioit lui-même. » (Montesquieu, *l'Esprit des lois*, livre XXVIII, chapitre XVIII.)

DORAME.

Qu'est-ce à dire? Non, non, qu'on chante, que l'on danse[1] :
Nous venons prendre part à la réjouissance.
Bergers et bergères[2], que tout se rende ici,
Et ma fille, et Montreuil, et Céliane aussi :
Reprenez un air gai, voici la compagnie.

SCÈNE XV.

DORAME, SAINT-AMANT, JULIE, MONTREUIL, etc.

DORAME.

Allons, ma fille, allons, menez joyeuse vie[3] ; 370
Votre mari va voir vos plaisirs d'un bon œil.
Ma nièce Céliane et le galant Montreuil
Seront demain unis par un doux hyménée :
Aujourd'hui dans la joie achevons la journée.

SCÈNE DERNIÈRE.

DORAME, SAINT-AMANT, JULIE, CÉLIANE, MONTREUIL, FLORE, NYMPHES DES FLEURS, ZÉPHYRS, TROUPE DE BERGERS, TROUPE DE BERGÈRES.

FLORE chante.

Fuyez l'embarras des amours, 375

1. Tel est le texte de 1702 et 1729. L'édition de 1699 porte : « que l'on chante, que l'on danse », mais bien d'autres fautes, nous le répétons, déparent cette édition; celles de 1735-1827 : « qu'on chante et que l'on danse ».
2. Bergères et bergers. (1729, 1735-1827.)
3. Tome V, p. 136 et note 2.

Suivez les folles amourettes :
Les jeux, les plaisirs, les beaux jours,
Ne sont que parmi les fleurettes.
Pour folâtrer avec les ris,
Et des noirs chagrins se défendre, 380
Jeunes cœurs, songez à prendre,
Et jamais à n'être pris.

<small>Les Nymphes des fleurs et les Zéphyrs dansent.</small>

LUBIN chante.

Pour jouer sûrement au verd,
Beautés, mettez-vous à couvert
D'un curieux désagréable : 385
La surprise du favori[1]
Est aimable ;
Mais celle du mari,
C'est le diable[2] !

ENTRÉE DE PAYSANS.

FLORE et LUBIN, ensemble.

Voulez-vous bannir vos alarmes 390
Et goûter un hymen plein de charmes ?
Faites, époux, pour finir vos débats,
Tout ce que vous ne faites pas.

FLORE.

Soyez-vous apparemment fidèles[3].

LUBIN.

Ne vous empressez point à voir 395

---

1. Du galant : ci-dessus, p. 577.
2. *Ragotin*, vers 210. — « ....J'en viens toujours à ce diable de mari, qui est pourtant un fort honnête homme. Ne nous laissons point surprendre. Je meurs de peur que nous ne le voyions sans nous y attendre, comme le larron de l'Évangile. » (Lettre de la Fontaine à Mme Ulrich du mois d'octobre 1688.)
3. Ayez l'air de l'être.

SCÈNE DERNIÈRE.

Ce qu'il ne faut jamais savoir[1].

FLORE.

Passez-vous vos bagatelles[2].

ENSEMBLE.

Douce union, charmante paix,
Repos des cœurs et du ménage,
Félicité du mariage,
Quand ici-bas vous verrons-nous? Jamais.

400

ENTRÉE DE FLORE ET DE LUBIN,
GRANDE ENTRÉE DE TOUS LES PERSONNAGES
DANSANTS DE LA COMÉDIE.

LUBIN, aux spectateurs.

A venir voir nos jeux soyez plus de concert : [verd.
Plus vous viendrez, et moins vous nous prendrez sans

VAUDEVILLES
DE
JE VOUS PRENDS SANS VERD.

Musique de GRANDVAL LE PÈRE.

Vi - ve le prin - temps! Il rend le cœur gai; Le mois des a - mants Est le mois de

---

1. C'est la morale du conte et de la comédie de *la Coupe enchantée*.

2. J'appelle un bon, voire un parfait hymen,
Quand les conjoints se souffrent leurs sottises.
(*Belphégor*, vers 152-153.)

JE VOUS PRENDS SANS VERD.

FIN DE JE VOUS PRENDS SANS VERD.

ACHILLE

TRAGÉDIE

NOTICE.

Ces deux actes de la tragédie d'*Achille*, écrits de la main de la Fontaine, sont exposés dans une des vitrines du département des manuscrits de la Bibliothèque nationale.

On lit sur le feuillet de garde :

« Ce volume contient :

« 1° Les deux premiers actes d'*Achille*, tragédie de Jean de la Fontaine, écrits de sa main ;

« 2° Les Poésies de François de Maucroix, chanoine de Reims ;

« 3° La seconde Philippique de Cicéron, traduite par le même, et écrite de sa main ;

« 4° Les quatre Catilinaires de Cicéron, traduites par le même.

« Ce volume a été donné à la Bibliothèque du Roi par M. l'abbé d'Olivet, le 7 octobre 1740.

« SALLIER. »

Les éditeurs de la *Petite Bibliothèque des théâtres* ont publié les premiers cet essai, en 1785, sur le manuscrit, mais très négligemment, et en omettant des vers entiers. Depuis, il a été inséré, mais trop longtemps avec de nombreuses incorrections, dans les éditions des OEuvres complètes de notre poète.

Le manuscrit, catalogué sous le n° 2299^5 du supplément français, renferme beaucoup de vers raturés, inédits jusqu'ici, et que M. Marty-Laveaux a reproduits en 1860 comme un échantillon curieux des efforts faits par la Fontaine pour se plier au style tragique. En trois endroits les corrections étaient écrites sur des bandes de papier collées. A sa prière, M. Natalis de Wailly, après s'être assuré que le manuscrit n'aurait nullement à souffrir de cette opération, a bien voulu faire enlever ces bandes, qui ont été montées sur des onglets : il a pu ainsi lire le texte primitif.

Comme le remarque Walckenaer, et comme semble le confirmer le feuillet de garde que nous avons transcrit, il est probable que la Fontaine envoya les deux actes de son *Achille* à son ami Maucroix, qui l'engagea à ne point continuer; et « il déféra si bien aux sages conseils de cet ami que personne de son temps, ni même longtemps après sa mort, ne s'était douté qu'il s'était aussi essayé dans le genre tragique », jusqu'à ce que d'Olivet, éditeur de quelques-unes des œuvres de Maucroix, eût fait cadeau à la Bibliothèque du Roi des manuscrits cités.

On possède si peu d'autographes, de véritables, d'authentiques autographes, de la Fontaine, que nous croyons devoir donner textuellement celui-ci, que nous avons recollationné nous-même, afin de permettre au lecteur, s'il lui en prend fantaisie, d'étudier sur cette transcription de l'ébauche originale l'orthographe et la ponctuation de notre poète.

Voici comment cette œuvre inachevée, et dont nous ne connaissons même pas le plan, a été jugée par Boissonade dans le *Journal de l'Empire* du 8 mai 1812 : « Ce fragment, déjà connu, ne fait pas grand honneur au talent de la Fontaine; mais il en fait à son jugement. On voit que le poète, sentant son impuissance, abandonna sagement un genre pour lequel la nature ne l'avait pas formé, et qu'il ne s'obstina point à faire parler à sa muse légère, badine et négligée, un langage dont elle ne pouvait atteindre la dignité et qui lui ôtait toutes ses grâces. Il n'y a peut-être dans ces deux actes qu'un seul vers que l'on puisse retenir. Achille avoue qu'il aime, « qu'il est touché, qu'il se rend, et con-« naît les faiblesses d'un cœur ». Patrocle lui répond :

Loin les cœurs qui se sont de l'amour garantis,
S'il en est.

Cette réflexion naïve : *s'il en est*, appartient bien à la Fontaine, et c'est bien là son style, mais ce n'est pas le style de la tragédie. »

La critique de Boissonade nous semble un peu trop rigoureuse : cette pièce est faible sans doute, mais on y remarquera quelques beaux vers, quelques vers véritablement tragiques. Reconnaissons cependant que, s'il avait, quoi qu'on en ait dit, le talent de la haute poésie, comme quelques-unes de ses fables et de ses poésies diverses en font foi, il n'avait peut-être pas de grandes dispositions à chausser le cothurne.

Rapprochez *Achille victorieux*, tragédie en cinq actes, en vers, par le sieur de Ch*** (Lyon, 1627, in-8°); *Briséis ou la Colère d'Achille*, tragédie en cinq actes, en vers, par Poinsinet de Sivry, représentée à la Comédie-Française en 1759 (l'auteur semble avoir eu connaissance des deux actes de notre poète); et *Achille à Troie*, tragédie en cinq actes, en vers, par Guyot de Merville (1764). Voyez aussi ci-dessous, p. 608, note 1.

PERSONNAGES.

ACHILLE.
PATROCLE.
BRISEIS.
LYDIE.
AJAX.
ULISSE [1].
PHŒNIX.
ARBATE.

[1]. Comme nous l'avons dit, nous respectons dans cette pièce l'orthographe de la Fontaine.

ACHILLE.

ACTE PREMIER.

SCENE PREMIERE.
BRISEIS, LYDIE.

LYDIE.

Nous vous reuoyons donc, heureuse[1] Briseïs !
L'injuste Agamemnon, pour vanger son pays,
Vous rendant au Heros a qui vous sceustes plaire[2],
Croit que vous flechirez d'un seul mot sa colere.

BRISEÏS.

Moy ! le vouloir flechir ! Lydie, y pensez vous ?
Moy, troubler le repos qu'il doit a son courroux[3] !

---

1. Premier texte : *heureuse;* second texte : *aymable;* troisième texte, définitivement : *heureuse.*
2. *Iliade,* chant IX, vers 131-134.
3. La Fontaine avait écrit sur la marge de la première page de son manuscrit dix vers qu'il voulait d'abord substituer aux six précédents, mais qu'il a ensuite supprimés :

> Agamemnon ne tend qu'a vanger son pays[a] ;
> Il a besoin d'Achille et le croit necessaire.
> Vous rendant au Heros a qui vous sceustes plaire,

[a] Il avait écrit d'abord :
> Agamemnon vous rend pour vanger son pays.

598   ACHILLE.

Il a quité par la l'interest des Atrides,
Par la laissé de Mars les fureurs homicides;
Et lors que seul en paix il void mesme les Dieux
En mortels attaquer et défendre ces lieux,   10
J'iray de leurs debats le rendre la victime!
Il seruira les Grecs qui soufrent qu'on l'opprime!
Non, Lydie; espargnons des jours si precieux.
Agamemnon m'a fait enleuer a ses yeux :
Qui du camp s'en est plaint? On s'est teu; ce silence,
Si Briseïs est crüe, aura sa récompense[1].

LYDIE.

Achille le jura des vostre enleuement[2].

BRISEÏS.

C'est a moy d'auoir soin qu'il tienne son serment.
Le sort ne m'aura point contre luy pour complice :
Contentons nous qu'Ajax, Phœnix, auec Ulisse,   20
Deputez par les Grecs[3], implorent son secours;
Nous mesmes n'allons pas précipiter ses jours.
Vous sçauez quel destin l'attend sur ces riuages[4].

> Il croit qu'un mot de vous calmera sa colere,
> Et que, pour s'acquiter du plaisir qu'on vous fait,
> Son bras de sa valeur fera sentir l'effet.
> Y contriburez vous? armerez vous Achille
> Contre les défenseurs d'une superbe ville?
> Et Patrocle?

BRISEÏS.

Non, non, Lydie, assurez vous
Qu'Achille, s'il me croit, gardera son courroux.

1.   Ton impudence,
   Téméraire vieillard, aura sa récompense.
           (CORNEILLE, le Cid, acte I, scène III.)
2. Premier texte :
   Achille vous croira; n'en doutez nullement.
3. Ci-dessous, p. 607 et 615.
4. Iliade, chant IX, vers 410-416; Odyssée, chant XXIV, vers 36-46.
—   Vous-même consultez ce qu'il (le Ciel) prédit de vous.
    Que sert de se flatter? On sait qu'à votre tête
    Les dieux ont d'Ilion attaché la conquête;

ACTE I, SCÈNE I.

LYDIE.

Je ne m'arreste point a tous ces vains presages ;
On les rendra menteurs[1] par quelque prompt depart. 25
Les Grecs sont ils point las d'assieger ce rampart ?
Quand se proposent ils de reuoir leur patrie ?

BRISEÏS.

Je ne sçais ; et ces soins n'ont occupé ma vie
Que pour le prince seul qui fait mon souuenir.
Des soucis de l'estat c'est trop s'entretenir ; 30
Ne songeons qu'a nos vœux. Que fait, que dit Achille
Lors que j'estois absente a t il esté tranquille ?
Vous parloit il de moy ? que vous en a t il dit ?
Me puis je flater d'estre encor en son esprit ?
Et Patrocle ? sans doute il est tousjours fidelle ? 35
Je vous trouue, du moins, tousjours charmante et belle.

LYDIE.

Que ce soit mon merite ou la faueur des Cieux,
Patrocle jusqu'icy me void des mesmes yeux,
L'hymen seroit desja guarent de sa constance ;
Mais, comme Achille doit y joindre sa presence, 40
A son retour en Grece il veut qu'il soit remis.
Admirez qu'en amans changeant nos ennemis,
L'un et l'autre a changé son esclaue en maistresse.
Vous et moy nous estions le butin de la Grece.
Le partage estant fait, l'un et l'autre vainqueur 45
S'en vint mettre a nos pieds sa fortune et son cœur ;
Achille vous ayma ; Patrocle ayma Lydie.

BRISEÏS.

J'ay sujet en un poinct de vous porter enuie :

> Mais on sait que pour prix d'un triomphe si beau
> Ils ont aux champs troyens marqué votre tombeau ;
> Que votre vie, ailleurs et longue et fortunée,
> Devant Troie en sa fleur doit être moissonnée.
> (RACINE, *Iphigénie*, vers 220-226.)

1. On les fera mentir.

ACHILLE.

Vous possedez entier le cœur de vostre amant;
Achille[1] est occupé de son ressentiment; 50
Sa gloire et sa grandeur sont encor mes riuales.
Tant que nous le verrons sur ces riues fatales,
Je craindray pour ses jours. Vous voyez qu'au danger,
En me rendant a luy, l'on veut le rengager[2].
Que les enfants des Dieux vendent cher aux mortelles
L'honneur de quelques soins[3], bien souuent peu fidelles!
Souuent il vaudroit mieux qu'un cœur de moindre prix
De nos fresles beautez se rencontrast epris,
On le possederoit entier et sans alarmes :
Au lieu que je crains tout; tantost l'effort des armes, 60
Tantost mon peu d'attraits[4], tantost l'ambition;
Et l'on n'est point d'un Roy toute la passion.

LYDIE.

Vous l'estes de celuy qui joint, par sa naissance,
Au sang qu'il tient des Dieux la supreme puissance.
S'il se vange, et s'il veut exercer son courroux, 65
Le seul motif en est l'amour qu'il a pour vous.
De vostre enleuement il poursuit la vangeance.
Il eust dissimulé peut estre une autre offense :
Mais, ne vous ayant plus, aussitost il fit voir
Qu'en vous seule il faisoit consister son deuoir; 70
Qu'il vous sacrifioit l'interest de la Grece;
Qu'enfin la gloire estoit moins que vous sa maistresse.

BRISEÏS.

Je l'auoüe, et je crains peut estre sans sujet;

---

1. Premier texte : *Le mien.*
2. Comparez le conte de *Nicaise*, vers 194-195; et Montaigne, tome II, p. 66 : « Ie me sentis tout d'ung train rengager aux douleurs. »
3. *Astrée*, vers 402; et ci-dessous, vers 90.
4.   Mon peu d'appas 'n'a rien qui vous engage.
(*La Courtisane amoureuse*, vers 140.)

Mais qui pourroit auoir un cœur moins inquiet?
LYDIE.
Vous, si vous vous sçauez connoistre un peu vous mesme,
Vos vœux sont soutenus d'un merite supreme;
Si vous sçauez donner a ces biens tout leur prix,
Vostre amant vous deura[1], quoy que fils de Thetis.
Nous descendons de Roys : nostre sang nous rend dignes
De l'hymen des Heros mesme les plus insignes.   80
Je n'ay point oublié ce sang : imitez-moy;
Croyez qu'un demi dieu vous peut garder sa foy :
Il me l'a confirmé cent fois en vostre absence.

SCENE II.
ACHILLE, BRISEIS, LYDIE.
ACHILLE, à Lydie.
Je le viens confirmer encore en sa presence.
BRISEÏS.
On vous croyoit[2], seigneur, par Ulisse occupé.   85
ACHILLE.
Pour vous voir un moment je me suis échapé.
LYDIE.
Je le vais arrester, et veux que mon adresse
Vous donne le loisir de voir vostre princesse.

1. Pour ce verbe employé ainsi absolument, voyez tome IV, p. 21 et note 2.
2. Premier texte : *Nous vous croyions.*

SCENE III.

ACHILLE, BRISEIS.

ACHILLE.

Ouy, Madame, je prens tous les Dieux pour temoins
Que vous seule auez fait mes pensers et mes soins. 90
Je sçais mal[1] employer l'ordinaire langage[2]
Des douceurs qu'a l'amour on donne en apannage :
Mais croyez, au defaut d'un entretien flatteur, [cœur[3].
Que ma bouche en dit moins qu'il n'en est dans mon

BRISEÏS.

Vous en dites assez, seigneur ; je suis contante, 95
Et n'osois me flater d'une si douce attente.
Car que suis je ? les Grecs m'ont raui mes estats :
Il ne m'est plus resté que de[4] foibles appas.
Ay je droit de prétendre, esclaue et malheureuse,
Que d'une ardeur constante, autant que genereuse, 100
Un prince tel que vous daigne me consoler,
Et qu'au titre d'épouse il veuille m'appeler ?
Vos promesses, seigneur, et cet exces de gloire[5],
Font que je n'oserois en douter, ny le croire.

ACHILLE.

C'est me connoistre mal que d'en pouuoir douter. 105

---

1. Comparez Racine, *Britannicus*, vers 173-174 :
    Je répondrai, Madame, avec la liberté
    D'un soldat qui sait mal farder la vérité.
2. Tome V, p. 214 et note 5.
3.   Les vrais interprètes du cœur
        Ne sont pas les traits du langage.
                    (*Astrée*, vers 216-217.)
4. Premier texte : *que mes.*
5. Chez Racine, *ibidem*, vers 610 : « cet excès d'honneur ».

Vos traits n'ont plus besoin de me solliciter[1] ;
Le seul deuoir le fait. Je hais les cœurs friuoles :
Mes principales loix sont mes simples parolles.
Vous vous dites esclaue ; et de qui ? d'un amant ?
C'est moy qui suis lié par les nœuds du serment[2].   110
Reposez vous sur eux, attendez sans alarmes :
J'auray deuant les yeux ce serment[3] et vos charmes.
Mon choix sera sans doute approuué par Thetis ;
Mais son amour pour moy, l'honneur d'estre son fils,
Mes estats, vos conseils, vostre interest, Madame,   115
Arrestent de mon cœur l'impatiente flame.
J'ay voulu preuenir, par un hymen secret,
Un doute et des soupçons que je soufre a regret.
Vous auez refusé ces marques de mon zele ;
L'hymen vous est suspect sans pompe solemnelle ;   120
J'y consens : nous verrons vos parens et les miens ;
Je reprendray des Grecs vos estats et vos biens ;
Ce fer m'en est guarent.

BRISEÏS.
Ah ! seigneur, que la Grece

1. La Fontaine avait d'abord écrit :

Est il rien que vos traits ne puissent meriter?

2. Notre poète a fait pour ces six derniers vers plusieurs essais successivement effacés :

C'est me connoistre mal qu'en douter un moment.
Je ne sçais point agir ainsi qu'un autre amant,
On ne m'a jamais veu faire un serment friuole,
Mes principales loix, c'est ma simple parolle.
Vous vous dites esclaue ; et l'a t on veu jamais ?
C'est moy seul qui le suis des serments que j'ay faits.

C'est me connoistre mal que de douter de moy.
Quand j'asseure que j'ayme, on peut m'ajouster foy :
L'effect y correspond ; je hais les cœurs friuoles.
J'agis sincerement.

C'est bien moy qui le suis par les nœuds du serment.

3. Premier texte : *ces sermens.*

Possede en paix mes biens, qu'elle en soit la maistresse :
Je n'en estime qu'un; vous l'allez hazarder ! 125
Vous disposez de vous sans me le demander !
Je vous plais sans estats; qu'importe d'estre Reyne?
ACHILLE.
Vous l'estes : plaire ainsi, c'est estre souueraine.
La beauté, dont les traits mesme aux Dieux sont si doux,
Est quelque chose encor de plus puissant que nous[1].
Tout vous doit assurer de ma perseuerance;
N'allez point d'un hymen corrompre l'esperance.
Que si vous ne pouuez vous vaincre la dessus,
Des demain....
BRISEÏS.
Non, seigneur.
ACHILLE.
Je ne vous presse plus :
Attendons; mais taschez au moins d'estre tranquille[2].
BRISEÏS.
Est ce une chose, helas ! a nos cœurs si facile?
ACHILLE.
Vous mesme, vous voulez qu'on differe ce jour[3].

---

1. Ces deux vers sont presque textuellement dans le poème d'*Adonis* (97-98).
2. Ci-dessus, vers 32.
3. Premier texte :

    Esclaue, je vous plais; qu'importe d'estre Reyne?
    ###### ACHILLE.
    Vous esclaue! Les Roys vous ont pour souueraine
    . . . .
    . . . .
    Vostre crainte m'offense, et j'ay lieu de me plaindre.
    ###### BRISEIS.
    Helas! comment peut on aymer et ne rien craindre?
    ###### ACHILLE.
    Vous mesme auez voulu qu'on differast ce jour.

ACTE I, SCÈNE III. 605

BRISEÏS.

Seigneur, ne cherchez point de raison dans l'amour[1].
J'en dis trop; cet aueu vous deplaira peut estre.
Mais quoy! j'ay beau rougir, mon cœur n'est plus le [maistre
Ce que l'on sent pour vous ne se peut étoufer :
Achille ne sçauroit a demi triompher.
Soufrez qu'apres ces mots Briseïs se retire [2]....
Ne vous lassez vous point de les entendre dire?
Ma rougeur me confond : je sors donc; aussi bien 145
Ulisse va venir, et je ne craindrois rien[3]!

Patrocle entre.

Resistez a son art, opposez luy ma flame;
Opposez luy du moins la fierté de vostre ame,
Que vous importe t il qu'on vange Menelas?
Songez a vos parens, a vos destins, helas[4]! 150
Aux miens qui les suiuront. J'ay pour tout artifice
Les pleurs que vous voyez : pourront ils moins qu'Ulisse?
Employray je des traits moins seurs de vous toucher?
Adieu, seigneur; gardez un courroux qui m'est cher[5].

1. Ci-dessus, p. 536 et note 2; voyez aussi *Galatée*, vers 201 :
    L'amour est sans raison.
2. Premier texte :
    Soufrez qu'apres ces mots, seigneur, je me retire.
3. Et je pourrais ne pas craindre! et il me serait permis d'être tranquille!
4. Vers 23 et note 4.
5. La Fontaine a écrit en marge de la scène v de l'acte II :
    BRISEIS, *à Achille*.
    Espargnez des Troyens les miserables restes;
    Laissez durer encor l'œuure des mains celestes[a].
Il avait sans doute l'intention de placer ces vers à la fin de cette scène III.

[a] Comparez *le Fleuve Scamandre*, vers 29 et note 6.

SCENE IV.

ACHILLE, PATROCLE.

ACHILLE.

Quelque fierté qu'on ayt, quelque serment qu'on fasse,
Patrocle, il faut aymer[1]. Tu me croyois de glace[2];
Achille te sembloit deuoir tout dedaigner :
Tu vois, ainsi qu'un autre il s'est laissé gagner.
J'ayme, je suis touché, je fais gloire de l'estre ;
L'heure enfin est venüe, où loin d'agir en maistre,   160
En heros qui partout veut estre le vainqueur,
Je me rends, et connois les foiblesses d'un cœur.

PATROCLE.

N'appellez point foiblesse un tribut legitime.
Vous, vous justifier! aymer donc est ce un crime ?
Seigneur, vous me semblez tousjours fils de Thetis.   165
Loin les cœurs qui se sont de l'amour guarentis!
S'il en est. Quoy! les Dieux vous seruiront d'exemples,
La beauté dans l'Olimpe aura trouué des temples,
Et vous serez honteux de luy sacrifier!
C'est bien plus tost matiere a se justifier.   170
Vostre Princesse a tout, je vois tout dans la mienne ;
Et soit que de leurs traits mon esprit s'entretienne,
Soit qu'il regarde aussi leur amour, leur vertu
(Car l'un n'est point par l'autre en leurs cœurs combatu),
J'en prise la conqueste ; une telle victoire   175

---

1. « Il faut....
   Que tout aime un jour. »
              (*Galatée*, vers 300-301.)

2.   Les cœurs que l'on croyoit de glace
        Se fondent tous, etc.
              (*Joconde*, vers 284-285 et note 4.)

Ne rend point vostre cœur infidelle a la gloire.

ACHILLE.

Voicy d'autres combats qui me sont apprestez.
De quel air vient a nous le chef des deputez?
Voy son port, ses regards.

PATROCLE.

Tout parle dans Ulisse.
Ajax le suit. Que l'un découure d'artifice! 180
L'autre agit sans detours.

SCENE V.

ULISSE, AJAX, ACHILLE.

ULISSE.

Vous me voyez, seigneur[1],
Plus encor comme amy que comme ambassadeur.
Vous souuient il des lieux où, sous un mol ombrage,
On faisoit, malgré vous, languir vostre courage?
De nymphes entouré, vous perdiez vos beaus jours[2]. 185
Thetis d'un vain danger laissoit passer le cours.
Je vous vis; j'approchay sous un habit de femme :

1. Premier texte :
ACHILLE.
Il nous faut opposer l'amour a l'artifice.
PATROCLE, à part,
Ah Briseïs! je crains....
SCENE V.
ULISSE, AJAX, ACHILLE.
ULISSE.
Je viens icy, seigneur.

2. Premier texte :
Creu fille, vous laissiez languir vostre courage?
Vous mesme dans l'erreur couliez sans soin vos jours.
Le second vers a été ensuite ainsi modifié :
Vous mesme dans l'erreur perdiez vos plus beaus jours.

De l'amour des hauts faits je vous enflamay l'ame.
On vous y vid courir : ce fut par mon moyen.
Je ne viens point icy vous reprocher ce bien[1] :   190
Je ne viens que vous rendre, auec dons, la princesse,
Au nom du fier Atride et de toute la Grece[2].
Ne laisserez vous point flechir vostre courroux?
Faut il que nos transports durent autant que nous?
Jusqu'au depart, du moins, suspendez vos querelles.
Songez que d'actions memorables et belles
Vous perdez; car chèz vous vaincre et combatre est un.
Vous n'estes pas de ceux qui n'ont qu'un sort commun :
Contans pour le remplir d'une seule victoire,
Par le deuoir, sans plus, ils marchent a la gloire.   200
Le monde attend de vous de plus puissans efforts.
Si vous ne voulez pas sejourner chez les morts,
Par de nouueaus dangers distinguez vous des hommes.
Hector en a semé la carriere où nous sommes.
Nous ne les cherchons plus : ils nous viennent trouuer.
Ilium, qui bornoit ses vœux a se sauuer,
S'est rendu[3] l'attaquant[4] : cette superbe ville

1. Le bien que je vous ai fait, le service que je vous ai rendu.
— Cette histoire d'Achille caché à Scyros, près de Deidamie, sous un costume de fille, et découvert par Ulysse, n'est pas dans Homère. Elle est chez Hyginus, fable xcvi; chez Apollodore, livre III, chapitre xiii, § 8; etc. Bion a écrit sur le même sujet un épithalame dont nous n'avons que le début. Voyez aussi l'*Achilléide* de Stace; les iii⁰ et v⁰ dialogues des morts de Fénelon; *Achille et Deidamie*, opéra de Campra, poème de Danchet, donné à l'Opéra en 1735; *Achille à Scyros*, tragi-comédie héroïque en trois actes, en vers, représentée, le 10 octobre 1737, au Théâtre-Français (Paris, 1738, in-8°); *Achille à Scyros*, grand ballet en trois actes, de Cherubini, dansé à Paris, en 1804; *Achille à Scyros*, cantate de Lagrange-Chancel; et un poème en six chants de Luce de Lancival, portant le même titre.

2. Comparez, pour cette scène v, l'*Iliade*, chant ix, vers 115 et suivants.

3. Tome V, p. 382. — 4. *Iliade*, ibidem, vers 229-246.

ACTE I, SCÈNE V.

Prétend brusler nos nefs en presence d'Achille.
Vous verrez vos amys sur la terre étendus,
Les Dieux troyens vainqueurs, les Dieux grecs confondus;
Cette Troye a son tour plaignant nostre misere.
Voila, voila, seigneur, des sujets de cholere.

ACHILLE.

Vous n'estes pas réduits encor a cet estat.

ULISSE.

Et le faut il attendre[1]? Est il de potentat,
De simple Grec qui pust se plaire en sa patrie, 215
Voyant de nostre nom la gloire ainsi fletrie?

ACHILLE.

Si l'interest des Grecs est d'employer mon bras,
Pourquoy d'Agamemnon ne se plaignent ils pas?
Quand ce chef a payé de mépris leurs seruices,
N'ay je pas condamné tout haut ses injustices? 220
Princes, je ne sçais point trahir mes sentimens :
Rappellez dans vos cœurs ses mauuais traitemens,
Vous verrez que chacun a sujet de se plaindre.
Endurez[2], j'y consens; rien ne doit vous contraindre :
Je vous laisse vanger le foible Menelas. 225
En seruant toutefois ces deux freres ingrats,
Est il, princes, est il de Grec[3] qui se dust taire?
J'ay fait éclat pour tous, je veux encor le faire.

ULISSE.

Ah! ne rappellez point les deplaisirs[4] passez.
Je veux qu'Agamemnon nous ayt tous offensez; 230
Il faut n'y plus songer, et que nostre memoire
Se charge du seul soin d'acquerir de la gloire.

---

1. *Iliade*, chant ix, vers 249-251.
2. Au moins, s'il faut souffrir, endurez doucement.
   (*L'Eunuque*, vers 111.)
3. Même tour ci-dessus, vers 214-215.
4. Tome VI, p. 201 et note 2.

J. DE LA FONTAINE. VII

ACHILLE.
Est ce en le redoutant qu'on espere en trouuer?
La gloire est pour luy seul, il sçait nous l'enleuer.
ULISSE.
Euitons donc au moins la honte et l'infamie; 235
Empeschons, s'il se peut, que la Grece ne die :
Je suis mere feconde en enfans malheureux;
J'ay formé des heros, Troye a triomphé d'eux.
Réduite a les reuoir sans lauriers en leurs villes,
Je ne soufriray plus qu'ils quitent ces asiles, 240
Qu'ils laissent leur foyer, et cherchent aux combats
Un renom que les Dieux ne leur accordent pas.
AJAX.
Je sçauray m'excepter de cette obscure vie,
Et veux vaincre ou mourir aux champs de la Phrigie[1];
Moy viuant, un berger ne sera point chez soy 245
Tranquille possesseur de l'épouse d'un Roy.
J'auray des compagnons a[2] punir cet outrage;
Vous verrez plus d'un chef tenir mesme langage.
D'un mesme esprit que tous, seigneur, soyez porté.
Nous nous sommes liguez contre cette cité; 250
Si quelque Grec se plaint, qu'on remette la peine
A des temps où les Dieux auront fait rendre Heleine.
Vous les aurez alors contre vos ennemis,
Et si vous me mettez au rang de vos amis,
Si vous trouuez qu'Ajax ayt assez de vaillance, 255
Moy mesme je vous veux ayder dans la vangeance :
Aydez nous dans ce siege, appuyez nos efforts.
Ces murs pris ou laissez[3], les miens et moy, pour lors
Nous vous seruirons tous contre un prince coupable.

1. Premier texte :
    Que je triomphe ou meure aux champs de la Phrigie.
2. Pour : voyez Littré, A, 16°.
3. Ci-dessous, vers 282, 397.

ACTE I, SCÈNE V.

ACHILLE.

Le fier Agamemnon n'est pas si redoutable[1] :　　260
Mon bras y suffira, comme il a creu le sien
Capable de dompter sans moy le mur troyen.
Vostre offre cependant, seigneur, doit me confondre.

AJAX.

Ce n'est pas encor la comme il faut nous répondre.
Nous verra t on vanger un tel affront sans vous?　265

ACHILLE.

Sans moy[2] : qui touche t il qu'un malheureux époux?
L'union n'estoit pas si grande en nos prouinces
Que nous dussions tous suiure en esclaues ces princes.

AJAX.

En esclaues! nous, Roys! dites en compagnons.
Tenons nous de leurs mains les lieux où nous regnons?
Le sang d'Atrée a t il du pouuoir sur le nostre?
Sommes nous dépendans, vous ny moy, d'aucun autre?
Ulisse voudroit il qu'on dist qu'estant forcé
Il a de ses pareils[3] l'interest embrassé?
Non, sans doute.

ULISSE.

　　　　　　Il falloit vanger nos diadêmes.　275
L'affront fait à ces Roys retomboit sur nous mesmes.
J'entray dans leur parti de mon pur mouuement;
Rien ne m'y contraignit qu'un juste sentiment.
Cette mesme raison vous donna mesme enuie :

---

1. Au lieu de ces six derniers vers il n'y avait primitivement que les deux qui suivent :

> Si ma valeur vous semble assez considerable,
> Parlez.

ACHILLE.

> Agamemnon n'est pas si redoutable.

2. Et que m'a fait à moi cette Troie où je cours...?
(RACINE, *Iphigénie*, vers 1371 et suivants.)

3. De ses pairs, de ses égaux, de rois comme lui.

ACHILLE.

Est elle autre aujourd'huy que dix ans l'ont suiuie?
Nous nous sommes enfin a poursuiure engagez;
Laisserons nous¹ des murs si longtemps assiegez?
Des murs qui pour jamais aux princes de la Grece
Seroient² un monument de honte et de foiblesse?

AJAX.

Apres dix ans d'assauts, s'il nous les faut quiter, 285
Quels peuples ne viendront chez nous nous insulter³?

ACHILLE.

Quand j'ay lieu de me plaindre on ne me conuainc gueres.
Ce que vous alleguez en faueur de ces freres,
L'un d'eux, a mon égard, le détruit aujourd'huy :
Je veux bien vous payer de raisons⁴ et non luy. 290

ULISSE.

Seigneur, laissons a part les disputes friuoles!
Et vous, fils de Thetis, écoutez mes parolles.
Vous croyez que ce chef pour unique raison⁵
N'a que de réparer l'honneur de sa maison⁶;
Qu'aussitost contre vous il reprendra sa haine? 295

1. Ci-dessus, vers 258.
2. Premier texte : *seront.*
3. La Fontaine, au lieu de ces dix-huit derniers vers, avait d'abord écrit :

> L'esclauage a mes yeux ne paroist pas encor;
> Comme amy je les suis, j'en rends graces au sort.
> Je ne dépens point d'eux non plus que vous ne faites,
> N'ay je pas comme vous des villes pour sujettes?
> J'entray dans ce pays sans contrainte et sans loy;
> Rien ne m'y condamna que la raison et moy.
> Cette mesme raison vous donna mesme enuie;
> Est elle autre aujourd'huy que dix ans l'ont suiuie?
> Tant d'efforts nous engage; et s'il faut tout quiter,
> Quels peuples ne viendront chez nous nous insulter?

4. Tome III, p. 215 et note 3.
5. Ci-dessus, p. 403 et note 1.
6. Chez Corneille, *le Cid*, acte I, scène VI :

> .... Endurer que l'Espagne impute à ma mémoire
> D'avoir mal soutenu l'honneur de ma maison!

Vous en allez juger par ce qui nous ameine.
Rempli des qualitez¹ qui vous font estimer,
Ce prince recommence encor a vous aymer.
Il ne tiendra qu'a vous d'unir vos deux familles :
Nous vous offrons l'hymen de l'une de ses filles.   300
Toutes ont des appas : il vous promet le choix,
Et pour dot sept citez, dignes d'autant de Roys² ;
Cardamile³, la moindre, abonde en pasturages.

ACHILLE.

D'autres seroient⁴ flatez par de tels auantages ;
Pour moy, je les méprise, et je ne veux le nom   305
D'amy, ny d'allié du fier Agamemnon.
Qu'il garde ses citez, ses presens, et sa fille ;
On ne me verra point entrer dans sa famille ;
Non, mesme s'il m'offroit sept empires diuers,
Non, quand on m'offriroit en dot tout l'uniuers⁵.   310

AJAX.

Vid on jamais cholere à la vostre pareille ?

ULISSE.

Pensez y, croyez nous ; que la nuit vous conseille.

ACHILLE.

Le conseil en est pris⁶.

AJAX.

L'est il ? Nous vous laissons.

---

1. C'est-à-dire rempli du sentiment des qualités, les estimant comme elles doivent l'être : comparez le vers 50 du *Fleuve Scamandre*, où ce verbe est pris à peu près au même sens : « Comme on étoit rempli de ces divinités.... »

2. *Iliade*, chant IX, vers 286-299.

3. Cardamyle, ville du pays d'Argos, proche de Pyle, et qui faisait partie du domaine d'Agamemnon (*ibidem*, vers 150 et 292).

4. Premier texte : *seront*.

5. *Ibidem*, vers 378-391.

6. Prenez un bon conseil. — Le conseil en est pris.
(CORNEILLE, *le Cid*, acte II, scène I.)

ULISSE.

Peut estre Briseïs appuyra nos raisons,
Et sur le cœur d'Achille estant toute puissante, 315
Du respect de nos chefs sera reconnoissante.

FIN DU PREMIER ACTE.

ACTE II.

SCENE PREMIERE.
PHŒNIX, ACHILLE[1].

PHOENIX.
Dois je croire, seigneur, qu'Ulisse ayt vainement
Essayé d'adoucir vostre ressentiment?
On dit plus : vous partez, vostre flote nous quite.
Les Grecs n'ont, apres tout, rien fait qui le merite. 320
Mais vos amis! mais moy! car Phœnix en cecy
Prétend auoir a part ses interests aussi.
Je vous ay dans mes bras porté des vostre enfance.
Quand vous eutes passé ce temps plein d'innocence,
Une jeunesse ardante exigeoit d'autres soins; 325
Je les pris; auec fruit : vos faits[2] en sont temoins.
Le succes de ces soins deuroit, en récompense,
Donner a mes conseils chez vous plus de creance;
C'est le prix que j'en veux. Peut estre vous croyez
Par quelque amour pour moy me les auoir payez. 330
Il est vray, vous m'aymiez pendant vostre jeune âge :
Aujourd'huy j'en demande un nouueau temoignage.
Ceux que vous m'en donniez, quand d'un air gracieux,
Enfant, vous ne tourniez que sur moy seul vos yeux;

---

1. De ce dialogue de Phœnix et d'Achille rapprochez l'*Iliade*, chant ix, vers 432-620.
2. Vos hauts faits : comparez le *Poème de la captivité de saint Malc*, vers 530.

Ceux que j'en receuois, lors que vostre jeunesse,   335
En ne me cachant rien, me combloit d'allegresse,
Ne me suffisent pas aujourd'huy que je voy
De ce fatal courroux les Grecs se prendre a moy.
Que ne luy donnoit il une humeur moins farouche?
Voila ce que l'on dit d'une commune bouche;   340
Et de tous les malheurs prests a tomber sur nous,
C'est vostre gouuerneur qu'on accuse, et non vous.

ACHILLE.

Je n'ay point oublié vos soins ny vostre zele :
J'en conserue dans l'ame un souuenir fidelle;
Mais ne prétendez pas que, contre mon honneur,   345
L'amour que j'ay pour vous me flechisse le cœur.
Si vous en attendiez de pareils temoignages,
Vous deuiez m'enseigner à soufrir les outrages.
L'auez vous fait?

PHOENIX.

Seigneur, j'ay fait ce que j'ay deu;
Et vous n'auez que trop a mes vœux répondu.   350
J'aprouue la fierté; mais enfin, les injures
Se peuuent réparer : elles ont leurs mesures.

ACHILLE.

Un cœur comme le mien ne leur en peut donner.

PHOENIX.

Il le doit : la grandeur consiste a pardonner :
Jamais ce sentiment n'a de gloire fletrie[1].   355
Je ne vous voulois point alléguer la patrie,
Me flatant d'un credit que je deurois auoir,
Et voulant sur vostre ame essayer mon pouuoir;
Je dédaignois aussi les adresses d'Ulisse,
Honteux qu'il nous falust employer l'artifice.   360

---

1. Premier texte :

Jamais ce sentiment n'obscurcit une vie.

ACTE II, SCÈNE I.

Sans ce secours les Grecs vous parlent par ma voix[1] :
Nous venons, disent ils, implorer vos exploits,
Seigneur ; ils nous sont deus, et nos propres exemples
Ont accru la valeur qui vous promet des temples.

ACHILLE.

Je ne dois qu'à vous seul[2]. En vain deuant les yeux 365
On me met du public l'interest specieux[3],
Comme si Sparte estoit la Grece toute entiere.
Les lieux où Menelas a receu la lumiere,
Ceux encor où l'on void ces freres obeïs,
Ont eu part a l'outrage, et non point mon pays. 370
Cependant j'accourus pour eux a cette guerre ;
Pour eux je vins chercher la mort en cette terre.
Je n'auois nul sujet de haïr les Troyens[4] :
Paris m'a t il raui mes amours[5], ny mes biens[6] ?
Agamemnon l'a fait ; c'est Argos, c'est Mycene, 375
Qui deuroient ressentir les effects de ma haine.
Laissons les : leur monarque est encor trop heureux
Que je n'apporte icy nul obstacle a ses vœux.

---

1. Avant que tous les Grecs vous parlent par ma voix....
   (Racine, *Andromaque*, acte I, scène ii.)
2. Vers 78.
3. Premier texte :
   Vous me mettez des Grecs l'interest specieux.
4. Ci-dessus, vers 266 et note 2.
5. Et jamais dans Larisse un lâche ravisseur
   Me vint-il enlever ou ma femme ou ma sœur ?
   (Racine, *Iphigénie*, acte IV, scène vi.)
6. « Achilles, lors qu'il eut perdu sa garse Briseis, se plaignant d'estre venu à la guerre de si loin, rien plus n'allegua sinon que les bœufs et moutons des Troyens n'auoient onc mangé l'herbe de ses pastures ; consequemment, qu'il estoit sans occasion de les quereller. » (Noël du Fail, *Contes et Discours*, tome I, p. 90-91.) L'interprétation de du Fail n'est pas très exacte. Achille dit au chant i de l'*Iliade* (vers 154-156), qu'il n'a aucun grief contre les Troyens qui n'ont ni volé ses troupeaux ni ravagé ses terres.

ACHILLE.

A l'entour de ces murs je vous laisse combatre ;
Les Dieux les ont bastis¹, nous voulons les abatre². 380
PHOENIX.
Ces mesmes Dieux les ont a perir condamnez,
Et puis, cette raison qu'a tort vous me donnez,
S'il faut vous en parler sans que l'on dissimule,
Dans le cœur des humains jette peu de scrupule³.
Enfin, quand ces raisons ne vous pourroient toucher,
Songez au long repos qu'on peut vous reprocher.
Lorsque chacun de nous a l'enuy se signale,
Que les soldats ont mesme⁴ une ardeur sans égale,
Achille est dans sa tante, et donne a Briseïs
Les momens qu'il deuroit donner a son pays. 390
ACHILLE.
Phœnix, je vous arreste ; on sçait quel est Achille.
Qu'il ayme, et qu'en sa tante il demeure tranquille,
Tout est égal ; j'ay trop établi mon renom :
Je l'étendray plus loin. Je veux qu'Agamemnon
Me satisfasse enfin, non point par des parolles ; 395
Ses excuses, ses dons, ses offres, sont friuoles.
Aussitost qu'Ilion sera pris ou laissé⁵,
Il verra ce que c'est de m'auoir offensé.
Que tous vos chefs unis embrassent sa défense,
J'en feray d'autant plus éclater ma vangeance. 400
Quiconque entreprendra d'entrer dans nos debats
Attirera sur soy ma colere et mon bras.
PHOENIX.
Qu'entends je ! a quel exces monte vostre colere !

1. Page 605, note 5.
2. Et nous voulons les abattre !
3. Premier texte :
    Dans le cœur des humains jette quelque scrupule.
4. Que les soldats eux-mêmes ont, etc.
5. Ci-dessus, vers 282.

Vous! attaquer la Grece! une seconde mere!
O Destins! quels forfaits ont merité ces maux? 405
Nous rejetterez vous en d'éternels trauaux?
Bienheureux Ilion, nous te portons enuie :
Tu ne vois point les tiens dechirer leur patrie.
Puisse Phœnix mourir des qu'on t'aura vaincu[1]!
Apres ce que j'entends, seigneur, j'ay trop vescu. 410
Je m'en retourne au camp.

ACHILLE.

Quoy, si tost? Ah! mon pere,
Auez vous en horreur un fils qui vous reuere?
Je parts demain; venez honorer nostre cour.
Accordez moy, du moins, le reste de ce jour.
A l'entour de ces murs tout est calme et tranquille ;
Je n'entends aucun bruit au camp, ny dans la ville:
L'Aurore est auancée; Hector eust pris ce temps,
S'il eust voulu sortir auec ses combatans.
Aux fatigues de Mars donnez quelque relasche;
Demain vous reprendrez cette penible tasche.... 420
Mais que nous veut Patrocle? il accourt....

SCENE II.

PATROCLE, PHŒNIX, ACHILLE.

PATROCLE.

Les Troyens
Ont laissé de leurs murs la garde aux citoyens;
Leurs guerriers vont sortir pour finir la querelle[2].

1. Premier texte :
   Meure le dernier Grec des qu'on t'aura vaincu!
2. Pendant que ses exploits terminent la querelle....
   (*Les Filles de Minée*, vers 321.)

PHOENIX.

Adieu, mon fils ; je vais où le danger m'appelle.
Plust aux Dieux que ce fust seulement par deuoir ! 425
Vous venez d'y mesler encor le desespoir.

ACHILLE.

Ah ! mon pere.

PHOENIX.

Est ce a moy qu'un nom si doux s'adresse?
On m'attend : nous allons combatre pour la Grece ;
C'est a vous de nous suiure, ou de m'abandonner[1].
Vous n'auez qu'un moment à vous déterminer. 430

SCENE III.

ACHILLE, PATROCLE, ARBATE[2].

ACHILLE.

Dy moy, me plains je a tort ? L'enleuement d'Heleine
Occupe jusqu'aux Dieux ; apres dix ans de peine,
Celuy de Briseïs est encor a vanger.
Maintiendray je un parti qui me laisse outrager?
Non. Phœnix toutefois m'a touché, je l'auoüe[3] ; 435
Mais que faire? Un demon de nos pensers se joüe.
Contre les Phrigiens j'employois mes efforts ;

---

1. Premier texte :

   J'ai sujet d'en douter et vais seruir la Grece ;
   C'est a vous de me suiure, ou de m'abandonner.

2. Comparez, pour le début de cette scène, l'*Iliade*, chant XVI, vers 20-100.

3. Premier texte :

   Qu'il ne me blasme point ; l'enleuement d'Heleine
   Fait embrasser a tous le danger et la peine ;
   Celuy de Briseïs ne sçauroit les toucher.
   Maintiendray je des gens qui deuoient l'empescher?
   Non. Phœnix toutefois m'atandrit, je l'auoüe.

Les Dieux ont dans mon cœur jetté d'autres transports :
Car apres tout, j'exerce un courroux legitime.
La pluspart de nos chefs[1] ont beau m'en faire un crime,
L'affront dont leur parti veut estre satisfait
Importe beaucoup moins[2] que le tort qu'on m'a fait.
Qu'ils acheuent sans moy l'entreprise de Troye !
Tant qu'ils soient sur le poinct de deuenir sa proye,
Qu'Agamemnon l'auoüe, et qu'Ilion ayt mis   445
Dans le dernier malheur mes derniers ennemis[3],
En presence des Dieux je le proteste encore,
Mon bras refusera le secours qu'on implore.
Allons dans nos estats attendre ce moment ;
Nous serons aujourd'huy spectateurs seulement.   450

PATROCLE.

Vous le pouuez, ces champs sont pleins de vos trophées :
Il n'est point d'actions qui n'en soient étoufées.
Pour moy, me sieroit il de n'estre que temoin
D'un combat dont je sçais que ma gloire a besoin ?
Je n'ay point assez fait ; mon cœur doit se le dire. 455
Ce n'est pas que Patrocle aux premiers rangs aspire[4],
Toutefois.... Mais que sert enfin de souhaiter ?

1. Notre poète avait d'abord écrit *Phœnix et*, puis il a abandonné ce commencement de vers.
2. Premier texte : *Importe moins aux Grecs.*
3. Vers qui rappellent les imprécations de Camille dans l'*Horace* de Corneille (acte IV, scène v) :

....Voir le dernier Romain à son dernier soupir !

et la « Plainte de Massinisse sur le corps de Sophonisbe » dans la *Sophonisbe* de Mairet :

Que Mars faisant de Rome une seconde Troye,
Donne aux Carthaginois tes richesses en proye,
Et que dans peu de temps le dernier des Romains
En finisse la race avec ses propres mains !

4. Premier texte :

Qu'ay je fait jusqu'icy que l'on puisse redire ?
Ce n'est pas que mon cœur aux premiers rangs aspire.

ACHILLE.

Pour suruiure a soy mesme, il faut executer.
Des ombres du commun le fauori d'Achille,
Confondu chez les morts, suiure[1] la tourbe vile[2] ! 460
Permettez luy, seigneur, de se rendre aujourd'huy
Digne de l'amitié que vous auez pour luy.

ACHILLE.

Va, ton projet est beau : non que ta renommée
Parmi les nations ne soit desja semée ;
Tu peux des a present ne mourir qu'a demi[3] : 465
Je me fais un honneur de t'auoir pour amy.
Sui pourtant ton dessein ; je te loüe, et moy mesme
Je me dois applaudir du choix de ce que j'ayme.
Patrocle et Briseïs consolent mes chagrins :
Veuillent les Dieux unir quelque jour nos destins ! 470
Cependant, songe a toy dans cette aspre carriere :
Je ne suis pas le seul qui t'en fais la priere ;
Tes jours touchent encor d'autres cœurs que le mien :
Reuien victorieux du combat[4] ; mais reuien.

PATROCLE.

Le sort en est le maistre, il faut le laisser faire. 475
Qu'on soit dans les combats prudent ou temeraire,
On tombe également ; et souuent le danger
S'acharne sur celuy qui veut se mesnager.
Mais le danger n'est pas ce qu'il faut qu'on regarde :
La depouille d'Hector vaut bien qu'on se hazarde. 480

ACHILLE.

Amy, pourquoy ce choix ? Qui t'oblige aujourd'huy,
Parmi tant de guerriers, de n'en vouloir qu'a luy ?

1. D'abord *suiura*, puis *suiuroit*.
2. Ci-dessus, vers 202-203.
3. *Non omnis moriar.* (Horace, livre III, ode xxx, vers 6.) Comparez *Cinna* de Corneille, vers 267 ; et *Iphigénie* de Racine, vers 256 :

   Ne laisser aucun nom et mourir tout entier.

4. « Sors vainqueur d'un combat, etc. ». (Corneille, le *Cid*, vers 1556.)

ACTE II, SCÈNE III.

PATROCLE.

Quoy, son bras tous les jours aux Grecs se fera craindre,
Tous les jours nous aurons de nouueaus morts a plaindre,
Vous absent, sur luy seul chacun aura les yeux,   485
Et je le pourray voir sans en estre enuieux!
Luy seul de ces ramparts empeschera la prise!

ACHILLE.

Amy, te dis je encor, laisse cette entreprise.
Ce n'est pas que je mette en doute ta vertu;
Mais connois tu cet homme? enfin le connois tu[1]?   490

PATROCLE.

Ouy, seigneur, je me jette en un peril extreme;
Mais je pretends aussi me connoistre moy mesme.
On m'a veu quelquefois affronter des guerriers :
Aujourd'huy que j'aspire a de nouueaus lauriers,
Chercheray je Paris[2]!

ACHILLE.

               Qui te le dit? tu passes   495
De la terreur des Grecs[3] aux ames les plus basses.

PATROCLE.

Donnez moy votre armure, Hector me cherchera.

ACHILLE.

J'en doute; mais sur toy chacun s'attachera[4].

PATROCLE.

Elle redoublera ma force et mon courage.

---

1. Ce vers rappelle le commencement de la scène II de l'acte II du *Cid* de Corneille :

    .... Connois-tu bien don Diègue?

2. Premier texte :

    Je me suis desja veu dans d'assez grands hazards;
    Enfin je veux chercher Hector de toutes parts.
    Irois je vers Paris?

3. *Terror Danaum* (Senèque, *Agamemnon*, vers 744).
4. Premier texte : *et tout un camp sur toy s'attachera.*

ACHILLE.

Si tu crois en pouuoir tirer quelque auantage, 500
Je te l'accorde. Arbate, il faut la luy donner.

Achille à Patrocle.

Pren garde, encor un coup, de trop t'abandonner.
Pousse les Phrigiens, redouble leurs alarmes;
Ne te va point aussi jetter seul dans leurs armes;
Deuien, pour ton amy, mesnager de[1] tes jours; 505
Si tu ne l'es pour moy, sois le pour tes amours,
Sois le enfin; c'est a moy d'en répondre a Lydie.
Nostre commun bonheur va rouler sur ta vie.

PATROCLE.

Mes jours sont ils si chers, seigneur; et sçauez vous
Si l'on vous auoûra[2] d'un[3] sentiment si doux? 510
Je me flate pourtant[4]. Protegez ce que j'ayme.
Nous auons a Lydie osté le diadême;
J'ayday les conquerans a luy rauir ses biens :
Mort ou vif, je la veux récompenser des miens.
Tout est en vostre main : tenez luy lieu de frere. 515

ACHILLE.

Tu t'en acquiteras toy mesme.

PATROCLE.

Je l'espere.
Quel que soit le demon[5] dont ce mur[6] s'appuyra,
Vous me regarderez, et cela suffira.
Je reuiendray tantost mettre aux pieds de Lydie
Le succes glorieux[7] d'une action hardie; 520
Sinon, vostre deuoir est de la consoler.

---

1. Tome IV, p. 308 et note 3.
2. Approuvera.
3. Comparez, pour ce tour, les *Lexiques de Corneille, Racine* et *Sévigné.*
4. Premier texte : *Flatons nous toutefois.*
5. La divinité : ci-dessus, vers 436.
6. Vers 262. — 7. Premier texte : *Le glorieux succes.*

ACTE II, SCÈNES IV ET V.

ACHILLE.

Patrocle, embrasse moy! je ne te puis parler.
La voicy. Ton dessein, sans doute, est connu d'elle;
Arbate l'aura dit.

SCENE IV.

LYDIE, ACHILLE, PATROCLE.

LYDIE.

Amy, quelle nouuelle?
Que vient on de m'apprendre? Hé quoy! sans mon congé
Vous vous estes, Patrocle, au combat engagé?

ACHILLE.

Je le laisse auec vous : faites agir, Madame,
Tout ce que vous auez de pouuoir sur son ame.

LYDIE.

En ay je assez? helas!

ACHILLE.

Essayez : j'ay tout dit.
Voyez si vous aurez sur luy plus de credit :   530
Qui resiste a l'amy se rend a la maistresse.

SCENE V.

PATROCLE, LYDIE.

LYDIE.

Voila donc vostre amour! C'est la cette tendresse
Que vous me promettiez, apres qu'on m'eut osté
Biens et sceptre, enfin tout, jusqu'a la liberté?
Quand Achille s'en vint désoler nostre terre,   535
Si quelqu'un signala son nom dans cette guerre,

Ce fut vous. L'oseray je a ma honte auoüer?
Je cherchay dans mes maux matiere a vous loüer.
Aux dépens de mon cœur vous vous fistes connetre :
Ce me fut un plaisir de vous auoir pour maistre, 540
Je ne regretay point ce que j'auois perdu.
Je l'aurois refusé, si l'on me l'eust rendu.
Et vous, cruel! et vous, pour toute récompense,
Vous mettez auec moy vostre gloire en balance!
Vous ne l'y mettez point; j'ay pour vous moins d'appas;
Cependant on a veu que je n'en manque pas.
Auant que d'estre icy comme esclaue emmenée,
Les monarques voisins briguoient mon hyménée;
Tous me vinrent offrir leur ayde en mes malheurs.
Je les vis tous perir, sans leur donner des pleurs; 550
Je fis des vœux pour vous, ingrat, contre moy mesme.

PATROCLE.

Que ces Roys sont heureux! mourir pour ce qu'on ayme!
Meriter doublement de viure en l'auenir!

LYDIE.

Je vous demande moins, et ne puis l'obtenir[1].
Ne me preferez plus un fantosme de gloire; 555
Apres m'auoir conquise, est il quelque victoire
Qu'un cœur ambitieux ne doiue dédaigner?
Ne vous suffit il pas d'auoir sceu me gagner[2]?
Considerez l'estat où je serois réduite,
Si ce combat auoit une funeste suite. 560

PATROCLE.

Achille vous seroit tousjours un protecteur.

---

1. *Adonis*, vers 582.
2. Nous lisons en marge de cette scène les deux vers suivants qui ont été effacés :

Ne te suffit il pas de regner sur mon cœur?
PATROCLE.
Vous m'aymez d'autant plus que je cheris la gloire.

LYDIE.

Achille est de mes maux le principal auteur ;
Et vous, par ce discours vous offensez Lydie :
Qu'ay je besoin, sans vous¹, de conseruer ma vie ?
Si le destin me veut a ce poinct affliger,   565
Les enfers me sçauront contre tous protéger.

PATROCLE.

Madame, au nom des Dieux, cessez de me confondre :
Voicy ce que je puis en deux mots vous répondre.
Plust aux Dieux qu'il fallust donner mon sang pour vous !
Le trespas n'auroit rien qui ne me semblast doux.   570
Mille fois en un jour demandez moy ma vie,
Vous serez auec joye aussitost obeïe :
Je ne prefere point ma gloire a vos attraits² ;
Du deshonneur, sans plus, j'aprehende les traits :
Vous y deuez pour moy vous mesme estre sensible.   575
On s'en va³ renuerser ce mur inaccessible,
Verray je, pour un jour, tous mes jours diffamez⁴ ?
Vous me haïriez lors autant que vous m'aymez :
Quand vous le soufririez, je me dois satisfaire.

LYDIE.

Va, de tels sentimens ne me sçauroient déplaire.   580
J'ay voulu t'émouuoir ; mais, si je l'auois fait,
Je m'en applaudirois peut estre⁵ auec regret.
Rien ne presse : joüis encor de ma présence,
Tes projets sont remplis de trop d'impatience :
Je te laisse a l'honneur sacrifier ce jour ;   585

---

1. Premier texte : *Qu'ay je besoin, vous mort....*
2. Vers 544-545. — 3. Premier texte : *Quand on va....*
4. Déshonorés : p. 388 et note 3.

—   L'homme bien né se souille de diffame,
       Idolastrant les beautés d'une femme.
            (RONSARD, tome II, p. 146.)

5. Premier texte : *Je m'en applaudirois moi me* (sic).

Mais tu me dois aussi quelques momens d'amour.
Le Ciel nous les enuie; Arbate te vient dire
Que tout est prest, que tout a ta gloire conspire;
Peut estre a mon malheur!

PATROCLE.

Madame, esperons mieux.

LYDIE.

Auant que de courir a ces funestes lieux, 590
Aproche et tens la main; celle cy t'est donnée[1]
Pour gage des douceurs d'un fidelle hymenée.
Te voicy mien, Patrocle, et tu n'es plus a toy.
Sois auare d'un sang que je prétends a moy.
J'entends desja le bruit des premieres alarmes : 595
Allons, mes propres mains te vestiront tes armes.
Promets moy, tout au moins, de modérer ton cœur.

PATROCLE.

Je vous promets de vaincre, apres cette faueur[2].

1. Ci-dessus, p. 435 et note 3.
2. C'est ici que le manuscrit s'arrête. La Fontaine avait du reste commencé sa tragédie sans plan bien préconçu, car nous lisons en tête de ce manuscrit : « Peut estre faut il au 4° acte qu'Ulisse et Phœnix taschent d'obliger Achille à soufrir qu'on donne a Patrocle la sepulture. »

FIN DU FRAGMENT D'ACHILLE ET DU THÉATRE.

Nota. — Nous ne parlons ici que pour mémoire du *Valet de deux maîtres*, comédie en cinq actes, en vers, qu'on a voulu, bien à tort, attribuer à la Fontaine. Voyez l'intéressant opuscule de M. F. Brunot, intitulé : « Le Valet de deux maitres, prétendue comédie inédite de la Fontaine. » (Paris, E. Leroux, 1884, in-8°.)

TABLE DES MATIÈRES

CONTENUES DANS LE SEPTIÈME VOLUME.

THÉATRE.

L'Eunuque, comédie.................................	1
Les Rieurs du Beau-Richard, ballet................	115
Clymène, comédie..................................	141
Daphné, opéra.....................................	185
Galatée, opéra....................................	247
Ragotin, comédie..................................	273
Le Florentin, comédie.............................	397
La Coupe enchantée, comédie.......................	439
Le Veau perdu, comédie............................	497
Astrée, tragédie..................................	505
Je vous prends sans verd, comédie.................	555
Achille, tragédie.................................	591

FIN DE LA TABLE DES MATIÈRES.

19897. — IMPRIMERIE LAHURE,
rue de Fleurus, 9, à Paris

PARIS. — IMPRIMERIE LAHURE
Rue de Fleurus, 9

www.ingramcontent.com/pod-product-compliance
Lightning Source LLC
Chambersburg PA
CBHW071158230426
43668CB00009B/996